# Pratique des saisies mobilières en droit OHADA

## Collection « Études africaines »

*dirigée par Denis Pryen et son équipe*

Forte de plus de mille titres publiés à ce jour, la collection « Études africaines » fait peau neuve. Elle présentera toujours les essais généraux qui ont fait son succès, mais se déclinera désormais également par séries thématiques : droit, économie, politique, sociologie, etc.

**Dernières parutions,**

Hugues Prudent Espoir TOSSA, *Le droit face aux ondes. Monde en mutation technologique et droit au Bénin*, 2021.

Marc-Laurent HAZOUMÊ, *Bénin : La rupture. Déstructuration de l'esprit de la Conférence nationale ou conjuration de la fatalité ?* 2021

Alexis NDABARUSHIMANA, *Le Burundi face aux besoins fondamentaux de sa population*, 2021.

Marie Agnès FEUKEU TCHOUMBA, *Le pouvoir de sanction de l'Union africaine. Analyse des mécanismes de coercition du système d'intégration régionale africain,* 2021.

Abdel Kader BONGO DOYENDZE, *Le Paléolithique en République du Gabon : Étude des industries préhistoriques du Haut Ogooué*, 2021.

Mamadou Bakaye DEMBELE, *L'échec d'une construction légale du droit des successions au Mali*, 2021.

Yassine KERVELLA-MANSARÉ, *La condition peule hier et aujourd'hui. Étude comparative de communautés : Guinée et Tchad*, 2021.

Saliou NGOM, *Femmes et politique au Sénégal. Les dynamiques imbriquées d'inclusion-exclusion de l'indépendance à nos jours,* 2021.

Jean OTEMIKONGO MANDEFU YAHISULE, *Elections et changement politique en République démocratique du Congo. Six décennies perdues pour le développement,* 2021.

Sylvain Sorel KUATE TAMEGHE, *La justice, ses métiers, ses procédures, OHADA, Union Africaine, CEEAC-CEMAC, CEDEAO-UEMOA, Nations Unies, Cameroun, 4ème édition,* 2021.

Adrien ELLA MENDENE, *L'approche par les compétences au Gabon,* 2021.

François GUIYOBA et Vincent Manuel AFANA NGA (dir.), *Représentations touristiques de l'Afrique dans les romans,* 2021.

Fabien MAOMBI MUSHI, *Système fiscal congolais. Pilier ou frein aux affaires ?* 2021

Toussaint Marlot MAKOSSO MAGAGNI, *La criminalité fétichiste au Gabon,* 2021.

Jacques N'TONI KIESSE, *Procédure civile en RDC. Explications pratiques, Tome 1*, 2021

Guy Saturnin TSETSA

# PRATIQUE DES SAISIES MOBILIERES EN DROIT OHADA

L'Harmattan

**Du même auteur**

Articles

-Le formalisme de la saisie immobilière en droit Ohada, Revue de l'Ersuma n°6, janvier 2016, pp.51-87 ;

-La problématique de la nature juridique de l'acte d'adjudication en droit Ohada, Revue de l'Ersuma n°7, Déc. 2017, pp.106-119 ;

-Le domaine public peut-il faire l'objet d'un bail à usage professionnel (commentaire du jugement du Tribunal de commerce de Brazzaville n°043 du 28 mai 2013, aff. Société Duty Free Alima SA c/ Société Aéroports de la République du Congo), Revue Juridique et Politique des Etats francophones, juillet-septembre 2018, éd. Juris Africa, pp.414-429.



5-7, rue de l'École-Polytechnique ; 75005 Paris

http://www.editions-harmattan.fr

ISBN : 978-2-343-21108-4

EAN : 9782343211084

Ma profonde gratitude à **Ulrich ARMEL IBONO**, Président du Tribunal de Grande Instance d'Owando, **Alix Romain MOUKIAMA**, Procureur de la République près le Tribunal de commerce de Brazzaville, **James Roméo OPOKI**, Président de la 5ème Chambre correctionnelle du Tribunal de Grande Instance de Brazzaville, **Hugues NZILA TOMBET**, Procureur de la République près le Tribunal de commerce de Dolisie, **Destin Adas Jeffor MATSIONA MASSENGO**, Substitut du Procureur de la République près le Tribunal de Grande Instance de Brazzaville, **Edlin Jubelor AYESSA VENDZE**, Président du Tribunal d'Instance d'Abala, pour leurs pertinentes contributions.

Ma vive reconnaissance à **Cyriac DOKOLO WUTUBA** pour la relecture fastidieuse de ce livre.

Hommage éternel à mon père feu **Fidèle TSETSA** et ma mère **Jacqueline SITA**

A ma femme **Gladisse PONGUI**

## PRINCIPALES ABREVIATIONS

Aff. : affaire
al. : Alinéa
art. : article
AUA : Acte uniforme sur le droit de l'arbitrage
AUDSCGIE : Acte Uniforme relatif au Droit des Sociétés Commerciales et Groupement d'Intérêt Economique
AUPCAP : Acte Uniforme portant Organisation des procédures collectives d'apurement du passif.
AUVE : Acte uniforme portant organisation des procédures simplifiées de recouvrement et
des voies d'exécution
AUS : Acte Uniforme portant Organisation des sûretés
Ass. Plén : Assemblée plénière
ATD : Avis à tiers détenteur
c/ : contre
CA : Cour d'appel
C : Cour
Cass. : Cour de Cassation
CCJA : Cour commune de justice et d'arbitrage
C. Fam : Code congolais de la famille
C.G.I : Code général des impôts congolais
CPCCAF : Code congolais de procédure civile, commerciale, administrative et financière
Ch. : chambre
Ch. civ.&com : chambre civile et commerciale
Contr : contradictoire
CEMAC : Communauté Economique et Monétaire de l'Afrique Centrale
C.S : Cour suprême
dir. Sous la direction
éd. : édition
ERSUMA : Ecole Régionale Supérieure de la Magistrature
N° : numéro
Obs : Observations
OHADA : Organisation pour l'harmonisation en Afrique du droit des affaires
Op.cit : opus Citat Um (ouvrage cité)
Ord. référé : ordonnance de référé
Ord : ordonnance
P : page
PP : pages
T. Com : Tribunal de commerce
TGI : Tribunal de Grande Instance

TGIHC : Tribunal de grande instance hors classe
TI : Tribunal d'instance
TPI : Tribunal de première instance
TRHC : Tribunal régional hors classe
T.R : Tribunal régional
Rép. : répertoire
RCCM : Registre du Commerce et du Crédit Mobilier
UEMOA : Union Economique et Monétaire Ouest Africaine

# SOMMAIRE

# INTRODUCTION

L'Acte Uniforme portant Organisation des procédures simplifiées de recouvrement et des voies d'exécution (AUVE) a apporté une réforme en profondeur des voies d'exécution dans les pays membres[1]de l'Organisation pour l'Harmonisation en Afrique du Droit des Affaires (OHADA). A l'instar des autres Actes Uniformes adoptés après la signature du traité de Port-Louis[2], l'AUVE s'inscrit dans l'optique de la réalisation des objectifs de l'OHADA. Il contribue à la sécurisation juridique et judiciaire des investissements, gage de l'essor économique du continent[3].

L'activité économique est en partie tributaire de la mobilisation des capitaux et du soutien appuyé des institutions financières lesquelles ne peuvent satisfaire aux besoins exprimés par les acteurs économiques qu'en prenant des garanties[4]pour sécuriser le recouvrement de leur créance, le cas échéant, par la mise en œuvre des mesures d'exécution forcée.

---

[1]L'OHADA comptent 17 pays membres à savoir : Le Bénin, Le Cameroun, La Centrafrique, Les Comores, La République du Congo, La Côte-d'Ivoire, le Gabon, la Guinée-Bissau, La Guinée Conakry, la Guinée Equatoriale, Le Mali, Le Niger, La République Démocratique du Congo, Le Sénégal, Le Tchad, et le Togo. Cet espace peut encore s'élargir puisque certaines voix s'élèvent en faveur de l'adhésion du Maroc, du Ghana pays à l'OHADA

[2]Le traité instituant l'Organisation pour l'Harmonisation en Afrique du Droit des Affaires a été signé le 17 octobre 1993 à Port-Louis (Ile Maurice), puis révisé le 17 octobre 2008 à Québec (Canada). L'acte uniforme portant Organisation des procédures simplifiées de recouvrement et des voies d'exécution a été adopté le 10 avril 1998 à Libreville, au Gabon. Il est entré en vigueur le 10 juillet 1998.

[3] Dans le préambule du traité instituant l'OHADA, les hautes parties contractantes sont persuadées que la réalisation des objectifs assignés à l'OHADA suppose la mise en place dans leurs Etats d'un droit des affaires harmonisé, simple, moderne et adapté, afin de faciliter l'activité des entreprises. Les Etats membres sont conscients de ce qu'il est essentiel que ce droit soit appliqué avec diligence, dans les conditions propres à garantir la sécurité juridique des activités économiques, afin de favoriser l'essor de celles-ci et d'encourager l'investissement. Le président KEBA MBAYE a résumé l'objectif de l'OHADA en ces termes « *l'OHADA est un outil juridique imaginé et réalisé par l'Afrique pour servir l'intégration économique et la croissance* » cf. L'histoire et les objectifs de l'OHADA, in l'organisation pour l'harmonisation en Afrique du Droit des Affaires, petites affiches, n° spécial, 205, 13 octobre 2004 p.4 et s.

[4] Pour garantir le recouvrement de leur créance et se prémunir contre les risques d'insolvabilité du débiteur, les banques prennent des garanties au moyen des suretés réelles (hypothèques, droit de rétention, gages, nantissements) ou des suretés personnelles (cautionnement). Evoquant le nouvel acte Uniforme portant organisation des sûretés, BROU KOUASSI estime que l'accès au financement et le développement du crédit étant déterminés par la capacité du débiteur à offrir, sans contrainte, une garantie fiable aux prêteurs le droit OHADA des suretés doit édicter des règles de nature à favoriser la confiance indispensable aux activités de crédit, et partant à rendre plus attractif le droit des affaires dans cet espace( BROU KOUASSI Bertin, Le nouvel Acte Uniforme portant organisation des suretés et l'accès au crédit dans l'espace OHADA

L'Acte Uniforme portant organisation des procédures simplifiées de recouvrement et des voies d'exécution apparait ainsi comme un instrument juridique au service du développement économique, dès lors qu'il offre au créancier des mécanismes performants permettant de recouvrer la créance dans un délai raisonnable[5]avec l'application des règles juridiques simples et adaptées à l'environnement économique.

Quoique cet Acte Uniforme ait posé des bases fermes du droit de recouvrement des créances dans les Etats parties, cette avancée ne doit cependant occulter les difficultés techniques que rencontrent en pratique les destinataires de ces règles selon qu'ils soient justiciables ou praticiens du droit. Les atermoiements observés en jurisprudence notamment dans certains arrêts rendus par la Cour Commune de Justice et d'Arbitrage[6]et certaines décisions rendues par les juridictions nationales constituent sans nul doute une invitation manifeste à la réflexion continue sur l'effectivité du droit des procédures d'exécution Ohada.

On ne peut, à l'évidence, s'assurer de l'effectivité de la sécurité juridique et judiciaire de cet instrument qu'en entamant une analyse rigoureuse sur la pratique du droit de l'exécution forcée et, partant, sur les difficultés rencontrées dans la mise en œuvre de l'AUVE.

S'il est vrai que pour le recouvrement forcé des créances, l'AUVE a prévu une panoplie des mesures de saisies, la présente étude sera essentiellement fixée sur les saisies mobilières.

Les saisies sont en effet des procédures légales permettant à un créancier impayé de saisir les biens de son débiteur défaillant ou récalcitrant et de les faire vendre par la suite afin de se faire payer sur le prix de vente. Elles permettent aux créanciers d'obtenir de leurs débiteurs l'exécution forcée des obligations dont ceux-ci sont ténus à leur égard[7].

---

[5] ONANA ETOUNDJI (F.), La pratique de la saisie-attribution des créances à la lumière de la jurisprudence de la CCJA de l'OHADA, Collection Pratique et Contentieux du Droit OHADA, 1ère éd, mars 2006, p.86

[6]La Cour Commune de justice et d'Arbitrage (CCJA) a son siège à Abidjan, en Côte d'Ivoire. Elle assure, aux termes de l'article 14 du Traité, l'interprétation et l'application commune du traité, des reglements pris pour son application et les Actes Uniforme. Saisi par voie de recours en cassation, la CCJA se prononce sur les décisions rendues par les juridictions d'Appel des Etats parties dans toutes les affaires soulevant des questions relatives à l'application des Actes uniformes et des reglements à l'exception des décisions appliquant des sanctions pénales cf.(CCJA, 3ème ch. arrêt n°188/2015 du 23 décembre 2015 Aff. ADAMA COULIBALY c/ Procureur Général près la cour d'appel d'Abidjan, COULIBALY Dramane, Ohadata J-16-181).

[7] CCJA, 1ère ch. Arrêt n°10 29 juin 2006, Aff. Société d'Etudes et de Représentation en Afrique Centrale dite SERAC c/ Bureau de Recherches, Etudes et de Contrôle Géotechniques SARL dit BRECG, Le Juris Ohada n°4/2006 p.5, Ohadata J-07-24

Les différentes saisies mobilières OHADA sont réglementées par les articles 28 à 245 de l'Acte Uniforme portant Organisation des Procédures Simplifiées de Recouvrement et des Voies d'Exécution. Elle regroupe d'une part, les saisies conservatoires notamment la saisie conservatoire des biens meubles corporels, la saisie conservatoire des créances, la saisie conservatoire des droits d'associés et des valeurs mobilières, la saisie-revendication et d'autre part, les voies d'exécution forcée à savoir la saisie-vente, la saisie-attribution des créances, la saisie et cession des rémunérations, la saisie-appréhension et la saisie des droits d'associés et des valeurs mobilières.

Avec la portée abrogatoire de l'Acte Uniforme résultant des dispositions combinées des articles 10 du traité instituant l'OHADA et 336 de l'AUVE, celui-ci s'est substitué aux lois nationales. Il en est ainsi de la loi congolaise n°51-83 du 21 avril 1983 portant Code de Procédure Civile, Commerciale, Administrative et Financière (CPCCAF) notamment le titre X consacré aux voies d'exécution[8]. La portée abrogatoire de l'AUVE ne s'étend qu'aux matières régies par l'OHADA. Ce faisant, certaines dispositions de la loi congolaise précitée sont encore applicables, lorsqu'une disposition du droit OHADA renvoie à un texte de droit interne.

Il faut dire que la saisie mobilière ne se résume pas aux matières régies par l'AUVE. D'autres saisies conservatoires ou afin d'exécution forcée restent règlementées par la loi nationale ou communautaire. Il en est ainsi de la procédure de l'avis à tiers détenteur (ATD), de la saisie des navires et des aéronefs voire de la saisie contrefaçon.

Le juge saisi applique, outre l'AUVE, la loi sur l'organisation judiciaire, le Code de Procédure Civile, Commerciale, Administrative et Financière ou encore le Code Général des impôts, de sorte qu'en dépit de la portée abrogatoire dudit Acte Uniforme, les procédures de saisies prennent de plus en plus une coloration nationale.

Le contenu des patrimoines laisse apparaître que les fortunes sont devenues mobilières. D'où le recours constant des créanciers aux voies d'exécution afin de rentrer en possession de leur dû. Les nombreuses études déjà consacrées aux mesures conservatoires et aux voies d'exécution témoignent de l'importance de cette matière tant pour les universitaires que pour les praticiens.

---

[8]SAMBA (Z.), Les voies d'exécution, cours polycopié, Ecole Nationale d'Administration et de Magistrature, 2009-2010 p.12. Ce texte s'inspire des dispositions du code de procédure civile français de 1806 ainsi que des divers textes coloniaux, notamment de l'arrêté du 11 mai 1914, du décret-loi du 25 aout 1954 la loi du 21 avril 1983 règlementait les saisies conservatoires et les voies d'exécution.

Le présent ouvrage se veut une contribution à la réflexion sur l'exécution mobilière telle que pratiquée par les juridictions de l'espace OHADA dans le prolongement des études déjà publiées en la matière. Il s'agit d'aborder, à l'aune de la pratique judiciaire, des questions parfois controversées, sans éluder les sujets auxquels la jurisprudence n'a pas encore apporté de réponses satisfaisantes.

Vingt ans de pratique ont révélé que l'AUVE cristallise à lui seul un volume important du contentieux devant les prétoires des juridictions de l'espace OHADA. La CCJA n'est toutefois pas restée muette en la matière quand on sait qu'elle a apporté par touches successives une contribution enrichissante qui confirme ainsi sa casquette de garante de l'interprétation et de l'application uniforme du droit produit par les institutions normatives de l'OHADA.

La mise en articulation des décisions rendues par les juridictions nationales avec les solutions dégagées par la CCJA témoigne que l'autorité de cette juridiction supranationale pénètre peu à peu les esprits et vainc les résistances nationales souvent fondées sur des considérations constitutionnelles[9].

Le recours à certaines solutions retenues par la jurisprudence française, peut constituer une source d'inspiration pour le juge communautaire OHADA. C'est ainsi que la jurisprudence française[10]a également vocation à inspirer le juge national sur les questions qui n'ont pas encore été tranchées par le CCJA. La nécessité de recourir à la jurisprudence française pour une analyse de certaines questions soumises à l'appréciation de la CCJA permet de faire une lecture comparée de cette matière dont la technicité a parfois mis en difficulté les praticiens les plus aguerris.

Du reste, l'indication de l'AUVE comme base de la présente réflexion n'interdit pas une incursion dans les législations nationales des Etats qui abordent spécifiquement certaines formes de saisies non régies par ledit Acte Uniforme. C'est dans ce sens qu'il faut comprendre l'examen dans cet ouvrage de la saisie conservatoire des navires et des aéronefs ou bien la procédure de l'avis à tiers détenteur.

---

[9] C.S, 1er octobre 1998, Penant 2002, note MOUDOUDOU. Dans cet avis, la Cour Supreme du Congo avait estimé que les articles 14 al.3, 4, et 16, 18, 20, 25 al.2 du Traité (OHADA) encourent le grief encourent le grief de ne pas être conforme à la (constitution)...car la fonction de juger, qu'elle soit exercée par les juridictions de première instance ou d'appel ou par la Cour Suprême, est une fonction constitutionnelle en même temps qu'elle est l'expression de la souveraineté et de l'indépendance nationale.

[10]L'AUVE s'étant inspiré de la loi française n° 91-650 du 09 juillet 1991 sur la réforme des procédures civiles d'exécution mobilière et de son décret d'application n° 92-755 du 31 juillet 1992. La doctrine et de la jurisprudence françaises constituent des outils précieux pour le juge.

Nous examinerons successivement la pratique des saisies conservatoires (première partie) et celle des saisies afin d'exécution (deuxième partie).

# PREMIERE PARTIE

## PRATIQUE DES SAISIES CONSERVATOIRES

L'étude de la pratique des saisies conservatoires implique une revue générale des règles communes à toutes les saisies conservatoires instituées par l'Acte Uniforme portant Organisation des Procédures Simplifiées de Recouvrement et des Voies d'Exécution (chapitre 1). Les différentes saisies conservatoires régies par ce texte font l'objet d'un autre chapitre (chapitre 2). La saisie conservatoire des navires et des aéronefs réglementés par des textes spécifiques font l'objet d'un dernier chapitre (chapitre 3).

# CHAPITRE I

# LES REGLES COMMUNES A TOUTES LES SAISIES CONSERVATOIRES

La saisie conservatoire est une mesure de précaution dont l'efficacité réside dans l'effet de surprise. Elle empêche le débiteur récalcitrant ou indélicat d'organiser son insolvabilité. L'Acte Uniforme portant Organisation des Procédures Simplifiées de Recouvrement et des Voies d'Exécution prévoit à son article 28, qu'à défaut d'exécution volontaire, tout créancier peut, quelle que soit la nature de sa créance, contraindre le débiteur défaillant à exécuter ses obligations à son égard ou à pratiquer une mesure conservatoire pour assurer la sauvegarde de ses droits. Par ce texte, le législateur Ohada a ainsi consacré le principe de la saisissabilité de tous les biens du débiteur, alors même que ceux-ci seraient détenus par des tiers, à l'exception des biens déclarés insaisissables par la loi nationale.

Le créancier qui entend saisir à titre conservatoire les biens de son débiteur, doit observer les conditions prescrites à cet effet (section 2), dont l'inobservation peut donner lieu aux contestations (section 3). Comme son nom l'indique, la saisie conservatoire vise à saisir à titre conservatoire les biens meubles corporels ou incorporels du débiteur en les plaçant sous mains de justice. Les contours de la notion de biens meubles corporels et incorporels doivent être circonscrits (section 1).

## Section préliminaire
## La notion de biens meubles corporels et incorporels

La définition des notions de biens corporels (§1) et biens meubles incorporels (§2) est nécessaire à la compréhension de la saisie des biens mobiliers.

### § 1. La notion de biens meubles corporels

Le bien meuble corporel s'entend de toute chose matérielle. Ce sont des biens palpables susceptibles d'une appréhension matérielle. La matérialité des biens corporels englobe la matière solide, liquide et gazeuse. La matérialité des biens corporels ne se limite pas aux choses tangibles, palpables mais à toutes choses susceptibles d'être appréhendées par les sens.

La notion de biens meubles corporels peut être appréhendée également par comparaison à une autre notion : les biens immeubles. Le critère de distinction est celui posé par les articles 524 et suivants du Code Civil, lesquels opposent les biens meubles aux biens immeubles[11].

L'exclusion des immeubles de la saisie mobilière s'applique aussi bien aux immeubles par nature, qu'aux immeubles par détermination de la loi, c'est-à-dire ceux affectés au service et à l'exploitation d'un fonds ou attachés à celui-ci à perpétuelle demeure. Bien qu'il s'agisse des meubles dont l'immobilisation est purement fictive, les immeubles par destination ne peuvent être saisis indépendamment de l'immeuble auquel ils se rattachent. Par contre, si la saisie vise à obtenir le paiement du prix des immeubles par destination, ceux-ci peuvent être saisis indépendamment du fonds auquel ils sont affectés, et faire ainsi l'objet d'une saisie-vente[12].

L'exclusion des immeubles par destination faisant corps avec l'immeuble par nature auquel ils sont affectés n'est pas expressément envisagée par l'Acte Uniforme portant Organisation des Procédures Simplifiées de Recouvrement et des Voies d'Exécution[13], mais semble découler des dispositions de l'article 91 dudit Acte uniforme lequel n'envisage la saisie-vente que pour les biens meubles corporels.

### § 2. Les biens meubles incorporels

Les biens incorporels sont des biens abstraits dont l'existence est déterminée par la loi. Les droits portant sur une chose mobilière par nature (droit réel, droit personnel) ou des droits détachés de tout support matériel mais que la loi considère arbitrairement comme des meubles (droits intellectuels, propriétés incorporelles). Ces meubles incorporels peuvent faire l'objet d'une saisie conservatoire ou d'une exécution forcée.

---

[11] La loi distingue les biens meubles par nature au bien meuble par détermination de la loi. Sont meubles par leur nature les animaux et les corps qui peuvent se transporter d'un lieu à un autre, soit qu'ils se meuvent par eux-mêmes, soit qu'ils ne puissent changer de place que par l'effet d'une force étrangère. Sont meubles par détermination de la loi les obligations et actions qui ont pour objet des sommes exigibles ou des effets mobiliers, les actions ou intérêts dans les sociétés de crédit, de commerce ou d'industrie, encore que des immeubles dépendant de ces entreprises appartiennent aux compagnies. Ces actions ou intérêts sont réputés meubles à l'égard de chaque associé seulement, tant que dure la société. Sont aussi meubles par détermination de la loi les rentes perpétuelles ou viagères, soit sur l'Etat, soit sur des particuliers.

[12] COUCHEZ (G.) Voies d'exécution, Sirey, 10e éd. 2010. p.90

[13] TCHOU-BAYO (J.P) « La saisie-vente », Encyclopédie du droit OHADA, POUGOUE (P.G) (Sous la Dir.), éd. Lamy, 2011, p.1773

## Section 1
## Les conditions de la saisie conservatoire

Pour prétendre pratiquer une saisie conservatoire, il est essentiel de s'assurer que les conditions prescrites par la loi sont remplies. Celles-ci sont énoncées à l'article 54 de l'AUVE, selon lequel « *toute personne dont la créance paraît fondée en son principe peut, par requête, solliciter de la juridiction compétente du domicile ou du lieu où demeure le débiteur, l'autorisation de pratiquer une mesure conservatoire sur tous les biens mobiliers corporels ou incorporels de son débiteur, sans commandement préalable, si elle justifie de circonstances de nature à en menacer le recouvrement*[14]». Ces conditions se rapportent aux parties (§1), à la créance cause de la saisie (§2), au titre fondant les poursuites (§3) et au bien objet des poursuites (§4).

### § 1. Les conditions relatives aux parties

La saisie conservatoire met aux prises deux parties : le créancier saisissant, initiateur des poursuites (A) et le débiteur saisi (B). A ces deux parties à la procédure, il importe d'ajouter le tiers saisi (C) personnage crucial dans la mise en œuvre de la procédure de saisie. Le déroulement de la procédure nécessite l'intervention d'un huissier de justice dont les missions doivent être précisées (D).

#### A. La qualité de créancier saisissant

La qualité de créancier saisissant est reconnue à toute personne physique ou morale qui se prévaut d'une créance à l'égard d'un débiteur donné.

Le poursuivant doit rapporter la preuve de sa qualité de créancier pour prétendre pratiquer une saisie conservatoire sur les biens de son débiteur. S'il ne justifie pas cette qualité, la saisie conservatoire pratiquée à son profit est non fondée et sa mainlevée sera ordonnée. Cette exigence permet au juge de vérifier que le créancier ne se trompe pas de débiteur. La vérification de la qualité de créancier s'opère en amont, lorsque le créancier sollicite l'autorisation judiciaire de pratiquer la saisie. Cette vérification peut aussi intervenir en aval, à l'occasion d'une instance en contestation. La qualité de

[14]Cette disposition est inspirée de l'article 67 de la loi française n°91-650 du 9 juillet 1991 portant réforme des procédures civiles d'exécution, selon lequel toute personne dont la créance parait fondée en son principe, peut solliciter du juge, l'autorisation de pratiquer une mesure conservatoire sur les biens de son débiteur sans commandement préalable, si elle justifie des circonstances susceptibles d'en menacer le recouvrement

créancier se transmet aux héritiers qui peuvent exercer les poursuites contre celui qui est devenu leur débiteur[15].

En outre, le créancier doit justifier sa capacité d'ester en justice, conformément à l'article 481 du Code congolais de Procédure Civile, Commerciale, Administrative et Financière. Selon ce texte, nul ne peut ester en justice s'il n'a qualité, capacité et intérêt à le faire. L'inobservation de cette condition est sanctionnée par une fin de non-recevoir.

La doctrine[16]considère la saisie mobilière comme un acte d'administration. Il est donc admis qu'un créancier incapable puisse pratiquer une saisie conservatoire[17], une procédure d'exécution pouvant être menée à l'initiative d'un individu en curatelle[18]. En droit français, un débat a vu le jour au sujet de l'article 467 du Code civil qui édicte qu'un majeur placé sous le régime de protection « *ne peut, sans l'assistance de son curateur, faire aucun acte qui, en cas de tutelle, requérait une autorisation du juge ou du conseil de famille* ». La question s'est posée de savoir si un majeur incapable pouvait, conformément à cette disposition, pratiquer une mesure conservatoire ou une mesure d'exécution forcée. Certains estimaient la mesure possible alors que d'autres soutenaient le contraire[19]. Nous estimons que la saisie mobilière étant toujours susceptible de déboucher sur un contentieux dont le juge seul a vocation à trancher, il est indispensable que le saisissant dispose en amont de l'aptitude requise pour ester en justice avant de prétendre pratiquer une telle mesure.

Pour pratiquer une saisie conservatoire, le créancier doit également établir la qualité du débiteur saisi.

### B. La qualité de débiteur saisi

Le débiteur qui fait l'objet d'une saisie est en principe celui qui est tenu personnellement de la dette. Cependant, la saisie peut aussi être pratiquée contre les débiteurs tenus incidemment de la dette.

---

[15]FRICERO (N), Procédures civiles d'exécution, Lextenso éditions, 2ème éd. 2010.

[16] DJOGBENOU (J.), L'exécution forcée en droit Ohada, CREDIJ 2ème éd, 2011 P.338 ;

[17] COUCHEZ (G.) Voies d'exécution, Sirey, 10e éd. 2010.

[18] GUICHARD(S), TONY (M.) (sous la dir.), Droit et pratique des voies d'exécution, Dalloz Action, 6e éd.2010-2011.

[19] En matière de saisie immobilière par contre cette hypothèse n'est pas admise, cette mesure est considérée comme un acte de disposition, le poursuivant pouvant être déclaré adjudicataire pour la mise à prix s'il ne survient pas d'enchère dans les conditions fixées par l'article 283 de l'AUVE.

### 1)- Le débiteur originaire

Il faut entendre par débiteur originaire, la personne tenue personnellement de la dette ; celle sur qui pèse principalement l'obligation de payer. La saisie conservatoire pratiquée sur les biens d'une personne autre que le débiteur de l'obligation est injustifiée et mainlevée doit être ordonnée contre une telle mesure. Le Tribunal de Première Instance de Cotonou a jugé que la saisie pratiquée sur les biens du gérant d'une société débitrice pour garantir les loyers impayés par cette derrière, est faite en violation de l'article 54 AUVE, le gérant n'ayant pas la qualité de débiteur[20].

Quelques semaines auparavant, le même Tribunal décidait que le créancier ne peut pratiquer une saisie conservatoire sur les biens d'une personne qui n'a servi que d'intermédiaire dans la transaction entre le vendeur et l'acheteur, pour obtenir l'exécution des obligations du débiteur. Dès lors que l'intermédiaire est un préposé du vendeur qui n'a accepté de recevoir le prix de la vente par un chèque établi à son nom, que pour rendre service à son employeur et ce, au su de l'acquéreur et en a reversé le montant au vendeur, le tout au su de l'acquéreur, le poursuivant ne peut initier des poursuites à son encontre, sa qualité de débiteur faisant défaut[21].

Lorsque la saisie est pratiquée en violation de l'article 54 AUVE et la preuve est rapportée de ce que les biens ayant fait l'objet d'une saisie conservatoire appartiennent à un tiers et non au débiteur saisi, celui-ci est fondé à demander la nullité de cette saisie[22].

### 2)- **La saisie pratiquée contre les incapables**

Par incapables, il faut entendre les personnes qui sont privées par la loi de la jouissance ou de l'exercice de certains droits. C'est le cas des mineurs et des majeurs protégés à qui la loi n'a pas reconnu la capacité d'accomplir les actes de la vie civile ou d'ester en justice. Ces personnes ne sont pas aptes à exercer seules leurs droits. Or, la capacité d'ester en justice est exigée de toute personne qui se trouve mêlée à une instance, qu'elle soit demanderesse, défenderesse ou partie intervenante[23]. La saisie conservatoire ne déroge pas à

---

[20]TPI Cotonou, 1ère Ch. Civ., Ord. référé n°99/02-1CCIV du 23 mai 2002, ROLE GENERAL N°217/01-DALCIN Vlad c/ OGOUMA ASSOGBA Samuel, ohadata J-10-02.
[21]TPI Cotonou, 1ère Ch. Civile, Ord. référé n°86/02-1 CCIV du 6 mai 2002 ROLE GENERAL N°376/01, SESSOU Georges c/ GROUPEMA VIE BENIN, ohadata J-10-01
[22] TPI Dschang, ord. référé n°18 du 26 février 2004, Aff. ZOLEKO NGIMPIEMBA Mathurin c/ Me Magloire VOUGMO, Administrateur séquestre de la succession GUIMFACK Guillaume, Ohadata J-05-107
[23]VINCENT (J.), GUINCHARD(S.) Procédure civile, Dalloz 27e éd., 2003, Paris, p.451

cette règle, de sorte que la procédure dirigée contre un incapable doit être orientée à l'encontre de son représentant légal[24].

### 3)- Les personnes incidemment tenues de l'obligation

La saisie peut être pratiquée sur les biens des personnes non tenues personnellement de l'obligation. Ce peut être les héritiers du débiteur principal, le conjoint ou la caution.

#### a) -La saisie pratiquée contre l'héritier

Si le débiteur originaire décède, la saisie peut être pratiquée contre ses héritiers, qui ont vocation à se substituer au De cujus pour exercer tous ses droits. Aux termes de l'article 495 du Code congolais de la famille, par le seul effet de l'ouverture de la succession, tous les biens du défunt sont transmis à ses héritiers, tenus de toutes ses dettes et charges. L'alinéa 2 de ce texte précise que les titres exécutoires contre le défunt sont pareillement exécutoires contre l'héritier personnellement. L'exécution ne peut se faire que huit jours après la signification de ces titres à la personne ou au domicile de l'héritier[25]. L'idée étant de ne pas poursuivre l'exécution d'un titre exécutoire contre une personne sans une signification préalable. Cette signification a pour effet de garantir les intérêts de l'héritier qui peut éventuellement élever des contestations.

---

[24]S'agissant des incapables majeurs protégés, une distinction s'impose entre le majeur sous tutelle qui a besoin d'être représenté, de façon continue, dans les actes de la vie civile (article 422 du Code congolais de la famille), conformément à l'article 433, et les majeurs sous curatelle qui, sans être hors d'état d'agir lui-même, a besoin d'être conseillé ou contrôlé dans l'accomplissement de ces actes. S'agissant des mineurs, la minorité commande leur représentation dans tous les actes de la vie civile. Une exception importante doit être signalée en ce qui concerne les mineurs émancipés, soit de plein droit par le mariage (art.415 du Code Congolais de la famille), soit par décision du président du tribunal d'instance du domicile du mineur sur déclaration des père et mère ou de l'un d'eux dans les conditions prescrites par les articles 416 et 417 du code de la famille.

[25]Si la succession est dévolue à plusieurs héritiers, chacun d'eux ne doit être tenu au paiement des dettes et charges de la succession qu'en proportion de sa part héréditaire (art. 607 du Code de la famille). Les dettes de la succession étant divisibles de plein droit entre les héritiers dans la proportion de leurs parts héréditaires, à l'exception des cas prévus à l'article 608. Toutefois, en cas d'impossibilité de déterminer la quote-part de chacun des héritiers, l'article 609 donne la possibilité aux créanciers poursuivants de réclamer à chacun d'eux pour une part égale. Les créanciers de la succession doivent poursuivre le recouvrement de leur créance sur l'ensemble des biens héréditaires aussi longtemps que ces biens restent dans l'indivision (art.610).

### b) - La saisie pratiquée contre le conjoint

Lorsque la saisie est pratiquée contre une personne mariée, la connaissance du régime matrimonial des époux s'avère indispensable pour déterminer d'une part, quel bien doit être compris dans l'assiette de la saisie, et d'autre part, contre lequel des conjoints la procédure doit être dirigée ou encore si la saisie doit être pratiquée contre les deux époux.

Si les époux sont mariés sous le régime de la séparation des biens, la mesure doit être pratiquée, en principe, que contre le conjoint tenu personnellement de la dette. La saisie opérée sur les biens se trouvant au domicile commun des époux, fût-il le domicile réel, n'est pas susceptible d'asseoir une quelconque qualité de débiteur du conjoint. Si cette qualité n'est pas établie, le conjoint est fondé à solliciter la distraction de ses biens[26].

Ce principe connait une exception notable. En effet, pour une dette contractée par l'un des conjoints dans l'intérêt du ménage, en vue d'assurer la subsistance des époux et de leurs enfants, d'exécuter une obligation d'aliments dont les époux sont tenus, ou l'un d'eux, ou encore pour l'entretien et l'éducation des enfants la saisie peut être pratiquée même à l'encontre de l'autre conjoint. Cela se justifie par le fait que les époux sont tenus solidairement des dettes relatives à l'entretien du ménage[27] et de celles mentionnées à l'article 218 du Code de la famille.

La saisie peut être pratiquée sur les biens communs des époux, dès lors que ceux-ci sont mariés sous le régime de la communauté réduite aux acquêts. Dans ce régime, les biens des conjoints sont présumés communs tant qu'il n'aura pas été prouvé qu'ils sont la propriété de l'un d'eux (Art.214 du C. fam.). D'ailleurs, l'alinéa 2 dudit article précise que la qualité de bien propre ne peut être opposée par les époux à un tiers que si celui-ci connaissait ou devait connaitre cette qualité. La CCJA a rendu une décision importante dans ce sens en retenant que, « *la dette du débiteur étant intervenue au moment où celui-ci était encore sous le régime de la communauté des biens avec son épouse, son recouvrement peut être poursuivi sur les biens communs des époux, dès lors que la sentence arbitrale qui le condamnait à payer cette somme était antérieure au divorce. Le partage de la communauté opéré par les époux n'est pas opposable au créancier saisissant, dès lors que les époux mariés à l'étranger n'ont pas rapporté la preuve d'une part, de la mention du divorce ni en marge de l'acte de naissance du mari, ni en marge de l'acte de*

---

[26]TRHC de Dakar, jugement n°160 du 23 janvier 2001, Omar Gueye c/ Aminata Dramé, Marietou Dione, Malick Sèye, Ohadata J-05-94

[27] MATOKOT (O.F.J.), Droit civil congolais, éd. Cesbc Presses, 2011, p.147

*mariage, et, d'autre part, celle de la transcription du jugement de divorce sur les registres de la mairie*[28]*»*.

Sous réserve de ces observations, les biens propres du conjoint non tenu personnellement de la dette doivent être exclus de l'assiette de la saisie. La loi considère comme biens propres les biens meubles et immeubles dont chacun des époux était propriétaire avant le mariage, ceux qui lui sont advenus personnellement avant le mariage, ceux qui lui sont advenus personnellement pendant le mariage par succession ou libéralité, ceux qui par leur nature ou leur destination ont un caractère personnel ainsi que les droits exclusivement attachés à la personne (art.213 du C. fam).

**c)- La saisie pratiquée contre la caution**

L'article 13 de l'Acte Uniforme portant Organisation des sûretés révisé le 15 décembre 2010 définit le cautionnement comme un contrat par lequel la caution s'engage, envers le créancier qui accepte, à exécuter une obligation présente ou future contractée par le débiteur, si celui-ci n'y satisfait pas lui-même. Cet engagement peut être contracté sans ordre du débiteur[29].

Par cet engagement, la caution expose son patrimoine sur lequel le créancier peut se faire payer[30]. Il peut pratiquer à son encontre, une saisie conservatoire ou une mesure d'exécution, dès lors que le débiteur principal a failli à son obligation.

En effet, en dépit de sa qualité de débiteur accessoire dont l'exigibilité de la dette n'est subordonnée qu'à la défaillance du débiteur principal, il n'en demeure pas moins que la caution dispose de la qualité de débiteur. Il s'est engagé envers le créancier à exécuter une obligation contractée par le débiteur, si celui-ci n'y satisfait pas lui-même. La caution solidaire est tenue de l'exécution de l'obligation principale dans les mêmes conditions qu'un débiteur

---

[28]CCJA, 1ère chambre, arrêt n°003 du 28 février 2008, Aff. M. c/ G. ; Le Juris Ohada n°3 juillet-août-septembre 2008, p.6, Le recueil de jurisprudence de la CCJA, n°11, janvier-juin 2008, p.75, Ohadata 09-38

[29] L'article 14 précise que le cautionnement ne se présume pas, quelle que soit la nature de l'obligation garantie. Il se prouve par un acte comportant la signature de la caution et du créancier ainsi que la mention, écrite de la main de la caution, en toutes lettres et en chiffres, de la somme maximale garantie couvrant le principal, les intérêts et autres accessoires. En cas de différence, le cautionnement vaut pour la somme exprimée en lettres. La caution qui ne sait ou ne peut écrire doit se faire assister de deux témoins qui certifient, dans l'acte de cautionnement son identité et sa présence et attestent, en outre, que la nature et les effets de l'acte lui ont été précisés. La présence des témoins certificateurs dispense la caution de l'accomplissement des formalités prévues par l'alinéa précédent

[30]BROU KOUAKOU (M.), Le droit OHADA et le Cautionnement hypothécaire, in Penant, N° 856, P.273, Ohadata-D-06-53

solidaire sous réserve des dispositions particulières prévues par ledit Acte Uniforme (art.26). La caution ne peut donc invoquer le bénéfice de discussion et de division, pour se soustraire aux poursuites qui seraient entreprises sur son patrimoine.

En cas de défaillance du débiteur principal ou si la diminution de son patrimoine compromet gravement le paiement de la dette, le créancier est fondé à pratiquer une saisie conservatoire sur les biens appartenant à la caution, sachant qu'elle est tenue de la même façon que le débiteur principal[31]. Abordant la question, Philippe SIMLER estime que « *dès l'instant du cautionnement, ou du moins dès l'instant où est née une obligation de règlement, la caution a la qualité de débitrice. L'absence de l'exigibilité de la dette et le caractère seulement éventuel du paiement, en raison de ce que la caution n'est qu'un débiteur accessoire, sont sans incidence sur sa qualité. Il en résulte que le créancier est en droit, selon les circonstances, de prendre les mesures conservatoires contre la caution*[32] ». Aussi a-t-il été décidé qu'en cas de défaillance du débiteur principal, le créancier peut valablement demander le paiement de sa créance en faisant sommation dans un seul exploit au débiteur et à la caution[33].

Dans l'espace OHADA, les établissements financiers et bancaires exigent parfois une caution pour octroyer un crédit à un particulier, même si les personnes qui s'engagent en qualité de caution, ignorent généralement la portée de leurs engagements.

En réalité, le frère, le cousin ou la tante qui se porte caution pour aider un parent à obtenir un crédit ne réalise pas qu'il prend l'engagement de payer la dette souscrite par ce dernier lorsqu'il aura failli[34], la défaillance du débiteur principal étant suffisante pour justifier les poursuites contre la caution.

Prosper NKOU MVOUNDO affirme que « *dans le contrat de cautionnement, la caution s'engage toujours avec l'espoir que le débiteur principal payera sa dette. La caution espère donc n'être pas appelée à exécuter son obligation. Il est fort à parier que personne n'accepterait de se*

---

[31]CA Paris, 31 mai 1990, D.1990, IR 173 ; RTD civ.1991, 738, obs. J. Mestre.

[32]Ph. SIMLER, J-CL.CIV, fasc.40, art. 2011 à 2043, cité par GUICHARD (S), TONY (M.) (Dir), op.cité

[33]CA Abidjan, arrêt n°370 du 28 mars 2003, Daniel Bréchat et Alain Massoulier c/ SAFCA, Ohadata J-03-280

[34]Il n'est pas rare en effet, qu'une personne souhaitant obtenir un crédit, conclut un contrat avec une ou plusieurs personnes moyennant paiement d'une commission aux fins de cautionnement. Pourtant, ces contrats clandestins même débusqués n'empêchent pas la réalisation de la caution. La banque étant tenue par une obligation d'information, elle se doit donc de renseigner utilement les cautions sur la portée de leurs engagements.

*porter caution s'il est déjà ou quasi certain que le débiteur principal ne payera pas*[35]». Le créancier qui entend poursuivre l'exécution contre la caution est tenu de l'informer au préalable de la défaillance du débiteur principal avant de pratiquer les mesures conservatoires ou les voies d'exécution à son encontre[36].

Pourtant, la réalité semble contraster avec les dispositions de l'article 24 de l'AUS. En effet, l'expérience a montré que la banque créancière n'informe pas toujours la caution de la défaillance constatée du débiteur principal, de sorte que celle-ci ayant son salaire domicilié dans les livres de la banque est surprise de l'indisponibilité de ses avoirs. C'est lors des réclamations qu'elle est informée des poursuites initiées à son encontre. A juste titre, le Tribunal de Grande Instance de Ouagadougou a retenu que la notification de l'injonction de payer n'équivaut pas à informer la caution de la défaillance du débiteur principal, dans la mesure où l'ordonnance d'injonction de payer condamne déjà la caution au paiement de la dette[37]. Quelques années auparavant, dans une affaire similaire, le même tribunal avait décidé que l'ordonnance d'injonction de payer est un titre qui permet d'engager les procédures d'exécution et ne saurait être assimilé à une mise en demeure dans le cadre d'un cautionnement, d'autant plus que la caution doit être informée de la défaillance du débiteur principal qui doit être appelé en cause en même temps qu'elle[38].

Désireux de poursuivre la caution, le créancier doit observer, d'une part, les conditions prescrites à l'article 54 de l'AUVE et d'autre part les règles organisant la réalisation de la caution.

---

[35] NKOU MVOUNDO (Ph), L'information de la caution dans le nouveau droit des suretés des Etats africains, Ohadata-D-06-33.

[36] L'article 24 de l'Acte Uniforme portant Organisation des Suretés, dispose que dans le mois de la mise en demeure de payer adressée au débiteur principal et restée sans effet, le créancier doit informer la caution de la défaillance du débiteur principal en lui indiquant le montant restant dû par ce dernier en principal, intérêts et autres accessoires à la date de cet incident de paiement. A défaut, la caution ne saurait être tenue au paiement des pénalités ou intérêts de retard échus entre la date de cet incident et la date à laquelle elle en a été informée

[37] TGI Ouagadougou, jugement n°061/08 du 26 mars 2008, Aff. SAWADOGO Wéfo Adama & GOUO Seydou c/ Banque Internationale pour le Commerce, l'industrie et l'Agriculture du Burkina (BICIA-B), Répertoire OHADA 2006-2010 p.102, Ohadata J-09-37.

[38] TGI Ouagadougou, jugement n°53/2005 du 16 février 2005, Aff. NIKIEMA Arouna c/ Programme National d'Appui à la Réinsertion des Travailleurs des Déflatés(PNAR-DT), Répertoire OHADA 2006-2010 p.102, Ohadata J-07-227

**d)- L'interdiction de saisir les biens du débiteur faisant l'objet d'une procédure collective d'apurement du passif**

Après le dépôt de la proposition de concordat préventif, les poursuites individuelles sont suspendues par la décision de la juridiction compétente. Selon les dispositions de l'article 8 de l'Acte Uniforme portant Organisation des procédures collectives d'apurement du passif, la suspension des poursuites concerne aussi bien les voies d'exécution que les mesures conservatoires. De ce fait, aucune saisie conservatoire, ni une mesure d'exécution forcée ne peut être pratiquée contre un débiteur bénéficiant de la suspension des poursuites, pour les créances antérieures à ladite décision. Toute voie d'exécution mobilière ou immobilière du chef du paiement d'une somme d'argent due en vertu d'une créance antérieure au jugement d'ouverture est donc interdite, quelle que soit l'origine de la créance[39].

La difficulté peut surgir, lorsque le débiteur bénéficiaire d'une décision de suspension des poursuites individuelles, suivie d'une homologation de concordat, ne respecte pas ses engagements concordataires. L'on s'interroge si les créanciers peuvent retrouver leur liberté d'action en pratiquant une saisie conservatoire sur les biens du débiteur défaillant. A cette question, la CCJA a répondu par la négative par un arrêt du 16 novembre 2006[40]. Il résulte de cette espèce que, par une convention sous seing privé en date du 22 janvier 1999, la Société Africaine de Crédit Automobile dite SAFCA avait financé l'acquisition par la société Air Continental d'un avion AZTCT à concurrence de 90.000.000 francs CFA, remboursable en 60 échéances mensuelles de 2.395.108 francs CFA chacune. Par un autre contrat en date du 06 février 1998, la SAFBAIL avait préfinancé à hauteur de 469.935.000 francs CFA l'acquisition par la Société Air Continental d'un autre avion « Merlin Turbo Propulseur », le remboursement de ce dernier montant devant s'étaler sur cinq ans à raison de 11.126.597 francs CFA. Pour garantir le remboursement de leur crédit respectif, les deux sociétés avaient pris une hypothèque sur les aéronefs inscrits sur le registre ivoirien d'immatriculation des aéronefs civils.

Par la suite, la société Air Continental s'étant révélé incapable d'honorer ses engagements souscrits vis-à-vis de ses créanciers, par requête en date du 23 février 2000, elle sollicitait son admission au bénéfice du règlement préventif, lequel a donné lieu au jugement d'homologation de concordat n°52 rendu le 25 juillet 2000 par le Tribunal de Première Instance d'Abidjan.

---

[39] Ass. Plén., 13 févr.1976, n°74-14.127, Bull. ass. Plén., n°3 ; D. 1976, 237, obs. Honorat et Derrida.

[40] CCJA, arrêt n°023/2006 du 16 novembre 2006, Aff. Société Africaine de Crédit Automobile dite SAFCA et Société Africaine de Crédit-Bail dite SAFBAIL c/ Société Air Continental, Recueil de Jurisprudence n°8/2006, p.27, Le Juris Ohada, n°1/2007, p.19, Ohadata-08-96

Cependant, au motif que le plan de redressement proposé par la Société Air Continental prévoyait une reprise de paiement à compter du 30 octobre 2000 et prétendant n'avoir reçu aucun paiement à compter de ladite date, la SAFCA et la SAFBAIL initièrent des procédures de saisies conservatoires sur les deux aéronefs de la Société Air Continental, pour avoir suretés et paiement des sommes respectives de 126.832.727 francs CFA et 502.531.040 francs CFA. Alors qu'une procédure en contestation desdites saisies était en cours, et craignant que les aéronefs saisis ne prennent les airs, les créanciers sollicitaient et obtenaient une ordonnance sur requête en date du 25 avril 2001 laquelle prescrivait l'immobilisation des deux aéronefs et leur mise sous séquestre et désignait l'ASCENA en qualité de séquestre. La Société Air Continental ayant assigné la SAFCA et la SAFBAIL en rétractation de l'ordonnance n°1919/2001 précité devant le juge des référés, celui-ci par ordonnance des référés n°1797 en date du 04 mai 2001, l'en déboutait. Par exploit en date du 11 mai 2001, la Société Air Continental relevait appel de ladite ordonnance devant la Cour d'appel d'Abidjan laquelle rendait l'arrêt infirmatif n°966 en date du 05 avril 2003 ordonnant la mainlevée de la saisie conservatoire du 19 mai 2001 pratiquée par la SAFCA et la SAFBAIL à l'encontre de la Société Air Continental.

Pour contester cet arrêt devant la CCJA, le demandeur au pourvoi reprochait à l'arrêt attaqué d'avoir violé l'article 9 de l'Acte Uniforme portant Organisation des procédures collectives d'apurement du passif, en ce que ledit arrêt estimait que le jugement d'homologation de concordat rendu par le Tribunal au profit de la Société Air Continental, suspendait les voies d'exécution et les mesures provisoires à l'encontre du débiteur de telle sorte que la saisie conservatoire du 19 avril 2001 était mal venue, alors que l'article 9 de l'Acte Uniforme précité ne régit nulle part les rapports entre les débiteurs admis au redressement et les créanciers après l'avènement du concordat préventif. Il ajoutait que pour comprendre l'article 9 de l'Acte Uniforme précité, il faut se référer bien évidemment à l'article 8 dudit Acte Uniforme qui le précède. Qu'une lecture de ces deux textes fait constater que la décision de suspension des poursuites intervient, dans le temps chronologiquement, avant le concordat et prépare justement l'avènement du concordat auquel les créanciers pourront adhérer ou pas.

Qu'une fois le concordat intervenu comme en l'espèce, il est le seul contrat liant désormais le débiteur et les créanciers, et remplace la décision de suspension des poursuites qui n'a plus sa raison d'être. Que désormais débiteur surtout et créanciers doivent s'appliquer à respecter le concordat qui est leur loi. Qu'une fois le débiteur comme en l'espèce, est le premier à ne pas exécuter les obligations qu'il a librement prises dans le concordat, alors il ne peut plus se réfugier derrière la décision de suspension des poursuites, qui n'avait été qu'une décision préparatoire à l'avènement du concordat. Que cela est d'autant plus juste que le concordat est le résultat des sacrifices des créanciers, qui ont renoncé à une partie de leur dû dans l'intérêt du débiteur, qui avec les conditions favorables qui lui accorde ledit concordat, doit, de bonne foi, s'appliquer à exécuter ses obligations désormais alléguées. Que dès lors si le débiteur bénéficiaire d'un tel concordat, viole délibérément les obligations qui sont les siennes, il est parfaitement loisible aux créanciers, avant même l'aboutissement de toute procédure en dénonciation de concordat, de prendre tout au moins des mesures conservatoires pour la sauvegarde de leurs intérêts. Qu'en rien le concordat qui est né des sacrifices des créanciers ne peut se retourner contre ces derniers lorsqu'il est violé par le débiteur. Ni l'article 8, encore moins l'article 9 de l'Acte Uniforme précité, n'interdisent aux créanciers de prendre des mesures conservatoires lorsque le concordat est violé, c'est-à-dire lorsque leurs intérêts sont mis en péril par le débiteur de mauvaise foi, qui en fait ne méritait pas de concordat, qu'en ordonnant par conséquent la mainlevée de la saisie conservatoire d'aéronefs pratiquée le 19 avril 2001 par le demandeur au pourvoi, l'arrêt attaqué a violé l'article 9 de l'Acte Uniforme précité et mérite annulation de ce chef ;

Pour rejeter ce pourvoi, la CCJA a retenu qu'il ressort du dispositif du jugement d'homologation du Tribunal de Première Instance d'Abidjan les mentions suivantes : « statuant en audience non publique, contradictoirement, en matière commerciale et en premier ressort : Prononce le règlement préventif de la société Air Continental ; Homologue le concordat préventif proposé par la société Air Continental ; Fixe la durée dudit concordat à 3 ans à compter du 30 octobre 2000 ; Constate les délais consentis par les créanciers ; que le jugement précité n'ayant pas fait l'objet des voies de recours, la décision de règlement préventif a donc acquis force de chose jugée et doit être exécuté conformément aux prescriptions de l'article 9 de l'Acte Uniforme susvisé, lequel rend le concordat préventif homologué obligatoire pour tous les créanciers antérieurs à la décision du règlement préventif, que leurs créances soient chirographaires ou garanties par une sureté, que dès lors l'obligation édictée par ledit article s'imposaient à toutes les parties litigantes, mais surtout aux requérantes, et ce, pendant, une durée de trois ans à compter du 30 octobre 2000, délai que ces dernières ont-elles-mêmes librement consenti, selon les termes du jugement d'homologation sus énoncé, qu'il s'ensuit que les requérantes ne pouvaient remettre en cause ledit concordat en initiant une saisie conservatoire des aéronefs de leur débiteur, la Société Air Continental, la décision de suspension des poursuites individuelles interdisant, aux termes de l'alinéa 2 de l'article 9 précité « aussi bien les voies d'exécution que les mesures conservatoires ». Que ces dernières n'auraient été possible que si les requérantes avaient obtenu l'annulation ou la résolution dudit concordat, conformément aux articles 139 à 143 de l'Acte Uniforme précité, ce qui n'est pas le cas en l'espèce, que par suite en décidant que la saisie conservatoire du 19 avril 2001 viole les dispositions de l'article 9 ( de l'Acte Uniforme susvisé) et qu'il échet par conséquent d'infirmer l'ordonnance déférée et, statuant à nouveau, ordonner la mainlevée de la saisie conservatoire du 19 avril 2001 et débouter les sociétés SAFCA et SAFBAIL de leurs demandes. L'arrêt attaqué n'encourt pas les reproches visés au moyen ; d'où il suit que le pourvoi n'est pas fondé et doit être rejeté ».

Par cette jurisprudence, la CCJA a apporté des clarifications nécessaires pour la bonne compréhension des dispositions des articles 8 et 9 de l'AUPCAP. Elle précise que la décision de suspension des poursuites interdit aussi bien aux créanciers chirographaires qu'à ceux nantis de suretés de pratiquer des mesures conservatoires ou d'exécution sur les biens du débiteur. Le fait pour le débiteur de faire preuve de mauvaise foi ensuite et de ne plus honorer ses engagements n'autorise pas une remise en cause de la décision de la suspension des poursuites ainsi que les délais de paiement consentis par les créanciers. La seule possibilité reconnue au créancier dont les intérêts sont lésés par la mauvaise foi supposée ou avérée du débiteur est d'obtenir la résolution du concordat. Préalable indispensable à la mise en œuvre des mesures conservatoires ou d'exécution forcée.

Si le principe est acquis de l'interdiction de pratiquer les mesures conservatoires ou les voies d'exécution sur les biens du débiteur faisant l'objet d'une procédure collective, la question peut se poser, à propos de la caution lorsque le débiteur principal fait l'objet d'une procédure collective. La décision de suspension des poursuites individuelles s'étend-elle à la caution. La caution peut-elle invoquée le bénéfice de la suspension des poursuites individuelles et les délais de paiement consentis au débiteur après l'homologation du concordat. La réponse est négative.

En effet, aux termes de l'article 18 alinéa 4 de l'Acte Uniforme portant Organisation des procédures collectives d'apurement du passif[41], les cautions et coobligés du débiteur ne peuvent se prévaloir des délais et remises du concordat préventif. La caution ne peut invoquer la suspension des poursuites accordée au débiteur pour se soustraire à ses engagements. Une saisie

---

[41] Ce texte issu de la réforme du 10 septembre 2015 a introduit une distinction entre les personnes physiques et les personnes morales, de sorte qu'une différence de traitement s'impose lorsque la caution est une personne physique ou une personne morale. Aux termes de cette disposition, à l'exception des personnes physiques, les coobligés ou les personnes ayant consenti une sureté personnelle ou cédé un bien en garantie ne peuvent se prévaloir des délais et remises de délais du concordat préventif, alors qu'avant la réforme cette disposition énonçait simplement que les cautions et coobligés du débiteur ne peuvent se prévaloir des délais et remises du concordat préventif. Dans cette nouvelle version, on peut constater que le terme caution n'a pas été repris, d'autant plus que le texte ne mentionne que les coobligés ou les personnes ayant consenti une sureté personnelle soit affecté, soit cédé un bien en garantie.

conservatoire peut être pratiquée sur ses biens, nonobstant le bénéfice de la suspension des poursuites individuelles consenties au débiteur.

L'on peut constater que le législateur traite plus durement la caution que le débiteur, sachant que la caution n'est qu'un débiteur accessoire qui ne répond de la dette qu'en cas de défaillance du débiteur.

Il faut signaler cette décision portant suspension des poursuites individuelles rendue par le Président du Tribunal de Commerce de Bamako en date du 08 mars 2008, laquelle indiquait que la suspension concerne aussi bien les voies d'exécution, les mesures conservatoires, que l'exécution et la mise en œuvre de toutes les garanties consenties au profit du débiteur principal. Cette décision a été critiquée par la doctrine[42]qui n'a pas manqué de fustiger la bienveillance excessive dont a fait montre ce magistrat.

Souvent la mesure de saisie est pratiquée entre les mains du tiers saisi, personnage parfois essentiel pour la mise en œuvre de la saisie, d'où la nécessité de circonscrire cette notion de tiers saisi.

### C. La notion de tiers saisi

Le tiers saisi est le débiteur du débiteur saisi. Il s'agit d'une personne qui est dans un rapport d'obligations avec le débiteur saisi, faisant de lui, détenteur des biens meubles corporels ou incorporels appartenant au débiteur. Le tiers saisi entretient un rapport de droit avec le débiteur, qui impose des obligations à sa charge. Ce rapport doit être exclusif de toute dépendance ou subordination.

En aucun cas, le tiers saisi ne peut être préposé du débiteur, à l'instar d'un caissier ou d'un comptable, employé du débiteur, qui ne détient pas les fonds en vertu d'un pouvoir indépendant puisqu'il est subordonné à son employeur, il n'est donc pas tiers par rapport à celui-ci[43]. Le tiers saisi doit être une personne véritablement étrangère, n'ayant aucune relation de subordination juridique à l'égard du débiteur, il doit détenir des sommes dues au débiteur saisi en vertu d'un pouvoir propre et indépendant, même s'il les détient pour le compte d'autrui[44].

Le tiers saisi est une personne étrangère dans les relations d'affaire qui peuvent exister entre les deux acteurs principaux de la procédure qui sont le

---

[42] MEUKE (B.Y), De la suspension des poursuites individuelles dans la procédure de règlement préventif de l'OHADA : le sort de la caution, note à propos de l'ordonnance N°135/08 du 06 mars 2008 portant suspension des poursuites individuelles rendues par le Président du Tribunal de Commerce de Bamako, Ohadata D-08-14

[43] FRICERO (N.) Procédures civiles d'exécution, op.cit., p.114

[44]COUCHEZ (G.) Voies d'exécution, op.cit. p.131

créancier et le débiteur. Le tiers saisi devient un personnage essentiel dans cette procédure, pour avoir eu l'infortune de détenir, les sommes d'argent appartenant un débiteur indélicat ou défaillant.

Afin de pratiquer la saisie des biens de son débiteur, le créancier doit requérir le ministère d'un agent d'exécution.

### D. La personne chargée de l'exécution de la mesure

La saisie est pratiquée par un huissier de justice ou un agent d'exécution qui, en la matière, bénéficie d'un véritable monopole. Au Congo, ce monopole trouve sa source dans la loi n°027-92 du 20 août 1992 portant institution de la profession d'huissiers de justice. L'article 3 de cette loi dispose, en effet, que les Huissiers de justice sont des officiers ministériels chargés de signifier les actes et les exploits, d'exécuter les décisions de justice, et de faire les constats à la diligence des parties. Ils peuvent, en outre, procéder aux prisées et ventes des meubles. Dans ce cas, ils doivent se conformer à toutes les prescriptions légales et réglementaires applicables aux commissaires-priseurs.

Il en ressort que l'huissier de justice est l'unique officier ministériel chargé de procéder aux opérations de saisie. Il bénéficie d'un véritable monopole en ce domaine. Il n'est pas permis au créancier de pratiquer soi-même une saisie sur les biens de son débiteur, sans requérir le ministère d'un huissier de Justice, même lorsque les biens à saisir se trouvent entre ses mains. Une saisie pratiquée par une personne non habilitée par la loi constitue une voie de fait, une mesure entachée d'irrégularité qui sera déclarée nulle et de nul effet.

Ainsi, constitue une voie de fait et non une saisie valable, le fait pour le créancier de s'emparer, pour se faire payer de sa créance, des fonds se trouvant dans le sac de sa prétendue débitrice, sans le consentement de cette dernière, au motif que celle-ci se serait portée garante de la dette d'une tierce personne à son endroit et alors que cette garantie qui n'est pas établie ne saurait justifier un tel comportement même si elle s'était avérée exacte[45]. De même, a été annulée la saisie conservatoire pratiquée par un conseil juridique bien que le procès-verbal ait été signé par un huissier de justice[46].

L'huissier instrumentaire dresse un procès-verbal de ses diligences, appelé procès-verbal de saisie. Lorsque dans l'exécution de sa mission, l'huissier

[45] TPI Cotonou, 1ère civ. Ord. référé n°80/02-ICCIV du 25 avril 2002, Rôle général, n°382/01-Ramatou OMOLOLA ADENIYI (Me ADDIS SALAMI) c/ Seïdou LATIF (Me ALABI), Ohadata-J-10-07, cité par Joseph ISSA SAYEGH, ibidem, p. 545

[46] TPI Bouaké, Ord. référé n°12 du 28 avril 2005, Aff. N.Y.C. c/ A.H., Le Juris-Ohada, n°3/2006, p.36, Ohadata J-07-18 cité par Joseph ISSA SAYEGH, in Répertoire Ohada 2006-2010, Jurisprudence et Bibliographie, publié par l'UNIDA, p.546

rencontre une difficulté obstruant l'exécution d'un titre exécutoire, il peut saisir la juridiction compétente. Dans ce cas, il délaisse, aux frais du débiteur, assignation à comparaître aux parties en les informant des jour, heure et lieu de l'audience au cours de laquelle la difficulté sera examinée. Il doit donner connaissance aux parties du fait qu'une décision pourra être rendue en leur absence (art.48 AUVE).

En raison de la résistance opposée par certains débiteurs, l'huissier peut recourir à la force publique, surtout lorsqu'il s'agit de pratiquer une saisie dans une maison servant d'habitation. Si l'occupant du local refuse d'ouvrir les portes, le recours à la force publique s'avère indispensable. Le législateur OHADA, qui avait bien anticipé la difficulté a indiqué à l'article 29 AUVE que L'État est tenu de prêter son concours à l'exécution des décisions et des autres titres exécutoires. La formule exécutoire vaut réquisition directe de la force publique. La carence ou le refus de l'État de prêter son concours engage sa responsabilité.

En pratique, l'application de cette disposition se heurte à la résistance du Procureur de la République qui n'apprécie guère que l'huissier de justice puisse directement requérir la force publique, sans au préalable, obtenir de lui des réquisitions à cette fin.

### § 2. Les conditions relatives à la créance

Pour pratiquer une saisie conservatoire, le créancier doit disposer d'une créance paraissant fondée en son principe(A) et justifier d'une menace sur le recouvrement(B). Ces deux conditions sont cumulatives[47] et non alternatives, de sorte que le non-respect de l'une d'elles compromet la saisie pratiquée et sa mainlevée s'impose.

#### A. L'exigence d'une créance paraissant fondée en son principe

Toute personne dont la créance parait fondée en son principe peut solliciter l'autorisation de pratiquer une saisie conservatoire sur les biens appartenant à son débiteur. Cette condition édictée par l'article 54 de l'AUVE appelle une observation préliminaire.

Le législateur OHADA n'a pas défini ce qu'il entendait par « *une créance paraissant fondée en son principe* ». La diversité de situations particulières et les difficultés économiques auxquelles peuvent être confrontées les débiteurs rendaient délicate une définition d'avance. Il revient donc au juge de définir

---

[47] TPI Libreville, Ord., rép. n°.... 2001-2002 du 17 juin 2002, Sté air affaires Gabon c/ Sté Air Service, Ohadata J-04-139.

les contours de cette notion riche en diversité. La CCJA estime que les conditions énoncées par l'article 54 AUVE renvoient à des éléments de pur fait dont l'appréciation relève du pouvoir souverain du juge[48].

Contrairement aux voies d'exécution dont la mise en œuvre nécessite la détention d'un titre exécutoire, en matière de saisie conservatoire, il n'est pas exigé du créancier la détention d'un titre exécutoire. Le juge saisi d'une demande aux fins de saisie conservatoire doit rechercher l'existence d'une créance paraissant fondée en son principe et non un principe certain de créance[49]. D'ailleurs, le choix de pratiquer une saisie conservatoire est souvent dicté par l'absence de titre exécutoire[50], même s'il n'est pas exclu que le créancier détenteur d'un titre exécutoire puisse pratiquer une saisie conservatoire avant de la convertir en mesure d'exécution forcée.

Cela dit, une créance parait fondée en son principe lorsqu'elle est vraisemblable et que son existence ne peut être sérieusement contestée. Il est donc conseillé au créancier qui entend pratiquer une saisie conservatoire de joindre à sa requête des pièces probantes qui fondent la créance. Ce peut être des décharges signées de la main du prétendu débiteur, un contrat liant les parties, des bons de livraison des matériaux dont on poursuit le paiement ou toute pièce susceptible d'établir l'existence de la créance réclamée. Avec l'avènement des nouvelles technologies de l'information et de communication, la preuve électronique est admise. Les courriers électroniques ont été admis comme preuve d'une créance dans le cadre d'une saisie conservatoire[51].

Le juge exige du poursuivant la production des pièces qui laissent présumer que la créance cause de la saisie ne soit pas douteuse[52]. Des documents unilatéralement confectionnés par le créancier à l'appui de sa demande d'autorisation de saisir sont, sans objectivité aucune et ne permettent

---

[48]CCJA, 2ème ch. arrêt 085/2014 du 22 mai 2014, Aff. Entreprise de Métallurgie Ivoirienne dite EMI c/ MONIN Jean Paul, Ohadata J-15-176. La CCJA estime qu'en retenant donc qu'EMI « ne produit aucun procès-verbal de livraison desdits travaux alors que MONIN soutient justement qu'elle n'a pas terminé des travaux ou qu'elle les a mal exécutés et produit un procès-verbal de constat... », la Cour d'appel a fait usage de son pouvoir souverain d'appréciation du caractère apparent de la créance et de la réalité ou non des circonstances de nature à en menacer le recouvrement, que ce faisant, elle ne viole en rien les dispositions de l'article 54 AUVE.

[49]CA Dakar, arrêt n° 282 du 23 juin 2000, Société E. BETI c/ SETI, obs. Ndiaw DIOUF, Ohadata J-03-163

[50] R. NJEUFACK TEMGWA « saisies conservatoires », Encyclopédie du droit OHADA, POUGOUE (P.G) (Sous la Dir.), op. cit. p.1746.

[51]CA Ouest, arrêt N°75/CIV du 11 juin 2008, Aff. NTOPA Bernard c/ TANKOU Maurice, Ohadata J-10-144

[52] TGI Brazzaville, Ord. référé Rôle N°1547, répertoire N°83 du 24 février 2011, Aff. Sté IMMO-CONGO c/ Albert PORET, inédit

nullement de dire que la créance dont il se prévaut parait fondée en son principe. Cette carence affectant la créance alléguée est en soi suffisante pour refuser l'autorisation de saisir[53]. Le juge appréciant souverainement les faits de la cause pour en déduire l'absence de la preuve alléguée pouvant fonder l'existence de la créance et justifier ainsi la saisie conservatoire[54].

La charge de la preuve du caractère fondé de la créance incombe au créancier poursuivant et s'apprécie souverainement par le juge[55]. Cette charge est aisée, lorsque le débiteur reconnait devoir une certaine somme d'argent, sous réserve de faire des comptes avec l'autre partie. Cet aveu est suffisant pour dire que la partie poursuivante justifie d'une créance paraissant fondée en son principe comme l'exige la loi[56].

Dans l'affaire ayant donné lieu à l'ordonnance du 24 février 2011 précitée, pour obtenir l'ordonnance autorisant la saisie conservatoire des comptes bancaires de la société IMMO-CONGO, le créancier saisissant, ex-travailleur de ladite société prétendait ne pas avoir perçu ses arriérés de salaires et les deux (2) mois de préavis prévus dans le contrat, le juge des référés a relevé que « *... le créancier saisissant sans contester véritablement la perception par lui de son solde des arriérés de salaire via, la banque susnommée, se contente de préciser une autre créance, cause de la saisie, représentant les deux(2) mois de préavis cantonnés aux frais et accessoires évalués à la somme totale de 8000 euros soit 5.200.000 FCFA, qu'il appert de ces circonstances contradictoires que la créance, cause de la saisie conservatoire est douteuse et ne peut paraitre fondée en son principe*[57]». Par contre, l'existence d'un faisceau d'indices susceptibles d'indiquer le caractère fondé en son principe de la créance justifie une saisie conservatoire[58].

Pour sa part, le juge des référés du Tribunal de Grande Instance de Dolisie a retenu que la créance paraît fondée en son principe, au regard de la reconnaissance de dette produite, laquelle a été signée par le débiteur au profit

---

[53]TPI Libreville, Ord. Répertoire n°135/ 2000-2001 du 29 juin 2001, Société EXPRESSE TOUR c/Société AIR DABIA GAMBIA, Ohadata J-04-136

[54]CCJA, arrêt n°057/2012 du 07 juin 2012, Aff. Studio d'Architecture Bassey dit SABA c/ GABON PROPRE SERVICE et MORGAN AUZANNEAU, Ohadata J-14-168

[55] CCJA, Ass. Plén. Arrêt n°087/2013 du 20 novembre 2013, Aff. Société MANI-SERVICES SARL c/ Société RENCO SPA.

[56] CA Port-Gentil, 28 avril 1999, Pénant 1999, p.114, Ohadata J-02-44, obs. Joseph Issa Sayegh, cité Code Pratique, Ohada, Traité, Actes uniformes et règlements annotés, Code, Ed. Francis LEFEBVRE, 2014, p.705,

[57] TGI Brazzaville, Ord. référé Rôle N°1547, répertoire N°83 du 24 février 2011, Aff. Sté IMMO-CONGO c/ Albert PORET, inédit

[58]TGI Brazzaville, ord. référé N°821, rép. n°158 du 22 juillet 2009, Aff. ASECNA-CONGO c/ NFOUKOU Paul et autres, inédit

du créancier[59]. Dans le même ordre, la Cour d'appel de Port-Gentil a décidé que la reconnaissance de sa dette par le débiteur, sous réserve de faire des comptes avec son créancier pour en déterminer le montant exact et définitif, constitue une créance fondée en son principe telle que l'exige l'article 54 de l'AUVE[60].

Pour sa part, la Cour d'appel de Cotonou rappelle que, l'article 54 n'exige pas pour justifier la saisie conservatoire, une créance certaine liquide et exigible. Le juge, pour ordonner la saisie conservatoire, doit seulement rechercher l'existence d'une créance paraissant fondée en son principe et non un principe certain de créance. Il en est ainsi lorsqu'il existe une convention d'honoraire entre un avocat et son client et que des acomptes importants ont été réglés par le débiteur[61]. Le saisissant doit démontrer qu'il y a bien un débiteur en la personne du propriétaire des biens sur lesquels il entend pratiquer une saisie conservatoire en apportant les justificatifs de sa créance[62] afin que le juge constate que le saisissant ne se trompe pas de débiteur et que sa créance n'est pas fantaisiste.

La CCJA a censuré un arrêt, en décidant que la Cour d'appel qui, pour faire droit à la requête en mainlevée d'une saisie conservatoire a retenu que « ... *la créance réclamée n'est pas certaine et les intimés mal venus à invoquer une quelconque menace de son recouvrement... a violé l'article 54 AUVE et exposé son arrêt à la cassation en ajoutant la condition de certitude alors que seul le fondement de la créance en son principe était exigé*[63] ». Si le créancier ne rapporte pas la preuve de l'existence de sa créance, la mainlevée de la saisie sera ordonnée. C'est ainsi qu'il a été jugé que « c'est à bon droit que les premiers juges ont rétracté l'ordonnance entreprise de saisie conservatoire, dès lors que la créance n'est pas fondée en son principe, celle-ci n'étant pas encore définitivement arrêtée, et que les simples saisies demeurées infructueuses ne peuvent à elles seules suffire à justifier l'insolvabilité de la compagnie d'assurance et le péril de la créance invoquée[64] ».

---

59 TGI Dolisie, ord. rôle civil N°162, répertoire N°008 du 13 avril 2008, Aff. AIDARA ABDOU AZIZ c/ Roy OWAZA, inédit

60 CA Port-Gentil, ch. Civ.& com., arrêt de référé n°60/98-99 du 28 avril1999, Sté EFG c/CAGRINO. Point 1. Ohadata J-02-151

61 CA Cotonou, arrêt n°005/2006, Aff. Louis Augustin KOUKOU de CAMPOS c/ Port autonome de Cotonou, Jurisprudence béninoise, n°3, p.25. Ohadata J-10-244

62 TGI Bastia, 13janv.1993, Rev. Huissiers 1994, p.577, note Bourdillat.

63 CCJA, Ass. pl. arrêt n° 108/2014 du 04 novembre 2014, Aff. ONGOLO-Entrepreneur-Prestataires de services c/ Société Africaine pour l'Industrie et le Commerce au Cameroun dite SAFRIC S.A. Ohadata J-15-199.

64 CA Abidjan, ch. Civ.& com., arrêt n°111 du 09 avril 2010, Aff. Société ROTOCI contre 1-Société GNA Assurance 2- Société MACACI, Le Juris-Ohada n°4/2011, Oct.-nov.-déc. P.40, Ohada J-11-87

La diversité des situations abordées par la jurisprudence vient ici conforter l'idée selon laquelle l'existence d'une créance paraissant fondée en son principe est une question de fait qui relève de l'appréciation souveraine du juge.

### B. La nécessité d'une menace sur le recouvrement

La justification des circonstances de nature à menacer le recouvrement de la créance est la seconde condition exigée par l'article 54 de l'AUVE pour pratiquer une saisie conservatoire. Sous l'empire de la loi de 1955 et avant la réforme des procédures civiles d'exécution de 1991, la doctrine française assimilait cette formule à un péril dans le recouvrement. Le créancier était donc invité à rapporter la preuve de l'insolvabilité imminente de son débiteur, avant de pratiquer une saisie conservatoire sur les biens de ce dernier. Avec la loi du 9 juillet 1991 portant réforme des procédures civiles d'exécution et son décret d'application du 31 juillet 1992 dont l'article 210 al.1 est ici repris par l'acte uniforme OHADA, la doctrine a vu un assouplissement de la loi pour permettre au créancier de recourir assez facilement à la saisie conservatoire.

Pour autant, il n'est pas toujours aisé pour le créancier de justifier cette menace sur le recouvrement. Il est délicat pour le créancier d'avoir une bonne lecture sur les fluctuations du patrimoine de son débiteur ou d'apprécier la solvabilité de ses partenaires d'affaires. Le juge apprécie toujours souverainement pour déterminer si, au regard des faits de la cause, ceux-ci peuvent être analysés en des circonstances de nature à menacer le recouvrement de la créance. Dans cette optique, il a été décidé que, lorsque la créance est garantie par un nantissement judiciaire, le créancier saisissant ne peut justifier la condition de menace sur le recouvrement exigé par l'article 54 AUVE.

Dans cette espèce, la Cour d'appel de Pointe-Noire a jugé « qu'une créance dont le recouvrement est garanti par un nantissement judiciaire de fonds de commerce ne saurait en même temps servir de cause à une saisie conservatoire, tant il est certain qu'elle ne remplit de façon évidente, la condition de créance menacée dans son recouvrement. Dès lors, le premier juge qui a bien constaté que la créance était garantie pour son recouvrement, par un nantissement judiciaire, aurait dû juger qu'une telle créance ne remplissait pas la condition du péril dans son recouvrement exigée à l'article 54 de l'AUVE, et ordonner en conséquence la mainlevée de la saisie conservatoire pratiquée[65]». Par contre, dans l'affaire Port Autonome de Cotonou précitée, pour caractériser la menace sur le recouvrement de la

[65]CA Pointe-Noire, arrêt n° 009 du 10 août 2007, Société d'Approvisionnement et de commercialisation (SAC) C/ S.D.V. CONGO, Ohadata J-13-134

créance la Cour d'appel de Cotonou a décidé que « si l'existence d'une convention des horaires entre un avocat et son client, lequel avait déjà réglé des acomptes importants était constitutif d'une créance paraissant fondée en son principe, la résistance relativement au paiement desdits honoraires qui sont des créances alimentaires à la vie de famille du créancier et à la bonne marche de son cabinet lui crée un préjudice certain et constitue pour lui un péril en la demeure et une menace pour le recouvrement de sa créance[66]».

La menace sur le recouvrement peut se traduire par l'existence des difficultés financières auxquelles est confronté le débiteur. C'est ainsi qu'une saisie conservatoire a été ordonnée contre des sociétés débitrices, en retenant que les diverses procédures judiciaires engagées à leur encontre par leurs employés et cocontractants, le licenciement de plusieurs dirigeants sociaux et l'absence des états financiers et bilans annuels, constituent une menace sérieuse de recouvrement[67].

Dans l'espèce ayant donné lieu à l'arrêt du 29 mars 2009, la CCJA a rappelé que le juge dispose d'un pouvoir d'appréciation pour vérifier si les conditions prescrites par l'article 54 AUVE sont réunies en précisant que « les conditions énoncées par l'article 54 AUVE renvoient à des éléments de pur fait, dont l'appréciation relève du pouvoir souverain du juge du fond, qu'il ressort des écritures des parties, que le juge du fond est saisi d'une procédure en nullité du contrat de bail liant la GETMA à la société SICPRO, et dans ces conditions les saisies pratiquées en vertu des créances encore contestées sont prématurées et inopportunes, la Cour d'appel a fait usage de son pouvoir souverain d'appréciation du caractère apparent de la créance et de la réalité ou non des circonstances de nature à en menacer le recouvrement. Ce faisant elle ne viole en rien les dispositions de l'article 54 de l'AUVE[68] ».

---

66 CA Cotonou, arrêt n°005/2006, Aff. Louis Augustin KOUKOU de CAMPOS c/ Port autonome de Cotonou, Jurisprudence béninoise, précité

67 TPI Yaoundé Centre Administratif, ord. n°612/C du 04 mai 2008, Aff. Société Transnational Industries Cameroun SA(TIC), le BUS SA c/ SPC MUNA, MUNA & Associés, Me MAH Ebenezer Paul, United Bank of Africa (UBA), CITI Bank, O CCJA, arrêt n°14/2007 du 29 mars 2007, Aff. Société Internationale de Commerce de produits tropicaux dite SICPRO c/ Société Gestion Ivoirienne de transport maritime et Aérien dite GITMA devenue GETMA, Recueil de jurisprudence n°9, janvier-juin 2007, p.37. Le Juris-Ohada n°4/2007 p. 22, Ohadata J-08-221 ; voir également CCJA, 2ème, Arr. n°037/2011 du 08 décembre 2011, Aff. Sociétés MAERSK COTE D'IVOIRE c/ 1) Cabinet d'Etudes et de Mise en Recouvrement en hadata J-09-228

68 CCJA, arrêt n°14/2007 du 29 mars 2007, Aff. Société Internationale de Commerce de produits tropicaux dite SICPRO c/ Société Gestion Ivoirienne de transport maritime et Aérien dite GITMA devenue GETMA, Recueil de jurisprudence n°9, janvier-juin 2007, p.37. Le Juris-Ohada n°4/2007 p. 22, Ohadata J-08-221 ; voir également CCJA, 2ème, Arr. n°037/2011 du 08 décembre 2011, Aff. Sociétés MAERSK COTE D'IVOIRE c/ 1) Cabinet d'Etudes et de Mise en Recouvrement en Côte d'Ivoire dite CERCI SARL, 2) Société Générale de Banques en Côte d'Ivoire dite SGBCI, 3) CITIBANK S.A, 4) Banque Atlantique de Cote d'Ivoire dite BACI S.A

Par contre, dit la CCJA « constitue une interprétation erronée de l'article 54 AUVE, le fait pour une Cour d'appel de déclarer, pour valider une saisie conservatoire des créances, que la durée d'existence de la créance était, à elle seule, une circonstance de nature à en menacer le recouvrement sans que ne soit établie une corrélation entre cette durée et le risque d'insolvabilité ou des manœuvres entreprises de mauvaise foi par le débiteur et qui seraient de nature à priver d'efficacité toutes mesures de recouvrement ultérieures[69] ».

La menace sur le recouvrement est avérée lorsque le débiteur prétend bénéficier d'un échéancier de paiement et avoir constitué garantie alors, d'une part, que l'échéancier est devenu caduc par sa faute (2 mois de retard dans le paiement) et que, d'autre part, en fait de garantie, il n'a fait qu'une promesse d'hypothèque non suivie d'effet. Elle résulte également de la difficile situation financière telle qu'elle résulte du procès-verbal de la saisie des comptes du débiteur dans les établissements financiers et banques de la place, et surtout de sa mauvaise foi qui a consisté à changer de domiciliation[70].

Avant de prendre une mesure immédiatement préjudiciable sur le plan économique et social, telle que la saisie conservatoire d'un bien meuble corporel ou incorporel, il est nécessaire que le juge puisse s'assurer de la réalité de la menace sur le recouvrement afin d'éviter des saisies abusives.

Le créancier s'interroge du bien-fondé de la mainlevée d'une saisie conservatoire dont la créance est fondée et non contestée pour l'unique raison qu'il n'a pas fait la preuve d'une menace sur le recouvrement. Dans l'arrêt n°112 du 13 février 2007 de la Cour d'appel d'Abidjan, alors que le créancier poursuivant, victime d'un accident de circulation et dont la créance n'était pas contestée par le débiteur, reprochait à l'assureur la mauvaise foi, la Cour d'appel a estimé que « la victime de l'accident qui ne rapporte pas la preuve de ce que sa créance était menacée et le fait que le débiteur ne se soit pas acquitté de la dette ne constitue pas une circonstance susceptible de menacer le recouvrement de la créance[71]». Pour la Cour d'appel de Dolisie « le créancier, qui n'avait pas démontré que la non-présence de son débiteur au

---

cité par cité par MBOCK BIUMLA (J. M.), (dir.), OHADA, Code Bleu, Texte annotés jurisprudence résumée de la CCJA, Annotations du droit comparé, Ed. Juriafica, 2016, p.1182

[69] CCJA, arrêt n°022/2012 du 15 mars 2012, Aff. Société Nationale Ivoirienne des Travaux dite SONITRA S.A. c/ Société KOFFI ABOUT & PARTNERS ARCHITECTES SARL dite K.A.P ARCHITECTES, Ohadata J-14-169.

[70] CA Niamey, Chambre civile, arrêt n°139 du 28 nov.2002, BIA c/ SNTN, Ohadata J-03-257

[71] CA Abidjan, ch. Civ.& com., 5ème ch. D, arrêt civil contr. n°112 du13 février 2007, Aff. M. Touré Ahmadou c/ Cie euro-africaine dite CEA, Ohadata J-03-44. Dans cette décision, la Cour d'appel aurait dû caractériser les circonstances de nature à menacer le recouvrement au regard de la mauvaise foi du débiteur.

Congo, représentait un handicap ou un péril dans le recouvrement de la créance n'a pas respecté la seconde condition édictée par l'article 54 de l'AUVE[72]».

Plus pratique est l'approche du juge des référés du Tribunal de Grande de Dolisie qui, après avoir constaté que la créance du saisissant était fondée en son principe, a retenu que « le défaut de poursuivre le paiement de ladite créance par le débiteur depuis la conclusion de la vente et son départ inattendu du Congo, pour une destination inconnue, constituent des circonstances de nature à en menacer le recouvrement[73]». Dans ce sens, la CCJA a décidé que « la délocalisation du siège social d'une société, sans aucune autre précision, est un changement qui est de nature à mettre en péril le recouvrement de la créance[74]».

La détermination des circonstances de nature à menacer le recouvrement étant une question de fait, il revient au juge de caractériser lesdites circonstances et de déduire si elles constituent réellement une menace pour le recouvrement. Ainsi la formule du genre : *« cela doit s'analyser en une circonstance de nature à menacer le recouvrement* », doit être écartée, sans véritablement caractériser cette menace. La Cour d'appel de Dakar a infirmé une décision, en décidant que le premier juge, pour s'être seulement limité à dire que le silence observé par la débitrice malgré une lettre de mise en demeure est de nature à mettre en péril le recouvrement de la créance, n'a pas suffisamment caractérisé la menace encourue par le créancier outre que l'envoi de cette lettre et sa réception sont vigoureusement contestés[75]. La CCJA a rappelé que « *s'il résulte de l'article 54 que le risque d'insolvabilité du débiteur pouvant empêcher le recouvrement de la créance justifie la mesure conservatoire, c'est en violation de ce texte qu'une cour d'appel a retenu que l'inertie de la débitrice à s'acquitter de la créance, malgré les multiples mises en demeure à lui adressées, caractérise la menace, sans démontrer en quoi, cette inertie constitue un risque d'insolvabilité qui exclurait tout recouvrement ultérieur*[76]».

---

[72] CA Dolisie, arrêt commercial du 16 sept 2005, rôle commercial N°36, répertoire N°45, Aff. ETS Bidine Taif c/ Henry MATHISEN, inédit.

[73]TGI, Dolisie, ordonnance rôle civil N°162, répertoire N°008 du 13 avril 2008, Aff. AIDARA ABDOU AZIZ c/ Roy OWAZA, précité

[74]CCJA, Ass. pl. arrêt n° 108/2014 du 04 novembre 2014, Aff. ONGOLO-Entrepreneur-Prestataires de services c/ Société Africaine pour l'Industrie et le Commerce au Cameroun dite SAFRIC S.A précité.

[75] CA, Dakar, arrêt n°44 du 19 janvier 2001, Aff. Sté SAGEM-SENEGAL c/ Sté ENGENERING BETI SENEGAL, Ohadata J-06-54.

[76]CCJA, Ass. pl., arrêt n°107/2014 du 04 nov.2014, Aff. Société RAZEL Cameroun c/ Société Nationale des Eaux du Cameroun dite SNEC, Ohadata J-15-198.

De ce qui précède, il parait utile de rappeler que les conditions édictées par l'article 54 de l'AUVE sont cumulatives et non alternatives, de sorte que l'inobservation de l'une d'entre elles doit amener le juge à ne pas faire droit à la demande de saisie ainsi formulée, ou lorsque la mesure a été déjà autorisée, le cas échéant, d'en donner mainlevée. Il en est ainsi lorsque la créance ne parait fondée en son principe, aucune justification n'étant produite et le créancier saisissant ne justifiant les circonstances de nature à en menacer le recouvrement[77].

Les conditions d'ouverture de la saisie réunies, la mesure ne peut être pratiquée que si le créancier est détenteur d'un titre.

### § 3. Les conditions inhérentes au titre fondant les poursuites

Le créancier est tenu de solliciter l'autorisation du juge pour pratiquer une saisie conservatoire (B). Ce principe admet des dérogations, lorsque le créancier se prévaut d'un titre exécutoire ou des autres titres limitativement énumérés à l'article 55 dudit Acte Uniforme (C). Préalablement à l'examen de ces points, il convient d'aborder la discussion doctrinale sur la détermination de la juridiction compétente instituée par l'article 49 AUVE (A).

#### A. Le débat sur la détermination de la juridiction compétente de l'article 49 AUVE

L'une des innovations majeures de l'AUVE est l'institution d'un juge spécial désormais chargé du contentieux de l'exécution[78]. Après l'entrée en vigueur de l'AUVE, la question de l'identification de la juridiction compétente prévue à l'article 49 de l'AUVE[79] dans l'organisation judiciaire des Etats Parties s'est posée. Ce juge semblait présenter des similitudes avec le juge des référés déjà existant dans ces Etats, tout en disposant des prérogatives spéciales. La question fût posée à la CCJA, par le Président du Tribunal Judiciaire de Première instance de Libreville. Elle a été notamment saisi pour un avis consultatif « sur la compétence de la juridiction des urgences à connaitre des cas de nullité affectant un acte de dénonciation de saisie avec assignation en validité de celle-ci, eu égard justement à la saisine de la juridiction du fond qu'emporte cet acte ». La Haute Cour désignait

---

[77]CA Abidjan, 5ème ch. Civ.& com. B, arrêt n°10 du 06 janvier 2011, Aff. Société SANSARA C/Société Gold Coast Construction, Juris-Ohada n°2/2012, p.50, Ohadata J-12-210.

[78]ASSI-ESSO (A-M H), NDIAW DIOUF, OHADA, Recouvrement des créances, collection Droit Uniforme Africain, éd. BRUYLANT Bruxelles, 2002, p.79

[79] M.ADJAKA, L'identification de la juridiction compétente prévue à l'article 49 de l'Acte Uniforme portant Organisation des Procédures Simplifiées de Recouvrement et des Voies d'Exécution, Ohadata D-08-47.

implicitement le juge des référés comme le juge institué par l'article 49 en répondant que « de l'interprétation combinée des articles 49, 62, 63, 144 et 146 de l'Acte Uniforme Portant Organisation des Procédures Simplifiées de Recouvrement et des Voies d'Exécution, il résulte que la juridiction des urgences telle que déterminée par l'organisation judiciaire de chaque Etat membre de l'OHADA est compétente pour connaitre des cas de nullité affectant un acte de dénonciation de saisie avec assignation en validité de celle-ci[80] ». Par la suite, la CCJA a eu l'occasion d'affirmer de manière claire dans plusieurs décisions que la juridiction compétente instituée par l'article 49 est bel et bien le juge des référés[81].

Loin d'apaiser les inquiétudes légitimes des praticiens et de clore le débat, cette position de la CCJA n'a fait que souffler sur les braises et raviver la controverse doctrinale, en suscitant d'autres interrogations. L'on s'interrogeait, précisément de quel juge des référés parlait-on. Le juge des référés connu dans la plupart des Etats parties au traité OHADA est celui hérité du droit français, notamment de l'ancien Code de procédure civile en ses articles 806 à 811. Or, ce juge s'il tient sa compétence en raison de l'urgence, ce qui semble le rapprocher de celui de l'article 49 qui statue en matière d'urgence, il est avant tout juge du provisoire[82]dont la décision est dépourvue de l'autorité de la chose jugée au principal[83]. Il statue par provision et sa décision est toujours exécutoire de plein droit alors que le juge de l'article 49 est juge du principal en ce qu'il connait de « tout litige ou de toute demande relative à une mesure d'exécution forcée ou à une mesure conservatoire ».

Ce juge est plus puissant que le juge des référés ordinaires et véritable juge du fond puisque la loi lui attribue une partie des attributions et prérogatives dévolues à celui-ci. Ce juge peut autoriser une saisie conservatoire (art.54), connaitre des difficultés rencontrées par un huissier dans l'exécution d'un titre exécutoire (art.48), prononcer la nullité d'une saisie et en ordonner la mainlevée si les conditions prescrites par la loi ne sont pas réunies (art.62 et 63). Il connait de la procédure aux fins d'obtention d'un délai de grâce (art.39). Il est également compétent pour condamner le tiers saisi au paiement des

---

[80] CCJA, avis n°001/99/JN du 07 juillet 1999, RJCCJA spécial, janvier 2003, P.70, voir aussi, F. ONANA ETOUNDI, Grandes Tendances Jurisprudentielles de la CCJA en matière d'interprétation et d'application du Droit OHADA (1997-2010), éd. Spécial oct.2011, p.273.

[81]CCJA, arrêt n°008/2002 du 21 mars 2002, Aff. La Sté PALMAFRIQUE C/ Etienne KONAN BALLY KOUAKOU ; CCJA arrêt n°017/2003, du 09 oct. 2003, Aff. Société Ivoirienne de Banque, dite SIB C/ Complexe Industriel d'Elevage et de Nutrition Animale, dit CIENA ; CCJA, arrêt n° 011/2003 du 19 juin 2003, Aff. Murielle Corine Christel KOFFI, Sahouot Cédric KOFFI C/ Sté LOTENY TELECOM ;

[82] Y. STRICKER, Le juge des référés, juge du provisoire, Thèse, Robert SCHUMAN de Strasbourg, 1993 p.14 et s.

[83]X.VUITTON, J. VUITTON, Les référés, LexisNexis, collection Droit & Professionnels, 3è éd.2012, p.212.

causes de la saisie en cas de déclarations inexactes, incomplète ou tardive (art.156), tout comme il peut délivrer un titre exécutoire contre le tiers saisi (art.168) ou le condamner à des dommages-intérêts(art.156,185).

Au regard de ses attributions et de son champ de compétence très étendu, il est incontestable que le juge institué par l'article 49 de l'AUVE n'est pas le juge des référés ordinaire[84]. Mais s'il n'est pas le juge des référés ordinaire, qui est-il, s'interroge Maître Sterling MINOU[85]. La réponse est apportée par Felix ONANA ETOUNDI dont nous partageons l'avis lorsqu'il affirme que « *la juridiction compétence visée à l'article 49 de l'Acte Uniforme sur les Voies d'Exécution est une juridiction hybride, c'est-à-dire, un mélange entre le juge des référés classique en ce qu'il emprunte son formalisme procédural d'urgence, et le juge de l'exécution français en ce qu'il emprunte ses compétences matérielles*[86] ».

La CCJA a précisé l'étendue des pouvoirs reconnus au juge institué par l'article 49 de l'AUVE dans un important arrêt, à l'occasion du contentieux opposant l'Etat de Côte d'Ivoire aux Ayants droit de BAMBA Fétigué et AKOUANY Paul. Les faits à l'origine du litige sont les suivants : en exécution d'un jugement social rendu le 20 décembre 2002 par le Tribunal de Travail d'Abidjan, AKOUANY Paul a fait pratiquer une saisie-attribution des créances entre les mains de l'Etat de Côte d'Ivoire, débiteur de la Société EGBVCI, pour avoir paiement de la somme principale de 18.361.300 FCFA. Parallèlement, les ayants droit de BAMBA Fétigué faisaient pratiquer une saisie conservatoire des créances sur les mêmes sommes, pour avoir paiement de la somme en principal de 85.029.531 FCFA. Suite à ces saisies, l'Etat de Côte d'Ivoire avait déclaré détenir la somme de 139.060.256 FCFA pour le compte de la société EGBVCI. Le juge des référés du Tribunal de Première Instance d'Abidjan ayant, par ordonnances n°1496 et 1497 rendues le 1er avril 2003, donné mainlevée des saisies conservatoire et attribution de créances, les ayants droit de BAMBA Fétigué et AKOUANY Paul interjetaient appel. Bien avant que la Cour d'appel d'Abidjan ne se prononça, l'Etat de Côte d'Ivoire procédait au paiement de la somme de 125.154.320 FCFA à la Société EGBVCI, et suite à ce paiement, les poursuivants saisissaient à nouveau le

---

[84]DJOGBENOU (J.), L'exécution forcée en droit Ohada op.cit. p.116.

[85]MINOU (S.), La juridiction prévue à l'article 49 de l'Acte Uniforme N°6 portant Organisation des Procédures Simplifiées de Recouvrement et des Voies d'Exécution est – elle le juge des référés au Cameroun ? Ohadata D-08-29.

[86] ONANA ETOUNDI (F.), La problématique de l'unification de la Jurisprudence par la Cour Commune de Justice et d'Arbitrage, éd. Droit au Service du Développement, coll. Pratique et contentieux de Droit Communautaire, 2008, p.161. L'on peut s'interroger pour savoir quelle est la correspondance parfaite d'un tel juge en droit congolais. Le fait de statuer en référé de l'article 207 du CPCCAF tout en renvoyant les parties à se pourvoir ainsi qu'elles aviseront sur le principal ne constitue pas, une négation à l'exercice éventuel d'une compétence sur le fond.

juge de référés du Tribunal de Première Instance d'Abidjan, pour voir l'Etat de Côte d'Ivoire condamner à payer les causes des saisies entre les mains du séquestre désigné. Réagissant à cette procédure, l'Etat de Côte d'Ivoire introduisait une action en rétractation de l'ordonnance de séquestre susvisé. Après avoir ordonné la jonction des procédures, le juge des référés déclarait, par ordonnance du 06 août 2003, l'action initiée par l'Etat de Côte d'Ivoire mal fondée et lui faisait injonction de payer à AKOUANY Paul et aux ayants droit de BAMBA Fétigué, les causes des saisies pratiquées. Sur appel de l'Etat de Côte d'Ivoire, la Cour d'appel d'Abidjan confirmait l'ordonnance querellée par arrêt du 05 Septembre 2003. Sur pourvoi en cassation formé par l'Etat de Côte d'Ivoire, la Cour Suprême de Côte d'Ivoire s'est, par arrêt du 16 février 2005, déclarée incompétente au profit de la CCJA. Le pourvoi reprochait à l'ordonnance de référé du 06 août 2003 et à l'arrêt confirmatif du 05 septembre 2000 d'être des véritables décisions de condamnations, au paiement des sommes d'argent, alors que selon le moyen, les juridictions de référés ne peuvent rendre des telles décisions qui relèvent de la compétence du juge du fond.

Au visa de l'article 49 de l'AUVE, la CCJA a répondu en ces termes : «  qu'aux termes de l'article 49 de l'Acte Uniforme susvisé, « La juridiction compétente pour statuer sur tout litige ou toute demande relative à une mesure d'exécution forcée ou à une saisie conservatoire est le président de la juridiction statuant en matière d'urgence ou le magistrat délégué par lui »...Contrairement à l'argumentaire du demandeur au pourvoi, l'article 49 sus énoncé de l'Acte uniforme susvisé donne compétence exclusive au président de la juridiction en matière d'urgence ou du magistrat délégué par lui, pour connaitre de « toute demande ou de tout litige » relatifs aux mesures d'exécution et aux saisies conservatoires. La généralité des termes « tout litige ou toute demande » signifie que ce juge connait à la fois des contestations de fond et forme relatives aux saisies. Qu'il s'ensuit qu'en considérant que « cette juridiction, véritable juge du fond, est tout à fait compétente pour statuer sur le litige qui lui était soumis », la Cour d'appel d'Abidjan a fait une saine application de l'article 49 de l'Acte Uniforme susvisé, que ce moyen n'étant fondé il doit être rejeté ».

Cette décision n'a pas suscité beaucoup d'engouement de la doctrine, au point que son existence, reste ignorée par beaucoup des praticiens. Pourtant, la portée de cet arrêt s'est avérée essentielle si l'on peut juger un grand arrêt à l'apport qu'il réalise à la théorie générale de l'institution sur laquelle il porte, plus encore qu'à la nouveauté de la solution qu'il consacre[87]. Cet arrêt est

---

[87] GAILLARD (E), La jurisprudence de la cour de cassation en matière d'arbitrage international, Revue de l'arbitrage 2007 - N° 4, P.700

comparable à certains dont la notoriété est reconnue à l'instar de l'arrêt Karnib ou TOGO TELECOM.

Au-delà de la subjectivité légitime qui peut s'attacher à ce genre de classification, la portée de l'arrêt Etat de Côte d'Ivoire contre les Ayants droit de BAMBA Fétigué et AKOUANY Paul est indéniable en ce qu'elle est venue éclairée d'un jour nouveau les compétences reconnues par le législateur OHADA au juge institué par l'article 49 AUVE.

L'on pouvait espérer que cette jurisprudence lève toute équivoque concernant l'étendue des pouvoirs dévolus au juge de l'article 49 de l'AUVE, mais il n'en est rien. L'office du juge, dont s'agit, n'a pas pris plus d'envergure après cette décision. De cette jurisprudence, l'on peut retenir que ce juge, qui n'emprunte au référé que sa forme, connait aussi bien les questions de forme, tirées notamment des contestations portant sur la régularité des actes de procédure, que des questions touchant au fond du droit. Tel est le sens de la précision apportée par la CCJA, lorsqu'elle rappelle que le juge de l'article 49 connait de toute demande ou de tout litige.

La CCJA va plus loin en précisant que la généralité des termes « *tout litige ou toute demande* » renvoie à la fois aux contestations de fond et de forme. Les termes généraux de cette disposition ne permettent pas de soustraire à son application une demande ou une contestation portant sur le fond. Il suffit que cette demande se rattache à l'exécution de la saisie pour que ce juge retienne sa compétence et statue sur la question. Peu importe qu'il s'agisse d'une question de forme ou de fond.

Pour comprendre la réticence du juge des référés, il faut se référer aux règles édictées par l'organisation judiciaire de chaque Etat partie, notamment les dispositions consacrées au pouvoir du juge des référés.

Au Congo, par exemple, l'article 207 du Code Procédure Civile, Commerciale, Administrative et Financière dispose que « dans tous les cas où il y a urgence, péril en la demeure ou difficulté sérieuse d'exécution d'un arrêt, d'un jugement ou de tout autre titre exécutoire, le président de la juridiction compétente, peut ordonner en référé toute mesure provisoire ne préjudiciant pas au fond du litige ». Cette disposition, qui constitue le siège légal du juge des référés en droit congolais, est inspirée de l'ancien article 808 du Code de Procédure Civile français[88], texte que l'on retrouve dans l'espace OHADA

[88]Ce texte a évolué puisque le législateur français a fini par abandonner la formule interdisant au juge des référés de préjudicier le principal. La rédaction actuelle de l'article 808 est ainsi libellé : dans tous les cas d'urgence, le président du tribunal de grande instance peut ordonner en référé toutes les mesures qui ne se heurtent à aucune contestation sérieuse ou que justifie l'existence d'un différend. L'article 809 dispose Le président peut toujours, même en présence d'une contestation sérieuse, prescrire en référé les mesures conservatoires ou de remise en état

notamment dans les anciennes colonies françaises. En dépit de quelques variantes tenant plus de la légistique sans incidence majeure sur l'étendue des pouvoirs dévolus au juge des référés, toutes ces dispositions ont en commun l'interdiction de préjudicier le fond du litige. Ainsi, au Cameroun l'article 182 du Code de Procédure Civile et Commerciale dispose que « dans tous les cas d'urgence, ou lorsqu'il s'agira de statuer provisoirement sur les difficultés relatives à l'exécution d'un titre exécutoire ou d'un jugement, il sera procédé ainsi qu'il va être réglé ci-après ». Après avoir indiqué les règles de procédures relatives au référé, l'article 185 précise que « les ordonnances sur référés ne feront aucun préjudice au principal ; elles seront exécutoires par provision, sans caution, si le juge n'a pas ordonné qu'il en serait fournie une ».

On retrouve également cette disposition dans le Code sénégalais de procédure civile à son article 247 selon lequel, « dans tous les cas d'urgence ou lorsqu'il s'agit de statuer provisoirement sur les difficultés relatives à l'exécution d'un titre exécutoire ou d'un jugement, il est procédé ainsi qu'il est réglé ci-après ». Et l'article 250 d'ajouter « les ordonnances sur référés ne font aucun préjudice au principal ; elles sont exécutoires par provision sans caution, si le juge n'a pas ordonné qu'il en soit fournie une ».

L'interdiction faite au juge des référés de ne pas préjudicier le fond du litige constitue le dénominateur commun à toutes ces législations. L'idée étant d'éviter que le juge du fond ne soit lié par l'interprétation des faits et du droit retenue par le président dans son ordonnance. C'est la raison pour laquelle, le juge des référés ne devait pas entamer le fond du droit[89], l'ordonnance de référés n'ayant pas reçu l'onction du législateur pour trancher le fond du litige.

Cela dit, il n'est pas rare de constater que certains dispositifs des ordonnances rendues par le juge institué par l'article 49 AUVE portant sur une contestation de saisie conservatoire des créances, de saisie-vente ou encore de saisie-attribution des créances, donnent l'impression de ne traiter que du provisoire. Ces dispositifs sont libellés ainsi qu'il suit :

PAR CES MOTIFS

Statuant publiquement, contradictoirement, en matière civile (commerciale) en référé et en premier ressort ;

AU PRINCIPAL

Renvoyons les parties à mieux se pourvoir ainsi qu'il en avisera, devant la juridiction compétente

---

qui s'imposent, soit pour prévenir un dommage imminent, soit pour faire cesser un trouble manifestement illicite. Dans les cas où l'existence de l'obligation n'est pas sérieusement contestable, il peut accorder une provision au créancier, ou ordonner l'exécution de l'obligation même s'il s'agit d'une obligation de faire.

[89] STRICKER(Y), Le juge des référés, juge du provisoire, op.cit. p. tome 1, p.59

Mais dès à présent, vu l'urgence ……

L'on remarquera la présence de cette clause du style tendant « *au principal, à renvoyer les parties à mieux se pourvoir ainsi qu'il en avisera, devant la juridiction compétente* ». Cette clause de style en dit long sur la mauvaise perception que ce juge se fait de ses pouvoirs lorsqu'il statue sur le fondement de l'article 49 de l'AUVE.

Il est curieux que ce juge qui a reçu des attributions très étendus, pour statuer sur toute demande relative à une mesure d'exécution forcée ou à une saisie conservatoire, puisse réserver le fond du litige, en renvoyant les parties à mieux se pourvoir devant la juridiction compétente, comme s'il statuait, en matière des référés, au provisoire avec l'interdiction de vider le fond et de préjudicier au fond du litige. Or, en la matière, il est ce juge du fond qui connait de tout litige et de toute demande même de celle tendant à la condamnation du tiers saisie qui a failli à ces obligations, au paiement des causes de la saisie. Comment peut-il renvoyer les plaideurs à mieux se pourvoir devant le juge du principal alors qu'il est ce juge. Ignore-t-il qu'il est le juge du principal sans s'en apercevoir, comme Monsieur Jourdain qui faisait de la prose sans le savoir.

Il importe de convier le juge de l'article 49 de l'AUVE à s'approprier la plénitude de ses pouvoirs en envisageant une autre clause de style plus adaptée à l'esprit de cette disposition. La proposition suivante nous parait convenir :

PAR CES MOTIFS

Statuant publiquement, contradictoirement, en matière du contentieux de l'exécution civile (commerciale) et en premier ressort ;

Vu l'article 49 de l'Acte Uniforme portant organisation des procédures simplifiées de recouvrement et des voies d'exécution

En la forme

Déclarons recevable les contestations soulevées

Au fond

Condamnons la société X à payer la somme de ….

Cette proposition permet de dissiper tout malentendu sur les compétences du juge saisi et sur la matière, tout en écartant, une éventuelle contestation tirée de ses pouvoirs, au cas où un plaideur condamné au paiement des sommes pouvait avoir la prétention de contester la compétence de ce juge. En fonction du volume du contentieux, on peut même envisager, d'organiser les audiences dédiées spécialement aux questions touchant au contentieux de l'exécution distincte des audiences de référés ordinaires, ce qui permettra d'éviter l'amalgame entre les pouvoirs du président statuant en vertu de l'article 49 AUVE et ses attributions du juge des référés.

On retrouve déjà les dispositifs structurés de la sorte dans certaines juridictions à l'instar du Tribunal de Commerce de Brazzaville ou devant les juridictions camerounaises[90]. Cette tendance tend à se généraliser dans l'espace OHADA.

### B. L'autorisation judiciaire préalable

L'Acte Uniforme prescrit à tout créancier non détenteur d'un titre exécutoire, de solliciter une autorisation judiciaire préalable. La détermination de la juridiction compétente se décline en compétence matérielle et territoriale. Le créancier doit saisir le juge compétent (1) d'une requête (2). Le juge dira si requête est bien fondée, auquel cas, il rendra une ordonnance autorisant la saisie (3) ou rejettera la mesure sollicitée (4). Si la mesure est accordée, le créancier devra accomplir certaines diligences (5).

#### 1)- compétence d'attribution

Selon l'article 49 de l'AUVE, la juridiction compétente, pour statuer sur tout litige ou toute demande relative à une mesure d'exécution forcée ou à une saisie conservatoire, est le président de la juridiction statuant en matière d'urgence ou le magistrat délégué par lui. Cette disposition, a priori, dégagée de toute ambiguïté est au centre d'une controverse doctrinale depuis l'entrée en vigueur de l'AUVE, controverse alimentée par la jurisprudence divergente quant à la détermination de cette juridiction.

En droit congolais, cette compétence matérielle est repartie entre plusieurs juridictions notamment, les présidents du tribunal de Grande Instance, du Tribunal de Commerce et celui du Tribunal d'Instance.

##### a) - Le Président du Tribunal de Grande Instance

L'article 62 de la loi congolaise n°19-99 du 15 août 1999, modifiant et complétant certaines dispositions de la loi n°022-92 du 20 août 1992 portant Organisation du pouvoir judiciaire, indique que le Tribunal de Grande Instance est compétent pour juger toutes les demandes principales, incidentes, reconventionnelles ou en compensation. A ce titre, il connait, en premier ressort et à charge d'appel, toutes les actions civiles dont le montant en capital est supérieur à un million (1.000.000) de francs CFA et 300.000 francs CFA en revenus, rente ou prix de bail. Par cette compétence d'attribution générale,

---

[90] CA Littoral, arrêt n°152/REF du 18 août 2008, Aff. Dame NGUENDJEU née MAKUETCHE Pauline contre NGUENDJEU Thomas, Ohadata J-10-265. Au Cameroun, le juge précise qu'il statue en matière du contentieux de l'exécution conformément à l'article 49 de l'AUVE

le tribunal de grande instance est institué, juge de droit commun pour les actions personnelles ou réelles.

Il connait de toutes les matières pour lesquelles la loi n'a pas attribué compétence à une juridiction spéciale soit en raison de la matière ou du taux de ressort. La compétence générale du tribunal de grande instance vaut donc pour tous les cas où le législateur n'a pas, par une disposition expresse attribuer compétence à une autre juridiction, c'est une compétence virtuelle qui a vocation à se concrétiser pour toutes les situations juridiques nouvelles selon une formule consacrée[91].

Le président du tribunal de grande Instance est une pure émanation de la juridiction dont il assure la présidence tant ses compétences sont calquées sur celles du tribunal. Ce qui a fait dire à DERVEAUX que la compétence du juge des référés quant au provisoire est la même que celle du tribunal quant au fond[92].

Le président du Tribunal de grande instance a compétence pour autoriser les saisies et connaitre subséquemment le contentieux y afférent. Il fait office, en cette matière, de la juridiction compétente institué par l'article 49 de l'AUVE.

**b) - Le Président du Tribunal de Commerce**

L'article 93 de la loi N°19-99 du 15 août 1999 sur l'organisation judiciaire précitée circonscrit la compétence du tribunal de commerce aux contestations relatives aux engagements et transactions entre négociants, marchands et banquiers. Aux des contestations entre associés pour raison d'une société de commerce et de celles relatives aux actes de commerce entre toutes les personnes. Ce texte précise que les parties pourront, au moment où elles contractent, convenir de soumettre à des arbitres les contestations ci-dessus énumérées, lorsqu'elles viendraient à se produire.

L'on peut transposer ici les règles qui viennent d'être exposées au sujet du tribunal de grande instance, s'agissant de la compétence du président du tribunal de commerce en matière commerciale, conformément à l'article 49 de l'AUVE pour autoriser les saisies conservatoires, connaitre les contestations qui s'élèvent à l'occasion de leur mise en œuvre, ainsi que d'autres contestations relevant de la compétence du tribunal de commerce.

---

91 VINCENT (J.), GUINCHARD(S.) Procédure civile, op. cit. p.268

92 DERVEAUX (H.) De la compétence absolue du juge des référés, th. Caen, Tournecoing, 1914, p.19 et spéc. P.22. cité par STRICKER (Y.), op.cit. Tome I, p.44

### c)- Le Président du Tribunal d'instance

Le tribunal d'instance connait en matière civile en conciliation de toutes les actions et aux contentieux de toutes les actions personnelles, mobilières ou immobilières en premier ressort et à charge d'appel jusqu'à la valeur de 1.000.000 de francs CFA en capital et 300.000 francs en revenus, rente ou prix de bail (art.122 de la loi sur l'organisation judiciaire précitée). En application de l'article 49 de l'AUVE, le président du Tribunal d'Instance fait office de la juridiction compétente pour autoriser les saisies dans la limite de sa compétence et de connaitre subséquemment le contentieux y relatif. L'article 125 alinéa 1er qui traite des saisies précisant que lorsque plusieurs demandes procédant de cause différentes et non connexes, sont formées par la même partie contre le même demandeur et réunies en même instance, la compétence du tribunal d'instance et le taux de ressort sont déterminés par la nature et la valeur de chaque demande prise isolement. Dans ce cas, la compétence du tribunal d'instance s'apprécie par rapport à chaque demande prise isolement et non par rapport à la valeur additionnée de toutes les demandes[93].

Rappelant les dispositions pertinentes de l'article 122 de la loi sur l'organisation judiciaire précitée, le Premier Président de la Cour Suprême du Congo, Henri BOUKA précise que « *si la valeur patrimoniale du bien est inférieure ou égale à un million (1.000.000) de francs CFA, le tribunal d'instance retient sa compétence. Mais si au contraire le bien à une valeur patrimoniale supérieure à un million (1.000.000) de francs CFA et si l'une des parties le soulève, le tribunal d'instance doit se déclarer incompétent et renvoyer les parties à mieux se pourvoir (...) les dispositions de l'article 122, lesquelles s'imposent au tribunal d'instance sont claires et ne peuvent pas être méconnues sous quelque prétexte que ce soit parce qu'elles sont d'ordre public. Personne, ni les parties, ni le juge, ne peut les ignorer* ».

### d)-La possibilité d'une saisine du Président du Tribunal de Travail

Le tribunal de travail est juge de droit commun en matière sociale. Il connait des différents individuels ou collectifs survenus à l'occasion du contrat de travail ou d'apprentissage entre le travailleur et son employeur, l'apprenti et son maitre. Il statue sur les différents individuels relatifs aux conventions collectives. Sa compétence s'étend aux contentieux du régime de la sécurité sociale, aux différends individuels nés entre entrepreneurs du secteur privé ou étatique ainsi qu'aux actions récursoires des entrepreneurs contre les sous-entrepreneurs lorsqu'en cas d'insolvabilité des sous-

[93] Cf. Lettre circulaire du Premier Président de la Cour Suprême Henri BOUKA, adressée à tous les magistrats des cours et tribunaux et spécialement des présidents des tribunaux d'instance, Cour Suprême de la république du Congo, bulletin de diffusion n°5, 2019

entrepreneurs, la responsabilité des entrepreneurs est substituée à celle des sous-entrepreneurs pour le versement des cotisations à la sécurité sociale(art.13O de la loi n°19-99 du 15 août 1999 sur l'organisation judicaire précitée).

La lecture de cette disposition combinée à celles des articles 207 et suivants du Code de Procédure Civile, Commerciale, Administrative et Financière et 49 de L'AUVE devrait permettre au président du tribunal de travail de prendre l'option d'adjoindre à leur office ordinaire, les procédures d'urgence, et de faire office du juge de l'exécution relativement aux matières sociale, tel n'est pas le cas. Ainsi lorsqu'un litige relevant de la compétence du tribunal de travail requiert une intervention rapide du juge ou la prise des mesures conservatoires, le justiciable qui est ainsi privé de la possibilité de saisir son juge naturel doit se résigner à saisir soit le juge civil, soit le juge commercial, en recherchant de manière artificiel un zeste de commercialité dans un litige qui relève incontestablement de la compétence du tribunal de travail.

Les présidents des tribunaux de travail s'obstinent dans *« leur déni des procédures d'urgence »* selon la formule du Président TENDY FANGO, en s'abstenant de prendre l'option d'adjoindre à leur office ordinaire, les procédures d'urgence[94]. Ils justifient leur pusillanimité par l'inexistence d'un texte spécifique instituant les procédures d'urgence en matière sociale. Pourtant, l'exemple du *« référé administratif dont la mise en place n'a pas été aisée pour ces juridictions en quête de place dans l'organisation judiciaire congolaise pour rendre une justice de qualité au profit des justiciables souhaitant souvent la célérité des procédures*[95] *»* vient contredire, l'option prise par les tribunaux de travail.

Certains ont objecté que les articles 207 et suivants du Code de Procédure Civile, Commerciale, Administrative et Financière sur lesquels le référé administratif trouve son fondement ne réglementent nullement la procédure sociale pour que le président du tribunal de travail y puise son office pour la mise en œuvre des procédures d'urgence ; dès lors que, la procédure devant le tribunal de travail, est réglementée par les articles 220 et suivants de la loi n°45-75 du 15 Mars 1975 instituant le Code du Travail. Or le législateur congolais n'a pas accordé au président du tribunal de travail les compétences dévolues par les articles 207 du CPCCAF, à ses collègues présidents des tribunaux civils, commerciaux et administratifs. Par conséquent, en l'absence

---

[94] TENDY FANGO (R.V.), conférence sur le référé administratif au Congo, à Brazzaville, journée scientifique au palais de justice de Brazzaville, le lundi le 21 Décembre 2020, inédit. Précisons que TENDY FANGO Reno Weber est Président du Tribunal Administratif de Pointe-Noire.

[95] TENDY FANGO (R.V.), ibidem

d'une disposition instituant les procédures d'urgence, le président du tribunal de travail ne peut s'arroger des pouvoirs que la loi ne lui a pas attribué.

L'autre argument invoqué est le fait que devant le tribunal de travail, la procédure exige qu'il soit procédé à une tentative de conciliation préalable (art.226 du Code du travail), du moins lorsque les parties comparaissent, et ce n'est que lorsque cette tentative de conciliation a échoué que le tribunal retient l'affaire pour procéder immédiatement à son examen. Ce qui ne peut s'appliquer dans une procédure de saisie conservatoire, ou saisie attribution des créances. L'exemple du référé administratif, permet de douter de la pertinence d'une telle argumentation.

En droit comparé, le législateur français a institué un juge de référé prud'homal d'abord par un décret du 12 septembre 1974 qui n'avait pas fonctionné, mais reprise par une autre réforme introduite par le décret du 23 novembre 1979 ayant abouti à l'article L.512-2, alinéa 1, complété par les articles R.514-4 et R.516-30 à R.516-35. Le référé prudhommal régit par les dispositions des articles L.1423-1, L.1423-13, et R.1455-1 et suivants du code du travail accorde à la formation des référés du conseil des prud'hommes les pouvoirs identiques à ceux que les articles 808 et 809 du Code de procédure civile accorde au président du Tribunal de Grande Instance.

Quoique paritaire, la formation de référé prud'homal est compétente, en cas d'urgence pour ordonner des mesures qui ne se heurtent à aucune contestation sérieuse (art.516-30) ; prescrire des mesures conservatoires ou de remise en état qui s'imposent pour prévenir un dommage imminent ou faire cesser un trouble manifestement illicite, même en présence d'une contestation sérieuse[96]. Il sera noté que la rédaction de ces dispositions n'est qu'une copie conforme des dispositions de l'article 809 du Code de Procédure Civile français règlementant les pouvoirs et compétences dévolus au juge des référés.

Il est permis de souligner que la tentative de conciliation pourtant obligatoire en matière sociale est absente de ces dispositions consacrées au référé prud'homal. L'urgence ne pouvant s'accommoder avec la lourdeur qu'aurait exigée une tentative de conciliation. Enfin, le législateur français n'a pas spécialement adopté un code consacré à la procédure sociale pour instituer un référé prud'homal.

En tenant compte de l'expérience positive des référés administratifs institués par les tribunaux administratifs de Brazzaville et de Pointe-Noire au lendemain de leur installation en 2014, et ce en dépit du mutisme du

---

[96] Voir VINCENT (J.), GUINCHARD(S.) op.cit.p 337 et s. pour une étude approfondie.

législateur, les tribunaux de travail peuvent insuffler une dynamique nouvelle pour la mise en œuvre des procédures d'urgence, dans l'attente d'une intervention souhaitée du législateur.

**2)- Le Juge compétent territorialement**

Selon l'article 54 de l'AUVE, toute personne prétendant saisir à titre conservatoire, les biens meubles corporels ou incorporels appartenant à son débiteur doit solliciter l'autorisation de la juridiction compétente du domicile ou du lieu où demeure son débiteur. Ce texte règle la question de la compétence territoriale qu'il attribue au juge du domicile du débiteur ou du lieu ou demeure ce dernier. Il s'agit de la consécration de la vieille règle *Actor sequitor forum rei* selon laquelle le tribunal compétent est, celui domicile du défendeur.

La notion de domicile ne nécessite pas d'observations particulières. En droit congolais, l'article 102 du code de la famille énonce que le domicile de toute personne physique est au lieu où elle a, en fait, sa résidence principale. Lorsque la résidence principale ne peut être établie avec certitude, le domicile est au lieu où s'exerce l'activité professionnelle principale.

Les règles de compétence étant d'ordre public, le juge incompétement saisi doit d'office décliner sa compétence. En tenant compte de précisions apportées supra, le juge compétent pour autoriser la saisie est selon les cas, soit le président du tribunal de grande instance, soit le Président du tribunal de commerce ou encore le président du tribunal d'instance du domicile du débiteur. De par sa portée spéciale, le texte de l'article 54 AUVE régit les questions de compétence territoriale en matière de saisies. Ce texte prime sur tout autre texte de portée générale ou toutes dispositions contraires en vertu de l'article 336 de l'AUVE. Dès lors, les saisies conservatoires de créance, autorisées par un juge autre que celui du domicile du débiteur, ont été autorisées par un juge territorialement incompétent et sont, par conséquent entachées d'irrégularité[97].

S'agissant d'une personne morale, son domicile est établi au lieu de son siège social. L'article 24 de l'Acte Uniforme relatif au Droit des Sociétés Commerciales et Groupement d'Intérêt Economique (AUDSCGIE) précise que le siège social est fixé, au choix des associés, soit au lieu du principal établissement de la société, soit à son centre de direction administrative. En aucun cas, le siège social ne peut être constitué uniquement par une

---

[97]TPI Libreville, ord. référé, rep.n°052 :2003-2004 du 04 Nov. 2004, Société INTERBOIS&GRT SARL c/ LOUBINOU Patrick, Ohadata J-04-146

domiciliation à une boite postale. Il doit être localisé par une adresse ou une indication géographique suffisamment précise (art.25 AUDSCGIE).

La question peut se poser, s'agissant de la compétence du juge du lieu de l'une des succursales[98]. La succursale n'ayant pas de personnalité juridique distincte de celle de la société mère, sa personnalité se confond avec la société mère dont les droits et obligations sont intégrés dans le patrimoine de la société mère[99].

En concordance avec la théorie de gares principales, la jurisprudence admet la compétence du juge dans le ressort duquel se trouve une succursale pour autoriser une saisie conservatoire. Ainsi, il a été jugé que, lorsque le créancier saisissant ne prouve pas l'existence d'une succursale de la société débitrice dans le ressort de la juridiction qui a ordonné la saisie conservatoire, ladite saisie a été ordonnée par une juridiction territorialement incompétente et sa mainlevée doit être ordonnée[100]. De même, un juge a constaté l'irrégularité d'une saisie conservatoire ordonnée par le tribunal de Lomé contre une société débitrice dont le siège social est situé à l'Ile Maurice et ordonné la rétractation de ladite ordonnance ainsi que la mainlevée de la saisie conservatoire, l'ordonnance ainsi entreprise ayant été confirmée dans toutes ses dispositions par la Cour d'appel, sans qu'il soit nécessaire, pour ladite Cour, de rechercher si la créance dont le recouvrement était poursuivi était ou non en péril[101].

---

[98]L'article 116 de l'AUDSCGIE définit la succursale comme un établissement commercial ou industriel ou de prestations de services, appartenant à une société ou à une personne physique et doté d'une certaine autonomie de gestion. L'article 117 précise que la succursale n'a pas de personnalité juridique autonome, distincte de celle de la société ou de la personne physique propriétaire. Les droits et obligations qui naissent à l'occasion de son activité ou qui résultent de son existence sont compris dans le patrimoine de la société ou de la personne physique propriétaire. Faisant une analyse lumineuse de cette disposition, le juge des référés du Tribunal de Commerce de Brazzaville a décidé que « *la succursale n'est qu'une extension géographique de la société mère, un simple établissement secondaire, ayant à sa tête un préposé, un gérant attaché par un lien de subordination à la société mère. La succursale est dépourvue de personnalité juridique autonome, distincte de celle de la société propriétaire, quoiqu'elle doit être immatriculée au registre de commerce et du crédit mobilier* » (T.C. Brazzaville, Ord. référé n°065 du 28 octobre 2011, Aff. Société générale WIETC Compagny Ltd c/ La Société Braël-Congo SARL, recueil de Jurisprudence commerciale congolaise, 2000-2011, p.276.

[99] CA Pointe-Noire, Arrêt n°034 du 17 juin 2002, Aff. Société SABENA c/ Ministère Public, p.290

[100]TPI Yaoundé centre Administratif, Ord. N° 393/C, du 17 août 2008, Aff. WOODS INDUSTRIES SARL c/ Sté RIBADU Général Trading LLC, Ohadata J-09-220

[101] CA Lomé, Ch. civ.& com., n° 280/10 du 28 Déc.2010, Aff. R.B. c/Sté ECP AFRICA FUND III PCC, Ohadata J-11-38 cité par MERCADAL (B), KODO (J), Code Pratique, Ohada, Traité, Actes uniformes et règlements annotés, Code, Ed. Francis LEFEBVRE, 2014, p.709

Si la question du juge territorialement compétent pour autoriser une saisie conservatoire est réglée par l'article 54 AUVE, la mise en œuvre de cette disposition peut soulever des questions d'ordre pratique.

En effet, le juge du domicile du débiteur a vocation à ordonner des mesures conservatoires qui vont s'appliquer hors de son ressort, dès lors que le débiteur dispose des biens en ces lieux. A titre d'exemple, pour un débiteur commerçant domicilié au quartier Mozart à Owando et disposant des biens à : Makoua, Ouesso, Ewo, Oyo, Brazzaville, Dolisie, Impfondo, Djambala, Nkayi et Pointe-Noire, il est de la compétence du Président du Tribunal de Grande Instance d'Owando, d'ordonner la saisie conservatoire de tous ses biens. La juridiction compétente pour autoriser la saisie conservatoire des biens mobiliers corporels ou incorporels étant celle du lieu du domicile du débiteur, même si certains biens se trouvent au moment de la demande d'autorisation, au domicile du créancier saisissant[102].

En cas de pluralité des débiteurs, le créancier peut choisir le juge compétent du domicile de l'un de débiteurs[103]; si le débiteur est domicilié à l'étranger, c'est le juge du lieu de l'exécution de la mesure qui est compétent territorialement.

La question peut se poser lorsque le débiteur est domicilié à Bamako alors qu'il a des biens à Brazzaville, quel juge le créancier doit-il saisir. Devra-t-il faire le voyage pour aller saisir le juge du domicile de son débiteur ou devra-t-il saisir le juge de son propre domicile ? Il s'agit ici d'un cas de saisie foraine régi par l'article 73 AUVE. Selon ce texte, lorsque le débiteur n'a pas de domicile fixe ou lorsque son domicile ou son établissement se trouve dans un pays étranger, la juridiction compétente, pour autoriser et trancher les litiges relatifs à la saisie de ses biens, est celle du domicile du créancier. Dans ce cas, le législateur attribue exceptionnellement compétence à la juridiction du domicile du créancier pour autoriser la saisie et trancher toute contestation y relative.

Si le débiteur jugé sans domicile fixe[104] a élu domicile dans un cabinet d'avocat, une étude d'huissier de justice ou tout autre lieu, la juridiction

---

102 CCJA, 2ème ch., arrêt n°039/2012 du 03 mai 2012, Aff. Société PLACAGES du Cameroun dite PLACAM SARL c/ Société Agro-Forestière de l'Est dite SAFE SARL, Ohadata J-14-171 précité

103 Le créancier poursuit ici tous les débiteurs devant la juridiction du domicile de l'un des débiteurs. L'idée est que le créancier exerce une action directe et personnelle contre chacun des débiteurs pris individuellement.

104 La notion de sans domicile fixe ne doit pas être comprise comme une personne qui n'a pas de toit ou qui n'a aucun lieu d'habitation déterminé, elle équivaut dans l'esprit du législateur à une personne dont le domicile demeure inconnu

compétente pour autoriser la saisie sera celle du tribunal de ce lieu. L'élection de domicile attribue ici compétence au tribunal dans le ressort duquel se trouve le domicile élu. Cette élection de domicile empêche ainsi l'application de l'article 73 de l'AUVE.

### 3) - La requête aux fins de saisie conservatoire

Le président du Tribunal est saisi par requête écrite. Elle doit émaner du créancier ou de son mandataire dans les conditions fixées par les articles 4 et suivants du CPCCAF.

La requête indique les noms, prénoms, profession, situation matrimoniale, nationalité et domicile du saisissant. Elle est datée et établie en double. Une copie est signifiée au débiteur avec l'ordonnance, l'autre restera au dossier. Elle doit être accompagnée des pièces qui fondent les prétentions du créancier. Une attention particulière sera portée sur les pièces dès lors qu'elles déterminent la suite que le juge va réserver à la requête du créancier.

Le créancier se doit de produire les pièces qui laissent présumer l'apparence de la créance dont il poursuit le recouvrement. Ce peut être des factures impayées, un échéancier de paiement proposé par le débiteur et signé mais non honoré[105], des bons de livraisons de la marchandise, des mises en demeure, des lettres de relance, des sommations de payer ou de toute pièce susceptible de ne laisser aucun doute sur l'apparence de la créance réclamée.

La requête doit préciser le montant des sommes d'argent pour la garantie desquelles la saisie conservatoire est sollicitée et indiquer, en outre, la nature des biens sur lesquels la saisie devra porter (art.59 AUVE).

La requête doit être suffisamment motivée pour deux raisons fondamentales : la première, le juge adopte souvent les motifs exposés par le créancier.

La seconde tient au fait que, lors de l'instance en contestation de saisie, le débiteur conteste souvent les prétentions du saisissant telles qu'elles résultent du dispositif de sa requête, en démontrant que le créancier a induit le juge en erreur. Ceci éviterait au poursuivant de changer de ligne de défense à la faveur du débat contradictoire.

En tout état de cause, le juge apprécie la requête du créancier avant de prendre sa décision.

### 4)- La décision du juge

Le juge apprécie si la créance parait fondée en son principe et évidemment, si le créancier justifie des circonstances de nature à menacer le recouvrement

[105] TGI Dolisie, Ord., rôle civil N°162, rép. n°008 du 13 avril 2011 ;

de la créance. Dès lors que ces deux conditions sont réunies, il autorise la saisie. A défaut, la demande est rejetée.

**a) -L'ordonnance autorisant la saisie conservatoire**

En pratique, le juge adopte souvent les motifs contenus dans la requête pour la simple raison que les projets d'ordonnances de saisies sont rédigés par les avocats et les huissiers pour le compte de leurs clients. Cette pratique a le mérite d'alléger la tâche du magistrat. De manière générale et grâce à cette pratique, le créancier fait accompagner sa requête d'un projet d'ordonnance. Si le président adopte le projet en l'état, il y appose sa signature. Cependant, le magistrat est tenu d'examiner minutieusement le projet d'ordonnance, avant d'y apposer sa signature. Souvent l'ordonnance de saisie conservatoire est structurée de la manière suivante :

« Vu la requête introduite par monsieur X… ;
« Vu les pièces produites à l'appui de ladite requête… ;
« Vu les dispositions des articles 54 et suivants de l'AUVE ;
« Attendu que les motifs exposés sont pertinents et fondés » ;
« Autorisons monsieur X à pratiquer une saisie conservatoire sur les biens (meubles corporels ou incorporels) de monsieur Y pour « sûreté, conservation et avoir paiement de la créance que nous évaluons provisoirement à la somme « 5.000.000 francs CFA en principal, et celle de 300.000 francs CFA au titre des intérêts frais et accessoires.

Il n'est pas exclu que le président n'adopte pas le projet d'ordonnance initiée par l'avocat. Il en est ainsi lorsqu'il n'approuve pas toutes les demandes formulées par le créancier. Le juge peut réduire l'assiette de la saisie, ajouter des mentions substantielles ou supprimer les mentions superfétatoires.

L'ordonnance de saisie doit impérativement indiquer le montant des sommes pour la garantie desquelles la saisie est autorisée, ainsi que la nature des biens sur lesquels elle porte (art.59). L'omission de ces indications entraine la nullité de la décision. Il a été jugé que la mainlevée de la saisie conservatoire doit être ordonnée, dès lors que l'ordonnance, ayant autorisé la saisie conservatoire n'a pas indiqué le montant des sommes à saisir[106]. S'il n'apparait nulle part dans l'ordonnance de saisie conservatoire querellée, mention du montant de la créance et l'identification des biens à saisir, l'ordonnance de saisie doit être annulée et mainlevée de la saisie ordonnée[107].

---

[106]TRHC Dakar, Ord. référé n°869 du 15 juillet 2002, Léopold Mapathé dit Ibrahim Mbaye C/ Salimata Bodian, Obs. Ndiaw Diouf, Ohadata J-05-84, Ohadata J-04-165.

[107] TPI Douala-Ndokoti, ord. n°121 du 02 mai 2006, Aff. Hôtel le Cristal c/ Groupe d'Initiative commune des Amis du Progrès pour la Lutte contre la Pauvreté au Cameroun ( Gic-Apro).

Dans la structuration de l'ordonnance, le président rappelle également les dispositions de l'article 60 et 61 de l'AUVE, en mentionnant que la saisie ainsi autorisée doit être exécutée dans un délai de trois (3) mois à compter de sa signature sous peine de caducité. De même qu'une procédure aux fins d'obtention d'un titre exécutoire doit être introduite dans le mois qui suit ladite saisie[108]. Enfin, l'ordonnance doit informer le débiteur de son droit de se pourvoir par devant le juge compétent pour contester ladite saisie.

Dans son ordonnance, le président du tribunal peut également désigner un huissier pour exécuter la saisie qu'il vient d'autoriser. Très souvent, il s'agit de l'huissier suggéré par le créancier. Comme toute ordonnance prise sur requête, celle autorisant la saisie est toujours exécutoire sur minute.

b) - **L'ordonnance de rejet**

Contrairement à l'ordonnance autorisant la saisie, celle de rejet a une motivée plus élaborée. Elle est intégralement rédigée par le juge. Le rejet de la mesure peut être justifiée par l'inobservation d'une condition de forme (1) ou d'une condition de fond (2).

1) **-Le rejet pour violation des règles de forme**

Le créancier peut avoir saisi le juge en méconnaissance des règles de compétence. Celles-ci étant d'ordre public, le juge saisi est tenu de rejeter la demande. En réalité, il devra simplement se déclarer incompétent et renvoyer le créancier à mieux se pourvoir. Il va sans dire que la conséquence de la saisine d'une juridiction incompétente n'est pas le rejet de la mesure sollicitée mais l'incompétence du juge saisi. Or, en rendant une ordonnance de rejet, le créancier peut, a priori, croire que le juge a examiné le fond de sa demande et qu'il l'a jugé mal fondée, alors qu'il n'en est rien puisque le juge a seulement décliné sa compétence.

Le rejet de la mesure peut être aussi la conséquence d'une fin de non-recevoir. Si le juge est saisi par un mandataire qui n'a pas rapporté la preuve de son mandat, il rejette la mesure. Il ne s'agit pas, en réalité, d'un rejet de la mesure sollicitée, mais plutôt d'une fin de non-recevoir tirée du défaut de qualité du requérant en application des dispositions combinées des articles 4 et 481 du CPCCAF, le juge ayant déclaré irrecevable la demande du saisissant sans examen au fond. La requête initiée par une personne qui n'a pas produit

---

108 TGI Brazzaville, Ord. rép. N°257 du 22 avril 2011, inédit

de mandat est irrecevable pour défaut de qualité et le choix d'un avocat n'ayant aucune conséquence sur cette irrecevabilité[109].

### 2) -Le rejet pour inobservation des conditions de fond

Après avoir examiné la requête, si le juge considère que la créance alléguée n'est pas fondée en son principe ou tout simplement inexistante, le saisissant ne rapportant pas la preuve de sa créance, la mesure sollicitée est rejetée[110]. Il en va de même, lorsque le saisissant n'a pas justifié des circonstances menaçant le recouvrement de sa créance.

Pour les créanciers détenteurs d'un titre exécutoire ou de certains titres limitativement énumérés, le législateur OHADA a prévu la possibilité de pratiquer une saisie conservatoire sans autorisation préalable du juge.

## § 4. Les dérogations au principe de l'autorisation préalable du juge

L'article 55 de l'AUVE prévoit des dérogations au principe de l'autorisation préalable du juge. Une autorisation du juge n'est pas requise pour pratiquer une saisie, si le créancier détient un titre exécutoire, un défaut de paiement dûment établi, une lettre de change acceptée, un billet à ordre, un chèque impayé ou un loyer impayé après commandement, dès lors que celui-ci est dû en vertu d'un contrat de bail d'immeuble écrit. En dépit de sa simplicité apparente, cette disposition mérite quelques précisions.

### A - Le créancier muni d'un titre exécutoire

Le créancier muni d'un titre exécutoire est dispensé de l'autorisation préalable du juge. Constituent des titres exécutoires au sens de l'article 33 de l'AUVE :

1) les décisions juridictionnelles revêtues de la formule exécutoire et celles qui sont exécutoires sur minute ;

2) les actes et décisions juridictionnelles étrangers ainsi que les sentences arbitrales déclarés exécutoires par une décision juridictionnelle, non susceptibles de recours suspensif d'exécution, de l'État dans lequel ce titre est invoqué ;

3) les procès-verbaux de conciliation signés par le juge et les parties ;

4) les actes notariés revêtus de la formule exécutoire ;

5) les décisions auxquelles la loi nationale de chaque État Partie attache les effets d'une décision judiciaire.

---

109 C.S, 2ème chambre sociale, arrêt n°013/GCS-2011 du 15 déc.2011, Société Balai Magique c/ MBOUNGOU Alphonse, inédit

110 T.R, Niamey, Ordonnance de référé N°074 du 1èr avril 2003, Espace copieur Sarl d'ABASS HAMMOUD et BOA NIGER, Ohadata J-04-84.

Il convient de revenir sur l'énoncé de cette disposition pour en cerner les contours.

**1) - Les décisions juridictionnelles revêtues de la formule exécutoire et celles qui sont exécutoires sur minute**

Il faut distinguer les décisions juridictionnelles revêtues de la formule exécutoire de celles qui sont exécutoires sur minute.

a) **-Les décisions juridictionnelles revêtues de la formule exécutoire**

Les jugements et arrêts revêtus de la formule exécutoire[111]sont des titres exécutoires. S'agissant du jugement, il n'est exécutoire que lorsqu'il est devenu définitif, c'est-à-dire passé en force de chose jugée. S'il n'a pas fait l'objet d'une voie de recours où lorsque les délais de recours sont arrivés à expiration. Le délai de recours, de même que le recours exercé dans le délai suspendent l'exécution du jugement, sauf lorsque celui-ci bénéficie de l'exécution provisoire.

La contestation d'une saisie, pour défaut de titre exécutoire, doit être rejetée si le titre exécutoire dont il s'agit est une grosse revêtue de la formule exécutoire dans la mesure où elle constitue un titre exécutoire au sens de l'article 33 de l'AUVE. Cependant, ne constitue pas un titre exécutoire au sens de l'article 33 de l'AUVE le protocole d'accord qui n'a pas été homologué[112].

En ce qui concerne les arrêts, la cour d'appel statuant en dernier ressort, ses décisions sont exécutoires par principe, nonobstant la possibilité reconnue au plaideur de se pourvoir en cassation. Cette voie de recours extraordinaire n'est pas suspensive, sauf dans les cas prévus à l'article 112 du CPCCAF à savoir : en matière d'état et de capacité de personne ; lorsqu'il y a faux incident civil ; en matière électorale ; en matière d'immatriculation foncière.

---

[111]Le libellé de la formule est ainsi conçu : « en conséquence, la république du Congo mande et ordonne à tous agents d'exécution sur ce requis de mettre le présent jugement (ou le présent arrêt ou la présente ordonnance) à exécution, aux Procureurs Généraux et aux Procureurs de la République d'y tenir la main et à tous commandants ou officiers de la force publique de prêter main-forte lorsqu'ils seront légalement requis » (art.295 CPCCAF). L'article 296 apporte une mise en garde en précisant que sauf lorsque l'exécution provisoire a été ordonnée et hormis le cas visé à l'article 67 du présent code, sans préjudice également de ce qui est dit au titre VIII relatif au procédure d'urgence, la formule exécutoire n'est apposée par le greffier qu'une fois la décision devenue définitive et à peine d'une amende de 10.000 francs et sans préjudice des dommages-intérêts éventuels

[112]TPI Bamako, jugement du 2 avril 2008, Agri 2000 c/ Yara West Africa et Yara France, Pénant 866, p.116, note Bakary DIALLO, Ohadata J-09-66

Toutefois, dit l'article 113, la Cour Suprême, saisie à ces fins par simple requête du demandeur peut, avant de statuer sur le pourvoi, ordonner qu'il soit sursis à l'exécution de l'arrêt ou du jugement attaqué, lorsque cette exécution est susceptible d'entrainer un préjudice irréparable.

L'apposition de la formule exécutoire sur le jugement s'avère indispensable pour lui conférer le caractère exécutoire. Pour invalider une saisie conservatoire pratiquer sur le fondement d'un titre dépourvu de formule exécutoire, il a été jugé que les saisies conservatoires pratiquées ne sont pas justifiées et caduques, dès lors que les décisions, qui leur ont servi de fondement, n'ont pu revêtir les qualités d'un titre exécutoire comme exigé par l'article 33 de l'AUVE. Il en est ainsi, lorsque les saisies ont été pratiquées, en vertu d'une ordonnance de taxe frappée d'opposition et d'un arrêt rendu par la Cour d'appel mis en exécution sans qu'une formule exécutoire y soit apposée[113].

Même revêtue de la formule exécutoire, les contestations peuvent surgir, en cas de recours exercé par le colitigant. Lorsque le jugement dont se prévaut le créancier, bien que revêtu de la formule exécutoire, a été frappé d'appel dans les délais légaux, et ne saurait être considéré comme un titre exécutoire au sens de l'article 33 de l'AUVE[114].

#### b) - L'ordonnance d'injonction de payer

Le bénéficiaire d'une ordonnance d'injonction de payer est exempté de l'obligation de solliciter une autorisation préalable du juge pour pratiquer une saisie conservatoire. L'ordonnance d'injonction de payer doit avoir été signifiée au débiteur conformément à l'article 8 de l'AUVE. En l'absence d'opposition dans les quinze jours de la signification, le créancier sollicite l'apposition de la formule exécutoire. Muni de cette ordonnance revêtue de la formule exécutoire, le créancier n'a pas besoin d'une autorisation préalable du juge pour pratiquer la saisie[115].

Récemment est apparu dans les prétoires un contentieux d'un genre particulier au cours duquel, le débat se focalise sur les conditions permissives de l'apposition de la formule exécutoire sur l'ordonnance d'injonction de payer. Il n'est pas rare, en effet, que dans une même procédure le créancier ait pratiqué une saisie conservatoire sur le fondement d'une ordonnance revêtu

---

[113] TPI Abengourou, Ord. référé du 21 sept.2005, Aff. Fondes de Garantie de Coopératives Café-Cacao (F.G.C.C.C.) C/ Maitre GNABA GNADJUE Jérôme, Ohadata J-09-160

[114]TPI Abengourou, Ord. référé n° 37 du 24 Oct.2006, Aff. Holz Ivoire c/ 1. Tropical Bois ; 2. Boussou Maxime 3. Gnaba Gnadjeu Jérémie, Ohadata J-09-185

[115]TPI Yaoundé-Ekounou, Ord. n° 36 du 20 novembre 2003, Aff. Jean Emile YAP c/ TJOUEN Alexandre Dieudonné, Ohadata J-05-214

de la formule exécutoire, alors que le débiteur conteste le fait d'avoir reçu signification de ladite ordonnance et produit un acte d'opposition, dûment régulariser dans le délai imparti.

Cette situation peut résulter d'un dysfonctionnement du greffe ou des manœuvres frauduleuses orchestrées par un créancier voulant obtenir un titre exécutoire. Fort heureusement, le législateur OHADA avait anticipé ces genres de difficulté en prescrivant à l'article 10 al. 2 AUVE que « Toutefois, si le débiteur n'a pas reçu personnellement la signification de la décision portant injonction de payer, l'opposition est recevable jusqu'à l'expiration du délai de quinze jours suivant le premier acte signifié à personne ou, à défaut, suivant la première mesure d'exécution ayant pour effet de rendre indisponible en tout ou en partie les biens du débiteur ».

Généralement, le débiteur est informé lors de la dénonciation de la mesure d'exécution pratiquée sur le fondement de l'ordonnance d'injonction de payer.

### c) -Les jugements assortis de l'exécution provisoire

Le jugement peut être mis en exécution lorsqu'il est assorti de l'exécution provisoire. Une saisie conservatoire peut être pratiquée, en vertu d'un titre exécutoire par provision, en application de l'article 32 AUVE. Selon ce texte, à l'exception de l'adjudication des immeubles, l'exécution forcée peut être poursuivie jusqu'à son terme, en vertu d'un titre exécutoire par provision. L'exécution est alors poursuivie aux risques du créancier, à charge pour celui-ci, si le titre est ultérieurement modifié, de réparer intégralement le préjudice causé par cette exécution sans qu'il y ait lieu de relever de faute de sa part.

L'exécution provisoire est perçue comme un bénéfice permettant au gagnant d'exécuter un jugement dès sa signification, malgré l'effet suspensif du délai des voies de recours ordinaires ou de leur exercice[116]. Elle permet exceptionnellement d'exécuter une décision avant qu'elle ne soit définitive[117].

Même lorsque le jugement est susceptible d'opposition comme en matière sociale, l'exécution provisoire permet au bénéficiaire d'entamer son exécution, nonobstant toutes voies de recours, en application de l'article 232 nouveau de la loi n°06-96 du 06 mars 1996 modifiant et complétant certaines dispositions de la loi n°45 /75 du 15 mars 1975 portant Code de Travail congolais[118].

---

116VINCENT (J.), GUINCHARD(S.) Procédure civile op.cit. p.944.

117Me DOGUE (Ch.), une nouveauté déplorable : la prohibition des défenses à exécution provisoire, Ohadata-D-02-23

118Aux termes de cette disposition, en effet, le jugement peut ordonner l'exécution immédiate, nonobstant opposition ou appel et par provision avec dispense de caution. Cette exécution ne pourra porter que sur les droits légaux ou conventionnels qui ne se heurtent à aucune

Si le jugement est assorti de l'exécution provisoire[119], le colitigant a toujours la possibilité de paralyser son exécution au moyen d'une requête spéciale aux fins de défense à exécution provisoire.

**d)-Les décisions exécutoires sur minute**

Outre les décisions revêtues de la formule exécutoire, l'AUVE accorde une dispense au créancier muni d'une décision exécutoire sur minute pour pratiquer une saisie conservatoire. L'ordonnance exécutoire sur minute constitue un titre exécutoire au sens de l'article 33 de l'AUVE. Elle n'a donc pas besoin d'être revêtue de la formule exécutoire[120]. L'on distingue deux types de décisions exécutoires sur minute : les ordonnances des référés et les ordonnances sur requête.

**1°) - L'ordonnance sur requête**

En visant les décisions exécutoires sur minute, l'Acte Uniforme inclut les ordonnances sur requête dans cette catégorie. Aux termes de l'article 219 du Code de Procédure Civile, Commerciale, Administrative et Financière, les présidents des juridictions peuvent ordonner, sur requêtes, toutes mesures conservatoires ou d'instruction et, d'une façon générale, toutes mesures urgentes ne préjudiciant pas au droit des tiers. Cette ordonnance, qui doit être motivée, est exécutoire sur simple minute (art.224 CPCCAF). Pour fonder une saisie conservatoire, l'ordonnance sur requête doit contenir l'obligation de paiement d'une somme d'argent.

**2°) - L'ordonnance de référé**

L'une des caractéristiques fondamentales des ordonnances des référés réside dans le fait qu'elles sont exécutoires de plein droit nonobstant toutes voies de recours. Contrairement au jugement qui ne s'exécute qu'après l'épuisement de délai de recours ou à tout le moins lorsqu'il est assorti de

---

contestation. Pour le surplus, l'exécution provisoire peut être ordonnée à charge de fournir caution.

[119] L'exécution provisoire est ordonnée sur le fondement des articles 58 et 59 du CPCCAF. Aux termes de l'article 58, l'exécution provisoire du jugement est ordonnée sans caution : soit pour la partie non contestée de la demande, soit pour les condamnations présentant un caractère alimentaire, soit s'il y a titre authentique ou autorité de la chose jugée. L'article 59 précise que l'exécution provisoire est ordonnée à charge de fournir caution lorsqu'il y a urgence ou péril en la demeure. Toutefois, par disposition expresse et motivée, le jugement peut être dispensé de la caution.

[120] TPI Bafoussam, Ord. référé n°82 du 13 juin 2007, Aff. NENKAM NOUETCHOM Aaron c/ Dame NENKAM née MAMEDA Géneviève, obs. Yvette KALIEU, Ohadata J-08-143

l'exécution provisoire, les ordonnances des référés s'exécutent nonobstant toutes voies de recours.

L'exercice des voies de recours par l'une des parties au procès ne constitue pas un obstacle dirimant à l'exécution de plein droit attachée à l'ordonnance de référé. Il s'agit d'une caractéristique inhérente même à l'ordonnance de référé, dérogatoire à bien des égards aux principes fondamentaux du droit processuel, l'exécution de plein droit ne pouvant être perçue comme une entorse à l'effet suspensif des voies de recours. « *La nature même du référé suppose que les ordonnances rendues soient immédiatement exécutoires lorsqu'il s'agit de prévenir un dommage imminent, de mettre fin à une manifeste illicéité ou d'ordonner une mesure urgente, il ne saurait être question d'attendre l'expiration des délais de recours. Ce serait à la fois nier la raison d'être du référé et privé ses décisions de toutes efficacités*[121] ».

En droit congolais, le caractère exécutoire de plein droit des ordonnances des référés découle des dispositions de l'article 214 du CPCCAF selon lequel, les ordonnances de référés sont exécutoires de plein droit par provision sans caution à moins que le président n'ait ordonné qu'il en sera autrement. Il s'en déduit que les ordonnances de référés sont toujours exécutoires de plein droit, sauf dans l'hypothèse au demeurant exceptionnel, lorsque le président est amené à ne pas assortir son ordonnance de l'exécution provisoire de plein droit.

Pour fonder une saisie conservatoire, l'ordonnance de référé doit avoir condamné le débiteur au paiement des sommes d'argent[122]. Ce sera le cas d'une ordonnance de référés liquidant à titre provisoire une astreinte comminatoire en application de l'article 217 du CPCCAF, le créancier devant poursuivre sa liquidation définitive devant le juge du fond conformément à l'article 488 du même code. Le créancier bénéficiaire d'une telle ordonnance, peut pratiquer une saisie conservatoire sur le fondement de celle-ci, sans devoir solliciter une autorisation préalable du juge.

**2)- Les actes et décisions de justice étrangers ainsi que les sentences arbitrales**

Au nombre des titres exécutoires, l'on peut citer les actes et les décisions de justice étrangers ainsi que les sentences arbitrales. Le détenteur d'une telle décision est dispensé de l'autorisation de solliciter une décision du juge pour pratiquer une saisie conservatoire.

---

[121] X.VUITTON, J. VUITTON, Les référés op. cit p.23.

[122] T. Com, Brazzaville, Ord. référé, rôle commercial N°049, répertoire N°200, du 18 juin 2002, Aff. AFFIF Younes C/ GUEYE Amadou Tidiane, inédit

Par actes étrangers, il faut entendre les actes authentiques délivrés par les notaires étrangers.

S'agissant des décisions de justice étrangère, elles doivent être déclarées exécutoires par une décision juridictionnelle, non susceptible de recours suspensif d'exécution, de l'État dans lequel ce titre est invoqué. Ces décisions ne peuvent bénéficient de la force exécutoire dans un pays qu'à l'issue d'une procédure d'exéquatur. L'objet de cette procédure étant de déclarer exécutoire une décision juridictionnelle étrangère ou une sentence arbitrale sur le territoire de l'Etat du for[123].

Les sentences arbitrales constituent de titre exécutoire à l''issue d'une procédure d'exéquatur. Le détenteur d'une sentence arbitrale exéquaturée est dispensé de l'autorisation préalable du juge pour pratiquer une saisie conservatoire ou une mesure d'exécution forcée.

Au Congo, la procédure d'exéquatur est réglementée par l'article 299 du CPCCAF. Aux termes de ce texte, sauf convention diplomatique contraire, les jugements rendus par les tribunaux étrangers et les actes reçus par les officiers publics ou ministériels étrangers ne sont susceptibles d'exécution sur le territoire congolais qu'après avoir été déclaré exécutoire par une juridiction congolaise qui aurait été compétente rationae materiae pour en connaitre. L'article 310 précise que les sentences arbitrales ne doivent être exécutoires que si elles sont revêtues de l'exéquatur donné par le président du Tribunal de Grande Instance du lieu où est poursuivie son exécution[124].

---

123 L'exéquatur s'entend d'une force exécutoire octroyée par l'autorité judiciaire du for à une décision rendue par une juridiction étrangère. Il s'agit de la décision par laquelle une juridiction nationale reconnait le caractère exécutoire d'une décision juridictionnelle étrangère, ou d'une sentence arbitrale sur le territoire national préalablement à son exécution. Cette reconnaissance du caractère exécutoire est un préalable indispensable à la mise en œuvre des voies d'exécution. L'exéquatur ne tend pas à soumettre une nouvelle fois à la juridiction du for, le litige déjà tranché par une juridiction étrangère, puisqu'il a pour but d'obtenir que les moyens du droit de l'Etat saisi soit adaptés à la décision étrangère, en vue d'établir l'efficacité de la décision étrangère. Cf. PHILIPPE (J. B.) L'exéquatur, La documentation française, L'étranger en France, face et au regard du droit ; rapport/ Ministère de la Justice, Mission de recherche Droit et Justice ; Université Jean Moulin, Lyon 3, Centre de la famille, sous la direction de Hugues Fulchiron, Christine Bideaud-Garon, Etienne Cornut, Alain Devers.

124 Les sentences arbitrales rendues sous l'égide de la CCJA ont autorité de la chose jugée sur le territoire de chaque Etat-partie (art. 25 du traité OHADA). Elles peuvent faire l'objet d'une exécution forcée en vertu d'une décision d'exequatur délivrée par la CCJA. Une sentence arbitrale rendue par le centre d'arbitrage de la CCJA doit être exéquaturée par la CCJA avant de faire l'objet d'une exécution dans un Etat Partie. L'exéquatur est sollicité par une requête adressée au président de la CCJA. L'exéquatur est accordé par une ordonnance du président de la Cour ou du juge désigné à cet effet. Conformément à l'article 30.2 du règlement d'arbitrage de la CCJA, l'exéquatur est accordé à l'occasion d'une procédure non contradictoire par une ordonnance et confère à la sentence un caractère exécutoire dans tous les Etats parties124. La décision qui accorde l'exéquatur n'est susceptible d'aucun recours (art. 32 AUA), tandis que celle qui refuse l'exéquatur n'est susceptible que de pourvoi en cassation devant la CCJA. La sentence arbitrale ainsi exéquaturée produit les mêmes effets qu'un arrêt rendu par la Cour,

### 3)- Les procès-verbaux de conciliation signés par le juge et les parties

La loi a confié au juge la mission de concilier les parties, puisque concilier les parties est une des fonctions du juge au même titre que celle de trancher les litiges[125]. L'article 18 du CPCCAF précise qu'au début de l'audience, il est procédé à l'appel des causes. Si la conciliation n'est pas interdite en la matière, il est demandé aux parties si elles veulent se soumettre à une tentative de conciliation. En cas d'accord des parties, l'affaire est appelée à l'audience de conciliation. Dans le cas contraire, à l'audience publique qui la suit immédiatement.

L'audience de conciliation est tenue à huis clos. En cas de conciliation, il en est dressé le procès-verbal exécutoire (art.19 CPCCAF). La conciliation peut être partielle ou totale, elle doit être constatée dans un document écrit indiquant la teneur de l'accord intervenu sur l'ensemble des points litigieux (conciliation totale) ou sur certains points litigieux (conciliation partielle). Ce procès-verbal de conciliation est signé par le juge, le greffier et les parties.

Comme tout titre exécutoire, le procès-verbal de conciliation peut fonder la mise en œuvre d'une mesure d'exécution forcée ou d'une saisie conservatoire. Ce faisant, le créancier muni d'un procès-verbal de conciliation est dispensé de l'obligation de solliciter l'autorisation préalable du juge pour pratiquer une saisie conservatoire.

### 4)- Les actes notariés revêtus de la formule exécutoire

L'acte notarié revêtu de la formule exécutoire constitue un titre exécutoire au sens de l'article 33 de l'AUVE. Le titulaire d'un acte notarié est donc dispensé de l'autorisation préalable du juge pour pratiquer une saisie conservatoire. Par son ministère, le notaire offre des garanties de sécurité juridique pour les parties, dès lors qu'il constate personnellement l'existence d'une obligation. Les actes notariés ont une force probante et leur sincérité ne peut être contestée que par une procédure d'inscription de faux.

---

dispensé de la formalité préalable d'exéquatur pour être exécuté L'exéquatur confère à la sentence arbitrale un caractère exécutoire dans tous les Etats parties, d'où son appellation par l'exéquatur communautaire.

125TWENGMBO « Injonction de payer, de délivrer ou de restituer », Encyclopédie du droit OHADA, POUGOUE (P.G) (Sous la Dir.), op.cit. p.1043.

L'article 10 de la loi n°017/89 du 29 septembre 1989 portant institution du Notariat au Congo dispose que les actes authentiques établis par le notaire font foi de leurs énonciations jusqu'à inscription de faux[126].

Comme pour mettre en exergue le caractère exécutoire des actes notariés, l'article 14 de la loi précitée indique que les grosses, seules, sont délivrées en forme exécutoire, elles sont intitulées et terminées dans les mêmes termes que les jugements des tribunaux de grande instance. La loi a donné pouvoir aux notaires de délivrer des véritables titres immédiatement exécutoires et qui peuvent fonder la mise en œuvre d'une saisie conservatoire sans autorisation préalable du juge. Ainsi, a été cassé, pour violation de l'article 33 de l'AUVE, l'arrêt qui n'a pas reconnu à la grosse en forme exécutoire d'un acte authentique délivré par un notaire, la qualité de titre exécutoire[127].

Pour être exécutoire, l'acte notarié doit être revêtu de la formule exécutoire. Celle-ci doit être apposée par le notaire rédacteur de l'acte ou à tout le moins par celui qui a reçu l'acte et déposé au rang des minutes.

Pour fonder une mesure conservatoire voire une mesure d'exécution forcée, l'acte notarié doit constater l'existence d'une créance ou contenir une obligation de payer une somme d'argent. Pourtant, la convention, même conclue en la forme authentique, peut soulever quelques difficultés relativement à la détermination du quantum exact de la créance au moment du recouvrement. Les Professeurs PERROT et THERY affirment que « *le montant de l'obligation du débiteur n'apparait pas nécessairement en clair ; il résulte souvent de la combinaison et de l'interprétation de plusieurs clauses juxtaposées de façon complexe ; le notaire ne fait qu'authentifier des engagements dont il n'a pas la maîtrise puisqu'il donne lieu à des difficultés qui apparaissent souvent qu'au moment de l'exécution*[128] ».

Ces difficultés sont inhérentes aux règles de comptabilité et aux montages financiers élaborés avec des clauses que le notaire chargé d'authentifier la convention ne peut facilement appréhender. Il s'agit pour le notaire

---

126 Les actes notariés sont exécutoires sur toute l'étendue du territoire national. La loi fait obligation aux notaires de garder les minutes de tous les actes qu'ils reçoivent à l'exception des brevets (art.11). Les notaires ne peuvent se dessaisir d'aucune minute si ce n'est dans les cas prévus par la loi ou par un jugement. Même dans ce cas, avant de se dessaisir de la minute, ils en dressent et signent une copie figurée qui après avoir été certifiée conforme par le Président du Tribunal de Grande Instance de leur résidence, est substituée à la minute dont elle tient lieu jusqu'à réintégration (art.13). L'alinéa 3 dudit article ajoute que les notaires ne peuvent également sans une ordonnance du même magistrat délivrer expédition ni donner connaissance des actes à d'autres qu'aux parties contractantes ou leurs héritiers.

127 CCJA, Ass. pl. Arrêt n°115/2014 du 04 nov.2014, Aff. Caisse Populaire Coopérative du Littoral(CAPCOL) c/ N'GOWI Emmanuel, Ohadata J-15-206

128 RTD civ.1995, 691-Adde : PERROT et THERY, n°313, cité par S. GUICHARD, T. MOUSSA (Dir), op.cit. p.59

d'authentifier la convention des parties, il n'a vocation à réexaminer les clauses âprement négociées par les parties[129].

En tenant compte de la force obligatoire de la convention signée et, en l'absence de contestation sur les conditions de validité des stipulations contractuelles, aucun grief ne pourrait être formulé à l'endroit du notaire.

#### 5)- Les décisions auxquelles la loi nationale de chaque État Partie attache les effets d'une décision judiciaire

Ces décisions renvoient essentiellement aux titres émis par l'Etat, les collectivités locales et les établissements publics en matière fiscale. Ces titres sont émis pour le recouvrement de l'impôt, des taxes assimilées et des cotisations de sécurité sociale.

Parmi ces titres, l'on peut citer les arrêtés de débet, états, rôles, avis de recouvrement, titres de perception, ordres de recette ou contraintes. Ces titres ont la particularité de bénéficier du privilège du préalable[130] et du privilège de l'exécution d'office[131]. Ils peuvent servir de fondement à une saisie conservatoire ou une mesure d'exécution forcée sans autorisation préalable du juge.

### B- Le défaut de paiement d'une lettre de change

La lettre de change est un écrit par lequel une personne appelée le tireur, donne mandat à une autre, le tiré, de payer une somme d'argent déterminée à l'ordre d'une troisième personne, le bénéficiaire dit le porteur à l'échéance de la lettre[132]. Peu importe qu'il s'agisse d'une lettre à vue, d'une lettre à un certain délai de vue ou d'une lettre à un certain délai de date, ou encore d'une lettre à jour fixe. Pour casser un arrêt, la CCJA a décidé que la lettre de change est un titre qui se caractérise par l'inopposabilité des exceptions tirés des rapports de base et la solidarité des signataires. Aucune procédure de faux n'étant entreprise relativement aux traites escomptées par la demanderesse, le

---

[129] En sa qualité de professionnel avisé, il n'est pas exclu que le notaire puisse faire observer aux parties la difficulté que peut engendrer certaines clauses.

[130] Le privilège préalable autorise l'administration qui se prétend créancier d'un débiteur défaillant ou récalcitrant à émettre un titre exécutoire proprio motu, sans faire préalablement constater son droit par un officier ministériel ou un juge.

[131] Le privilège de l'exécution d'office est un complément du privilège du préalable. Il permet une exécution spontanée des actes administratifs. En matière fiscale, le privilège de l'exécution d'office permet à l'administration émettrice d'un titre de provoquer elle-même l'exécution de son titre et de poursuivre l'exécution forcée de son titre sans autorisation et contrôle juridictionnel préalable.

[132] Mémento Pratique, Francis LEFEBVRE, Droit des Affaires, Contrats et droits de l'entreprise, éd.2002, p.887

tribunal qui a fait application de l'article 2 de l'AUVE en déclarant la débitrice mal fondée en son opposition et en confirmant l'ordonnance d'injonction de payer n'a pas fait une saine application de la loi[133].

Dans une autre espèce, la CCJA a retenu « qu'en l'absence dans la loi relative aux instruments de paiement, prescrivant dans la lettre de change un emplacement spécifique pour la signature du tireur apposée sur le titre lui-même, ainsi en considérant comme étant nulles les lettres de changes sur lesquelles le débiteur n'avait pas apposé sa signature, à « l'emplacement prévu » la Cour d'appel ne permet pas à la cour de céans d'exercer son contrôle sur le fondement légal de sa décision, d'où il suit que l'arrêt attaqué doit être cassé[134]».

La lettre de change doit être acceptée par le tiré[135]. Le créancier qui pratique une saisie conservatoire à la suite d'un défaut de paiement d'une lettre de change impayée est dispensé de l'obligation de solliciter l'autorisation du juge. Néanmoins, le défaut de paiement doit être constaté par un protêt, dressé par un officier ministériel.

### C- Le défaut de paiement d'un billet à ordre

Le billet à ordre s'entend d'un écrit par lequel, une personne dite souscripteur, s'engage à payer, à échéance fixée, une somme d'argent déterminée à une autre personne, appelée bénéficiaire, ou à son ordre. Comme pour la lettre de change, en cas de défaut de paiement du billet à ordre à échéance fixée par le souscripteur, l'article 55 al.2 de l'AUVE, dispense le bénéficiaire de l'obligation de solliciter l'autorisation du juge pour pratiquer une saisie conservatoire sur les biens du souscripteur défaillant.

En application de cette disposition, un tribunal a jugé que, conformément à l'article 55 de l'AUVE, la saisie conservatoire pratiquée en vertu d'un billet à ordre sur les créances du débiteur auprès des différents établissements est régulière en la forme[136].

---

133 CCJA, 2ème ch., Arrêt n°009/2016 du 21 janvier 2016, Aff. Société Générale de Banque en Côte d'Ivoire (SGBCI) c/ La Société d'Industrie et de Commerce (SICOM), La Société HYSSAND TRANSIT SARL, Ohadata J-16-218.

134CCJA, Arrêt n°056/2004 du 11 décembre 2008, Aff. EDOUKOU Aka épouse KOUAME, KOUAME Thierry c/ DOUKOURE Bouyangui, Recueil de jurisprudence n°12, juillet-décembre 2009, p.137, Ohadata J-10-41

135 135 L'acceptation est exprimée par le mot accepté ou tout autre mot équivalent porté par le tiré sur la lettre d'échange suivi de sa signature, ce qui entraine l'engagement de sa part à payer le bénéficiaire à l'échéance fixée.

136TGI Ouagadougou, jugement n° 348 du 28 mars 2001, Bank of Africa c/ Babouram Amédée Gérald, Ohadata J-04-06

### D- Le défaut de paiement d'un chèque

Le chèque s'entend d'un écrit par lequel une personne, le tireur donne à une banque ou un établissement assimilé, le tiré, l'ordre de payer à vue une somme déterminée au bénéficiaire indiqué. Le tiré peut être amené à refuser de payer le chèque tiré, lorsque le tireur a émis un chèque sans provision, ou lorsque la provision s'est révélée insuffisante. Il arrive souvent, pour une raison légitime ou fantaisiste, que le tireur se rétracte pour faire opposition au paiement du chèque émis.

En cas de défaut de paiement du chèque, le porteur peut pratiquer une saisie conservatoire sur les biens du tireur sans autorisation préalable du juge. Pour ce faire, il doit requérir un officier ministériel pour dresser un protêt, afin de constater officiellement le non-paiement du chèque ou le refus d'acceptation[137]. La procédure ainsi que les conditions de l'établissement du protêt sont régies par les normes communautaires, notamment celle édictées par L'UEMOA[138]et la CEMAC. Dans la zone CEMAC, il s'agit du Règlement n° 02/03/CEMAC/UMAC/CM relatif aux systèmes, moyens et incidents de paiement, signé le 04 avril 2003, et entré en vigueur le 1er juillet 2004.

Si en pratique le protêt est dressé par l'huissier de Justice, rien n'interdit à un notaire de faire autant puisque l'article 69 du Règlement CEMAC relatif aux systèmes, moyens et incidents de paiement suscité indique que le protêt doit être fait par un notaire ou par un huissier de justice du lieu de domicile de celui sur qui le chèque était payable ou à son dernier domicile connu.

L'article 70 qui précise le contenu du protêt dispose que « *l'acte de protêt contient la transcription littérale du chèque et des endossements ainsi que la sommation de payer le montant du chèque. Il énonce la présence ou l'absence de celui qui doit payer, les motifs du refus de payer et l'impuissance ou le refus de signer et, en cas de paiement partiel, le montant de la somme qui a été payée. Les notaires et huissiers sont tenus, à peine de dommages et intérêts, de faire, sous sa signature, mention sur le chèque du protêt avec sa date.* »

Le porteur doit obtenir du tiré la délivrance d'un certificat de non-paiement, qu'il doit faire signifier au tireur par un huissier de justice. L'huissier instrumentaire, qui n'a pas reçu justification du paiement après la signification de ce certificat de non-paiement dans un délai de quinze jours,

---

137MILINGO ELLONG (J.J.), Le protêt et la protection du porteur d'un effet de commerce dans la zone Cemac, Revue de l'ERSUMA, N°3, septembre 2013, p.235

138 Règlement n° 15/2002/CM/UEMOA relatif aux systèmes de paiement dans les Etats membres de l'Union économique et Monétaire Ouest Africaine.

sert commandement de payer la somme portée sur le chèque, avant de délivrer un protêt exécutoire lequel vaut titre exécutoire.

L'huissier de justice doit remettre contre récépissé au greffier du tribunal compétent du domicile du débiteur deux copies exactes des protêts dont l'une est destinée au Parquet. La doctrine estime que le certificat de non-paiement n'est pas nécessaire pour pratiquer une saisie conservatoire[139].

Muni de ce protêt, le créancier peut faire pratiquer une saisie conservatoire sans autorisation du juge.

### E- Le défaut de paiement d'un loyer en vertu d'un contrat de bail d'immeuble écrit

En vertu de l'article 55 al.2 de l'AUVE, une autorisation préalable du juge n'est pas requise pour pratiquer une saisie conservatoire en cas d'un loyer impayé après commandement, dès lors que celui-ci est dû en vertu d'un contrat de bail d'immeuble écrit. Peu importe que le bail en cause soit un bail d'habitation (loi n°37-2012 du 12 décembre 2012 portant réglementation de la location à usage d'habitation) ou un bail à usage professionnel (art.101 et suivants de l'AUDCG).

Le législateur OHADA n'accorde cette dispense que lorsque le loyer impayé résulte d'un contrat de bail dûment écrit. Le saisissant qui se prévaut d'un contrat de bail non écrit, conclu en application des articles 103 et 104 de l'Acte Uniforme portant sur le droit commercial général n'est pas dispensé de l'autorisation préalable du juge.

Le saisissant qui poursuit le recouvrement d'un loyer impayé doit, au préalable, servir commandement de payer au preneur défaillant avant la mise en œuvre de la mesure conservatoire.

## § 5. La question de défenses à exécution provisoire et du sursis à exécution

Les débats sur les défenses à exécution provisoire (A) et le sursis à exécution (B) sont des plus animés dans les prétoires de l'espace Ohada.

### A. La question des défenses à exécution provisoire

Pour faire échec à l'exécution des titres exécutoires par provision, les débiteurs ont trouvé la parade en puisant dans les règles de droit processuel de

---

139VIGNEAU(V.) La mise en œuvre des mesures conservatoires, Droit et Pratique des Voies d'exécution GUICHARD (S), MOUSSA(T) (dir), p.508

chaque Etat partie, qui prévoit des procédures de défense à exécution provisoire. Le débiteur interjette appel de la décision, puis introduit, quasi-simultanément, une requête aux fins de défense à exécution provisoire devant le Premier Président de la Cour d'appel sur le fondement des dispositions de droit interne.

Au Congo, la question des défenses exécutions provisoires est régie par l'article 86 du CPCCAF. Au Cameroun, il s'agit des articles 3 et 4 de la loi 92/008 du 14 août 1992 modifiée, portant exécution de certaines décisions de justice[140]. En Côte d'Ivoire, elle fait l'objet des articles 180 et 181 du code de procédure civile, commerciale et administrative.

Pour appréhender l'esprit de l'article 86 du CPCCAF, il importe de revenir à l'article 85. Aux termes de cette disposition, hors le cas où l'exécution provisoire a été légalement ordonnée, aucun jugement ne peut être mis en exécution en cas d'appel. Il en est de même pendant le délai d'appel. L'article 86 ajoute que l'appelant peut par requête spéciale, présenter des défenses à exécution provisoire. La juridiction d'appel statue immédiatement sur cette requête.

---

140 L'article 3 de ce texte dispose que « (1) par dérogation aux dispositions de l'article 2 al.1 ci-dessus, le tribunal saisi peut, en cas de décision contradictoire ou réputée contradictoire ordonner l'exécution provisoire, nonobstant appel dans les cas ci-après : a) en matière de créance alimentaire, de créance contractuelle exigible, d'expulsion fondée sur un titre foncier conférant des droits non contestés ou sur un bail écrit, assorti d'une clause résolutoire dont les conditions sont réunies ; b) en matière de réparation des dommages résultant d'une atteinte à l'intégrité physique d'une personne pour les frais et dépenses justifiés par les soins d'urgence et limités exclusivement aux frais de transport ou de transfert, aux frais pharmaceutiques, médicaux et d'hospitalisation ; c) en matière de salaire et d'indemnité de congé non contestés ; (2) Les dispositions de l'alinéa (1) paragraphe (a) et (b) ci-dessus sont applicables aux condamnations civiles prononcées par une juridiction civile. Article 4 (1) Lorsque l'exécution provisoire a été ordonné en dehors des cas prévus par l'article 3 ci-dessus, la partie qui succombe peut par simple requête adressée au Président de la Cour d'appel obtenir défense à exécution provisoire de la décision : à cette requête doivent être jointes : une expédition de la décision attaquée ; (2) immédiatement il est procédé à la diligence du greffier en Chef de la Cour d'appel saisie, à : l'enregistrement de la requête, la délivrance du certificat du dépôt de ladite requête ; la fixation de la date de l'audience et sa communication au requérant ; cette audience doit se tenir dans les quinze(15) jours qui suivent l'enregistrement de la requête ; la transmission du dossier au Procureur Général pour ses réquisitions. Le dossier est rétabli au greffe dans les cinq jours de sa réception par le Procureur Général ; (3) A peine d'irrecevabilité de sa requête, le requérant doit dans un délai de cinq (5) jours à compter de l'enregistrement de sa requête au greffe de la Cour d'appel saisie, notifier à la partie adverse copie de ladite requête et de la date de l'audience ; (4) la partie adverse est tenue de produire ses conclusions pour cette audience, à défaut il est passé outre ; (5) la Cour d'appel est tenu de statuer dans les trente(30) jours de sa saisine. L'arrêt de la Cour d'appel ne peut faire l'objet que d'un pourvoi d'ordre. Dans ce cas la Cour Suprême statue dans les deux mois de sa saisine ; La notification du certificat de dépôt à la partie adverse et le pourvoi d'ordre suspendent immédiatement l'exécution, même commencée, de la décision attaquée, jusqu'à l'intervention de l'arrêt de la juridiction saisie ».

La question des défenses à exécution a profondément divisé aussi bien la doctrine que la jurisprudence communautaire. Dans un arrêt dit époux Karnib[141] la position adoptée par la CCJA sur la question, a suscité une controverse doctrinale sans précédent.

En l'espèce, un litige avait opposé les époux Karnib à la Société Générale des Banques en Côte d'Ivoire dite SGBCI devant le Tribunal de Première Instance d'Abengourou, lequel par jugement civil n°04 du 21 janvier 1999, condamnait la SGBCI à leur payer la somme de 858.486.327 F CFA, pour toutes causes de préjudices confondues, décision assortie de l'exécution provisoire à concurrence de 683.486.327 F CFA. Les époux Karnib signifiaient ce jugement à la SGBCI, et dans le même acte, lui faisaient commandement d'avoir à leur payer dans les 24 heures la somme de 658.486.327F CFA, en principal. La Banque relevait appel de cette décision et présentait des défenses à exécution devant le Premier Président de la Cour d'appel d'Abidjan, lequel suivant ordonnance n°97/99 du 23 février 1999, sur le fondement des articles 180 et 181 du Code de procédure civile ivoirien, ordonnait la suspension des poursuites jusqu'à ce que la Cour d'appel se prononça sur le fond du litige. Les époux Karnib se pourvoyaient en cassation devant la CCJA.

Les demandeurs au pourvoi reprochaient à l'ordonnance querellée d'avoir suspendu l'exécution forcée de la décision assortie de l'exécution provisoire entamée par une signification –commandement, alors qu'en vertu des articles 32 de l'AUVE et 10 du traité OHADA, les juges ivoiriens ne pouvaient plus, sans violer les dispositions de ce texte, faire application des articles 180 et 181 du Code de procédure civile ivoirien sur les défenses à exécution au titulaire d'un titre exécutoire par provision qui a entamé l'exécution, l'article 32 susvisé, n'autorisant aucune interruption, la seule condition restant posée étant celle par le titulaire du titre exécutoire par provision, d'assumer ses responsabilités si le titre concerné est ultérieurement modifié. La CCJA cassait et annulait l'ordonnance querellée aux motifs que l'article 32 de l'Acte Uniforme suscité « ne prévoit .... aucune dérogation et ne se concilie avec l'application des articles 180 et 181 du Code de procédure civile ivoirien, qui énoncent en substance, que l'exécution des jugements pour lesquels l'exécution provisoire a été ordonnée, hors des cas ou conditions prévus par la loi peut être suspendue en vertu des défenses obtenues auprès du Premier Président de la Cour d'appel. Ce magistrat pouvant seul ordonner qu'il soit sursis à l'exécution des jugements frappés d'appel ou des ordonnances des référés, lorsque cette exécution est de nature à troubler l'ordre public ou doit

[141] CCJA, arrêt n°02/2001 du 11 octobre 2001, époux Karnib c/ la Société Générale des Banques en Côte d'Ivoire dite SGBCI, Recueil de Jurisprudence CCCJA, n° spécial, janvier 2003, p.37. Le Juris Ohada, n°1/2002, janvier-mars 2002, p.24, Pénant 841, p.538, Ohadata J-02-06

entrainer un préjudice irréparable ou des conséquences manifestement excessives ; alors que d'autre part, l'article 10 du traité relatif à l'Harmonisation du Droit des Affaires en Afrique ayant édicté que les Actes Uniformes sont directement applicables et obligatoires dans les Etats parties, nonobstant toute disposition contraire de droit interne, antérieure ou postérieure, les juges ivoiriens, ne peuvent plus, sans violer cette disposition, faire application des articles 180 et 181 précités, au titulaire d'un titre exécutoire par provision qui a entamé l'exécution, l'article 32 de l'Acte Uniforme de l'OHADA portant organisation des procédures simplifiées de recouvrement et des voies d'exécutions n'autorisant aucune interruption de l'exécution, la seule condition qui reste posée étant celle, par le titulaire du titre exécutoire par provision, d'assumer ses responsabilités si le titre concerné était postérieurement modifié, qu'en statuant comme il l'a fait, le Premier Président de la Cour d'appel a violé les textes susvisés ».

Cette décision a suscité une vive polémique dans les pays membres de l'OHADA, à tel point que le Garde des Sceaux, Ministre de la Justice de la République de Côte d'Ivoire a, en réaction, pris une circulaire[142]adressée aux Premiers Présidents des Cours d'appel, enjoignant ces magistrats de rejeter systématiquement les demandes aux fins de défenses à exécution provisoire dont ils seraient saisis, au motif que l'article 32 de l'AUVE interdisait désormais les défenses à exécution, et rappelait à ces chefs de Cour l'obligation d'appliquer l'Acte Uniforme Portant Organisation des Procédures Simplifiées de Recouvrement et des Voies d'Exécution à la place des dispositions ivoiriennes relatives aux défenses à exécution provisoire. Cette initiative a été vivement critiquée par le Bâtonnier DOGUE[143], lequel estimait que le Garde des Sceaux se serait bien gardé de cette maladresse, dans la mesure où l'arrêt Karnib qui l'avait motivé était vigoureusement contesté par la doctrine.

Certains se posaient ouvertement la question de savoir si la jurisprudence Karnib avait sonné le glas des défenses à exécution provisoires régies par les articles 180, 181 et 228 nouveaux du Code de procédure civile ivoirien[144],

[142]Lettre circulaire n° 258 du 19 juin 2001 relative aux défenses à exécution provisoire et aux difficultés d'exécution adressée à Messieurs les Premiers Présidents des Cours d'appel d'Abidjan, Bouaké, et Daloa.

[143]Maitre DOGUE (Ch.), Une nouveauté déplorable : la prohibition des défenses à exécution provisoire

[144] OUATARRA (A.), La Jurisprudence Epoux Karnib ou le Glas des articles 180, 181 et 228 nouveaux du Code de procédure civile ? (A propos de l'arrêt n°002/20010du 11 octobre 2001 de la Cour Commune de Justice et d'arbitrage, Ohadata D-02-09. L'auteur en vient à la conclusion que contrairement à ce que l'on pouvait croire, l'arrêt Karnib loin de consacrer l'abrogation des articles 180,181 et 228 nouveaux du code de procédure civile et avec eux, la fin des procédures de suspension de l'exécution d'une décision de justice, en assure plutôt la survivance.

alors que d'autres critiquaient la solution adoptée par la CCJA. Ce qui a fait dire à Maître IPANDA que « dans la mesure où actuellement, seules les procédures simplifiées de recouvrement et les saisies ont été uniformisées et dans la mesure où les jugements en général et leur régime d'exécution n'entrent pas dans le champ d'application de l'Acte Uniforme n°6 (AUVE) ». Il convient, ajoute-t-il, *« se référant à la permission de l'article 10 du Traité, de reconnaitre qu'en l'état de la législation uniforme, seuls les articles 180 et 181 du Code de Procédure civile ivoirien ( tout comme pour le Cameroun, la loi n°92/008 du 14 juin 1992 modifiés) qui sont les textes de pure procédure, gouvernent l'exécution des décisions de justice* [145]».

Au-delà de la controverse doctrinale et des inquiétudes des praticiens, quant au respect du principe de double degré de juridiction, la jurisprudence Epoux Karnib avait modifié le régime juridique de l'exécution provisoire. Mais surtout son corollaire qui sont les défenses à exécution provisoire dans la mesure où elle posait des principes nouveaux et faisait une interprétation singulière de l'article 32 de l'AUVE. Certains retenaient de l'interprétation de la CCJA une abrogation tacite des procédures de défenses et de sursis à l'exécution provisoire. D'autres, par contre, ironisaient que les poursuivants pourraient crier : « les défenses à exécution provisoire sont mortes, vives l'exécution provisoire », et rappelaient le bien-fondé de l'exécution provisoire.

Pour Mamadou DIAKHATE, la procédure de défenses à exécution provisoire est prévue pour éviter les conséquences irréparables d'une décision assortie à tort de l'exécution provisoire celle-ci suppose, d'une part, le bien-fondé de la décision et, d'autre part, l'existence d'une urgence dans l'exécution ou d'un péril en cas de retard dans cette exécution[146]. Le Bâtonnier DOGUE se montrait encore plus critique, quant à cette abrogation de l'exécution provisoire, lorsqu'il affirme que « ...l'exécution provisoire est une mesure exceptionnelle dérogeant au droit commun de double degré de juridiction, et qui n'est permise au premier juge que sous des conditions clairement précisées par la loi. Il a donc paru utile que cette disposition exceptionnelle puisse être arrêtée par une procédure de défense à exécution provisoire, qui est de la compétence du Premier Président de la Cour d'appel[147]».

---

[145]Maître IPANDA, l'Arrêt Epoux KARNIB une révolution ? Question d'interprétation, Revue camerounaise de droit des Affaires n°10 janvier-mars 2002, Ohadata D-02-07

[146]DIAKHATE Mamadou, Observations sur la jurisprudence de la Cour Commune de Justice et d'Arbitrage relative à l'interprétation de l'article 32 de l'AUPSRVE (Exécution provisoire), Ohadata D-05-14

[147]Maitre DOGUE Charles, op.cit. p.1, l'auteur estime qu'il s'agit d'une mesure grave et dangereuse, en ceci qu'elle émane des juges qui peuvent ne pas être aguerris, et qu'elle permet

L'on peut retenir de la jurisprudence Epoux Karnib que l'article 32 de l'AUVE interdit les défenses à exécution provisoire en droit interne des Etats parties, dès lors qu'elles visent à suspendre une exécution provisoire déjà entamée. Cette position était porteuse des germes d'une controverse, la CCJA ayant considéré la signification d'un commandement, comme le premier acte d'exécution comme si les époux KARNIB entendaient pratiquer une saisie-vente, ou une saisie des droits d'associés et des valeurs mobilières, auxquels cas le commandement devant être signifié en impartissant un délai de huit jours au débiteur pour s'exécuter conformément à l'article 92 et 237 de l'AUVE. Tel n'est pas le cas puisque les Epoux KARNIB n'avaient imparti pour délai à la SGBCI que 24 heures pour s'exécuter.

Or, aucune saisie dont la mise en œuvre est précédée d'un commandement de payer n'impartit un délai aussi bref au débiteur pour s'exécuter, à défaut de subir la saisie. Si les Epoux KARNIB entendaient pratiquer une saisie-attribution des créances, la mise en œuvre de cette mesure d'exécution ne nécessite pas la signification préalable d'un commandement de payer, le premier acte matérialisant le début de la saisie étant la signification d'un procès-verbal de saisie, d'où cette question quand doit-on alors considérer que l'exécution forcée d'une décision exécutoire par provision a commencé ? La réponse apportée à cette question résume les insuffisances de la jurisprudence et justifie en partie la vive critique qu'elle a suscité.

Pour Félix ONANA ETOUNDI, « dans l'arrêt KARNIB la CCJA indique que les requérants avaient entamés l'exécution forcée du jugement par une signification-commandement. Doit-on par-là considérer que la signification-commandement est l'acte qui matérialise le début de l'exécution forcée ? La position de la CCJA donne à notre avis, une réponse contestable à une vraie question. Car si l'évolution du droit positif fait considérer que la signification-commandement est le premier acte d'exécution dans certaines saisies mobilières, elle est loin de l'être pour toutes les saisies[148] »

---

d'exiger du condamné des prestations, alors que la juridiction d'appel ne s'est pas encore prononcée sur la valeur de la condamnation. Il peut se faire qu'un juge inexpérimenté l'ordonne sans réflexion suffisante, et sans respectées les conditions posées par la loi.

148 ONANA ETOUNDI (F.), Quel est le sort des défenses à exécution provisoire dans les Etats membres de l'OHADA ? in Actualités juridiques n°47/2005, p.64, Ohadata D-05-61. L'auteur souligne pertinemment que la signification commandement peut être considérée comme premier acte d'exécution dans les cas de saisie-vente et des droits d'associés et de valeurs mobilières. A l'exception de ces deux procédures, aucune saisie afin d'exécution mobilière ne requiert la signification-commandement. S'agissant de la saisie-attribution des créances, la procédure étant déclenchée par le procès-verbal de saisie.

Face à ces critiques, la CCJA a dû clarifier sa position. En effet, examinant les pourvois dirigés respectivement contre les arrêts n°147/ DE du 09 janvier 2002, 292/DE du 24 mai 2002 et 311/ DE du 07 juin 2002 rendus par la Cour d'appel du Littoral à Douala statuant en matière d'exécution provisoire par lesquels ladite cour ordonnait les défenses à exécution provisoire respectivement contre les ordonnances n° 218 du 28 décembre 2000, 291 du 08 août 2001 et 397 du 26 décembre 2001 rendues par le juge des référés du Tribunal de Première Instance de Douala, par arrêts n°12/2003, 013/2003 et 014/2003 du 19 juin 2003.

Ces trois arrêts soulevaient la même question de droit. Les demandeurs au pourvoi reprochaient aux décisions rendues par le Président de la Cour d'appel du Littoral d'avoir violé les dispositions de l'article 32 de l'AUVE, en ce qu'elles avaient ordonné les défenses à exécution provisoire contre les ordonnances rendues par le juge du contentieux de l'exécution de Douala Bonanjo et assorties de l'exécution provisoire , alors qu'aux termes de l'article 32 visé au moyen, l'exécution forcée peut être poursuivie jusqu'à son terme en vertu d'un titre exécutoire par provision, aux risques du créancier, à charge pour celui-ci, si le titre est ultérieurement modifié de réparer intégralement le préjudice causé par cette exécution sans qu'il ait lieu de relever de faute de sa part.

Il convient de souligner que dans aucune de ces affaires, l'exécution provisoire n'avait été entamée, même par un premier acte d'exécution, la requête aux fins de défenses à exécution provisoire visait non pas à suspendre l'exécution forcée qui n'avait pas encore commencé, mais plutôt à empêcher qu'elle ne commence.

La CCJA a répondu que « *l'article 32 de l'AUVE n'est pas applicable lorsque la procédure qui a abouti à l'arrêt attaqué, d'une part avait été initiée sur la base d'un texte de droit interne à l'Etat partie, et d'autre part, n'avait pour objet de suspendre une exécution forcée déjà entamée, mais plutôt d'empêcher qu'une telle exécution puisse être entreprise sur la base d'une décision assortie de l'exécution provisoire.* » Ainsi, le texte de droit interne, qui fondait la décision des défenses à exécution provisoire de la Cour d'appel du Littoral, était seul applicable, l'article 32 n'étant pas encore applicable. Ces décisions posent un principe, selon lequel le nouveau champ d'application des défenses à exécution provisoire se situe entre la signification du titre exécutoire par provision et le défaut d'exécution volontaire du débiteur qui constitue le préalable à l'exécution forcée[149].

[149] ONANA ETOUNDI (F.) Quel est le sort des défenses à exécution provisoire dans les Etats membres de l'OHADA, Op.cit p.12

A travers ces trois arrêts la CCJA a mis fin à la controverse engendrée par la jurisprudence Epoux KARNIB tout en la clarifiant. Désormais « le régime des défenses à exécution provisoire reste gouverné, du moins en appel, aussi bien par les dispositions du droit interne que par l'article 32 de l'AUVE. L'application de ces deux textes n'est pas cumulative, mais exclusive l'une de l'autre. Si l'exécution forcée est déjà engagée, seul l'article 32 est applicable. Dans ce cas, le juge d'appel saisi d'une requête aux fins de défense à exécution provisoire doit la rejeter au risque de voir sa décision cassée par la CCJA. Si l'exécution forcée n'est pas encore engagée, seules les dispositions du droit interne sont applicables, à l'exclusion de celle du droit uniforme. La requête initiée dans ces conditions tend à empêcher le commencement d'exécution sur la base d'un titre simplement assorti de l'exécution provisoire. Le juge d'appel saisi dans ces conditions, conserve tous ses pouvoirs. Il peut ordonner les défenses à exécution provisoire ou rejeter la demande[150] ».

Dans une autre espèce portée devant la CCJA, le demandeur au pourvoi faisait grief à l'arrêt confirmatif attaqué d'avoir estimé régulière la saisie-attribution des créances pratiquée par le créancier, sur son compte bancaire, en violation des articles 214 et 232 du Code de procédure civile ivoirien, au motif que l'arrêt dont l'exécution était poursuivie au moyen de cette saisie avait fait l'objet d'un pourvoi devant la Cour Suprême de Côte d'Ivoire, dont le Premier Président rendait en application des articles suscités une ordonnance, prescrivant la suspension de l'exécution dudit arrêt. Pour rejeter ce pourvoi, la CCJA a retenu que « s'il est incontesté qu'en application des dispositions de l'article 214 du code de procédure civile de Côte d'Ivoire, le Premier Président de la Cour Suprême ou son Vice-Président a le pouvoir de suspendre par ordonnance l'exécution d'une décision de justice et qu'en application de l'article 235 du même code de procédure cette ordonnance est exécutoire sans délais et le cas échéant par provision, il n'en demeure pas moins vrai que ladite ordonnance de sursis à exécution ne peut avoir pour effet d'affecter une exécution déjà entamée et matérialisée par des mesures effectives de saisie-attribution des créances.... du reste les litiges relatifs à une mesure d'exécution forcée entamée sont soumis à un régime spécifique régi par l'AUVE et consacré par les dispositions de l'article 49 dudit Acte Uniforme, aux termes desquels, tout litige relatif à une mesure d'exécution forcée relève, quelle que soit l'origine du titre exécutoire en vertu duquel elle est poursuivie, de la compétence préalable du président statuant en matière d'urgence et en premier ressort ou du juge qui le remplace, il s'ensuit qu'en

---

150TEPPI KOLLOKO (F), La CCJA et l'Acte Uniforme portant Organisation des Procédures Simplifiées de Recouvrement et des Voies d'Exécution en OHADA, in Juris Périodique n°58, avril-juin 2004, p.112, Ohadata D-06-30

jugeant que la décision de sursis à exécution ne pouvait en rien affecter l'exécution déjà entamée, la cour d'appel n'a en rien violé la loi[151]».

L'on peut donc retenir que la procédure de défense à exécution provisoire régie par la législation de chaque Etat partie n'a pas été supprimée. Cependant, le plaideur, qui saisit le juge d'appel aux fins de défense à exécution provisoire, doit s'assurer que la décision assortie de l'exécution provisoire n'a pas connu un début d'exécution. Viole l'article 32 de l'AUVE le Président d'une Cour d'appel qui ordonne, en vertu des dispositions de la loi nationale, la suspension d'une exécution déjà entamée par une saisie conservatoire convertie en saisie-vente, le texte ci-dessus prévoyant qu'une exécution entamée doit être poursuivie jusqu'à son terme aux risques du créancier[152]. Le débiteur qui conteste la décision assortie de l'exécution provisoire[153] doit initier la procédure des défenses à exécution provisoire avant la mise à exécution de la décision contestée. La Cour d'appel ne pourra faire droit à la demande de défense à l'exécution provisoire si le créancier a déjà entamé la mise en exécution de sa décision. L'article 32 AUVE permettant au créancier de poursuivre l'exécution de cette décision jusqu'à son terme, à charge pour lui de réparer le préjudice causé si la décision venait à être reformée ultérieurement.

La précision apportée par la CCJA a clos la controverse doctrinale engendrée par l'arrêt Epoux KARNIB, elle a également permis à une partie de la doctrine de poser ouvertement le problème de la reformulation de l'article 32 de l'AUVE. Si la CCJA a définitivement fixé la jurisprudence sur la question des défenses à exécution provisoire, qu'en est-il de la question du sursis à exécution.

### B. La question du sursis à exécution

Le débiteur condamné en dernier ressort qui a fait un pourvoi en cassation peut saisir la Cour Suprême d'une requête spéciale aux fins de sursis à exécution de l'arrêt attaqué. Lorsque le créancier a fait diligence pour mettre

---

[151]CCJA, 1er ch., arrêt n°078/2013 du 14 Nov.2013, Aff. DOFFOU Pascal c/ BADO Alexis, Recueil de jurisprudence n°20, Vol. 1, jan-déc. 2013, p.118-121

[152] CCJA, arrêt n°033/2012 du 22 mars 2012, Aff. Bomisso Gbayoro Mathias C/ Société Internationale de Linguistique dite SIL, Ohadata- 14-170.

[153] S'agissant d'une décision assortie de l'exécution provisoire, la CCJA relève d'office son incompétence pour une ordonnance relative à l'exécution provisoire d'un jugement, procédure ouverte par la loi nationale en cas d'appel interjeté contre une décision assortie de l'exécution provisoire dès lors que la décision querellée n'a pas eu pour objet de statuer sur une exécution forcée, mais d'empêcher qu'une telle exécution puisse être entreprise sur la base d'une décision assortie de l'exécution provisoire et frappée d'appel(Cf. CCJA, Ass. plén. Arrêt n°042/2014 du 23 avril 2014, Aff. Société Armement Sardinier Thonier Ivoirien SARL c/ Société Togo-Port (Port Autonome de Lomé), Ohadata J-15-133).

à exécution l'arrêt attaqué par une mesure conservatoire ou d'exécution forcée, le juge suprême qui fait droit à la requête aux fins de sursis introduite par le débiteur, expose sa décision à l'annulation de la CCJA. En application de l'article 49 de l'AUVE, une juridiction nationale de cassation n'est pas compétente pour ordonner le sursis à l'exécution forcée d'un arrêt dont l'exécution a déjà commencé.

Viole l'article 49 de l'AUVE la juridiction présidentielle, qui sur le fondement d'un texte de droit interne, a ordonné la suspension de l'exécution de l'arrêt concerné postérieurement à la saisie-attribution des créances déjà pratiquée en exécution dudit arrêt[154]. Dans une autre espèce, la CCJA retient qu'à l'exception du juge instauré par l'article 49 AUVE, aucune juridiction ne peut se prononcer sur les demandes relatives à une mesure d'exécution forcée. C'est donc en violation de l'article 49 que la juridiction présidentielle d'une Cour suprême a, sur le fondement d'un texte de droit interne, ordonné la suspension de l'exécution d'un arrêt postérieurement à la saisie-attribution des créances déjà pratiquée en exécution dudit arrêt[155].

Quand le contentieux est porté devant la CCJA, les plaideurs soulèvent régulièrement l'incompétente de cette juridiction en faisant valoir que celle-ci est incompétente à connaitre les questions relatives aux dispositions nationales n'impliquant pas l'application des dispositions de l'Acte uniforme. La CCJA reconnait sont incompétente, lorsque l'action, qui a abouti à l'ordonnance querellée, n'a pas eu pour objet de statuer sur une quelconque exécution forcée entreprise en vertu d'un titre exécutoire, mais d'empêcher qu'une telle exécution puisse être entreprise sur la base d'une décision frappée d'un pourvoi en cassation[156]. Dans d'autres cas, sa compétence ne peut être contestée.

Pour rejeter l'exception d'incompétence soulevée par les demandeurs au pourvoi, la CCJA rappelle qu'elle demeure compétente lorsque la décision attaquée tend à la suspension de l'exécution entreprise par application des règles édictées par l'AUVE[157]. Par contre, la CCJA est incompétente pour

---

[154] CCJA, Ass. Plén. Arrêt n°131/2014 du 11 novembre 2014, Aff. Gabonaise d'Edition et de Communication, dite GEC c/ Gabon Télécom SA, Libertis SA, Ohadata-J-15-221

[155] CCJA, 3ème ch. arrêt n°027/2015 du 09 avril 2015, Aff. TAHA OMAR, KABALAN Albert, Société de Transport et de Distribution de Carburant, dite STDC c/ La Société SHELL Côte d'Ivoire, Ohadata J-16-27.

[156] CCJA, 2ème ch., Arrêt n°002/2016 du 21 janvier 2016, Aff. SAFIPAR S.A, PALMAFRIQUE S.A., SAMBA COULIBALY c/ POTTIER Guillaume, Etat de Côte d'Ivoire, Tiemoko KOFFI, Ohadata J-16-211.

[157] CCJA, Ass. Plén. Arrêt n°061/2014 du 23 avril 2014, Aff. Société TOGOCRUS SARL c/ Atara M'DAKENA, 2) UNION DES ASSURANCES DU TOGO-UAT, 3) Société Omnium Togolais d'Assistance Maritime OTAM SARL, 4) Société Togolaise de Consignation Maritime STCM SA, OhadataJ-15-152.

connaître d'une décision rendue sur le fondement de dispositions nationales du code de procédure civile, dès lors qu'aucun texte relatif à l'OHADA n'est applicable. La procédure ayant été introduite avant la saisie pratiquée, elle n'a pas eu pour objet de suspendre une exécution forcée déjà entamée, mais plutôt d'empêcher qu'une telle exécution puisse être entreprise[158].

L'abondante jurisprudence sur la question de sursis à exécution a permis à la CCJA de fixer la ligne de démarcation sur la possibilité reconnue aux juridictions nationales de cassation d'ordonner un sursis à l'exécution d'un arrêt. N'entre pas dans les pouvoirs des juridictions de cassation de suspendre l'exécution forcée d'un arrêt dont l'exécution est déjà entamée.

La loi nationale reconnait à la juridiction de cassation d'ordonner un sursis à l'exécution d'un arrêt sur le fondement des dispositions du code de procédure civile. Cependant, lorsque cette suspension vise à faire échec à une mesure d'exécution forcée entreprise, l'exécution étant entreprise sur le fondement des dispositions de l'AUVE, le juge suprême est incompétent pour ordonner un sursis à exécution d'un arrêt dont l'exécution est déjà entamée. Lorsqu'une mesure d'exécution est entreprise sur le fondement d'une décision faisant l'objet d'un appel ou d'un pourvoi en cassation, toute contestation relative à cette exécution doit relever du juge institué par l'article 49 l'AUVE.

Si la mise en œuvre d'une procédure de sursis à exécution, sur le fondement des dispositions du code de procédure civile d'un Etat membre au traité OHADA, vise à faire échec à l'exécution déjà entamée, cette décision sera sanctionnée. La CCJA a retenu que l'ordonnance attaquée, qui a eu pour effet de suspendre l'exécution forcée entreprise de l'article 215 du Code de procédure civile togolais, a violé l'article 32 de l'AUVE. Elle doit être cassée et la requérante doit être autorisée à poursuivre l'exécution entreprise[159].

### § 6. Les conditions relatives aux biens saisis

L'article 50 de l'AUVE pose le principe selon lequel les saisies peuvent porter sur tous les biens appartenant au débiteur (A), alors même qu'ils seraient détenus par des tiers, sauf s'ils ont été déclarés insaisissables (B) par la loi nationale de chaque Etat partie.

---

[158]CCJA, Ass. Plén. Arrêt n°07/2015 du 29 avril 2015, Aff. Rimon HAJJAR c/ La Société Nationale d'Assurances et de Réassurances, Incendie, Accidents, Risques Divers dites SONAR-IARD SA. Ohadata J-16-191

[159]CCJA, Ass. Plén., Arrêt n°055/2014 du 23 avril 2014, Aff. Société TOGOGRUS Sarl c/ 1) - PROCUREUR GENERAL PRES LA COUR D'APPEL DE LOME (ETAT TOGOLAIS), 2) - Société Omnium Togolaise d'Assistance Maritime (OTAM), Société Togolaise de Consignation Maritime (STCM), Ohadata J-15-146.

## A. Le principe de la saisissabilité de tous les biens du débiteur

Le créancier peut saisir tous les biens mobiliers corporels ou incorporels appartenant à son débiteur dans quelques mains qu'ils se trouvent. Il s'agit ici de la traduction du principe selon lequel le patrimoine du débiteur est le gage général des créanciers consacré par l'article 2092 du Code Civil. Aux termes de cette disposition, quiconque s'est obligé personnellement, est tenu de remplir son engagement sur tous ses biens mobiliers et immobiliers, présents et à venir. Il s'infère que tous les biens se trouvant dans le patrimoine du débiteur constituent un gage pour le créancier et donc susceptibles de faire l'objet d'une saisie conservatoire ou d'une voie d'exécution. Cette disposition prend en compte les fluctuations du patrimoine du débiteur, dans la mesure où il ne vise pas seulement les biens présents au moment de l'engagement, mais aussi ceux à venir, en cas de retour à meilleure fortune.

Certains biens ne peuvent faire l'objet d'une saisie dans la mesure où ils sont insaisissables.

## B. L'exception au principe de la saisissabilité de tous les biens du débiteur : les biens insaisissables

La nécessité d'engager une procédure de recouvrement forcée ou une mesure conservatoire ne s'impose que si, malgré la solvabilité avérée du débiteur, celui-ci refuse de s'exécuter spontanément. Pourtant, en dépit de sa bonne foi, le débiteur peut être insolvable et se trouver ainsi dans l'impossibilité de payer sa dette[160], son impécuniosité ne lui permettant pas d'honorer ses engagements. Quoi qu'il en soit, le créancier impayé doit tenir compte du fait que certains biens de son débiteur sont insaisissables.

Le principe de l'insaisissabilité de certains biens du débiteur est consacré par l'article 50 AUVE. L'article 51 renvoyant à la législation de chaque Etat partie pour déterminer les biens insaisissables.

La détermination des biens déclarés insaisissables est un travail de fourmi qui nécessite de scruter les différents codes et textes de lois allant de la législation du travail au Code de procédure civile, commerciale, administrative et financière en passant par le code de la sécurité sociale pour débusquer les biens déclarés insaisissables[161].

L'insaisissabilité concerne au premier chef les rémunérations du travail, notamment la portion dite insaisissable. Au Congo, l'article 101 de la loi n°45-

---

160 KUATE TAMEGHE(S.S.), Les mystères des articles 50 al.1 et 51 de l'Acte Uniforme OHADA portant Organisation des procédures simplifiées de recouvrement et des voies d'exécution, Afrilex N°5, P.177, www.afrilex.u-bordeaux.fr

161 KUATE TAMEGHE(S.S.), ibidem

75 du 15 mars 1975, instituant le Code du travail, dispose que des décrets pris après avis de la commission nationale consultative du travail, fixent les portions de salaires soumises à prélèvements progressifs et les taux y afférents. La retenue visée à l'article précédent[162]ne peut, pour chaque salaire, excéder les taux fixés par décrets. L'alinéa 2 dudit article précise qu'il doit être tenu compte pour le calcul de la retenue non seulement du salaire proprement dit, mais de tous les accessoires du salaire à l'exception toutefois des indemnités déclarées insaisissables par la réglementation en vigueur, des sommes allouées à titre de remboursement des frais exposés par le travailleur et des allocations ou indemnités pour charge de famille.

Demeurent insaisissables, les indemnités des sommes allouées aux travailleurs, à titre de remboursement des frais par eux exposés et des allocations ou indemnités pour charge de famille, des provisions accordées par la justice, des pensions alimentaires ou d'invalidité.

L'article 196 du Code du Travail déclare insaisissables les biens des syndicats professionnels notamment les immeubles et objets mobiliers nécessaires à leur réunion, à leur bibliothèque et à leurs cours d'instruction professionnels. Quant aux fonds de ces caisses spéciales (caisse spéciale de secours mutuelles et de retraites), ils sont insaisissables dans la limite déterminée par la loi (art. 203 du code du travail). Sont également insaisissables les deniers de la caisse de sécurité sociale. Aucune opposition ne peut être pratiquées sur les sommes dues à cet établissement. Les créanciers porteurs des titres exécutoires, à défaut de décision du conseil d'administration autorisant le paiement, peuvent saisir le Ministre de tutelle aux fins d'inscription au budget de la caisse des crédits nécessaires (art. 29 de la loi N°004/86 du 25/02/86 instituant le Code de la Sécurité Sociale).

Les prestations versées par la caisse de la sécurité sociale, demeurent incessibles et insaisissables dans les mêmes conditions et limites que pour les salaires, conformément aux dispositions du code du travail. Ainsi la pension

[162] L'article 100 auquel renvoie l'article 101 est ainsi libellé : les prélèvements obligatoires et les consignations qui peuvent être prévues par les conventions collectives et les contrats individuels de travail peuvent faire l'objet de retenues sur le salaire. Le remboursement d'avances d'argent consenties par l'employeur au travailleur ne peut faire l'objet de retenues sur les appointements ou salaire que sur saisie-arrêt ou cession volontaire souscrite devant le magistrat du lieu de la résidence ou devant l'inspecteur du travail. Toutefois, lorsque le magistrat ou l'inspecteur du travail habitera à plus de 50 kilomètres, il pourra y avoir consentement réciproque et écrit devant le chef de l'unité administrative la plus proche. Le plafond des prêts ou avances sur salaires consentis directement par l'employeur à son salarié ne peux excéder deux mois de salaire, sauf convention contraire conclue dans les conditions des paragraphes 2 et 3 ci-dessus. Lès acomptes sur un travail en cours ne sont pas considérés comme des avances. Sauf décision judiciaire, aucune compensation ne s'opère au profit des employeurs entre les montants des appointements ou salaires dus par eux à leurs travailleurs et les sommes qui leur seraient dues à eux-mêmes.

de vieillesse, d'invalidité, la pension de retraite, la pension de survivant et les autres allocations prévues par ce code ne peuvent être saisis que dans les conditions prévues par le code du travail(art.168).

A l'analyse de ces dispositions, l'on comprend que le législateur accorde une importance particulière aux rémunérations du travail, aux pensions de retraite et autres indemnités allouées aux travailleurs. La raison de cette attention singulière est simple : ces sommes ont un caractère alimentaire pour le travailleur et sa famille.

L'article 350 de la loi n°51-83 du 21 avril 1983 portant Code de Procédure Civile, Commerciale, Administrative et Financière énumère également les biens insaisissables. Aux termes de cette disposition, ne peuvent être saisis :

1° les objets que la loi déclare immeubles par destination ;

2° le coucher nécessaire des saisis et de leurs enfants vivants avec eux et les vêtements dont ils sont vêtus ;

3° les livres relatifs à la profession du saisi jusqu'à la somme de 1.000.000 de francs à son choix ;

4° les machines et instruments nécessaires à l'enseignement ou à l'exercice des sciences et des arts jusqu'à concurrence de la même somme au choix du saisi ;

5° les équipements militaires ;

6° les outils des artisans nécessaires à leurs occupations personnelles ;

7° les farines et menues denrées nécessaires à la consommation du saisi et de sa famille pendant un mois ;

8° enfin deux vaches et un taureau, quatre chèvres ou brebis et un bouc ou un bélier, six poules et un coq, deux truies et un porc au choix du saisi avec fourrages et grains nécessaires à la nourriture desdits animaux pendant un mois.

L'application de cette disposition induit d'exclure de l'assiette de la saisie certains biens en tenant compte de la profession du débiteur. Cette formule est similaire à celle contenue à l'article 39 du décret du 31 juillet 1992 en droit français, selon lequel sont insaisissables les instruments de travail nécessaires à l'exercice personnel de l'activité professionnelle. Sur le fondement de cette disposition, les juridictions françaises ont considéré que les navires affectés à l'exercice de l'activité professionnelle des personnes physiques et des artisans, sont insaisissables[163].

Les biens insaisissables varient en fonction de la profession du débiteur. Il appartient au juge d'apprécier, si l'objet prétendument insaisissable est

[163]TGI Lyon, Jex, 14 juin 1994, BICC 15 sept. 1994, p.51, voir aussi CA Aix-en-Provence, 19 févr. 1982, II, 20174, note prévault

indispensable à la profession du débiteur saisi. Tout objet de pur confort et non essentiel à l'exercice de son activité professionnelle demeurant saisissable.

Au Cameroun, l'article 327-4° du Code de Procédure Civile et Commerciale déclare insaisissables les machines et instruments servant à l'enseignement pratique ou l'exercice des sciences et des arts jusqu'à concurrence de la somme de 20.000 francs. En application de cette disposition, la doctrine relève que, les juges ont pris l'habitude de mettre à l'abri de la saisi les livres les plus précieux des élèves et étudiants, le petit matériel des médecins, radiologue et chirurgiens-dentistes, les projecteurs utilisés par des reporters-photographes, la machine à coudre de tailleurs et des cordonniers, les filets des personnes ayant la pêche comme profession habituelle, les instruments dont se servent les peintres et les artistes de manière générale[164].

L'on peut remarquer que les biens insaisissables sont essentiellement des biens mobiliers nécessaires à la vie du saisi, celle de sa famille ainsi qu'à sa vie professionnelle. Le but de l'insaisissabilité étant de permettre au débiteur de mener une vie quasi normale ou presque nonobstant la saisie de ses biens. L'insaisissabilité est une mesure d'humanité qui vise avant tout à protéger les intérêts du débiteur pour rendre la saisie de ses biens acceptable et moins éprouvante. Ce qui a conduit Gérard COUCHEZ à soutenir que « *l'insaisissabilité repose sur des considérations d'humanité : il s'est agi de tenir compte du caractère vital pour l'intéressé de certains de ses biens, et donc de faire échapper ceux-ci à la saisie*[165]».

A la lecture de l'article 350 du CPCCAF, il appert que ce texte est empreint d'une certaine ruralité comme si le législateur congolais voulait accorder une protection particulière aux débiteurs éleveurs ou paysans. Il faut dire que ce texte déjà vieux de plus de trois décennies nécessite une réactualisation afin de lui donner une touche de modernité en conformité avec l'évolution socio-économique de la société congolaise.

D'ailleurs, le législateur français, qui a inspiré ce texte, a dû procéder à cette adaptation à la faveur de la loi du 9 juillet 1991 et de son décret d'application n°92-755 du 31 juillet 1992. L'article 14-4° de la loi du 9 juillet 1991 énonce un principe que les biens mobiliers nécessaires à la vie et au travail du saisi et de sa famille sont insaisissables. En application de ce

[164] KUATE TAMEGHE(S.S.) Les mystères des articles 50 al.1 et 51 de l'Acte Uniforme OHADA portant Organisation des procédures simplifiées de recouvrement et des voies d'exécution, op.cit.p.192
[165] COUCHEZ (G.) Voies d'exécution, op.cit.p.37

principe, l'article 39 du décret du 31 juillet 1992 énumère la liste les biens insaisissables. Figurent sur cette liste :

- les vêtements
- la laiterie
-le linge de maison,
- les objets et produits nécessaires aux soins corporels et à l'entretien des lieux ;
-Les denrées alimentaires ;
-les objets de ménage nécessaires à la conservation, à la préparation et à la consommation des aliments ;
-les appareils nécessaires au chauffage ;
-la table et les chaises permettant de prendre les repas en commun ;
-un meuble pour abriter le linge et les vêtements et un meuble pour ranger les objets ménagers ;
- une machine à laver le linge ;
-les livres et autres objets nécessaires à la poursuite des études ou à la formation professionnelle ;
-les objets d'enfants ;
-les souvenirs à caractère personnel ou familial ;
-les animaux d'appartement ou de garde ;
-les animaux destinés à la subsistance du saisi, ainsi que les denrées nécessaires à leur élevage ;
-un poste téléphonique permettant l'accès au service téléphonique ;

Cette liste ne doit pas faire l'objet d'une copie servile pour l'incorporer dans la législation congolaise voire celle des autres Etats parties, un tel mimétisme serait inapproprié et inadapté à l'environnement socio-économique des pays africains. Toujours est-il que, l'évolution des sociétés africaines incite à revisiter la liste des biens insaisissables devenus essentiels pour la vie quotidienne. C'est l'occasion d'approuver partiellement ici la proposition de Sylvain Sorel KUATE TAMEGHE qui suggérait la réactualisation de la liste des biens insaisissables afin d'y inclure, une machine à laver, un poste téléviseur et d'autres objets devenus essentiels à la vie de la famille.

Dans cette optique le législateur congolais devrait inclure dans la liste des biens insaisissables, les objets devenus essentiels pour la vie des citoyens. L'on peut ajouter aux objets énumérés à l'article 350 du CPCCAF, les biens suivants :

-Un téléphone ;
-Un ordinateur ;
-Un poste téléviseur ;
-Un réfrigérateur ;
-Les objets d'enfants ;

-Les objets de ménage indispensables à la préparation des repas ;
-Les objets indispensables pour la vie des personnes à mobilité réduite.

La question se pose de savoir si le bénéfice de l'insaisissabilité consacrée par l'article 350 du CPCCAF ne peut être invoqué que par une personne physique, excluant de ce fait les personnes morales. La doctrine est divisée sur la question. Si certains estiment que l'insaisissabilité ne peut être invoquée que par les personnes physiques, d'autres fustigent une discrimination faite à l'endroit des personnes morales, qui peuvent légitimement se prévaloir de l'insaisissabilité de certains de leurs biens pour leur permettre de continuer à mener leurs activités en dépit de la saisie.

## Section 2
## Les formalités subséquentes à la saisie

Le créancier qui a obtenu du juge une ordonnance de saisie conservatoire est tenu d'effectuer certaines formalités dans le délai imparti (§1). Il est également tenu d'initier une procédure aux fins d'obtention d'un titre exécutoire (§2).

### § 1. L'obligation d'accomplir certaines formalités

La saisie doit être pratiquée dans le délai imparti (A) dont l'inobservation entraine la caducité de la mesure. Il doit également initier une procédure aux fins d'obtention d'un titre exécutoire (B).

#### A. Pratiquer la saisie dans le délai

L'autorisation de la juridiction compétente est caduque, si la saisie conservatoire n'a pas été pratiquée dans un délai de trois mois à compter de la décision autorisant la saisie (art.60 AUVE). Cette disposition impose une obligation de diligence au créancier, au cas où celui-ci serait tenté de trainer les pas ou de se désintéresser de la procédure ainsi amorcée sous peine de caducité.

Le créancier qui n'a pas fait pratiquer la saisie dans le délai doit réitérer sa demande et solliciter à nouveau une autorisation du juge pour pratiquer la saisie.

#### B. L'obligation d'initier une procédure aux fins d'obtention d'un titre exécutoire

Souvent, le créancier qui pratique une saisie conservatoire n'est pas détenteur d'un titre exécutoire. C'est à cette catégorie des créanciers que le législateur fait obligation d'initier une procédure aux fins d'obtention dudit titre.

En effet aux termes de l'article 61 de l'AUVE, si ce n'est dans le cas où la saisie conservatoire a été pratiquée avec un titre exécutoire, le créancier doit, dans le mois qui suit ladite saisie, à peine de caducité, introduire une procédure ou accomplir les formalités nécessaires à l'obtention d'un titre exécutoire. Ce texte ne précise pas la procédure à introduire ni les formalités à accomplir pour l'obtention du titre exécutoire laissant ainsi la latitude au créancier d'initier la procédure de son choix. Ce peut être une assignation en paiement, une injonction de payer, une citation en conciliation pour obtenir le titre exécutoire ou autres procédures[166].

Le créancier peut obtenir de la juridiction compétente, une ordonnance d'injonction de payer, s'il estime que sa créance est certaine, liquide et exigible[167], dès lors que ladite créance a une cause contractuelle ou lorsque l'engagement résulte de l'émission ou de l'acceptation de tout effet de commerce, ou d'un chèque dont la provision s'est révélée inexistante ou insuffisante (art.1 et 2 AUVE). En tout état de cause, il appartient au créancier de rapporter la preuve de sa créance devant la juridiction saisie. L'absence de preuve de la créance alléguée ayant justifié des saisies conservatoires de créances et de biens meubles corporels étant suffisante pour justifier la mainlevée des saisies[168].

C'est ainsi qu'il a été décidé que la saisie conservatoire ayant été pratiquée sans titre exécutoire, les ordonnances rendues doivent être déclarées caduques, dès lors que le créancier n'a pas introduit une procédure ou accompli des formalités nécessaires à l'obtention d'un quelconque titre exécutoire[169]. De même, doit être déclarée caduque, la saisie conservatoire pratiquée sans titre exécutoire, si dans le mois qui suit ladite saisie, le saisissant n'introduit aucune action aux fins d'obtenir un titre exécutoire[170].

---

166CA, Ouest, arrêt N°75/CIV du 11 juin 2008, Aff. NTOPA Bernard c/ TANKOU Maurice, précité.

167 De SABA (A. A.), OHADA, La protection du créancier dans la procédure simplifiée de recouvrement des créances civiles et commerciales, Lomé, éd. De la Rose Bleue, 2005, p.83.

168 CCJA, arrêt n°057/2012 du 07 juin 2012, Aff. Studio d'Architecture BASSEY dite SABA c/ GABON PROPRE SERVICE dit GPS et MORGAN AUZANNEAU Hubert, précité

169 CCJA, 2ème Chambre, Arrêt n°1 du 2 février 2012, Aff. COFIPA S.A, 1°) Monsieur T, -2° ) M.K., -3°) Mme I ; 4°) S.C.I. I.D. Investissements- 5°) COFIPA Investissement Bank Congo SA., Juris-Ohada 2012, n°4, Octobre – décembre p.2, Ohadata J-13-55.

169 CCJA, 2ème Chambre, Arrêt n°1 du 2 février 2012, Aff. COFIPA S.A, 1°) Monsieur T, -2° ) M.K., -3°) Mme I ; 4°) S.C.I. I.D. Investissements- 5°) COFIPA Investissement Bank Congo SA., Juris-Ohada 2012, n°4, Octobre – décembre p.2, Ohadata J-13-55.

170 CA, Abidjan, arrêt n°194 du 03 février 2004, Sté Internationale de commerce des produits tropicaux (SICPP) c/ GITMA, Société SABIMEX, MAERSK LOGISTICS, SDV-CI et SAGA-CI, Ohadata J-04-494.

La CCJA a apporté une précision importante en décidant que la recherche d'un titre exécutoire, engagée avant que ne commence à courir le délai d'un mois prévu à l'article 61 AUVE, répond bien aux conditions posées par cette disposition. Il en est ainsi, lorsque le créancier a introduit une requête aux fins d'obtenir une condamnation définitive du débiteur par injonction de payer, même si cette procédure est antérieure à la saisie conservatoire[171].

Par contre, lorsque l'action introduite devant la juridiction compétente, aux fins d'obtenir un titre exécutoire, a été radié du rôle sans décision et depuis lors aucune autre procédure n'a été introduite, ni aucune formalité accomplie en vue d'obtention dudit titre exécutoire, la saisie ainsi pratiquée devient caduque[172].

Il n'est pas fait pas obligation au créancier d'obtenir le titre exécutoire dans le délai d'un mois, il doit simplement saisir le juge, aux fins d'obtenir ledit titre. Ainsi, ne peut être déclarée caduque la saisie conservatoire pratiquée sans titre exécutoire si, dans le mois de la saisie, le créancier saisissant obtient une ordonnance d'injonction de payer, quand bien même que cette ordonnance aura été frappée par la suite d'opposition[173].

Cela dit, si la saisie a été pratiquée entre les mains d'un tiers, les copies des pièces justifiant de ces diligences doivent être adressées au tiers dans un délai de huit jours à compter de leur date (art. 61 al.2 AUVE). La question se pose de savoir qu'elle est la sanction attachée à cette disposition, au cas où le créancier aurait omis de communiquer les pièces justificatives des formalités aux fins d'obtention du titre. Répondant à cette question, la Cour d'appel du Littoral a jugé que la communication des pièces au tiers saisi est une formalité non substantielle dont l'inobservation n'encourt qu'une nullité relative qui n'entraine pas la mainlevée de la saisie pratiquée, à défaut de preuve du préjudice subi par le tiers et en l'absence d'énonciation de sanction par l'article 61 AUVE[174].

---

171CCJA, 2eme chambre, arrêt n°15/2013 du 07 mars 2013, Aff. Sté EIVMEL SARL et SIBI MOUSSA c/ Société Générale de Banques en Côte d'Ivoire (SGBCI), Recueil de jurisprudence n°20. vol.2, Janvier- décembre 2013, P.34-35. Ohadata J-15-15

172 CCJA, arrêt n°039/2012 du 03 mai 2012, Aff. Société PLACAGES du CAMEROUN dite PLACAM SARL c/ Société Agro-Forestière de l'Est dite SAFE SARL, Ohadata J-14-171 précité

173 CA Abidjan, arrêt n° 193 du 03 février 2004, YEO DJISSOUMA c/ SIDIBI ZAKARIA, Ohadata J-04-493

174CA Littoral, arrêt n°61 REF, 23 févr. 2004, Aff. Société Forestière de Batalimo C/ Ets AL ADWAR. Ohadata J-06-17

### § 2. Les effets de la saisie

La saisie conservatoire entraine l'indisponibilité des biens saisis. L'indisponibilité est un empêchement interdisant au débiteur de disposer des biens saisis. Elle implique que le débiteur, institué gardien des biens saisi, ne peut les aliéner sous peine d'engager sa responsabilité et de faire l'objet des poursuites pénales[175]. Les biens saisis ne peuvent être déplacés, que dans des conditions déterminées par la loi.

Si la saisie porte sur les créances, l'acte de saisie rend les sommes saisies indisponibles à concurrence du montant autorisé par le juge et, lorsque cette autorisation n'est pas nécessaire, il rend indisponible à concurrence du montant pour lequel la saisie est pratiquée. La saisie vaut de plein droit consignation des sommes devenues indisponibles et confère au saisissant un droit de gage (art.57 AUVE). Ceci étant, lorsque la saisie conservatoire est pratiquée entre les mains d'une banque ou d'un établissement financier assimilé, les dispositions de la saisie-attribution sont applicables (art.58).

La saisie conservatoire peut susciter des contestations. Celles-ci feront l'objet des développements suivants.

## Section 3. Le contentieux de la saisie conservatoire

La procédure de la saisie conservatoire est souvent émaillée de contestations. Celles-ci sont portées devant la juridiction compétente (§1) dont les pouvoirs doivent être précisés (§2). Une attention particulière doit être accordée au moyen de défenses du débiteur (§3).

### A. Le juge de la contestation

L'article 62 AUVE énonce que, même lorsqu'une autorisation préalable n'est pas requise, la juridiction compétente peut, à tout moment, sur la demande du débiteur, le créancier entendu ou appelé, donner mainlevée de la mesure conservatoire, si le saisissant ne rapporte pas la preuve que les conditions prescrites par les articles 54, 55, 59, 60 et 61 sont réunies. La juridiction compétente dont s'agit est celle qui, en application de l'article 49 AUVE, a autorisé la saisie querellée. Dès lors, une juridiction autre que celle qui a ordonné la saisie est incompétente pour statuer sur la demande de

[175] L'article 400 al.5 du Code Pénal dispose en effet que le saisi qui aura détruit, détourné ou tenté de détruire ou de détourner des objets saisis sur lui-même et confié à sa garde sera puni des peines portées en l'article 406. Il sera puni des peines portées en l'article 401 si la garde des objets saisis et qu'il aurait détruit, détourné ou tenté de détourner avait été confié à un tiers.

mainlevée[176]et à connaitre des contestations élevées par les parties. En clair, seul le juge qui a autorisé la saisie est compétent à connaitre le contentieux y relatif. Il lui revient, en cas de contestation, d'apprécier la régularité et le bien-fondé de la mesure pratiquée.

Toutefois, si la saisie a été pratiquée sans autorisation préalable du juge, la demande en mainlevée est portée devant le juge de l'urgence du domicile ou du lieu où demeure le débiteur. Les autres contestations, notamment celles relatives à l'exécution de la mesure, sont portées devant la juridiction compétente du lieu où sont situés les biens saisis (art.63 AUVE). C'est ainsi qu'il a été jugé que les contestations portant sur l'exécution de la saisie conservatoire d'un véhicule doivent être portées devant la juridiction compétente du lieu où se situe ledit véhicule[177].

### B. Pouvoirs et mode de saisine du juge

Le juge saisi d'une contestation de la saisie conservatoire dispose des pouvoirs énormes, il peut maintenir la mesure ou la lever ou encore accorder un délai de grâce au débiteur. Son mode de saisine mérite une attention particulière.

Si en matière de contestation de saisie-attribution des créances, l'article 170 de l'AUVE précise que les contestations doivent être portées, devant la juridiction compétente, par voie d'assignation, en matière de contestation de saisie conservatoire, l'article 63 AUVE indique simplement que la demande de mainlevée est portée devant la juridiction compétente qui a autorisé la mesure sans autre précision. Ce qui fait penser à la procédure en rétractation qui a l'avantage d'instaurer un débat contradictoire en permettant de donner au débiteur de faire connaitre au juge ses moyens de défense.

Pour connaitre le mode de saisine du juge de la contestation, il faut se référer à l'article 54 AUVE qui précise que le juge autorisant une mesure conservatoire est saisi par requête. Or, la demande en mainlevée de la saisie est portée devant ce même juge qui avait, en amont, autorisé la saisie. Il s'en déduit que la demande en mainlevée de la saisie est introduite par requête.

Il faut également préciser que lorsque le juge est saisi par voie d'assignation, l'AUVE prend généralement le soin de le préciser expressément.

---

176CA Ouest, arrêt N°75/CIV du 11 juin 2008, Aff. NTOPA Bernard c/ TANKOU Maurice, déjà cité.

177 TGIHC Niamey, Ord de référé n°174 du 29 sept.2007, Aff. Nasirou Elhadji Abouka C/ Elhadji Laouili Tsohoua, Ohadata J-09-168.

### C. Les moyens de défense du débiteur

Pour contester la saisie pratiquée sur ses biens, le débiteur peut soulever les irrégularités de la procédure et/ou les moyens de fond.

#### 1)- Les moyens tirés de l'irrégularité de la procédure

Les moyens tirés de l'irrégularité de la procédure sont la hantise du créancier. Ils constituent une arme redoutable susceptible d'anéantir la saisie, même lorsque le débiteur saisi n'a pas des moyens pertinents à faire valoir au fond.

Au nombre des irrégularités de la procédure, figurent en bonne place les vices de procédure tirés de l'inobservation par l'huissier instrumentaire des formalités prescrites à peine de nullité. Ces irrégularités s'articulent autour de la nullité du procès-verbal de saisie, de la nullité de l'acte de dénonciation, de la caducité de la saisie, la nullité pour défaut d'enregistrement des actes au domaine et bien d'autres.

##### a) -La nullité du procès-verbal de saisi et de l'acte de dénonciation

La nullité du procès-verbal de saisi est soulevée lorsque, dans la rédaction de l'acte de saisie l'huissier instrumentaire n'a pas observé toutes les mentions prescrites à peine de nullité (art.64 AUVE). Le même grief pouvant être formulé à l'endroit de l'acte de dénonciation de la saisie (art.67 AUVE).

Avant l'adoption de l'Acte Uniforme, le régime des nullités des actes de procédure était réglementé par la législation nationale de chaque Etat partie. En droit congolais, le régime juridique des nullités des actes de procédure était régi par les articles 190 et suivants du CPCCAF. Selon l'article 190, aucun acte de procédure ne peut être déclaré nul pour vice de forme, si la nullité n'en est expressément prévue par la loi. L'article 196 précisant que la nullité ne peut être prononcée qu'à charge pour la personne qui l'invoque d'établir le préjudice que l'irrégularité de l'acte lui cause. Toutefois, renchérit l'article 197, les nullités résultant d'une formalité substantielle ou d'ordre public peuvent être soulevées, en tout état de cause, sans que la nullité ait été expressément prévue par la loi et sans qu'il en soit résulté un préjudice certain. Les nullités résultant de la violation d'ordre public pouvant être soulevées d'office (art. 198)

Deux enseignements peuvent être tirés de ces dispositions :

Premièrement, le législateur congolais s'inspirant du législateur français a repris à son compte le principe de nullité textuelle, c'est-à-dire « pas de nullité sans texte », de sorte que, pour prononcer la nullité d'un acte de procédure, il faut que ladite nullité soit prévue par un texte.

En second lieu, lorsqu'un acte est vicié du fait de l'inobservation ou de l'omission d'une formalité prescrite à peine de nullité, le plaideur qui soulève la nullité est tenu de rapporter la preuve du préjudice que lui aurait causé cette irrégularité. A défaut, le juge ne peut prononcer la nullité de l'acte irrégulier.

Le juge ne pouvait relever d'office un grief non invoqué par le demandeur à la nullité[178]. Ainsi, la partie qui n'a soutenu que l'irrégularité lui a causé un grief ne peut reprocher au juge d'avoir écarté son exception de nullité[179]. Pour reprendre une formule chère à Joseph DJOGBENOU, nous dirons « *pas de nullité sans grief, même en présence d'un texte* ». Ce principe est assorti d'une exception : la règle pas de nullité sans texte est écartée pour les formalités substantielles ou d'ordre public. La formalité substantielle étant celle qui donne à l'acte sa nature, ses caractères, qui constitue sa raison d'être et qui lui est indispensable pour remplir son objet[180].

En matière de saisie mobilière, le principe pas de nullité sans grief consacré par le CPCCAF, ne s'applique pas, puisque l'Acte uniforme a consacré un régime de nullité où le préjudice n'est exigé qu'exceptionnellement[181].

Pour comprendre la teneur de ce régime, il convient de se référer à la position édifiante de la CCJA. En effet, suite à une demande à elle soumise par le Président du Tribunal de Première Instance de Libreville relative au régime juridique des nullités instituées par l'Acte Uniforme OHADA portant Organisation des Procédures Simplifiées de Recouvrement et des Voies d'Exécution dans le sens de savoir s'il fait référence au droit commun des nullités, que celles-ci soient d'ordre public ou non, et qui confère au juge dans tous les cas un pouvoir d'appréciation en considération que l'irrégularité est de nature à causer à la personne qui l'invoque. La CCJA a répondu que « *l'Acte Uniforme portant Organisation des Procédures Simplifiées de Recouvrement et des Voies d'Exécution a expressément prévu que l'inobservation de certaines formalités prescrites est sanctionnée par la nullité. Toutefois, pour quelques-unes de ces formalités limitativement énumérées, cette nullité ne peut être prononcée que si l'irrégularité a eu pour effet de causer un préjudice aux intérêts de celui qui l'invoque. Hormis ces*

---

178VINCENT (J.), GUINCHARD(S.) op.cit. p.614

179 Civ. 2e, 16 juill. 1982, D. 1983. IR. 139, obs. Julien.

180 VINCENT (J.), GUINCHARD(S.) op.cit, p.609, les auteurs citent l'exemple de la prestation de serment d'un expert, l'absence de sa signature sur son rapport.

181ADJAKA (M.), Réflexion sur le régime de nullité consacré par l'Acte Uniforme OHADA portant Organisation des Procédures Simplifiées de Recouvrement et des Voies d'Exécution, p.4, Ohadata-D-11-25.

*cas limitativement énumérés, le juge doit prononcer la nullité lorsqu'elle est invoquée s'il constate que la formalité prescrite à peine de nullité n'a pas été observée sans qu'il soit alors besoin de rechercher la preuve d'un quelconque préjudice*[182]».

Cet avis ne constitue pas une innovation majeure, mais il a eu le mérite de fixer la jurisprudence sur l'application du régime des nullités sans grief prévu par l'AUVE. Désormais, il est acquis que, lorsqu'une formalité prescrite à peine de nullité n'a pas été observée, le juge devra prononcer la nullité de l'acte sans que le plaideur qui s'en prévaut soit invité à faire la preuve d'un quelconque préjudice que lui aurait causé l'acte incriminé. L'occasion est trop belle pour le débiteur de mauvaise foi de ne pas s'engouffrer dans la brèche ainsi ouverte.

D'ailleurs, les débiteurs l'ont bien compris, puisqu'en pratique, le contentieux de la saisie conservatoire se focalise autour de la violation des formalités prescrites à peine de nullité. Il appartient à l'huissier instrumentaire d'être méticuleux et de faire preuve d'une très grande vigilance dans la rédaction des actes.

**b) - La nullité pour violation des règles de l'enregistrement**

L'huissier instrumentaire doit observer d'autres formalités prévues par la législation interne dont l'inobservation est aussi sanctionnée par la nullité de l'acte irrégulier. Il en est ainsi des règles de l'enregistrement prévues par le Code Général des Impôts.

En effet, aux termes de l'article 61 dudit Code, le délai pour faire enregistrer les actes des agents d'exécution et autres ayant pouvoir de faire des exploits et procès-verbaux est de dix jours. Ce délai est porté à trente jours pour ceux des actes qui auront été dressés par des officiers ministériels, fonctionnaires ou agents résidant dans une localité autre que celle où le bureau d'enregistrement est établi. Exceptionnellement, il pourra être fait usage avant enregistrement des exploits d'ajournement ou de citation dressés par des huissiers résidant dans une localité autre que celle où le bureau d'enregistrement est établi. Les originaux de ces exploits peuvent servir à enrôler les affaires, avant d'avoir été soumis à la formalité d'enregistrement, mais ils devront recevoir la formalité dans le délai.

L'inobservation de cette disposition est sanctionnée par la nullité. L'officier instrumentaire doit, en outre, s'acquitter d'une amende prévue à l'article 100 du même code. Selon ce texte, la peine contre un agent

---

182 CCJA, avis n°001/99/JN du 07 juillet 1999, précité.

d'exécution ou autre ayant pouvoir de faire des exploits ou procès-verbaux, est, pour un exploit ou procès-verbal non présenté à l'enregistrement dans le délai, d'une amende de 10.000 FCFA. En plus, d'une somme équivalente au montant du droit de l'acte non enregistré. L'exploit ou procès-verbal non enregistré est déclaré nul et le contrevenant responsable de cette nullité envers la partie.

C'est dire qu'en plus des dispositions de l'AUVE, le créancier est également tenu d'observer les règles d'enregistrement des actes prévues par la législation nationale de chaque Etat partie. La CCJA a précisé que l'enregistrement des actes et décisions de justice étant du domaine exclusif de la loi nationale, il ne peut être fait grief à l'arrêt déféré d'avoir violé les articles 336 de l'AUVE et 10 du traité[183].

**c)- La caducité de la saisie**

La caducité sanctionne le défaut de diligence du créancier saisissant tout en anéantissant l'acte qu'elle affecte. C'est un moyen d'ordre public que le juge doit soulever d'office.

Aux termes de l'article 61 de l'AUVE, si ce n'est dans le cas où la saisie conservatoire a été pratiquée avec un titre exécutoire, le créancier doit, dans le mois qui suit ladite saisie, à peine de caducité, introduire une procédure ou accomplir les formalités nécessaires à l'obtention d'un titre exécutoire. Ainsi, en pratiquant une saisie conservatoire sans titre exécutoire, le créancier doit, dans le mois qui suit ladite saisie, à peine de caducité, introduire une procédure ou accomplir les formalités nécessaires à l'obtention d'un titre exécutoire[184].

Dans une espèce où l'appelant reprochait au premier juge d'avoir statué ultra petita pour avoir déclaré caduque la saisie conservatoire pratiquée sans que cela ne soit demandé alors que le débiteur saisi sollicitait un délai de grâce et la distraction de deux véhicules. La Cour d'appel a déclaré caduque la saisie en retenant que « *le premier juge, qui a estimé que les saisies ont été pratiquées en violation des dispositions des articles 61, 62, 63 et 69 de l'AUVE, du fait que les saisies litigieuses ont été pratiquées sans titre exécutoire et sur autorisation du président du tribunal, le créancier n'ayant introduit aucune procédure ou accompli les formalités aux fins d'obtention d'un titre exécutoire. Loin de prononcer leur validité, les a déclaré caduques et tirant les conséquences de cette caducité, il a ordonné leur mainlevée*

[183] CCJA, 2ème ch, Arrêt n°147/2014 du 24 décembre 2014, Aff. Henri Flavien Loe EYIKE c/ Caisse Autonome d'Amortissement dite CAA, Ohadata J-15-237.

[184] TGI Ouagadougou, jugement n° 028 du 29 janv.2003, Société BEXPO SARL c/ Société COBERA SARL, Ohadata J-04-336.

*comme le prescrit les dispositions précitées, dès lors il y a lieu de conclure que le premier juge a fait une saine application de la loi, sa décision doit être purement et simplement confirmée*[185] ».

Cette décision est conforme à la position de la CCJA qui retient que le juge saisi de la contestation d'une saisie conservatoire, doit soulever d'office le moyen tiré de la violation de l'article 61 de l'AUVE, dès lors que le créancier n'a pas accompli les formalités nécessaires à l'obtention d'un titre exécutoire dans le mois qui suit ladite saisie[186] .

Les articles 79 et 86 sanctionnent de caducité le défaut de dénonciation au débiteur dans les huit jours qui suivent la saisie conservatoire des créances (art.79) et la saisie conservatoire des droits d'associés et de valeurs mobilières (art.86). En pareil cas, le juge doit prononcer d'office, la caducité même si le moyen n'a pas été soulevé par le débiteur.

### 2)- Les moyens de défense au fond

Le débiteur saisi peut contester la mesure si la créance cause de la saisie ne remplit pas les deux conditions cumulatives édictées par l'article 54 AUVE, lorsque d'une part, la créance n'est pas fondée en son principe, et d'autre part, si le saisissant ne justifie pas les circonstances de nature à menacer le recouvrement de la créance[187]. Le contentieux peut également porter sur le caractère insaisissable des biens ou lorsque le débiteur saisi se prévaut d'une immunité, ou encore d'un délai de grâce.

#### a) - L'insaisissabilité des biens

Si les biens déclarés insaisissables sont compris dans l'assiette de la saisie, le débiteur saisi peut contester la mesure en excipant leur insaisissabilité. Tel est le cas, lorsque les objets nécessaires à la vie et au travail du saisi et de sa famille ont été incorporés dans l'assiette de la saisie.

En pratique, le débiteur ne profite pas pleinement de cette possibilité qui lui est reconnue de soulever l'insaisissabilité de ses biens. Il se borne souvent à contester la mesure sur le fondement de l'article 54 AUVE en soulevant

---

185CA Niamey, arrêt N°145 du 21 juin 2004, Aff. Sté TAMESNA PETRNI c/ ENTREPRISE BAFORT SARL, BATIMENTS TP-FORAGE, Ohadata-10-279.
186CCJA, 2ème ch., arrêt n°006/2016 du 21 janvier 2016, Aff. Cote d'Ivoire Télécom c/ Société Groupe Darats, Société Ivoirienne de Banques dites SIB, Ohadata J-16-215.

187Ces conditions ont déjà été examinées, nous renvoyons donc le lecteur à bien vouloir se rapporter aux développements consacrés à ces questions (cf. 38 et suivants)

l'irrégularité des actes, même lorsque la mesure porte sur les biens déclarés insaisissables.

Il n'est pas rare d'assister à la saisie conservatoire des pensions de retraite versées dans un compte bancaire, ou des sommes provenant des rémunérations du débiteur, alors que ces sommes ne peuvent faire l'objet d'une saisie conservatoire. Leur saisie ne pouvant s'opérer que dans le respect des conditions prescrites par les articles 173 et suivants de l'AUVE. Le débat sur la fongibilité des sommes versées dans un compte étant définitivement réglé par l'article 52 de l'AUVE selon lequel les créances insaisissables dont le montant est versé sur un compte demeurent insaisissables.

### b) - L'immunité du débiteur

L'immunité constitue un moyen de défense qui permet au débiteur de faire échec à la saisie conservatoire et aux mesures d'exécution forcée. Il convient de distinguer l'immunité de juridiction de l'immunité d'exécution, les deux notions n'impliquant pas les mêmes conséquences sur le plan procédural.

#### 1)- L'immunité de juridiction

L'immunité de juridiction est le privilège reconnu à un Etat de ne pas être attrait devant les juridictions d'un pays étranger. Elle permet aux Etas et à leurs démembrements, aux organisations internationales, aux chefs d'Etat, aux Souverains étrangers et aux agents diplomatiques étrangers de se soustraire à la compétence des juridictions d'un Etat étranger[188]. L'immunité de juridiction doit être distinguée de l'immunité d'exécution, laquelle soustrait un Etat étranger à toute voie d'exécution et mesures conservatoires sur ses biens, lorsqu'un tribunal a reconnu un droit à son encontre au profit d'une partie[189].

Ce principe qui trouve sa source dans la coutume internationale est l'expression de la courtoisie internationale. Il traduit le respect mutuel de la souveraineté des Etats étrangers et de l'égalité souveraine des Etats sur la scène internationale. Les juridictions ont été amenées à restreindre le champ d'application de l'immunité de juridiction, en tenant compte de l'activité objet du contentieux. L'immunité de juridiction est donc écartée pour des actes de commerce auxquels le principe de souveraineté est étranger. Ce faisant, l'Etat agissant comme puissance publique est protégé par l'immunité, tandis que

---

[188] KENFACK (H.), Les immunités de juridiction et d'exécution de l'Etat et de ses émanations en tant qu'acteurs du commerce international, Revue Juridique Tchadienne n°6, p.1, Ohadata D-08-02

[189] LEFORT (Ch.), Conditions de saisissabilité des biens et immunités d'exécution personnelles, Droit et Pratique des Voies d'exécution GUICHARD (S), MOUSSA(T) (Dir), op.cit. p.148

l'Etat agissant comme personne privée ne bénéficie pas cette protection[190]. La jurisprudence opère une distinction entre les actes de *jure gestionis* et les actes de *jure imperii.*

**2)- L'immunité d'exécution de l'Etat et ses émanations au plan national**

Le principe de la saisissabilité de tous les biens du débiteur édicté par l'article 28 de l'AUVE s'estompe devant l'immunité d'exécution reconnue à certains débiteurs par l'article 30 dudit Acte Uniforme. Selon ce texte *« l'exécution forcée et les mesures conservatoires ne sont pas applicables aux personnes qui bénéficient d'une immunité d'exécution »*. Cette disposition, très critiquée par la doctrine, engendre des difficultés pour des entreprises privées qui sont en relation d'affaire avec l'Etat ou les entreprises publiques, dès lors qu'elles ne peuvent exercer des mesures conservatoires et des voies d'exécution à leur encontre.

Le rôle de l'Etat et de ses émanations est indéniable dans la consolidation du tissu économique. L'Etat, écrit Joseph DJOGBENOU, « *est dispensateur des marchés publics qui entretiennent l'économie. Agent économique, il achète et vend de l'eau, de l'électricité, du téléphone, du pétrole, même du maïs et du sorgho ; il est dans les transports aérien, terrestre et maritime ; dans le chemin de fer aussi, etc.*[191]». C'est dire qu'avec l'intervention accrue de l'Etat dans le domaine économique, les secteurs qui échappent à la mainmise des pouvoirs publics se rétrécissent comme peau de chagrin. Pourtant, cet acteur économique incontournable se voit reconnaitre une immunité d'exécution qui lui permet d'échapper aux poursuites de ses créanciers.

Vu sous cet angle, l'immunité d'exécution apparait comme un privilège personnel accordé à l'Etat ainsi qu'à ses émanations, qui leur permet d'échapper à toute mesure d'exécution forcée ou conservatoire sur leurs biens. Elle constitue en fait un obstacle procédural d'ordre personnel qui empêche le créancier d'atteindre le patrimoine de sa débitrice personne publique[192].

L'immunité d'exécution s'attache à la personne du débiteur, l'insaisissabilité s'attache à ses biens. On dira que les biens d'un débiteur sont insaisissables du fait qu'il bénéficie d'une immunité d'exécution. Les

---

[190]DU PEYRE (R), L'apport des Républiques du Congo à la jurisprudence française sur l'arbitrage et le droit international privé, Revue congolaise de droit et des affaires N°5- janvier-février –mars 2011, p.43, Ohadata D-11-82

[191] DJOGBENOU(J), L'exécution forcée en droit Ohada, op.cit. p.59

[192]ARMEL IBONO (U.), L'immunité d'exécution des personnes morales de droit public à l'épreuve de la pratique en droit OHADA, Revue de l'ERSUMA, n°3, septembre 2013, p.80

personnes qui bénéficient de l'immunité d'exécution peuvent l'opposer aux créanciers en vue d'échapper à une saisie : il en résulte que leurs biens sont insaisissables[193].

L'immunité d'exécution est une mesure assez énergique. Elle ressemble à un bouclier qui permet à la personne morale débitrice, même de mauvaise foi, de se soustraire de ses engagements en ayant la certitude que son cocontractant ne dispose d'aucun moyen pour la contraindre à payer sa dette[194]. Abordant la question, Destin Jefford MATSIONA MASSENGO, affirme que « *les partenaires privés de l'Etat ne sont pas au bout de leurs peines même en possession d'une décision de justice favorable. Même dans l'hypothèse où l'Etat renoncerait à son immunité d'exécution, son exécution forcée est inimaginable sur le territoire congolais*[195] ».

L'article 30 AUVE, qui institue cette immunité au profit de l'Etat et de ses émanations, est donc en contradiction avec les objectifs de l'OHADA. Il ressort du préambule du traité OHADA que pour atteindre les objectifs du traité, les Etats-membres de l'OHADA convenaient « de la mise en place dans leurs Etats d'un droit des affaires harmonisé, simple, moderne et adapté, afin de faciliter l'activité des entreprises », et décidaient « d'appliquer le droit OHADA avec diligence dans les conditions propres à garantir la sécurité juridique des activités économiques, afin de favoriser l'essor de celle-ci et d'encourager l'investissement ». Or, comment peut-on promouvoir l'essor des activités économiques, si le droit OHADA donne les moyens légaux à certains débiteurs, au demeurant très impliqués dans le tissu économique de ne pas honorer leurs engagements. Dans cette optique le Juge Maurice SOH s'interrogeait, à bon escient, si l'immunité d'exécution en droit Ohada ne serait-elle pas un passe-droit de ne pas payer ses dettes[196]. L'immunité d'exécution et sa conception extensive étant perçues comme un risque juridique qui, prise à l'absolu, peut freiner le développement des relations d'affaires entre les personnes publiques et les tiers[197].

Les alinéas 2 et 3 de l'article 30 AUVE comportent un assouplissement à l'immunité d'exécution en introduisant la compensation entre les dettes certaines, liquides et exigibles des personnes morales de droit public ou des

---

[193]COUCHEZ (G.) Voies d'exécution, op.cit. p.28

[194] SOH (M.), Insaisissabilités et immunités d'exécution dans la législation OHADA ou le passe-droit de ne pas payer ses dettes, in Juridis N°51, p.89, Ohadata-D-08-27

[195]MATSIONA MASSENGO (D.J.), le juge congolais et la sécurité des investissements internationaux au Congo, Mémoire pour l'obtention du diplôme de Magistrature, ENAM, 2010, p 81, cité par ARMEL IBONO (U.), L'immunité d'exécution des personnes morales de droit public à l'épreuve de la pratique en droit OHADA, op.cit. p. 93

[196]SOH (M.), ibidem

[197] ARMEL IBONO (U.) ibidem

entreprises publiques, quelles qu'en soient la forme et la mission, et les dettes également certaines, liquides et exigibles dont quiconque sera tenu envers elles, sous réserve de réciprocité, sa mise en œuvre demeure exceptionnelle en pratique.

Si la compensation est l'extinction simultanée de deux obligations de même nature existant entre deux personnes réciproquement créancières et débitrices l'une de l'autre[198], sa mise en œuvre est source des difficultés, lorsque le créancier poursuivant et le débiteur saisi ne sont pas simultanément et personnellement créancier et débiteur l'un de l'autre. L'autre difficulté est liée au fait que le législateur OHADA considère comme certaine les dettes des entreprises publiques que lorsqu'elles découlent d'une reconnaissance par elles à défaut d'un titre exécutoire. Ce qui n'est pas aisé en pratique, et prive le poursuivant de la possibilité d'évoquer le bénéfice des conditions permissives de la compensation.

L'on peut s'interroger également sur la forme de cette reconnaissance. Enfin, au regard de la mauvaise volonté manifeste de certains débiteurs, il n'est pas évident d'obtenir d'un tel débiteur une reconnaissance de dette, lorsqu'il est assuré que le créancier n'a aucun moyen de pression pour lui contraindre à honorer ses dettes.

Lorsqu'un Etat a assoupli sa législation pour rendre ses entreprises publiques plus compétitives en les soustrayant à l'immunité d'exécution reconnue aux entreprises publiques, la CCJA semble ne pas s'inscrire à cette approche, et s'accroche à une interprétation rigoureuse de l'article 30 de l'AUVE. Au moment où des voix s'élèvent pour réclamer une suppression pure et simple de l'immunité, ou sa restriction, l'affaire TOGO TELECOM[199] est venue alimenter le débat et raviver la polémique de sorte que certains praticiens s'interrogent sur le bien-fondé de cette immunité d'exécution.

Rappelons brièvement les circonstances et les termes du litige : la société TOGO TELECOM, entreprise publique spécialisée dans la prestation de services de télécommunication, avait été condamnée par la chambre sociale de la Cour d'appel de Lomé, suivant arrêt du 10 juillet 2003, à payer à ses ex-employés la somme de 118.970 21 francs CFA. La décision étant devenue définitive et la Société TOGO TELECOM ne voulant s'exécuter, ses ex-employés faisaient pratiquer une saisie-attribution des créances sur les comptes bancaires de la société débitrice pour avoir paiement de leur créance.

---

198TERRE (F.), SIMLER (PH.), LEQUETTE (Y.), Droit Civil, Les Obligations, Dalloz, 10 éd.2009, p.1371

199 CCJA, arrêt n°43/2005 du 7 juillet 2005, aff. Aziablévi YOVO et autres c/ TOGO TELECOM

Contestant cette saisie au motif qu'elle violait l'article 30 de l'AUVE qui accorde l'immunité d'exécution aux entreprises publiques, TOGO TELECOM avait assigné les créanciers saisissant devant le président du Tribunal de Première Instance de Lomé, juge des référés pour en obtenir mainlevée. Par ordonnance n°425/03 du 13 août 2003, le juge des référés donna mainlevée de cette saisie. Sur appel interjeté par YOVO Aziablévi et autres, la Cour d'appel de Lomé avait par arrêt n° 186/03 du 26 septembre 2003, confirmé l'ordonnance entreprise, arrêt confirmatif qui a fait l'objet d'un pourvoi en cassation devant la CCJA.

Les demandeurs au pourvoi faisaient grief à l'arrêt confirmatif querellé d'avoir violé l'article 30 alinéa 1er et 2 en ce que, pour confirmer l'ordonnance du 13 août 2003 ayant ordonné la mainlevée de la saisie-attribution des créances pratiquée sur les comptes bancaires de TOGO TELECOM, la Cour d'appel avait considéré que « l'Acte Uniforme de l'OHADA, en son article 30 alinéa 1er et 2, a posé le principe d'immunité d'exécution, principe qui sera atténué à l'égard de certaines sociétés d'Etat nominativement citées à son alinéa 2 ; que figurent dans cette énumération, les entreprises publiques, catégorie dans laquelle est classée l'intimé, qu'il n'existe aucun doute à l'égard de cette dernière sur sa qualité de bénéficiaire de l'immunité d'exécution », alors que selon le moyen , « l'alinéa 1er de l'article 30, qui ne précise pas les personnes bénéficiant de l'immunité d'exécution, ne fait qu'énoncer le principe général de droit selon lequel l'Etat et les personnes morales de droit publiques bénéficient d'une immunité d'exécution attachée à leur statut(...) et « l'alinéa 2 de l'article 30 innove simplement lorsqu'il autorise la compensation, privant ainsi les personnes publiques de ce privilège de protection ; ...que le TOGO ayant voulu rendre compétitives ses entreprises publiques les a soustraites au droit public pour les soumettre au droit privé... ».

Dans un attendu aussi célèbre que controversé, la CCJA a répondu « que de l'analyse des dispositions sus énoncées, il ressort, contrairement aux allégations des requérants, qu'énonçant en son alinéa 1er que « l'exécution forcée et les mesures conservatoires ne sont pas applicables aux personnes qui bénéficient d'une immunité d'exécution » et en son alinéa 2 que « toutefois, les dettes certaines, liquides et exigibles des personnes morales de droit public ou des entreprises publiques, quelles qu'en soient la forme et la mission, donnent lieu à compensation avec les dettes également certaines, liquides et exigibles dont quiconque sera tenu envers elles, sous réserve de réciprocité », l'article 30 de l'Acte uniforme susvisé pose audit alinéa, le principe général de l'immunité d'exécution des personnes morales de droit public et en attenue les conséquences audit alinéa 2 à travers le procédé de la compensation des dettes, que ladite compensation, qui s'applique aux personnes morales de droit public et aux entreprises publiques, ne peut s'analyser que comme un tempérament au principe de l'immunité d'exécution qui leur bénéficie en vertu de l'alinéa 1er dudit texte ».

Les demandeurs au pourvoi faisaient également grief à l'arrêt attaqué d'avoir violé les dispositions de l'article 2 de la loi togolaise n°90/26 du 04 décembre 1990 portant réforme du cadre institutionnel et juridique des entreprises publiques en ce que la Cour d'appel a estimé que la société TOGO TELECOM, société d'Etat créée par décret n°096122/PR du 28 février 1996 bénéficie de l'immunité d'exécution, alors que, selon le moyen, l'article 2 de la loi susvisée soustrait les entreprises publiques du régime de droit public pour les soumettre au droit privé.

La CCJA a retenu qu'aux termes des articles 10 et 336 de l'Acte Uniforme susvisé,« les actes uniformes sont directement applicables et obligatoires dans les Etats parties nonobstant toute disposition contraire de droit interne, antérieure ou postérieure » et « le présent Acte Uniforme abroge toutes les dispositions relatives aux matières qu'il concerne dans les Etats parties », qu'il s'infère des dispositions combinées de ces deux textes que la portée abrogatoire des Actes uniformes implique que les dispositions de droit national portant sur le même objet que lesdits Actes uniformes ou qui leur sont contraires soient abrogées au profit des seules dispositions du droit uniforme ; qu'en l'espèce, l'article 2 de la loi togolaise n° 090/26 du 04 décembre 1990 portant réforme du cadre institutionnel et juridique des entreprises publiques dont la violation est invoquée par les demandeurs au pourvoi, dispose que « les règles du droit privé, notamment celles du droit civil, du droit du travail et du droit commercial, y compris les règles relatives aux contrats et à la faillite sont applicables aux entreprises publiques dans la mesure où il n'y est pas dérogé par la présente loi ; les entreprises publiques sont soumises aux règles du plan comptable national. La réglementation générale sur la comptabilité publique ne leur est pas applicable » ; que « lesdites dispositions de droit interne togolais, qui soustraient les entreprises publiques du régime de droit public pour les soumettre au droit privé, privent celles-ci, notamment de l'immunité d'exécution attachée à leur statut d'entreprises publiques ; que ce faisant, elles contrarient les dispositions de l'article 30 de l'Acte uniforme susvisé qui consacre ce principe d'immunité d'exécution des entreprises publiques alors même que, d'une part », l'article 336 dudit Acte uniforme a expressément abrogé « toutes dispositions relatives aux matières qu'il concerne dans les Etats parties » et d'autre part, que l'article 10 du Traité susvisé dispose que « les Actes uniformes sont directement applicables et obligatoires dans les Etats parties nonobstant toute disposition contraire du droit interne, antérieure ou postérieure ».

La solution adoptée par la Cour est juridiquement fondée, mais parait tout de même habile et laisse un gout d'inachevé. A juste titre, la doctrine a reproché à la CCJA d'avoir éludé le débat, pourtant encore vif, sur l'immunité d'exécution des personnes morales de droit public.

La question reste posée de savoir si, nonobstant l'immunité d'exécution reconnue aux personnes morales de droit public, un Etat partie peut retirer cet avantage à ses établissements publics pour booster l'économie et stimuler la croissance. La CCJA n'est pas de cet avis, puisqu'elle se refuse de reconnaitre cet avantage aux pays qui le souhaite.

Il faut dire que la solution adoptée par la CCJA est conforme à l'esprit des textes. Ce qui n'a pas empêché la doctrine de fustiger cette application intransigeante de la loi, en estimant que la CCJA aurait dû saisir cette occasion, pour faire une interprétation restrictive de la notion de l'immunité, plus conforme aux objectifs du traité Ohada. L'Etat et les entreprises publiques étant des acteurs économiques de premier plan, une restriction de cette immunité est de nature à inciter ces acteurs économiques à tenir leurs engagements à l'égard de leurs partenaires économiques qui n'ont pas toujours la possibilité de les contraindre aux respects de leurs engagements.

La jurisprudence avait déjà adopté cette solution, mais cette position de la Haute Juridiction a conforté l'interprétation de l'immunité d'exécution reconnue à l'Etat et à ses démembrements[200]. Un établissement public, dans lequel l'Etat détient 94% du capital social, est protégé par l'immunité d'exécution prévue à l'article 30 alinéa 1 de l'AUVE[201].

Pour autant, le fait pour une personne morale de droit public de bénéficier de l'immunité d'exécution n'empêche pas le juge saisi de prononcer à son encontre, une condamnation au paiement des causes d'une saisie et à des dommages-intérêts. Une simple condamnation en paiement des causes de la saisie et à des dommages- intérêts, ne relevant pas des mesures conservatoires ou d'exécution forcée visées à l'article 30 de l'AUVE[202].

Du reste, il convient de tenir compte de la récente évolution opérée par la CCJA sur la question de l'immunité d'exécution des personnes morales de droit public telle dégagée par la jurisprudence la Société des Grands Hôtels du Congo. Dans cette espèce, la CCJA a retenu que dès lors « *qu'il est établi que*

---

[200]TPI Dschang, Ord. référé n°12/Ord. du 11 septembre, Université de Dschang c/ Tonye Dieudonné, Revue Camerounaise de l'Arbitrage n°18, juillet-août-sept 2002, p.13, ohadata J-02-178.

[201] TPI Bafoussam, Ord. de référé n°37 du 28 janvier 2004, Aff. Société Nationale des Eaux du Cameroun (SNEC) SA c/ DJEUKOU Joseph, SGBC Bafoussam, BICEC SA Bafoussam. Point II, Ohadata J-05-01.

[202] CCJA, Ass. pl. Arrêt n°123/2014 du 11 novembre 2014, Aff. Hôpital Général de Référence Nationale en abrégé HGRN c/ Société Total Elf Finio SA, Ohadata J-15-213.

*le débiteur poursuivi est une société anonyme dont le capital social est détenu à parts égales par des personnes privées et par l'Etat et ses démembrements. Une telle société est d'économie mixte, et demeure une entité de droit privé soumise comme telle aux voies d'exécution sur ses biens propres. En lui accordant l'immunité d'exécution prescrite à l'article 30 susmentionné, la Cour de Kinshasa/ Gombe a fait une mauvaise application de la loi et expose sa décision à la cassation*[203] ».

Désormais, il faut donc distinguer entre entreprise publique de droit privé et entreprise publique de droit public. Seules ces dernières bénéficient de l'immunité d'exécution. Quant aux entreprises publiques de droit privé, elles sont dorénavant soumises aux voies d'exécution, même si on peut hésiter sur le régime applicable à celles d'entre elles dont le capital est détenu intégralement par l'Etat et ses démembrements. Le simple fait qu'elles soient constituées sous forme de droit privé est suffisant à notre avis pour les soumettre aux voies d'exécution. D'ailleurs, il semble bien cohérent que l'option pour une forme privée emporte application du droit privé et donc des voies d'exécution[204].

Cette évolution jurisprudentielle devrait conduire à plus de sérénité dans les milieux d'affaires de l'espace Ohada qui attentent les applications pratiques de cette amélioration par les juridictions nationales.

### 3)- La notion d'émanation de l'Etat au plan international

Pour contourner la difficulté relative à l'immunité d'exécution soulevée par l'Etat, les sociétés multinationales victimes des nationalisations[205] des années 1980, et celles confrontées à la récalcitrance des Etats, refusant de payer leurs dettes en s'abritant derrière leur immunité de juridiction et d'exécution, envisagèrent la possibilité de saisir, en lieu et place de l'Etat concerné, les entreprises à capitaux publics et les entreprises à capitaux mixtes. Elles estimaient qu'étant contrôlé par l'Etat, ces entreprises n'étaient qu'une émanation de celui-ci. A ce titre, soutenaient-elles, elles pouvaient être

---

[203] CCJA, 3e ch. Arrêt n°103/2018 du 26 avril 2018, Aff. MBULU MUSESO c/ La Société des Grands Hôtels du Congo S.A, disponible sur https:// legiafrica.com.

[204] FOTSO Douglas Emmanuel, Evolution de la jurisprudence de la CCJA sur l'immunité d'exécution, à propos de la CCJA, 3e ch. N°103/2018, 26 avril 2018, disponible sur https:// legiafrica.com.

[205] Inventée par la jurisprudence française pour assurer l'indemnisation de certaines entreprises privées occidentales victimes de nationalisations la notion d'émanation de l'Etat a été présenté par la doctrine comme constituant un moyen, pour les entreprises privées sus de surmonter l'obstacle de l'immunité d'exécution des Etats en cause. Voir KENFACK DOUAJNI (G.), Propos sur l'immunité d'exécution et les émanations de l'Etat, Revue Camerounaise de l'Arbitrage. n°30-juill-août-sept 2005, p.3, Ohadata D-08-59

saisies en lieu et place de l'Etat débiteur pour répondre de ses dettes. Elles furent suivies par la jurisprudence française qui a forcé la notion d'émanation de l'Etat et permettait aux entreprises privées auxquelles l'Etat opposait son immunité de juridiction et d'exécution pour se soustraite à ses engagements, de saisir les biens des entreprises publiques.

Dans l'arrêt du 20 juin 1996 rendu par la Cour d'appel de Rouen, alors que la Société BEC et Frères sollicitait de la Cour de constater que l'Office des Céréales de Tunisie est une émanation de l'Etat tunisien au motif qu'il est soumis à la tutelle de l'Etat en cause et ne disposait pas d'un patrimoine distinct de celui de l'Etat tunisien, la Cour d'appel a décidé que « *la tutelle, voire le contrôle d'un Etat sur une personne morale, exercée notamment au travers de ses dirigeants, ainsi que la mission de service public dévolue à celle-ci ne suffisent pas pour en faire une simple émanation de l'Etat impliquant son assimilation à celui-ci ; encore faut-il que cette personne morale ne dispose pas d'un patrimoine distinct de celui de l'Etat* ». Les critères dégagés par cette décision ont été reprises par la Cour d'appel de Paris dans l'affaire opposant la Société Nationale des Pétroles du Congo dite SNPC à S.A. Walker International Holding Ltd, objet de l'arrêt du 03 juillet 2003. Les faits de l'espèce sont les suivants : à la suite d'un contrat de prêt comportant une clause compromissoire, L'Etat Congolais avait été condamné, par plusieurs sentences arbitrales à payer diverses sommes d'argent à sa créancière la S.A. Walker International Holding Ltd.

N'ayant pas payé sa dette, la S.A. Walker International Holding Ltd, obtenait l'exéquatur desdites sentences arbitrales, et pratiquait une saisie-attribution des créances sur les comptes bancaires de la SNPC ouverts dans les livres de la Société Générale et de BNP-Paribas à Paris. Contestant la décision ayant validé lesdites saisies devant la Cour d'appel de Paris, la SNPC soutenait qu'elle n'était pas une émanation de l'Etat congolais comme le prétendait sa créancière, mais un établissement public industriel et commercial assurant une mission de service public, disposant d'une autonomie de gestion et de fonctionnement et exerçant une activité industrielle et commerciale pour son propre compte. Pour confirmer la décision querellée, la Cour d'appel de Paris a retenu qu'en « raison de sa mission de service public : les membres du conseil d'administration (SNPC) sont des représentants des organes de l'Etat intéressé par cette mission et sont nommés par décret en Conseil de Ministres ;

-la société est placée sous la tutelle du Ministère chargé des hydrocarbures, qui assure de manière permanent le pouvoir d'orientation de contrôle sur l'entreprise ;

-la société est placée sous le contrôle économique et financier de l'Etat et de la Cour des Comptes » ;

La Cour d'appel a en outre retenu que « l'Etat congolais exerçait une tutelle lourde sur la SNPC qui n'est pas statutairement dans une indépendance fonctionnelle suffisante pour prendre des décisions autonomes, dans son intérêt propre et pour être considérée comme bénéficiant d'une autonomie de droit et de fait à l'égard de l'Etat congolais ; qu'elle n'est même pas maître de son avenir ». Avant d'ajouter que « si d'ordinaire, la tutelle ou même le contrôle d'un Etat sur une personne morale, exercé au travers de ses dirigeants, et la mission de service public qui lui est dévolu ne suffisent pas pour la considérer comme une émanation de l'Etat impliquant son assimilation à celui-ci, en l'espèce, l'Etat congolais s'est réservé à l'égard de la SNPC, non pas un simple pouvoir de contrôle, mais un véritable pouvoir d'orientation et d'approbation constitutif d'une véritable ingérence, lequel vide de toute réalité l'autonomie de la SNPC qui pourrait résulter de son statut de société immatriculé au registre des opérateurs économiques », dès lors conclut-elle, « la SNPC constitue une personne morale qui se révèle fictive et, par la suite, une émanation de la République du Congo[206]».

Cette décision a été approuvée par la Cour de Cassation qui a retenu que « cette société (SNPC) est un établissement public industriel et commercial prenant la forme d'une société dotée de la personnalité morale et de l'autonomie financière, dont le capital est entièrement détenu par l'Etat et qu'elle a pour objet d'intervenir directement pour le compte de l'Etat, dans toute opération relative à la production, au traitement, à la transformation, à la mise en valeur et au transport des hydrocarbures... de commercialiser les produits, détenir et gérer pour le compte de l'Etat, les actifs et les droits lui appartenant et d'une manière générale, d'assurer la mission de service public de valorisation, d'exploitation et commercialisation des hydrocarbures congolais ». Mettant l'accent sur l'absence du patrimoine propre de la SNPC, la Cour ajoute que « il ne résulte pas clairement de la comptabilité de la société, l'existence et l'importance d'une activité commerciale propre distincte de sa mission de service public ....si la société dégage un résultat net théorique, celui-ci est entièrement absorbé par la prise en charge des remboursements d'engagements de l'Etat...la SNPC est un important bailleur de fonds de l'Etat à fonds perdus ...l'argent encaissé est reversé dans les huit jours à l'Etat la privant ainsi de toute autonomie réelle du pouvoir de mener une politique de développement fondée sur son autofinancement[207] ».

---

206 Jurisprudence citée par KENFACK DOUAJNI (G.), Propos sur l'immunité d'exécution et les émanations de l'Etat, op.cit.

207 Civ. 1re 6 fév. 2007, n°04-13-107, Société nationale des pétroles du Congo c. / Société Walker International Holding, Rev. arb. 2007. 483 note L. Franc-Menget ; RTD Com. 2008.207, note Delebecque, cité DU PEYRE(R.), L'apport des Républiques du Congo à la jurisprudence française sur l'arbitrage et le droit international privé, op.cit.

La Cour de cassation a confirmé cette jurisprudence devenue constante en reconnaissant cette notion d'émanation de l'Etat dans l'affaire opposant la Société Nationale des Hydrocarbures du Cameroun dite SNH à la société Winslow Bank[208].

Selon cette théorie, trois conditions sont requises pour qu'une société soit considérée comme une émanation d'un Etat :

1°) elle doit avoir été investie par l'Etat d'une mission de service public[209] ;

2°) être sous le contrôle ou la tutelle de l'Etat qui nomme ses dirigeants[210] ;

3°) elle ne doit pas disposer d'un patrimoine propre, distinct de celui de l'Etat.

Cette construction jurisprudentielle sur la notion d'émanation de l'Etat peut avoir une incidence sur le droit OHADA. Transposée en droit OHADA, la notion d'émanation peut favoriser la levée des difficultés d'exécution que rencontrent certains créanciers de l'Etat, en ce qu'elle permettra de saisir les biens qui échappent encore aux voies d'exécution.

#### 4)- L'immunité de juridiction des agents diplomatiques et consulaires

L'immunité diplomatique est reconnue aux Etats étrangers, chefs d'Etats et Souverains étrangers, organisations internationales, agents diplomatiques et consulaires par la convention de Vienne sur les relations diplomatiques du 18 avril 1961 d'une part, et la convention de Vienne sur les relations consulaires du 24 avril 1963, d'autre part[211].

L'immunité de juridiction édictée par la convention de Vienne sur les relations diplomatiques du 18 avril 1961 n'est pas absolue. Elle connait des dérogations liées notamment à l'objet qui fonde la demande en justice du plaideur. Aux termes de l'article 31 de ladite convention, l'agent diplomatique jouit de l'immunité de la juridiction pénale de l'État accréditaire. Il jouit également de l'immunité de sa juridiction civile et administrative, sauf s'il s'agit des dérogations prévues par ce texte[212].

---

[208]Civ. 1re, 14 nov.2007, n°04-15-.388, Bull. civ. I n°355.

[209] Romain DU PEYRE soutient que le simple exercice d'une mission de service public par une entité contrôlée par l'Etat n'est pas suffisant pour justifier l'exécution de la sentence contre cette entité. Au-delà de la nature de l'activité et du contrôle de l'Etat, il revient au demandeur de prouver l'absence d'indépendance des patrimoines entre l'entité visée et l'Etat.

[210] Le créancier poursuivant à qui incombe la charge de la preuve doit démontrer en quoi la personne morale poursuivie à la place de l'Etat pour répondre des dettes dudit Etat n'est qu'une simple émanation de l'Etat sans autonomie financière et sans une réelle indépendance et ne dispose pas d'un patrimoine distinct à celui de l'Etat concerné.

[211] La première convention est entrée en vigueur le 24 avril 1964 tandis que la seconde l'a été le 19 mars 1967

[212] a) D'une action réelle concernant un immeuble privé situé sur le territoire de l'État accréditaire, à moins que l'agent diplomatique ne le possède pour le compte de l'État

### 5)- Immunité et arbitrage

En vertu de l'immunité de juridiction reconnu aux différents acteurs de la scène internationale, ceux-ci sont en droit de dénier toute compétente aux juridictions nationales sans leur consentement. Parce qu'ils sont souverains et égaux, les États ne sauraient être généralement soumis, sans leur consentement, aux voies de droit d'un État étranger (....) Ils bénéficient pour cette raison d'immunités qui sont indispensables pour la pleine application du principe d'égalité souveraine, quoi qu'elles constituent dans le même temps une limitation de la souveraineté territoriale de l'État devant les juridictions desquels elles sont opposées[213]. La question se pose cependant de savoir, si l'Etat qui conclut une convention d'arbitrage peut se prévaloir de son immunité de juridiction.

Selon l'article 17 de la convention des Nations Unies sur les immunités juridictionnelles des Etats et de leurs biens du 2 décembre 2004, si un État conclut par écrit un accord avec une personne physique ou morale étrangère, afin de soumettre à l'arbitrage des contestations relatives à une transaction commerciale, cet État ne peut invoquer l'immunité de juridiction devant un tribunal d'un autre État, compétent en l'espèce, dans une procédure se rapportant :

a) à la validité, à l'interprétation ou à l'application de l'accord d'arbitrage ;

b) à la procédure d'arbitrage ;

c) à la confirmation ou au rejet de la sentence arbitrale, à moins que l'accord d'arbitrage n'en dispose autrement.

Il est admis que, en la matière, l'existence d'une convention d'arbitrage implique renonciation par l'Etat à son immunité de juridiction dans les procédures relatives à la confirmation et à l'annulation d'une sentence arbitrale, mais n'affecte en rien l'immunité de l'Etat à l'égard des mesures de contrainte antérieures et postérieures à la sentence, y compris l'exécution[214]. A moins qu'un Etat n'ait consenti à la prise de mesures antérieures à la sentence dans l'énoncé même de la convention d'arbitrage ou selon les termes d'un contrat écrit, d'un traité bilatéral ou multilatéral, ou d'une déclaration

---

accréditant aux fins de la mission; b) D'une action concernant une succession, dans laquelle l'agent diplomatique figure comme exécuteur testamentaire, administrateur, héritier ou légataire, à titre privé et non pas au nom de l'État accréditant; c) D'une action concernant une activité professionnelle ou commerciale, quelle qu'elle soit, exercée par l'agent diplomatique dans l'État accréditaire en dehors de ses fonctions officielles.

[213] DUPUY (P-M), KERBRAT (Y), Droit international public, Dalloz, 14 éd.2018, p.193

[214] ANNACKER (CL.) et GREIG (R.T.) Immunité des Etats et arbitrage, in Bulletin de la Cour internationale d'arbitrage de la CCI Vol. 15/N° 2 – 2 e semestre 2004, p.75

faite devant le juge, l'Etat bénéficie de l'immunité à l'égard de toute mesure de contrainte antérieure à la sentence[215]

Ainsi, un Etat partie à une convention d'arbitrage ne peut se prévaloir de son immunité de juridiction devant le juge des référés saisi d'une procédure aux fins d'exéquatur d'une sentence arbitrale.

L'Acte Uniforme relatif au droit de l'Arbitrage du 11 mars 1999, dispose, en son article 2 que, toute personne physique ou morale peut recourir à l'arbitrage sur les droits dont elle a la libre disposition. Les Etats et autres collectivités publiques territoriales, ainsi que les établissements publics, peuvent également être parties à un arbitrage, sans pouvoir invoquer leur propre droit pour contester l'arbitralité d'un litige, leur capacité à compromettre ou la validité de la convention d'arbitrage.

Sur le plan procédural, l'immunité de juridiction reconnue à l'Etat ou à un agent diplomatique a des conséquences pratiques puisqu'elle soulève, en filigrane, la question de la sanction réservée à l'action initiée contre une personne bénéficiant d'une telle immunité. S'agit-il d'une exception d'incompétence ou d'une fin de non-recevoir.

Deux courants de pensée s'affrontent ici : la doctrine et la jurisprudence ont pendant longtemps considéré que l'immunité de juridiction engendrait l'incompétence de la juridiction saisie. Il en découlait que le juge devait d'office relever son incompétence, lorsque la personne attraite devant lui était bénéficiaire d'une immunité de juridiction, peu importe que la partie défenderesse ait omis de s'en prévaloir. L'on mettait en exergue l'incompétence territoriale de la juridiction saisie. L'idée était qu'en droit processuel le tribunal compétent territorialement est le tribunal du domicile du défendeur, traduction heureuse de la vieille règle « *actor sequitur forum rei* ». Le défendeur en cause étant un Etat étranger, c'est sur son territoire que l'action devait être portée. Après un débat intense, cette conception a évolué, pour être abandonnée. Désormais, l'immunité de juridiction est perçue comme

---

[215]art.18 de la convention des Nation Unies précitée. L'article 19 ajoute que « Aucune mesure de contrainte postérieure au jugement, telle que saisie, saisie-arrêt ou saisie-exécution, ne peut être prise contre des biens d'un État en relation avec une procédure intentée devant un tribunal d'un autre État excepté si et dans la mesure où : a) L'État a expressément consenti à l'application de telles mesures dans les termes indiqués : i) Par un accord international ; ii) Par une convention d'arbitrage ou un contrat écrit ; ou iii) Par une déclaration devant le tribunal ou une communication écrite faite après la survenance du différend entre les parties ; ou b) L'État a réservé ou affecté des biens à la satisfaction de la demande qui fait l'objet de cette procédure ; ou c) Il a été établi que les biens sont spécifiquement utilisés ou destinés à être utilisés par l'État autrement qu'à des fins de service public non commerciales et sont situés sur le territoire de l'État du for, à condition que les mesures de contrainte postérieures au jugement ne portent que sur des biens qui ont un lien avec l'entité contre laquelle la procédure a été intentée ».

une fin de non-recevoir se traduisant par l'irrecevabilité de l'action du requérant.

En effet, l'immunité de juridiction provoque une irrecevabilité d'ordre public, pour défaut de pouvoir de juger *ratione personae*, à laquelle d'ailleurs, l'intéressé peut renoncer et non pas une question de compétence. Le moyen tiré de l'immunité de juridiction s'analysant donc en une fin de non-recevoir et non en une exception d'incompétence, car il tend à fermer l'accès au pouvoir juridictionnel du juge à son pouvoir de juger, encore que certains y voient une exception de procédure comme en matière d'arbitrage [216]. Selon Motulsky, « l'accès aux tribunaux ne s'identifie assurément pas avec la compétence, qui lui est logiquement antérieure...mais si de la sorte, l'immunité de juridiction ne peut se ramener à un problème de compétence, il n'en résulte pas, quoi qu'en disent certains arrêts, que l'on se trouve en présence d'une fin de non-recevoir ...c'est la régularité de l'instance qui est en jeu [217]».

Dans l'affaire ayant opposé la société Cobexport à la République démocratique du Congo devant la Cour d'appel de Paris, pour faire droit à la demande de rejet de l'action formulée par la RDC au motif qu'elle bénéficie de l'immunité de juridiction, la Cour d'appel a, au passage précisé que l'immunité de juridiction est une fin de non-recevoir et non une exception d'incompétence, avant de déclarer la Société Cobexport irrecevable en ses demandes[218].

Il est acquis que l'immunité de juridiction est une fin de non-recevoir, reste à savoir si le juge doit soulever cette irrecevabilité d'office, même lorsqu'en l'absence d'une renonciation l'Etat étranger aura omis de le faire. Selon la Cour de cassation française, il appartient à l'Etat de soulever cette fin de non-recevoir et non à la juridiction saisie.

Si l'immunité de juridiction permet à l'Etat étranger et à tout bénéficiaire de se soustraire à la juridiction du for, la question reste posée de savoir si cette immunité entraine une immunité d'exécution laquelle soustrait les biens de son bénéficiaire aux voies d'exécution et mesures conservatoires. La différence entre l'immunité de juridiction et l'immunité d'exécution est une différence de nature et non de degré, tant il est vrai que ces deux notions sont limitrophes, mais autonomes. Alors que l'immunité de juridiction se caractérise par l'absence du pouvoir du tribunal de for de pouvoir juger un

---

[216] VINCENT (J.), GUINCHARD(S.), Procédure civile, op.cit. p.186

[217] Motulsky note sous Civ.1er 27 janv.1969, Rev. crit. 1969,538, cité par VINCENT (J.), GUINCHARD(S.), op.cit. p.186.

[218] CA Paris, 5 juill. 2001, SA Cobexport c/ République Démocratique du Congo (cf. Romain DU PEYRE, L'apport des Républiques du Congo à la jurisprudence française sur l'arbitrage et le droit international privé, Revue congolaise de droit et des affaires, op. cit.

Etat étranger, l'immunité d'exécution suppose le fait de faire exécuter une décision de justice sur le territoire national, afin de saisir les biens d'un Etat étranger et de ses émanations, les organisations internationales ou tout autre bénéficiaire.

Il est permis à l'Etat de renoncer à son immunité de juridiction lors de la conclusion de la transaction commerciale. Cette renonciation doit être expresse et sans équivoque. Cependant, même dans ce cas, la renonciation à l'immunité de juridiction n'emporte pas renonciation à l'immunité d'exécution, pour lesquelles une renonciation distincte est nécessaire. L'Etat qui a renoncé à son immunité de juridiction lors d'un procès, peut exciper son immunité d'exécution, lorsque le créancier bénéficiaire de la décision de justice veut entreprendre une mesure d'exécution forcée.

Précisons que le fait pour un débiteur bénéficiaire d'une immunité de juridiction et d'exécution de comparaitre devant la juridiction d'un Etat, lors de la procédure judiciaire préalable à l'exécution, n'implique pas renoncement à son immunité d'exécution. Dans une espèce portée devant la CCJA, le demandeur au pourvoi sollicitait la cassation d'un arrêt, qui avait déclaré les dispositions de l'article 30 AUVE et l'article 5 de l'accord d'établissement signé entre l'ASECNA et la République Centrafricaine inopérante. La Cour d'appel de Bangui avait retenu que le débiteur avait tacitement renoncé au bénéfice de son immunité d'exécution lors de la procédure judiciaire préalable à l'exécution, en comparaissant devant les tribunaux centrafricains et en assurant sa défense sans se prévaloir de son immunité de juridiction.
Pour casser cet arrêt, la CCJA a décidé que « *c'est à tort que la Cour d'appel a déclaré ces dispositions inopérantes, dès lors qu'une renonciation expresse à son immunité de juridiction n'est invoquée contre l'ASECNA et que le consentement à l'exercice de la juridiction par les tribunaux centrafricains n'implique pas le consentement à l'exécution forcée, qui nécessite un consentement distinct*[219]».

L'immunité d'exécution apparait comme le corollaire de l'immunité de juridiction, de sorte que les biens de l'Etat étranger, des organisations internationales et de toute personne bénéficiant de l'immunité de juridiction ne peuvent faire l'objet d'une voie d'exécution ou d'une mesure conservatoire. Cette règle universellement reconnue est justifiée par le souci de ne pas porter atteinte à la souveraineté de l'Etat. L'immunité d'exécution empêche que l'Etat souverain se retrouve dans l'impossibilité d'accomplir ses missions régaliennes, du fait de la saisie de ses ressources. Dans la mesure où

---

[219]CCJA, Ass. Plén. Arrêt n°136/2014 du 11 nov. 2014, Aff. Agence pour la Sécurité de la Navigation Aérienne en Afrique et à Madagascar, dite ASECNA c/ Collectif des ex-employés de l'ASECNA, Ohadata J-15-226.

certaines de ses missions de service public sont accomplies par des entreprises publiques ou des sociétés à capitaux publics créées par l'Etat, ces entités bénéficient aussi de l'immunité d'exécution[220].

Du reste, l'implication de l'Etat dans les transactions commerciales a eu raison de l'immunité d'exécution ou de la restreindre lorsque l'Etat s'est comporté en marchand de cacao. La jurisprudence française a forgé une doctrine restrictive de la notion d'immunité d'exécution, en la cantonnant aux activités relevant strictement des prérogatives de souveraineté. De sorte que, si l'activité fondant la demande en justice a un caractère économique, l'immunité d'exécution de l'Etat étranger ne peut être retenue.

Ainsi, le seul fait que le débiteur saisi soit un Etat étranger n'est pas suffisant pour soustraire ses biens de la saisie. Ce principe, consacré par la jurisprudence Société Eurodif [221], est régulièrement rappelé par la Cour de cassation. Dans cette espèce, il a été retenu que l'immunité d'exécution doit être écartée « *lorsque le bien saisi a été affecté à l'activité économique et commerciale relevant du droit privé qui donne lieu à la demande en justice* ».

De manière plus explicite, la Cour de cassation a décidé que lorsque le bien concerné se rattache, non à l'exercice d'une activité de souveraineté, mais à une opération économique, commerciale ou civile relevant du droit privé qui donne lieu à la demande en justice l'immunité d'exécution doit être écartée[222].

## Section 4. Le débiteur bénéficiant d'un délai de grâce

Ayant obtenu un délai de grâce pour désintéresser son créancier, le débiteur ne peut plus faire l'objet d'une saisie conservatoire ou d'une saisie afin d'exécution dans la fourchette du temps à lui imparti par le juge.

### § 1. Juridiction compétente et champ d'application

Avant de préciser le champ d'application de délai de grâce (B), il convient, au préalable, déterminer la juridiction compétente pour octroyer cette mesure (A).

---

220KENFACK DOUAJNI (G.), Propos sur l'immunité d'exécution et les émanations de l'Etat op.cit

221 Civ. 1er, 14 mars 1984, n082-12.462, Sté Eurodif c/ Rép. Islamique d'Iran, bull.civ. I, n°98 ; JCP 1984, II, 20205, concl .av. gén. Gulphe, obs. Synvet.

222 Pour l'acquisition par l'Etat allemand d'un immeuble en France et la réfection d'un mur mitoyen : civ, 1re,19 nov.2008, n°07-10.570, Bull.civ I, n°98, cité par VINCENT (J.), GUINCHARD(S.),p.153

### A. Juge compétent pour octroyer les délais de grâce

La demande de délai de grâce est introduite devant la juridiction compétente conformément à l'article 39 AUVE. La formule juridiction compétente utilisée par l'article 39 AUVE renvoie à la juridiction compétente instituée par l'article 49 AUVE. Ainsi, le juge compétent, pour connaitre d'une demande de délai de grâce est le juge de l'article 49 AUVE. En se référant aux développements consacrés à la détermination du juge institué par l'article 49 AUVE, l'on peut retenir, en droit congolais que le juge compétent, pour octroyer les délais de grâce, est le président du tribunal statuant en la forme des référés. Toutefois, ce juge n'a pas le monopole en cette matière puisqu'il partage cette compétence avec d'autres juges notamment, avec le Tribunal de Grande Instance, le tribunal de commerce ou le tribunal d'instance selon les cas.

En effet, contrairement à une doctrine qui attribue au juge des référés, la compétence exclusive à connaitre des délais de grâce[223], les délais de grâce peuvent être octroyés aussi bien par le président du Tribunal statuant sur le fondement de l'article 49 AUVE, en la forme des référés, que par les juridictions de fonds. Cet avis épouse la position du Professeur Joseph DJOGBENOU qui affirme que « *si la demande de délai de grâce est formulée hors le cadre de l'exécution forcée, elle ne relèverait pas, quant à son examen, de la juridiction de l'article 49 al.1 de l'AUVE. Son examen relèverait du droit commun de la procédure, suivant les règles internes. Mais si la demande est formulée dans le cadre de l'exécution forcée, elle sera soumise à la juridiction en charge du contentieux de l'exécution*[224] ».

Le débiteur peut saisir le juge d'une demande de délai de grâce, en l'absence de toute mesure conservatoire ou d'exécution forcée pour se prémunir contre toutes poursuites imminentes.

De manière générale, la demande de délai de grâce est introduite, à titre principale, par le débiteur devant le juge des référés, ou formulée reconventionnellement dans le cadre d'une procédure d'exécution ou d'une saisie conservatoire. La demande de délai de grâce peut, également, être formulée devant le tribunal saisi d'une opposition contre une ordonnance d'injonction de payer.

---

223BEMBELY (R.), L'application de l'article 39 de l'acte uniforme portant organisation des procédures simplifiées de recouvrement et des voies d'exécution par le juge congolais, Revue de l'ERSUMA, N°2, mars 2013, pp.329

224 DJOGBENOU (J.), L'exécution forcée, droit Ohada, op. cit. p.100

Le tribunal de Lomé a décidé qu'en application de l'article 39 alinéa 2 et 3 de l'AUVE, et en présence des difficultés rencontrées par le débiteur pour s'acquitter de ses dettes, le tribunal saisi d'une opposition à une ordonnance d'injonction de payer peut accorder un délai de grâce de douze mois, surtout si ce délai est plus court que celui obtenu précédemment, d'accord parties, par le débiteur[225]. De même, est jugée recevable, une demande de délai de grâce formée par une société, en contestation d'une ordonnance d'injonction de payer, dès lors que ladite demande est accompagnée de preuves établissant la situation financière difficile de la société[226].

## B. Le champ d'application de délai de grâce

Le délai de grâce s'applique que pour le recouvrement d'une somme d'argent. Il ne peut s'appliquer à un débiteur d'une obligation de faire ou de remise. De même, le locataire expulsé pour non-paiement du loyer ne peut saisir le juge pour solliciter un délai de grâce sur le fondement de l'article 39 de l'AUVE.

Pour casser une décision rendue par le Président de la Cour Suprême de Côte d'Ivoire ordonnant, sur le fondement de l'article 39 AUVE, le maintien dans les lieux d'un débiteur poursuivi en expulsion, la CCJA a rappelé que si l'article 39 de l'AUVE permet à la juridiction compétente , après analyse de la situation du débiteur et la prise en considération des besoins du créancier, de reporter ou d'échelonner le paiement des sommes dues par le débiteur, dans l'hypothèse où celui-ci est poursuivi en recouvrement de créance, ce qui n'est d'ailleurs pas le cas en l'espèce, ledit article ne prévoit nulle part que la juridiction compétente puisse, au regard des éléments de fait, ordonner le maintien dans les lieux loués, d'un débiteur à l'encontre duquel a été rendue une décision judiciaire d'expulsion passée en force de chose jugée, qu'il s'ensuit qu'en statuant comme il l'a fait, la juridiction présidentielle de Côte d'Ivoire n'a pas tiré les conséquences de sa propre constatation et a ainsi violé, par fausse application, l'article 39 susvisé, en conséquence la décision encourt cassation[227]».

---

[225]TPI Lomé, Ch. Civ.& Com., jug. n°161 du 11 février 2000, ETS Polytra c/ AFD, Ohadata J-02-39

[226]TPI Cotonou, 2e ch. Com., jug. 3 Mai 2001, Aff. Société S.I.AR-Bénin c/S.I.T.R.A.C, dans le même sens CA Ouagadougou, ch. Civ. & com. Arrêt n°109 du 19 nov. 2004, Aff. Balkouma Stéphane c/ Société Zabre Roger et Fils (SOZARO), Ohadata J-05-231

[227] CCJA arrêt N°02/2003 du 30 janvier 2003, Aff. SDV-CI/ SEVEXIM, Le Juris-Ohada N°1/2003, janvier-mars 2003, P.23 et note, Voir aussi Actualités Juridiques n°38/2003 p.14, obs François KAMOIN. Recueil de jurisprudence de la CCJA n°1, janvier-juin 2003, p.36, Ohadata J-03-110

Après avoir délimité le champ d'application du délai de grâce, il convient d'examiner ses conditions d'ouverture.

## § 2. Les conditions d'obtention

L'obtention du délai de grâce est subordonnée à l'observation des conditions légales prescrites par l'Acte Uniforme (A). Aux conditions légales viennent se greffer les critères dégagés par la jurisprudence (B).

### A. Les critères légaux

Aux termes de l'article 39 AUVE, le débiteur ne peut forcer le créancier à recevoir en partie le paiement d'une dette, même divisible. Toutefois, compte tenu de la situation du débiteur et en considération des besoins du créancier, la juridiction compétente peut, sauf pour les dettes d'aliments et les dettes cambiaires, reporter ou échelonner le paiement des sommes dues dans la limite d'une année. Elle peut également décider que les paiements s'imputeront d'abord sur le capital. Elle peut en outre subordonner ces mesures à l'accomplissement, par le débiteur, d'actes propres à faciliter ou à garantir le paiement de la dette.

Il en résulte que le débiteur peut librement initier une action pour obtenir un délai de grâce. Il s'agit d'une prérogative à laquelle il ne peut renoncer. Le créancier ne peut, par une clause insérée au contrat, contraindre le débiteur à renoncer d'avance à la possibilité de solliciter un délai de grâce. Ainsi, le débiteur qui ne conteste ni l'existence ni le quantum de sa créance mais qui connait des difficultés l'empêchant d'honorer ses engagements, peut demander et obtenir du juge l'octroi d'un délai de grâce conformément à l'article 39 AUVE, dès lors que cette créance n'est pas de nature alimentaire ou cambiaire[228].

Il appartient au débiteur, qui entend obtenir le bénéfice de délai de grâce, de faire la preuve de ses difficultés financières. En aucun cas, la charge de la preuve ne saurait être renversée pour être mise à la charge du créancier qui s'oppose à la mesure de délai de grâce sollicitée par le débiteur.

La pertinence de la demande étant fonction des arguments et des pièces produites à l'appui de ces prétentions, le juge apprécie souverainement, en s'appuyant objectivement sur les preuves matérielles des difficultés

[228] TPI Dschang, ord. référé n°08/ORD du 13 novembre 2003, Aff. TSADJA Georges c/ Compaganie Financière de l'Estuaire, Société Coopérative d'Epargne et de Crédit représentée par son agence de Dschang, Ohadata J-05-108

financières alléguées par le débiteur. Il doit, tenir compte des difficultés financières du débiteur, en considération des besoins du créancier.

En pratique, l'on constate que ces deux éléments sont essentiels, mais pas toujours déterminant pour fonder la décision du juge. Ils constituent parfois qu'une grille de lecture partielle pour apprécier le bien-fondé de la mesure ainsi sollicitée, le juge disposant d'autres éléments d'appréciation pour accorder ou rejeter la demande de délai de grâce. Le juge recourt à des éléments d'appréciation plus larges en tenant compte des éléments factuels résultant des débats. La nature de la créance impayée peut également constituer un élément d'appréciation, tout comme la qualité du créancier qui s'oppose à l'octroi du délai de grâce.

L'on constate également que le juge est plus enclin à octroyer le délai de grâce lorsque le créancier est une grande société ne connaissant pas des difficultés financières, que s'il s'agissait d'un modeste retraité créancier des loyers.

Le juge dispose d'un pouvoir d'appréciation souverain, pour accorder ou rejeter le bénéfice de délai de grâce sollicité, la Cour de Cassation refusant de se faire juge de ces critères d'appréciation, même lorsque le débiteur reproche au premier juge de ne pas avoir tenu compte de sa bonne foi[229]. La Haute Juridiction ne se réservant ce pouvoir que lorsque le demandeur au pourvoi fait grief à la décision querellée d'avoir violé un moyen de droit.

La prise en compte de la situation du débiteur permet au juge d'apprécier la demande ainsi formulée. Dans cet exercice, il est important que le débiteur ait accompli les actes à faciliter ou à garantir le paiement de la dette, lorsque la dette est ancienne et qu'il transparaisse des pièces versées au dossier de la procédure une volonté manifeste de s'acquitter de la dette[230]. Par ailleurs, on observe que le juge recours à certaines notions qui ne sont pas contenues dans les dispositions de l'article 39 AUVE pour accorder le bénéfice de délai de grâce.

### B. Les critères jurisprudentiels

L'examen de la jurisprudence indique que le juge recourt à d'autres notions qui ne figurent pas dans l'article 39 AUVE, pour octroyer ou rejeter la demande de délai de grâce. Nombreuses sont les décisions qui font état d'un

---

229Civ, 3e, 5 Juill.1988, N°86-17.768, Bull. civ.III, n°216 cité par S. GUICHARD, T. MOUSSA (Dir), op.cit. P.175

230CA Cotonou, arrêt ° 163/2001 du 21 juin 2001, Aff. Sté A, Monsieur B Contre Sté C, Ohadata J-06-142

débiteur malheureux et de bonne foi pour octroyer un délai de grâce. Dans cette optique, une juridiction avait retenu que le délai de grâce est une disposition bienveillante, que le juge a le loisir d'accorder, lorsque le débiteur est malheureux mais de bonne foi et qu'aucune preuve d'une quelconque situation difficile du créancier n'est rapportée au dossier[231].

La bonne foi du débiteur est parfois érigée au rang des conditions d'obtention d'un délai de grâce alors que celle-ci ne figure pas parmi les cas d'ouverture édictée à l'article 39 de l'AUVE. De même, la mauvaise foi du débiteur est un élément d'appréciation du bien-fondé de la demande.

Ainsi pour rejeter la demande de délai de grâce, il a été jugé que lorsque l'attitude de celui qui demande l'octroi d'un délai de grâce est révélatrice de sa mauvaise foi, en ce qu'il n'a respecté la première échéance de règlement de la dette convenue, sa demande de report de la dette doit être rejetée[232]. Qui plus est, lorsque la bonne foi fait défaut suite à une contestation erronée du débiteur, sa demande de délai de grâce doit être rejetée[233]. La Cour d'appel de Niamey a refusé le bénéfice du délai de grâce prévu à l'article 39 alinéa 2 de l'AUVE, au motif que la dette dont le paiement est poursuivi, est vieille de 15 ans et que le débiteur n'a pas apporté la preuve de sa bonne foi, alors même que les engagements pris postérieurement par lui pour apurer le reliquat de la dette n'ont jamais été tenus, ni dans les montants, ni dans les délais librement fixés par lui[234].

L'analyse de la jurisprudence révèle que la bonne foi du débiteur est un élément déterminant pour l'octroi d'un délai de grâce. La Cour d'appel d'Abidjan a décidé qu'un délai de grâce doit être accordé à l'acquéreur pour apurer sa dette, dès lors qu'il a suffisamment fait la preuve de sa bonne foi et de sa volonté à remplir ses engagements[235]. Pour sa part, la Cour d'appel de Daloa a décidé d'octroyer au débiteur un délai de grâce pour s'acquitter de sa dette, dès lors que le non-paiement du reliquat de sa dette ne résulte pas d'une

---

[231] TPI Cotonou, Référé commercial, Audience du 31 juillet 2002, Société SESSIG BEDE et Cie C/ BANQUE OF AFRICA, Ohadata J-05-299

[232] TPI Nkongsamba, Ord. référé n°04 CE/ du 17 novembre 2004, Aff. La Sté Delta International Industries SARL C/ BICEC, agence de Bafang, MC2 Bafang Rural, Sandeuh Athanase et Nya Nayong Madeleine Ohadata J-07-145.

[233]TPI Cotonou, Jugement contradictoire N°022/ 1ère C-COM du 05 août 2002, R.G. : N° 012/2000, Aff. ETAT BENINOIS REP/ Agent Judiciaire du Trésor C/ 1°/ Etablissements OLUWAYO CHETEMI et 2°/ MOUSSA Moustapha, Responsable d'Etablissements, Ohadata J- 04-398.

[234] CA, Niamey, Arrêt N°98 du 17 avril 2006, Aff. YACOUBA MAYIKA C/ Banque Commerciale du Niger, Ohadata J-10-229

[235]CA Abidjan arrêt civil et contradictoire N°127 du 16 février 2007, Aff. Société SOGEPIE C/ Kouakou Konan Germain, Ohadata J-09-187.

mauvaise foi de sa part[236]. Le débiteur étant de bonne foi, les difficultés dont il a fait état étant avérées, il a été décidé de lui accorder un délai de grâce[237].

Faisant le même constat à propos de l'application de l'article 1244 du Code Civil français, un auteur fait observer à ce propos « *que les notions de bonne ou mauvaise foi du débiteur ne sont pas contenues dans l'article 1244-1 du Code civil et ne sont pas de conditions suffisantes pour octroyer ou refuser un délai. Il n'en demeure pas moins que le juge ne peut manquer d'être influencé par la plus ou moins bonne volonté du débiteur dans le remboursement de sa dette ou le sérieux de ses propositions de paiement*[238]». Il ajoute que « *cependant le juge n'est pas tenu de l'exprimer formellement dans sa motivation, laquelle se suffit à elle-même lorsqu'elle prend en considération la situation du débiteur et les besoins du créancier* ».

Cette construction jurisprudentielle a été récemment approuvée par la CCJA qui a décidé que, « si l'article 39 alinéas 1 et 2 de l'AUVE donne le pouvoir au juge d'accorder au débiteur un délai de grâce compte de la situation de ce dernier et en considération des besoins du créancier, le juge peut accorder un délai de grâce au débiteur. Celui-ci est soumis à certaines conditions dont la preuve de la situation difficile de la trésorerie du débiteur et sa bonne foi. Qu'en retenant la mauvaise foi du débiteur qui n'a proposé aucune offre pour une créance qui remonte à une dizaine d'années, la Cour d'appel n'a en rien violé l'article visé au moyen[239]».

Bien que le juge puisse souverainement apprécier la situation financière du débiteur, néanmoins, cela n'autorise guère à verser dans l'arbitraire pour faire droit à la demande du débiteur, alors que la défaillance de celui-ci est manifeste. On a pu relever les décisions discutables ayant accordé un délai de grâce en se fondant sur l'âge et le nom éminent du demandeur, la qualité d'académicien de son frère et la mort pour la France de deux autres, outre le caractère historique de son patrimoine[240].

---

236 CA Daloa, 2ème chambre civile et commerciale, arrêt civil contradictoire N°246 du 18 octobre 2006, Aff. M. NITIEMA WIGOU C / SONDJO NONGO Gilbert, Ohadata J-09-366

237 TPI de Cotonou, 2ème Chambre commerciale, jugement contradictoire N°032/002-2ème C-COM du 27/06/2002, R.G N°045/2000- Société OVERSEAS SA C/ ACAPKO Théophile, Société SORA SARL, Ohadata J-10-03.

238 LEFORT (CH), Droit et Pratique des Voies d'exécution, (sous Dir.), GUICHARD (S), MOUSSA(T), op.cit. p.169

239 CCJA, 1ère ch. Arrêt n°117/2018 du 31 mai 2018, Aff. BAMBA SEKOU c/ Bank of Africa

240 CA Riom, 26 mai 1994, Rev. Huissiers 1995, 247, cité par LEFORT (CH), Droit et Pratique des Voies d'exécution (sous Dir.), GUICHARD (S), MOUSSA(T), op.cit. p.169 op. cit, ibidem

## § 3. Les créances exclues des délais de grâce

Sont exclues du bénéfice des délais de grâce, les dettes d'aliments (A) et les dettes cambiaires(B). Il en est de même pour les sommes faisant l'objet d'une saisie-attribution des créances (C). Sur le plan procédural, la question peut se poser de savoir quelle est la sanction infligée à un plaideur ayant introduit une demande de délai de grâce pour une dette salariale ou cambiaire. Cette demande sera-t-elle déclarée irrecevable ou le plaideur sera-t-il débouté de sa demande comme étant mal fondée. La jurisprudence est confuse sur la question. Si certaines décisions déclarent la demande irrecevable, d'autres la rejettent. La jurisprudence majoritaire penche pour la deuxième option de sorte que lorsque, la demande de délai de grâce porte sur une créance alimentaire ou cambiaire, elle est rejetée.

### A. Les créances alimentaires

Les dettes d'aliments ne peuvent faire l'objet d'un délai de grâce. Il en résulte qu'un père de famille condamné au versement des sommes d'argent au titre de pensions alimentaires, ne peut solliciter des délais de grâce. Le juge saisi d'une telle demande ne peut y faire droit. Le même sort sera réservé au plaideur condamné à des sommes d'argent au titre de subsides. La question ne peut se poser s'agissant de l'exclusion des salaires du champ de l'article 39, du fait que leur caractère alimentaire est incontestable.

La Cour de cassation qui admet que le juge puisse accorder à l'employeur un délai de paiement pour s'acquitter d'une indemnité de licenciement, refuse cette possibilité lorsqu'il s'agit du paiement des créances salariales[241].

Que se passe-t-il lorsque l'employeur condamné au paiement des sommes d'argent au titre des salaires impayés, primes, allocation de congé, indemnités de licenciement sollicite un délai de grâce. Ici il faut distinguer les créances ayant un caractère alimentaire et, donc, considérées à ce titre comme créances salariales de celles qui ne le sont pas. Cette distinction est à rechercher dans la définition du salaire telle que dégagée à l'article 91 nouveau du Code du travail. Aux termes de cette disposition, le salaire s'entend du salaire de base, de l'allocation de congé, de primes, des indemnités de toutes natures à l'exception de l'indemnité de licenciement. L'article 91 nouveau a exclu du salaire l'indemnité de licenciement, de sorte qu'une telle indemnité ne peut avoir un caractère alimentaire. La conséquence est que l'employeur condamné au paiement des sommes d'argent au titre d'indemnité de licenciement est fondé à solliciter et à obtenir un délai de grâce, dès lors que cette indemnité

---

[241] Soc.18 nov.1992, n°91-40.596, Bull. civ. V, n°555 cité par GUINCHARD (S) et MOUSSA (T.) (dir), op.cit. p.170

n'a pas un caractère alimentaire. L'on peut s'interroger sur les raisons ayant conduit le législateur de 1991 de sortir l'indemnité de licenciement de l'assiette des créances salariales, puisqu'avant cette réforme, l'article 91 issu de la rédaction de la loi n°45-75 du 15 mars 1975 retenait que le salaire comprend le salaire proprement dit quelle que soit son appellation, l'allocation de congé, les primes, les indemnités de toutes natures et les dommages-intérêts pour rupture abusive du contrat de travail.

Du reste, les dommages-intérêts pour rupture abusive du contrat de travail qui faisait partie intégrante du salaire dans l'ancienne loi ne figurent plus dans la nouvelle. Il en résulte que, dorénavant, doivent être considérées comme créances salariales outre le salaire de base, les sommes allouées au titre de l'allocation de congé, de primes, des indemnités de toutes natures à l'exception de l'indemnité de licenciement. Cette précision est importante lorsque l'on sait que l'indemnité de licenciement dont le quantum souvent élevé est calculé en fonction de l'ancienneté du salarié dans l'entreprise, constitue une pomme de discorde entre l'employeur et ses ex-salariés, ouvrant la voie à la contestation.

S'agissant des sommes allouées au salarié au titre des salaires impayés, leur caractère alimentaire ne peut faire l'objet de discussion. Le débiteur ayant pu contracter les dettes pour subvenir au besoin de sa famille pendant que l'employeur accumulait les arriérés des salaires impayés. Ainsi pour infirmer une ordonnance du juge des référés du Tribunal de Première Instance d'Abidjan, ayant accordé un délai de grâce à une société, la Cour d'appel d'Abidjan a décidé que la créance due par le tiers saisi étant essentiellement constituée des salaires impayés, celle-ci est une dette à caractère alimentaire de sorte que l'article 39 de l'Acte Uniforme sur les procédures simplifiées de recouvrement et des voies d'exécution ne saurait recevoir application. C'est à tort que le premier juge a accordé un délai de grâce à l'intimé qui doit être débouté de sa demande[242]. Pour sa part, la Cour de Cassation admet que le juge puisse accorder à l'employeur un délai de grâce de paiement pour s'acquitter d'une indemnité de licenciement, mais censure la décision lorsqu'il s'agit des créances salariales[243].

Pour la Cour d'appel de Daloa, la considération des besoins des créanciers exigés par l'article 39 AUVE suppose entre autres le paiement partiel et préalable de la créance. Dès lors que celle-ci a un caractère alimentaire, parce que résultant des arriérés de salaires, le débiteur n'ayant proposé le moindre

---

[242] CA Abidjan, ch. Civ.& com., 3e ch., arrêt civil contradictoire du 04 mars 2005, Aff. Mme MERMOZ Roch Pauline et 12 Autres C/ La Sté INDUSCHIMIE, Ohadata J-09-167

[243] Soc.18 nov.1992, n°91-40.596, Bull.civ, V, n°555, cité par S. GUICHARD, T. MOUSSA (Dir), op.cit. p.170

acompte au profit de ses ex-employés qui manifestement sont dans le dénuement total, il convient de rejeter sa demande de grâce comme mal fondée[244]. Un tribunal a reconnu comme créance alimentaire, une provision qu'une société d'assurance a été condamnée à payer à la victime d'un accident de la circulation, dès lors qu'elle est destinée à assurer la satisfaction de ses besoins vitaux, notamment les soins de santé spécialisés qui doivent lui être urgemment administrés en Europe[245].

### B. Les créances cambiaires

Le bénéfice du délai de grâce est également exclu aux dettes cambiaires, lesquelles s'entendent des dettes qui ont trait à une lettre de change et aux autres effets de commerce[246]. Aucun délai de grâce ne peut être accordé pour les dettes résultant d'un effet de commerce, lettre de change, billet à ordre ou chèques impayés. L'ancien code de commerce français contenait une disposition qui interdisait de consentir des délais de grâce ni légal ni judiciaire pour les lettres de change, les billets à ordre et les chèques (art.182 et 185).

La jurisprudence est restée très ferme sur cette exclusion. Il a été décidé, que lorsque la dette dont le recouvrement est poursuivi résulte des traites revenues impayées, le débiteur ne peut obtenir de délai de grâce pour le paiement de celles-ci[247].

Pour sa part, la Cour d'appel de Niamey a retenu que, si en application des dispositions de l'article 39 de l'AUVE, un débiteur peut bénéficier d'un délai de grâce, c'est autant que les conditions prévues par ce texte soient remplies. Le 2ème alinéa de ce texte excluant les dettes alimentaires et cambiaires, il y a lieu dès lors de rejeter la demande de délai de grâce pour une dette cambiaire, car résultant de traite ayant fait l'objet d'un protêt[248]. Le débiteur d'une dette cambiaire est tenu de payer puisque ne pouvant bénéficier du délai de grâce prévu à l'article 39 de l'AUVE[249].

---

244 CA, Daloa, 1ère chambre civile et commerciale, arrêt civil contradictoire N°263 du 08 Nov.2006, Aff. YEBE Annie Yolande et LAGO GBOAZO Odette C/ L'HOTEL LES AMBASSADEURS, Ohadata J-09-368

245 TPI Bangangté, ord. n°10/ORD du 06 mai 2004, Société Africaine d'Assurance et de Réassurance( SAAR) c/ TEINA Pascal, Ohadata J-05-164

246 Un effet de commerce est un titre négociable qui constate l'existence, au profit du porteur, d'une créance à court terme de sommes d'argent et qui sert à son paiement. L'on distingue ainsi la lettre de change ou traite, le billet à ordre, le chèque et le warrant.

247 CA Abidjan, arrêt N°36 du 10 janvier 2003, Aff. SIGS C/ CFAO-CI, Ohadata J-03-277

248 CA Niamey, arrêt N°09 du 07 février 2006, Aff. BOUKARY MAÏGA ADAMOU C/ HAMANI YAYE, Ohadata J-10-22

249 TGI MFOUNDI, Jugement civil N° 516 du 26 mai 2003, Aff. AMOUGOU KONO C/ BICEC, Ohadata J-08-111

La dette cambiaire ne peut être assimilée à une dette résultant d'une convention de prêt signée entre une banque et son client. En pratique, lorsqu'un débiteur sollicite un délai de grâce pour le remboursement d'un crédit, la banque s'oppose systématiquement à cette demande au motif que sa créance est cambiaire, en ce qu'elle résulte d'une convention de prêt. Il revient au juge de faire preuve de rigueur dans la détermination de la nature cambiaire de la créance, pour rejeter l'irrecevabilité opposée par la banque lorsqu'il est établi que la créance résulte non pas d'une lettre de change, des traites, d'un billet à ordre, ou d'un chèque, mais plutôt d'une convention de prêt.

### C. Les sommes faisant l'objet d'une saisie-attribution des créances

Si, préalablement à l'introduction d'une action aux fins d'obtention d'un délai de grâce, le créancier avait déjà pratiqué une saisie-attribution des créances sur les avoirs de son débiteur, celui-ci ne peut solliciter un délai de grâce pour faire échec à la saisie régulièrement pratiquée.

En effet, aux termes de l'article 154 de l'AUVE l'acte de saisie emporte, à concurrence des sommes pour lesquelles elle est pratiquée ainsi que tous ses accessoires, mais pour ce montant seulement, attribution immédiate au profit du saisissant de la créance saisie, disponible entre les mains du tiers. Les sommes saisies sont rendues indisponibles par l'acte de saisie. Cet acte rend le tiers personnellement débiteur des causes de la saisie dans la limite de son obligation. Par l'effet attributif immédiat attaché à l'acte de saisie, les sommes faisant l'objet de la saisie ne peuvent plus bénéficier d'un délai de grâce.

Dans la procédure ayant donné lieu à l'arrêt du 02 juin 2005, pour casser un arrêt de la Cour d'appel d'Abidjan ayant accordé un délai de grâce à un débiteur dont les comptes avaient fait l'objet d'une saisie-attribution des créances, saisie maintenue par une décision n'ayant pas fait l'objet d'un recours et ayant acquis autorité de la chose jugée, la CCJA a décidé que par l'effet attributif immédiat de la saisie-attribution entraînant transfert instantané de la créance saisie disponible dans le patrimoine du saisissant , le juge de l'exécution ne peut pas suspendre les effets de ladite saisie-attribution en accordant des délais de paiement[250].

---

[250]CCJA, arrêt n°35 du 02 juin 2005, Dame KHOURI Marie C / 1°/ La Sté HI ZAMI SAMIH et HASSAN dite INDUSCHIMIE, 2°/ Société Génales des Banques en Côte d'Ivoire dite SGBCI, Recueil de jurisprudence de la CCJA, N°5, janvier-juin 2005, volume 2, p.52 ; Le Juris-Ohada, n°4/2005, juillet-septembre 2005, p.5, Ohadata J- 06-14

### § 4. Durée et effets du délai de grâce

Le délai de grâce est accordé pour une durée déterminée par le juge (A) pendant laquelle cette mesure produit des effets (B).

#### A. La durée des délais

Conformément à l'article 39 de l'AUVE, le report du paiement accordé au débiteur ne peut dépasser une durée de douze mois. Encourt la cassation, la décision d'une Cour d'échelonner le remboursement de la dette de façon à ce que le règlement de la dette dépasse la limite d'une année imposée par l'article 39 de l'AUVE, ce qui constitue une violation dudit article[251].

Ce délai d'une année n'est pas renouvelable. Pour contourner cette rigidité, certains débiteurs manifestement malicieux, peuvent tenter d'induire le juge en erreur en sollicitant successivement un délai de grâce, après l'épuisement d'un précédent délai de grâce d'une année. Le plaideur qui a déjà bénéficié d'un délai de grâce de douze mois ne peut valablement prétendre à un autre délai, sans violer les dispositions de l'article 39 de l'AUVE qui limite à une année le report ou l'échelonnement de paiement accordé au débiteur[252].

Le fait pour le législateur Ohada de limiter ce délai à une année ne signifie pas que le débiteur doit nécessairement obtenir un délai de douze mois. Il s'agit d'une durée qu'il ne saurait dépasser et le juge apprécie souverainement pour décider de la durée du délai à accorder au débiteur. La question peut se poser, lorsque le débiteur qui a bénéficié d'un délai de quelques mois n'a pas honoré ses engagements à l'expiration du délai à lui imparti, mais revient devant le juge solliciter un autre délai. Dans ce cas, la loi ne s'oppose pas à ce qu'il puisse bénéficier d'un autre délai de grâce. Les modalités de paiement étant fixées pour faciliter le paiement de la dette, le juge appréciera si la situation financière du débiteur ne s'est pas améliorée pour lui octroyer un autre délai, les deux délais cumulés ne pouvant en aucun cas dépasser la limite de douze mois fixés par l'article 39 de l'AUVE.

Lorsque le délai octroyé au débiteur a été subordonné à l'accomplissement, d'actes propres à faciliter ou à garantir le paiement de la dette, le créancier doit veiller au respect de ces mesures. La loi n'a pas défini ce qu'il entendait par mesures propres à faciliter ou garantir le paiement de la dette. Il revient au juge de déterminer le contenu de cette formule. Il peut s'agir d'un engagement

---

[251] CCJA, arrêt n°35 du 02 juin 2005, Dame KHOURI Marie C / 1°/ La Sté HI ZAMI SAMIH et autres déjà cité ;

[252] CA Bouaké, arrêt civil contradictoire n°85/2000 du 24 mai 2001, Aff. KONE SOULEYMANE C/ La Sté PERYSSAC AFRCI-AUTO, Ohadata J-06-129.

pris par le débiteur de ne pas contracter d'autres dettes pendant cette période, ou encore l'établissement d'un échéancier pour apurer sa dette par le versement mensuel et successif d'une somme déterminée par le juge. En tout état de cause, le juge doit préciser dans sa décision les conditions auxquelles le débiteur est assujetti.

### B. Effets du délai de grâce

Lorsque le débiteur bénéficie d'un délai de grâce, l'exigibilité de la créance est suspendue pour la durée consentie. Ce délai s'impose au créancier jusqu'à l'expiration de l'échéance fixée par le juge. Avant l'expiration de ce délai, il ne peut être pratiqué toute mesure conservatoire ou d'exécution forcée sur les biens du débiteur. Le délai court à compter du prononcé de la décision ayant octroyé le délai, lorsque la procédure a été rendue contradictoirement. Par contre, lorsque la décision est réputée contradictoire à l'égard d'une des parties, le délai ne court qu'à compter de la signification de la décision. La Cour de Cassation rappelle que la décision qui octroie les délais de grâce doit toujours en fixer la durée dans son dispositif[253]. Cette précision est nécessaire dans la mesure où elle fixe la période de répit pour le débiteur, période au cours de laquelle il sera à l'abri de toute poursuite.

La question se pose de savoir si, à l'expiration du délai accordé, le débiteur doit payer l'intégralité de sa dette sans possibilité aucune de devoir solliciter l'établissement d'un échéancier. Les positions sont divergentes, les partisans de la fermeté exigeant le paiement de l'intégralité de la dette. Mais, cette fermeté ne prend pas en compte les réalités économiques et les situations économiques auxquelles les entreprises sont parfois confrontées.

L'octroi d'un délai de grâce ne peut être considéré comme un traitement de faveur accordé au débiteur, et en aucun cas, un créancier n'a vocation à se transformer en banquier de son débiteur[254]. Cependant en tenant compte des réalités économiques, il n'est pas toujours évident d'exiger le paiement intégral des sommes dues. Le débiteur est tenu de respecter les échéances suspendues par le moratoire accordé par le juge, pour apurer sa créance progressivement sans que le créancier ne soit contraint de recourir à des mesures conservatoires.

---

[253] Civ 1ère, 19 sept.2007, n°06-10.69, Bull.civ. I, n° 289

[254] LEFORT (Ch.), Moyens de défense du débiteur et obstacles subjectifs, in S. GUICHARD, T. MOUSSA (Dir), op.cit. p.169

## Section 5
## L'issue de la procédure de contestation

L'issue de la procédure de contestation est tributaire de la pertinence des arguments invoqués devant le juge, lequel peut ordonner la mainlevée de la saisie ou son maintien.

### § 1. La décision du juge

Le juge saisi de la contestation est amené à prendre une décision en fonction des arguments en présence.

#### A. La mainlevée de la saisie

Aux termes de l'article 62 de l'AUVE, même lorsqu'une autorisation préalable n'est pas requise, la juridiction compétente peut, à tout moment, sur la demande du débiteur, le créancier entendu ou appelé, donner mainlevée de la mesure conservatoire, si le saisissant ne rapporte pas la preuve que les conditions prescrites par les articles 54, 55, 59, 60 et 61 sont réunies[255].

La mainlevée de la mesure est ordonnée lorsque les moyens soulevés par le débiteur sont fondés. Le créancier saisissant, qui a pratiqué une saisie conservatoire sur les biens meubles corporels de son débiteur, doit attester de l'existence des circonstances menaçant le recouvrement de sa créance. Faute de l'avoir fait, le débiteur saisi peut obtenir de la juridiction compétente, qu'elle prononce la rétractation de l'ordonnance sur requête dont le créancier était bénéficiaire[256]. La validité de la saisie conservatoire des créances étant subordonnée à l'existence d'une circonstance de nature à menacer le recouvrement de la créance litigieuse, le créancier saisissant, qui n'a pas rapporté la preuve du risque qu'il encourt, s'expose à la mainlevée de la saisie par lui pratiquée[257].

Si l'on ne peut dresser une liste exhaustive des moyens qui peuvent être soulevés par le débiteur saisi, on peut tout de même noter que ces moyens sont liés aux irrégularités de la procédure d'une part, et aux questions de fond

---

[255] Seul le débiteur a qualité pour soulever les irrégularités de la saisie tirée de la violation des dispositions des articles 60 et 61 et suivants. Le tiers saisi n'a pas qualité pour soulever les contestations prévues par l'article 62 de l'AUVE (TGI Ouagadougou, Jugement n°30 du 04 fév.2004, OUEDRAOGO Idrissa c/ OUEDRAOGO Dominique, Ohadata J-05-220).

[256] CA Centre, Ord. n°90/CED du 25 mars 2011, Monsieur PETNGA Thiery C/ NGASSA KOUYNOU Joseph, Ohadata J-13-12(rep. 2013).

[257] TPI Ngaoundéré, Ord. n°11/Ord. du 07 octobre 2011 Mme KEMO HAMIDOU KRISTANE Armelle C/ HIEN André, Ohadata J-13-35

d'autres part. En tout état de cause, lorsque le moyen soulevé par le saisi est fondé, la mainlevée de la saisie est ordonnée, peu importe que la mesure ait été pratiquée avec ou sans autorisation préalable du juge.

Une difficulté procédurale apparait lorsque le juge ordonne la mainlevée de la saisie, qu'il a autorisé. Doit-il ordonner la mainlevée de la saisie sans avoir, au préalable, rétracter son ordonnance ou au contraire, rétracter l'ordonnance autorisant la saisie et subséquemment donner mainlevée de la saisie. La jurisprudence est confuse à ce sujet. Certaines décisions retiennent que la saisie peut faire l'objet d'une mainlevée si les conditions exigées ne sont pas remplies, sans qu'il soit nécessaire de rétracter de l'ordonnance qui l'a autorisée[258]. D'autres considèrent qu'il faut, au préalable, prononcer la rétractation de l'ordonnance sur requête dont le créancier était bénéficiaire puis ordonner la mainlevée de la saisie[259].

D'autres encore estiment que l'article 63 AUVE qui régit la mainlevée de la saisie ne fait pas mention de la rétractation de l'ordonnance, de sorte qu'en donnant mainlevée de la saisie, c'est le fondement même de la saisie qui est retiré, sans qu'il ne soit nécessaire de le préciser.

La rétractation de l'ordonnance avec mainlevée immédiate s'impose lorsque le créancier est bénéficiaire d'une autorisation préalable du juge. Le président rétracte son ordonnance et donne subséquemment mainlevée de la saisie. Si la mesure a été pratiquée sans autorisation préalable du juge, le président donne uniquement mainlevée de la saisie.

### B. Le maintien de la mesure

Le maintien de la saisie est prononcé, lorsque les conditions prescrites par les articles 54, 55, 59, 60 et 61 ont été observées. Le juge considérant la demande de mainlevée mal fondée. L'examen des moyens soulevés par le saisi s'étant révélé non pertinent pour emporter sa conviction, le maintien de la saisie s'impose. Pourtant même lorsque le maintien de la saisie est ordonné, le juge peut réduire l'assiette de la mesure.

### C. Le cantonnement de la saisie

Le juge peut néanmoins diminuer le quantum de la saisie, on parle dans cette hypothèse du cantonnement de la saisie. Le saisissant a exagéré sa créance en y incorporant des sommes qui ne devaient pas s'y trouver. Le juge

---

258 CA Abidjan, arrêt n°363 du 27 mars 2001, Caisse d'Assistance Médicale c/ Société AMS-CI, Le Juris Ohada, n°1/2004, janvier-mars 2004, p.51, note Anonyme, Ohadata J-04-170.

259 CA Centre, Ord. n°90/CED du 25 mars 2011, Monsieur PETNGA Thiery C/ NGASSA KOUYNOU Joseph suscité.

ramène l'assiette de la saisie à des justes proportions, ce qui permet au débiteur de retrouver la jouissance des sommes devenues disponibles.

Le juge peut également exclure de l'assiette de la saisie plusieurs biens, lorsque la valeur de quelques-uns est suffisante pour désintéresser le poursuivant. Un débat avait vu le jour devant les prétoires, relativement au fondement juridique du cantonnement.

En effet, certains plaideurs soulevaient l'incompétence du juge à pouvoir ordonner le cantonnement, une mesure non prévue par l'AUVE. Ce débat a été porté devant la Cour d'appel de Dakar où l'appelant contestait le cantonnement ordonné par le juge des référés au motif qu'il s'agissait d'une mesure non prévue par les textes. Pour confirmer cette décision, la Cour a retenu que « s'il est constant que l'AUVE ne réglemente pas expressément la réduction ou le cantonnement de la saisie conservatoire, cependant, ainsi que l'ont justement exposé les premiers juges, elles ne l'interdisent pas, qu'il ne peut utilement être soutenu que le juge des référés ne peut ordonner le cantonnement de la saisie, alors qu'il n'est pas discuté qu'il conserve le pouvoir de rétracter l'autorisation de saisie et d'en ordonner mainlevée pure et simple. Le cantonnement s'analyse en une rétractation partielle de l'autorisation de saisie et qu'il est de principe constant que « celui qui peut le plus peut le moins[260]».

En dépit du fait que l'AUVE ne mentionne le terme « cantonnement », il ne s'agit pas d'une mesure illégale. Le cantonnement trouve son fondement dans l'interprétation de l'article 57 de l'AUVE. Lorsque la saisie porte sur une créance ayant pour objet une somme d'argent, l'acte de saisie la rend indisponible à concurrence du montant autorisé par la juridiction compétente ou, lorsque cette autorisation n'est pas nécessaire, à concurrence du montant pour lequel la saisie est pratiquée.

La jurisprudence en a déduit que l'acte de saisie ne rendant indisponible les sommes d'argent qu'à concurrence du montant autorisé, il s'opérait un cantonnement automatique à concurrence de ce montant, le reliquat des sommes se trouvant dans le compte étant disponible. Le tiers saisi pouvait donc appliquer ce cantonnement sans qu'il soit nécessaire de solliciter une autorisation du juge. D'ailleurs, si l'article 57 alinéa 2 précise que la saisie vaut de plein droit consignation des sommes devenues indisponibles et

[260]CA Dakar, arrêt n°44 du 19 janvier 2001, Aff. MUOLIN SATENAC c/ MOUHAMED HAWILI, ZEN FAWAZ, Ohadata J-06-55.

confère au saisissant un droit de gage, cette consignation[261] ne se limite qu'à concurrence de la somme autorisée par le juge.

### § 2. Les voies de recours

Le recours contre l'ordonnance donnant la mainlevée de la saisie ou celle ordonnant son maintien s'exerce dans les conditions prévues par l'article 49 de l'AUVE.

La décision du juge est susceptible d'appel dans un délai de quinze jours à compter de son prononcé. Le délai d'appel tout comme l'exercice de cette voie de recours n'ont pas un caractère suspensif, sauf décision contraire spécialement motivée du président de la juridiction compétente, et ce conformément à l'article 49 de l'AUVE.

Contrairement à une certaine pratique, en matière des saisies, la décision donnant mainlevée de la saisie ou celle ordonnant son maintien ne peut faire l'objet d'une procédure en rétractation comme s'il s'agissait d'une ordonnance ordinaire des référés qui peut être rétractée, en cas de survenance des circonstances nouvelles en application de l'article 213 du CPCCAF.

---

[261] Le cantonnement porte uniquement sur le montant autorisé par la juridiction compétente et non celui indiqué dans l'acte de saisie. Cette précision est importante dans la mesure où l'huissier de justice peut transcrire un montant différent de celui autorisé dans l'ordonnance de saisie. Dans l'hypothèse où la saisie a été pratiquée sur le fondement d'un titre exécutoire l'article 57 AUVE précise que l'indisponibilité porte sur le montant pour lequel la saisie est pratiquée, c'est-à-dire la créance cause de la saisie dont le montant est contenu dans le titre exécutoire et non dans l'acte de saisi.

# CHAPITRE II

# LES SAISIES CONSERVATOIRES SPECIFIQUES

Nous examinerons successivement, dans ce chapitre, la saisie conservatoire des biens meubles corporels (section 1), la saisie foraine (section 2), la saisie conservatoire des créances (section 3), la saisie-revendication (section 4), la saisie conservatoire des droits d'associés et des valeurs mobilières (section 5).

## Section 1
## La saisie conservatoire des biens meubles corporels

La saisie conservatoire des biens meubles corporels est considérée comme prélude à la saisie-vente. Elle permet de rendre le bien indisponible les biens meubles corporels, en vue de leur conversion en saisie-vente. Les conditions de sa mise en œuvre sont celles communes à toutes les saisies conservatoires déjà examinées, on s'y rapportera. Le créancier doit disposer d'une créance paraissant fondée en son principe et justifier des circonstances à en menacer le recouvrement.

Comme toute saisie conservatoire, la procédure débute par opérations de saisies (§1). Le créancier détenteur d'un titre exécutoire ou qui l'a obtenu peut faire procéder à la conversion de la saisie conservatoire en saisie-vente (§2).

### § 1. Les opérations de saisie

Les opérations de saisie sont pratiquées par un huissier de justice, qui en dresse procès-verbal dont le contenu fait l'objet d'une attention particulière(A). Les biens à saisir peuvent être détenus par un débiteur ou par un tiers. Dans l'un ou l'autre cas, la saisie est pratiquée entre les mains du débiteur saisi(B) ou entre celles du tiers saisi (C).

#### A. Le contenu du procès-verbal de saisie

L'article 64 énonce les formalités à accomplir. L'huissier instrumentaire doit verbalement rappeler au débiteur qu'il est tenu de lui indiquer les biens, qui auraient fait l'objet d'une saisie antérieure et de lui en communiquer le procès-verbal. Cette formalité accomplie, l'huissier dresse un procès-verbal de saisie qui contient, à peine de nullité :

1) la mention de l'autorisation de la juridiction compétente ou du titre en vertu duquel la saisie est pratiquée ; ces documents sont annexés à l'acte en original ou en copie certifiée conforme ;

2) les noms, prénoms et domiciles du saisi et du saisissant ou, s'il s'agit de personnes morales, leurs forme, dénomination et siège social ;

3) élection de domicile dans le ressort territorial juridictionnel où s'effectue la saisie, si le créancier n'y demeure pas ; il peut être fait, à ce domicile élu, toute signification ou offre ;

4) la désignation détaillée des biens saisis ;

5) si le débiteur est présent, sa déclaration au sujet d'une éventuelle saisie antérieure sur les mêmes biens ;

6) la mention, en caractères très apparents, que les biens saisis sont indisponibles, qu'ils sont placés sous la garde du débiteur ou d'un tiers désigné d'accord parties ou, à défaut, par la juridiction statuant en matière d'urgence ; qu'ils ne peuvent être ni aliénés ni déplacés, si ce n'est dans le cas prévu par l'article 97 ci-dessous, sous peine de sanctions pénales, et que le débiteur est tenu de faire connaître la présente saisie à tout créancier qui procéderait à une nouvelle saisie sur les mêmes biens;

7) la mention, en caractères très apparents, du droit qui appartient au débiteur, si les conditions de validité de la saisie ne sont pas réunies, d'en demander la mainlevée à la juridiction compétente du lieu de son domicile ;

8) la désignation de la juridiction devant laquelle seront portées les autres contestations, notamment celles relatives à l'exécution de la saisie ;

9) l'indication, le cas échéant, des noms, prénoms et qualités des personnes qui ont assisté aux opérations de saisie, lesquelles doivent apposer leur signature sur l'original et les copies ; en cas de refus, il en est fait mention dans le procès-verbal ;

10) la reproduction des dispositions pénales sanctionnant le détournement d'objets saisis ainsi que de celles des articles 62 et 63.

Les mentions indiquées aux points 6 et 7 doivent être portées en caractères très apparents. Ce qui implique leur mise en forme particulière de nature à attirer l'attention du lecteur au premier coup d'œil. Il est conseillé d'adopter une écriture hardie avec une police distincte, le tout en gras. Un acte rédigé sans distinction formelle avec le reste des mentions encourt nullité en cas de contestation.

Le texte de l'article 64 ne le mentionne pas, mais dans l'accomplissement de son office, l'huissier instrumentaire doit observer les dispositions de l'article 46 de l'AUVE. Selon ce texte, aucune mesure d'exécution ne peut être effectuée un dimanche ou un jour férié, si ce n'est en cas de nécessité et en vertu d'une autorisation spéciale du président de la juridiction dans le ressort de laquelle se poursuit l'exécution. Aucune mesure d'exécution ne peut commencer avant huit heures ou après dix-huit heures, sauf en cas de nécessité avec l'autorisation de la juridiction compétente, et uniquement dans les lieux qui ne servent pas d'habitation. La partie saisissante ne peut, sauf nécessité constatée par la juridiction compétente, assister aux opérations de saisie.

L'article 45 AUVE est également applicable. Cette disposition permet à l'huissier de photographier les objets saisis et conserver ces photographies, en vue de la vérification des biens saisis. Elles ne peuvent être communiquées qu'à l'occasion d'une contestation portée devant la juridiction compétente. Cette prise des photographies constitue une mesure de dissuasion efficace à l'égard du débiteur qui pouvait nourrir les velléités de distraction.

Notons qu'en dépit des diligences de l'huissier, si aucun bien ne peut être saisi, parce que ceux trouvés sur les lieux sont insaisissables ou qu'ils n'ont aucune valeur marchande, l'huissier dresse un procès-verbal de carence dans les formes ordinaires. Ce procès-verbal sera très utile pour initier une saisie immobilière, puisque selon l'article 28 al.2, sauf s'il s'agit d'une créance hypothécaire ou privilégiée, l'exécution est poursuivie en premier lieu sur les biens meubles et, en cas d'insuffisance de ceux-ci, sur les immeubles.

### B. La saisie pratiquée entre les mains du débiteur

Il faut distinguer si les opérations de saisie sont pratiquées en présence du débiteur ou en son absence. Dans l'un ou l'autre cas, les formalités à accomplir diffèrent.

#### 1) -La saisie pratiquée en présence du débiteur

Avant toute opération de saisie, l'huissier fait itératif commandement au débiteur présent sur les lieux, en réitérant verbalement la demande de paiement (art.99). Si par bonheur, le débiteur s'exécute sur le champ, en s'acquittant de la totalité des sommes dues, l'huissier lui délivre bonne et valable quittance et les opérations s'arrêtent. Le texte n'envisage pas un paiement partiel des sommes dues. Cette possibilité n'étant pas à exclure, dans ce cas, l'huissier devra apprécier l'importance de la somme et en référer immédiatement au créancier, ce qui aboutira à surseoir la saisie.

Cette disposition est parfois au centre d'un débat entre l'huissier et le créancier. Lorsqu'après itératif commandement, le débiteur s'exécute et s'acquitte de sa dette, l'huissier procède immédiatement au recouvrement. Cependant, le créancier peut contester cette opération estimant qu'il n'avait pas requis son ministère pour un recouvrement, mais pour une saisie. L'attitude du créancier est dictée par la crainte de devoir débourser des sommes supplémentaires, puisqu'en pratique, l'huissier qui a procédé au recouvrement, majore ses émoluments en fonction des sommes recouvrées.

Il sera rappelé que, si le débiteur est présent lors des opérations de saisie, L'huissier instrumentaire lui rappelle verbalement qu'il est tenu de lui indiquer les biens qui auraient fait l'objet d'une saisie antérieure et de lui en communiquer le procès-verbal. En outre, l'huissier lui rappelle verbalement le contenu des mentions du 6° et 7° de l'article 64. Une copie du procès-verbal portant les mêmes signatures que l'original lui est immédiatement remise ; cette remise vaut signification.

La question s'était posée de savoir qu'elle est la sanction attachée à cette disposition, lorsque l'huissier instrumentaire a omis de donner lecture des mentions contenues au 6° et 7° point de l'article 64. Saisi de cette question, le Tribunal régional de Niamey a jugé que l'omission par l'huissier de rappeler verbalement au saisi le contenu des mentions des 6° et 7° de l'article 64 de l'AUVE n'est sanctionnée par la nullité que si celui qui s'en prévaut prouve le grief qui lui a été causé[262]. Cette décision va à l'encontre de la jurisprudence de la CCJA en matière de nullité.

L'article 66 indique *in fine* que les dispositions de l'article 103 AUVE sont applicables. Aux termes de cette disposition, le débiteur conserve l'usage des biens rendus indisponibles par la saisie, à moins qu'il ne s'agisse de biens consomptibles. En ce cas, il sera tenu d'en respecter la contrevaleur estimée au moment de la saisie. Toutefois, la juridiction compétente peut ordonner sur requête, à tout moment, même avant le début des opérations de saisie et après avoir entendu les parties ou celles-ci dûment appelées, la remise d'un ou plusieurs objets à un séquestre qu'il désigne. Si, parmi les biens saisis, se trouve un véhicule terrestre à moteur, la juridiction compétente peut, après avoir entendu les parties ou celles-ci dûment appelées, ordonner son immobilisation jusqu'à son enlèvement, en vue de la vente par tout moyen n'entraînant aucune détérioration du véhicule. Ce qui exclut toute décision rendue non contradictoirement. Ainsi, en ordonnant la saisie conservatoire et l'enlèvement des véhicules automobile du débiteur, sans entendre les parties, ou sans que celles-ci aient été dûment appelées, le juge a violé l'article 103 alinéa 3 de l'AUVE[263].

L'indisponibilité est un empêchement qui impose au débiteur de disposer des biens saisis. Il ne peut ni aliéner les biens saisis, ni les déplacer. Elle ne

[262]TR Niamey, n° 435, du 03 octobre 2001, H.Y. c/ B. M. A, Ohadata J-02-70, obs. j. Issa-Sayegh

[263]CA, Abidjan, arrêt de référé n°444 du 24 avril 2001, Colins Ukpe Turhobo c/ Société Ash International, Ohadata J- 02-107,

prive pas le saisi du droit de jouissance sur ses biens. Ce qui ne semble pas épouser la conception que le créancier se fait de l'indisponibilité. Pour le créancier, dès lors que les biens sont saisis, le débiteur perd le droit de jouissance, ce qui justifie l'apposition du ruban adhésif sur les postes téléviseurs, les réfrigérateurs et biens d'autres biens meubles, privant ainsi le débiteur de s'en servir. Cette pratique largement répandue est contraire aux dispositions de l'article 103 AUVE. Le propriétaire des biens saisis ayant été constitué gardien des biens saisis, c'est à lui qu'incombe exclusivement l'obligation de représenter l'ensemble des biens saisis[264].

La privation du débiteur de la jouissance de ses biens est considérée par la jurisprudence comme une voie de fait, le débiteur victime de cet abus doit immédiatement saisir le juge afin de faire cesser cette privation. Saisi par un débiteur privé de la jouissance de ses biens, le juge des référés de Dakar a ordonné la restitution au débiteur, des biens enlevés par le créancier, dans le cadre d'une saisie conservatoire, cette mesure n'exigeant pas, pour sa mise en œuvre, que le saisi soit privé de la jouissance de ses biens[265].

Par ailleurs, si un tiers a été désigné d'accord parties, gardien des biens saisis, le saisissant ne peut procéder à un changement de gardien, même lorsque ce changement est justifié, sans au préalable obtenir l'accord du débiteur, à défaut d'accord solliciter l'autorisation du juge. C'est dans ce sens qui faut comprendre cette décision qui a décidé qu'à défaut de preuve attestant de l'accord préalable de la débitrice sur le changement dans la garde de ses biens, la signification de ce changement n'étant pas, en elle-même, une signification de l'autorisation du juge pour ce faire. Le changement de garde fait dans ces conditions est constitutif d'une voie de faite et viole les dispositions de l'article 64 de l'AUVE dont le sixième point précise clairement que le procès-verbal dressé par l'huissier ou l'agent d'exécution doit contenir, à peine de nullité, « la mention en caractères très apparents, que les biens saisis sont indisponibles, qu'ils sont placés sous la garde du débiteur ou d'un tiers désigné d'accord parties ou, à défaut, par la juridiction statuant en matière d'urgence [266]».

N'ayant pas assisté aux opérations de saisies, le débiteur dont la présence est mentionnée dans le procès-verbal de saisi, peut contester la régularité de la procédure. Il en est autrement, lorsque les opérations de saisie ont débuté

---

264CA Abidjan, arrêt n°86 du 20 janvier 2004, Aff. La société SCI LES ELFES c/M.U.M. S, Le Juris Ohada n°2/2005, P.36, Ohadata J-05-336, Répertoire Ohada 2000-2005

265TRHC de Dakar, Ord. de référé du 06 mai 2002, Aff. PAPE Ousmane SAMB c/ Atif Fuad Aziz TAKALA, Observations par Ndiaw DIOUF, Ohadata J-04-460, Répertoire Ohada 2000-2005, p. 309

266TRHC de Dakar, Ord. de référé du 11 février 2003, Aff. Société Océan Afrique Occidentale c/ Maitres BA et GUEYE, Ohadata J-03-48, Répertoire Ohada 2000-2005, p. 310.

en l'absence du débiteur saisi, mais que ce dernier, arrivé plus tard sur les lieux, y a assisté et visé le procès-verbal ; après avoir fait toutes les déclarations voulues par la loi, l'argument tendant à voir déclarer nul le procès-verbal en raison de l'absence de signature de la personne ayant assisté à la saisie et qui était en l'occurrence l'épouse du débiteur saisi n'est pas pertinent et ne peut constituer une violation des dispositions de l'article 64-9° de l'AUVE[267].

L'obligation de solliciter l'autorisation du juge, préalablement au déplacement des biens saisis, s'applique également au débiteur qui entend déplacer les biens saisis.

### 2) -La saisie pratiquée en l'absence du débiteur

Lorsque le débiteur n'a pas assisté aux opérations de saisie, une copie du procès-verbal lui est signifiée, lui impartissant un délai de huit jours pour porter à la connaissance de l'huissier instrumentaire toute information relative à l'existence d'une éventuelle saisie antérieure et qu'il lui en communique le procès-verbal (art.65 AUVE). Les dispositions de l'article 42 doivent également recevoir application dans ce cas. Selon ce texte, lorsque la saisie est effectuée en l'absence du débiteur ou de toute personne se trouvant dans les lieux, l'huissier ou l'agent d'exécution assure la fermeture de la porte par laquelle il a pénétré dans les lieux.

Conformément à l'article 44 AUVE, l'huissier peut toujours se faire assister d'un ou deux témoins majeurs, non parents ni alliés en ligne directe des parties ni à leur service. Il énonce, en ce cas, sur le procès-verbal, leurs noms, prénoms, professions et domiciles. Les témoins signent l'original et les copies du procès-verbal.

## C. La saisie pratiquée entre les mains d'un tiers

Les biens du débiteur détenus par un tiers sont saisis dans les conditions prescrites par l'article 67 AUVE. Selon ce texte, si la saisie conservatoire est pratiquée entre les mains d'un tiers, il est procédé comme il est dit aux articles 107 à 110 et 112 à 114 inclusivement. Le renvoi à ces dispositions, qui règlementent la saisie-vente, peut s'expliquer par le fait que la finalité de la saisie conservatoire est d'aboutir à la vente des biens saisis.

Lorsque la saisie porte sur des biens qui sont détenus par un tiers et dans les locaux d'habitation de ce dernier, elle doit être autorisée par la juridiction

---

[267] CA Abidjan, arrêt n°129 du 26 janvier 2001, Ndiaye Bocar c/ Karim Amidou, Ohadata J-02-108

du lieu où sont situés les biens. Même si la saisie s'effectue sans autorisation judiciaire préalable conformément aux dispositions de l'article 55 AUVE.

Le principe de l'inviolabilité du domicile a milité en faveur de cette autorisation préalable du juge, gardien des libertés fondamentales pour contrôler cette intrusion dans l'intimité du débiteur.

En application de l'article 65 lequel renvoi aux articles 107 à 110 et 112 à 114, l'huissier invite le tiers à déclarer les biens qu'il détient pour le compte du débiteur et, parmi ces derniers, ceux qui auraient fait l'objet d'une saisie antérieure. Il lui rappelle verbalement que toute déclaration inexacte ou mensongère de sa part l'expose à une condamnation au paiement des causes de la saisie, sans préjudice d'une condamnation à des dommages-intérêts, et que les objets saisis sont indisponibles, qu'ils sont placés sous sa garde, qu'ils ne peuvent être ni aliénés ni déplacés, si ce n'est dans le cas prévu par l'article 97 sous peine de sanctions pénales et qu'il est tenu de faire connaître la présente saisie à tout créancier qui procéderait à une saisie sur les mêmes biens ;

En cas de refus de déclaration ou de déclaration inexacte ou mensongère, le tiers peut être condamné au paiement des causes de la saisie, sauf son recours contre le débiteur. Il peut aussi être condamné à des dommages-intérêts.

Si le tiers déclare ne détenir aucun bien appartenant au débiteur ou s'il refuse de répondre, il en est dressé acte, il s'agit d'un procès-verbal de carence. Celui-ci est remis ou signifié au tiers avec l'indication, en caractères très apparents, de la sanction visée à l'article précédent.

Par contre, si le tiers déclare détenir des biens pour le compte du débiteur, il est dressé un inventaire[268] c'est-à-dire un procès-verbal de saisie qui contient plusieurs mentions toutes prescrites à peine de nullité notamment :

- la référence du titre en vertu duquel la saisie est pratiquée ;
- la date de la saisie, les nom, prénoms et domicile du saisissant ou, s'il s'agit d'une personne morale, ses forme, dénomination et siège social ; l'élection éventuelle de domicile ;
- les nom, prénoms et domicile du débiteur ou, s'il s'agit d'une personne morale ses forme, dénomination et siège social ;
- la mention des nom, prénoms et domicile du tiers ;
- la déclaration du tiers et, en caractères très apparents, l'indication que toute déclaration inexacte ou mensongère l'expose à être condamné

[268] Il s'agit en réalité du procès-verbal de saisie. On notera tout de même que le texte parle d'acte d'inventaire alors que l'article 110 auquel renvoi l'article 67 indique que « lorsque le tiers n'a pas assisté aux opérations de saisie, la copie du procès-verbal de saisie lui est signifiée »

au paiement des causes de la saisie sans préjudice d'une condamnation à des dommages-intérêts ;

- la désignation détaillée des biens saisis ;
- la mention, en caractères très apparents, que les objets saisis sont indisponibles, qu'ils sont placés sous la garde du tiers, qu'ils ne peuvent être ni aliénés ni déplacés, si ce n'est dans le cas prévu par l'article 97 sous peine de sanctions pénales et que le tiers est tenu de faire connaître la présente saisie à tout créancier qui procéderait à une saisie sur les mêmes biens ;
- la mention que le tiers peut se prévaloir des dispositions de l'article 112 ci-après qui est reproduit dans l'acte ;
- l'indication que le tiers peut faire valoir ses droits sur les biens saisis, par déclaration ou par lettre recommandée avec avis de réception ou tout moyen laissant trace écrite adressée à l'huissier ou à l'agent d'exécution du créancier saisissant ;
- la désignation de la juridiction devant laquelle seront portées les contestations relatives à la saisie-vente ;
- l'indication, le cas échéant, des noms, prénoms et qualités des personnes qui ont assisté aux opérations de saisie, lesquelles doivent apposer leur signature sur l'original et sur les copies ; en cas de refus, il en est fait mention dans le procès-verbal ;
- la reproduction des dispositions pénales sanctionnant le détournement d'objets saisis.

Si le tiers n'est pas présent lors des opérations de saisie, il est procédé comme il est dit à l'article 42 AUVE. L'huissier peut établir un gardien aux portes pour empêcher le divertissement. Il requiert, pour assister aux opérations, l'autorité administrative compétente à cette fin ou une autorité de police ou de gendarmerie. Dans les mêmes conditions, il peut être procédé à l'ouverture des meubles. Il est procédé de la sorte, lorsque le tiers s'oppose à l'ouverture.

Par ailleurs, si le tiers est présent aux opérations de saisie, l'huissier ou l'agent d'exécution lui rappelle verbalement le contenu des mentions des 5, 7 et 8 de l'article 109. Il est fait mention de cette déclaration dans le procès-verbal. Une copie du procès-verbal de saisie portant les mêmes signatures que l'original lui est immédiatement remise ; cette remise vaut signification. Lorsque le tiers n'a pas assisté aux opérations de saisie, la copie du procès-verbal de saisie lui est signifiée, en lui impartissant un délai de huit jours pour qu'il porte à la connaissance de l'huissier ou de l'agent d'exécution l'existence d'une éventuelle saisie antérieure sur les mêmes biens et qu'il lui en communique le procès-verbal (art.110).

Une copie du procès-verbal est signifiée au débiteur, huit jours au plus tard après la saisie. A peine de nullité, il est indiqué que le débiteur dispose d'un délai d'un mois pour procéder à la vente amiable des biens saisis dans les conditions prescrites par les articles 115 à 119 de l'Acte uniforme, qui sont reproduits.

Le tiers est institué gardien des biens saisis. S'il refuse à l'immédiat ou ultérieurement, il peut demander à en être déchargé. L'huissier pourvoit à la nomination d'un gardien et à l'enlèvement des biens (art.112). Sous réserve du droit d'usage dont le tiers pourrait être titulaire sur les biens saisis, la juridiction compétente peut ordonner sur requête, à tout moment, même avant le début des opérations de saisie, et après avoir entendu les parties ou celles-ci dûment appelées, la remise d'un ou de plusieurs objets à un séquestre qu'il désigne. Si, parmi les biens saisis, se trouve un véhicule terrestre à moteur, celui-ci peut, sous la même réserve, être immobilisé entre les mains du tiers jusqu'à son enlèvement en vue de la vente, les parties entendues ou dûment appelées, par tout moyen, n'entraînant aucune détérioration du véhicule (art.113).

Si le tiers se prévaut d'un droit de rétention sur le bien saisi, il en informe l'huissier par lettre recommandée avec avis de réception ou tout moyen laissant trace écrite, à moins qu'il n'en ait fait la déclaration au moment de la saisie. Dans le délai d'un mois, le créancier saisissant peut contester ce droit de rétention devant la juridiction compétente du domicile ou du lieu où demeure le tiers. Le bien demeure indisponible durant l'instance. A défaut de contestation dans le délai d'un mois, la prétention du tiers est réputée fondée pour les besoins de la saisie (art.114).

Il faut dire que les contestations élevées par le tiers s'articulent essentiellement autour de la propriété des biens. Le tiers revendique la propriété des biens saisis, surtout si ceux-ci se trouvent en sa possession, en tirant argument de l'article 2279 du Code civil selon lequel, en fait des meubles, possession vaut titre.

On constate qu'une confusion habite parfois le tiers, lorsqu'il sollicite la distraction de ses biens, en cédant à la tentation de solliciter la nullité de la saisie ; action réservée exclusivement au débiteur conformément à l'article 62. Le tiers doit solliciter la distraction de ses biens.

Le tiers doit initier une action en distraction de ses biens dont la recevabilité est subordonnée à l'observation des conditions prescrites par l'article 141 AUVE, notamment aux éléments sur lesquels se fonde le droit de propriété invoqué. Le juge est invité à faire preuve de vigilance afin de ne pas déclarer à tort irrecevable l'action du tiers saisi qui sollicite la distraction de ses biens sans avoir spécifiquement intitulé sans demande, requête en distraction.

Dans une espèce où un plaideur reprochait au premier juge d'avoir méconnu les dispositions de l'article 62, pour avoir déclaré irrecevable l'action aux fins de mainlevée de la saisie initiée par un tiers, la Cour d'appel du Littoral a jugé que la mainlevée d'une saisie conservatoire ne peut être ordonnée par la juridiction compétente que sur la demande du débiteur. Le débiteur dans la procédure étant une autre personne, la société requérante n'avait pas qualité pour demander la mainlevée de la saisie[269].

Cela dit, la saisie doit être portée à la connaissance du débiteur par un acte de dénonciation, signifié au débiteur, dans un délai de huit jours. L'acte de dénonciation est établi dans les conditions édictées à l'article 67. A peine de nullité l'acte contient :

Une copie de l'autorisation de la juridiction compétente ou du titre, en vertu duquel la saisie a été pratiquée ;

La mention, en caractères très apparents, du droit qui appartient au débiteur, si les conditions de validité de la saisie ne sont pas réunies, d'en demander la mainlevée à la juridiction du lieu de son propre domicile.

### § 2. La conversion en saisie-vente

Autrefois le créancier qui avait pratiqué une saisie conservatoire des biens mobiliers était tenu d'initier une instance en validation. Cette procédure a été abrogée par l'acte uniforme (A), dorénavant, le créancier qui a obtenu un titre exécutoire procède directement aux opérations de conversion (B).

#### A. L'abrogation de l'instance en validation

Avant l'entrée en vigueur de l'AUVE la plupart des législations des Etats parties prévoyait une procédure en validation de la saisie. L'article 327 du Code de Procédure Civile, Commerciale, Administrative et Financière énonçait que la demande en validation de la saisie sera portée devant le tribunal du domicile du saisi. Si cette demande était connexe à une instance déjà pendante, elle était engagée devant le tribunal saisi de cette demande. A cet effet, dans un délai de quinze jours, à peine de nullité de la saisie conservatoire (art.313 CPCCAF), saisie-revendication (Art.325 CPCCAF), saisie arrêt (Art.335 CPCCAF), le saisissant devait former une demande en validation de la saisie devant la juridiction compétente.

[269] CA Littoral, arrêt n°12/REF, 25 sept 2000 Aff. Sté GEMAT Sarl C/ Société MOBIL OIL CAM, Ohadata-J-04-225.

Depuis l'entrée en vigueur de l'AUVE, en application des articles 336 et 337, la procédure en validation prévue par les législations des Etats membres a été abrogée en faveur des dispositions de l'article 69 et suivants dudit Acte Uniforme[270]. Ce qui simplifie la tâche des créanciers, même si ceux-ci continuent de solliciter la validation de leur saisie. A ce sujet, le Professeur Ndiaw DIOUF faisait observer que « *beaucoup de plaideurs, qui pratiquent une saisie conservatoire, ignorent que le législateur communautaire leur a simplifié la tâche en les dispensant désormais de la procédure de validation. Il n'est pas rare de voir des plaideurs saisir le tribunal pour faire valider leur saisie, alors qu'il leur suffit, lorsqu'ils ont un titre exécutoire de signifier un acte de conversion* » (V. Tribunal régional hors classe de Dakar, jugement n°1860 du 21 novembre 2000 Christian Dering/ SOW[271]). Dans une espèce où le créancier sollicitait la conversion de la saisie conservatoire en saisie-attribution, le Tribunal de Commerce de Pointe-Noire s'était déclaré incompétent estimant que l'acte de conversion relève de la compétence exclusive de l'huissier de justice[272].

Il est curieux de constater qu'après l'entrée en vigueur de l'AUVE, certaines juridictions continuent de valider les saisies et d'ordonner leur conversion en saisie exécution. Une Cour d'appel a estimé que la créancière a fait pratiquer une saisie conservatoire avec dépossession sur des véhicules appartenant au débiteur, il est acquis que la saisie conservatoire régulièrement dénoncée dans les délais est donc régulière et fondée en ce que la créance n'a jamais été contestée par le débiteur. Dès lors, il y a lieu de la valider et de la convertir en saisie exécution[273]. C'est dans ce sens qu'il faut comprendre la surprise de Maître MOUDJAHIDI ABDOULBASTOI, lorsqu'il explique la procédure en validation est toujours en vigueur aux Comores, malgré le travail de vulgarisation des Actes Uniformes de l'OHADA effectué auprès des Magistrats, Avocats et Huissiers. Plusieurs décisions de justice rendu par le Tribunal de première instance de Moroni statuant en matière commerciale, continuent d'ordonner la conversion en saisie exécutoire, sans aucune base légale et au mépris des dispositions de textes supranationales de l'OHADA[274].

---

[270]Me MOUDJAHIDI ABDOULBASTOI, La conversion de la saisie conservatoire en saisie exécution : Fin de l'assignation en validité, Ohadata J-14-17.

[271] Ndiaw DIOUF, Obs. sous Tribunal régional hors classe de Dakar, Audience Publique et ordinaire du 12 septembre 2000 n°1599, Entreprise Générale Africaine C/ Sarl CEGES, Ohadata J-04-477.

[272] Tribunal de commerce de Pointe-Noire, Jugement n°003 du 23 janvier 2008, SCAB-Congo S.A C/ Société AFRIC, Ohadata J-13-128.

[273] CA Pointe-Noire, Arrêt n°83 du29 décembre 2000, Sikou-Adula C/ La Maison Caroline, Ohadata J-13-131 in Joseph ISSA-SAYEGH, Répertoire OHADA 2013, Jurisprudence et Bibliographie, publié par l'UNIDA, P.99

[274]Me MOUDJAHIDI ABDOULBASTOI, La conversion de la saisie conservatoire en saisie exécution : Fin de l'assignation en validité op.cit

## B. Les opérations de conversion

Les opérations de la conversion sont réalisées par l'huissier selon la procédure prévue à l'article 69. Selon ce texte, muni d'un titre exécutoire, le créancier signifie au débiteur un acte de conversion qui contient cinq mentions toutes prescrites à peine de nullité :

- Les noms, prénoms et domiciles du saisi et du saisissant, ou, s'il s'agit de personnes morales, leur forme, dénomination et siège social ;
- La référence au procès-verbal de saisie conservatoire ;
- Une copie du titre exécutoire sauf si celui-ci a déjà été communiqué dans le procès-verbal de saisie, auquel cas il est seulement mentionné ;
- Le décompte distinct des sommes à payer, en principal, frais et intérêts échus, ainsi que l'indication du taux des intérêts ;
- Un commandement d'avoir à payer cette somme dans un délai de huit jours, faute de quoi il sera procédé à la vente des biens saisis.

La conversion peut être signifiée dans l'acte portant signification du titre exécutoire. Si la saisie a été effectuée entre les mains d'un tiers, une copie de l'acte de conversion est dénoncée à ce dernier (art.69). Ce texte ne prescrit aucun délai pour convertir la saisie conservatoire en saisie-vente, de sorte que, la conversion peut intervenir soit quelques jours, soit quelques mois, soit plusieurs années après la saisie conservatoire. D'ailleurs, on voit émerger une tendance des créanciers munis de titre exécutoire pratiquant une saisie conservatoire avant de la convertir en saisie-vente quelque temps après, ceci, dans le dessein de surprendre, les débiteurs de mauvaise foi.

A l'expiration du délai de huit jours, à compter de la date de l'acte de conversion, l'huissier procède à la vérification des biens saisis. Il est dressé procès-verbal des biens manquants ou dégradés. Les photographies des biens saisies, prises au moment de la saisie, seront d'une grande utilité à cette phase de la procédure. Dans ce procès-verbal, il est donné connaissance au débiteur qu'il dispose d'un délai d'un mois pour vendre à l'amiable les biens saisis dans les conditions prescrites aux articles 115 à 119 ci-après (Art. 70)

Si les biens ne se retrouvent plus au lieu où ils avaient été saisis, l'huissier fait injonction au débiteur de l'informer, dans un délai de huit jours, du lieu où ils se trouvent et, s'ils ont fait l'objet d'une saisie-vente, de lui communiquer le nom et l'adresse, soit de l'huissier qui y a procédé, soit du créancier pour le compte de qui elle a été diligentée. A défaut de réponse, le créancier saisit la juridiction compétente qui peut ordonner la remise de ces informations sous astreinte, sans préjudice d'une action pénale pour détournement d'objets saisis.

Le procès-verbal de conversion n'est pas précédé d'un commandement de payer. Le commandement indiqué au point 5 de l'article 69 AUVE n'est pas un acte autonome et distinct de l'acte de conversion, mais une des mentions dudit acte faisant commandement au débiteur d'avoir à payer la créance sous huitaine, faute de quoi il sera procédé à la vérification des biens saisis. Fait ainsi, une interprétation erronée de cette disposition, l'ordonnance qui retient qu'en application de l'article 69 de l'AUVE, est nulle la saisie pratiquée en l'absence de tout commandement et doit être ordonnée la mainlevée de la saisie, lorsque la conversion de la saisie conservatoire en saisie-vente n'est pas précédée d'un commandement[275]. Comme le souligne René NJEUFACK TEMGWA « *contrairement à la saisie-vente où ce commandement de payer est servi préalablement, dans le cadre de la conversion de la saisie conservatoire en saisie-vente, le commandement est simplement inséré dans l'acte de conversion. Dès lors, l'acte de conversion servira à la fois de commandement de payer et saisie de saisie-vente*[276] ».

La conversion de la saisie conservatoire en saisie-vente se fait par acte d'huissier. Il n'appartient nullement au juge saisi de procéder la conversion. Dans une espèce où le créancier, reprochait au premier juge de ne pas avoir fait droit à sa demande de conversion et d'avoir donné mainlevée de la saisie, la Cour d'appel a répondu que comme l'a si bien relevé le 1er juge qu'aux termes des articles 69 et 61 de l'Acte Uniforme sur les voies d'exécutions, la conversion en saisie-vente se fait par acte extra judiciaire, par signification au débiteur à la demande du créancier d'un titre exécutoire constant l'existence de la créance, dès lors la saisie conservatoire a été faite sans titre mais seulement sur autorisation du président du tribunal au vu de la réalité de la créance, alors que normalement en pareil cas l'article 61 du même Acte Uniforme fait obligation dans le mois qui suit cette saisie, à peine de caducité d'introduire une procédure ou d'accomplir les formalités nécessaires à l'obtention d'un titre, le demandeur aurait dû accomplir ces formalités au lieu de demander la conversion de la saisie conservatoire en saisie-vente[277]. C'est à juste titre que le juge saisi de la demande de conversion doit la rejeter[278].

---

275TRHC Dakar, Ordonnance de référé n°1382 du 08 sept 2003, Idrissa Ndiaye C/ Yves Gérard, Ohadata-04-35.

276 NJEUFACK TEMGWA (R.) « saisies conservatoires », Encyclopédie du droit OHADA, POUGOUE (P.G) (Sous la Dir.), op.cit. p.1758

277 CA Niamey, arrêt n°145 du 21 juin 2004, Aff. Société TEMESNA PETRONI C/ Entreprise BAFORT Sarl, BATIMENTS –TP-FORAGE, Ohadata J-10-279

278TPI Nkongsamba, jugement n°35/ Civ du 1er août 2001, Aff. Société Civile Nationale des Droits d'Auteur (SOCINADA) C/ Alimentation Cash& Dring, La Poissonnerie Sunsep Fish

La conversion est effectuée suivant procès-verbal de conversion. Il n'est pas permis au créancier de procéder autrement qu'en respectant le formalisme édicté par le législateur.

La formulation de l'article 69 al.1 devrait, en principe, clore la discussion sur la nature de l'acte de conversion puisque ce texte est ainsi libellé : « muni d'un titre exécutoire constatant l'existence de sa créance, le créancier signifie au débiteur un acte de conversion qui contient à peine de nullité ». On retrouve, dans cette disposition, la formulation utilisée par le législateur chaque fois qu'il prescrit l'accomplissement d'un acte par un acte d'huissier. Pourtant, les juridictions semblent ne pas avoir appréhendé cette évidence. Certaines juridictions errent dans l'application de cette disposition ainsi qu'en témoigne une jurisprudence, certes minoritaire, mais loin d'être anecdotique.

En effet, un juge a retenu que le bailleur, ayant fait pratiquer une saisie conservatoire sur les biens meubles corporels de son locataire, peut demander à la juridiction compétente la conversion de celle-ci en saisie-vente conformément à l'article 69 AUPSVE[279]. Il a également été décidé que, lorsque la saisie conservatoire sur les biens meubles corporels répond aux règles exigées en la matière, car étant régulière en la forme et justifié au fond, il convient de la déclarer régulière et de la convertir en saisie-vente[280].

Plus discutable est cette décision qui retient, qu'en présence d'une ordonnance du Président du Tribunal Régional autorisant la saisie conservatoire et suivant procès-verbal d'une telle saisie, il y a lieu de la convertir en saisie-vente conformément, aux dispositions de l'article 69 et suivants de l'AUVE par voie extrajudiciaire, en assortissant le jugement de condamnation de l'exécution provisoire[281], alors qu'il n'appartient nullement au juge de convertir la saisie.

La conversion se fait par acte huissier de justice, et le fait pour le juge d'avoir indiqué que cette conversion se fera par voie extrajudiciaire ajoute à

Point Alimentation Cercle Municipal (Distributrice), l'Alimentation Patrick Hill Town, Ohadata J-05-152.

279 TPI Bafoussam, jugement civil n°7/ civ du 27 Octobre 2000, Afff. KENMOE C/ YONGA Théophile, Ohadata-04-236, in Joseph ISSA-SAYEGH, Répertoire OHADA 2000-2005, Jurisprudence et Bibliographie, publié par l'UNIDA, P.

280 TPI Cotonou, Chambre civile moderne, 1er ch. Civ, jugement n°65-02 s.t du 06 juillet 2002, Syvanus t. AGBLONON C/ François T. MONSI, Ohadata J-05-293

281 TR Thiès, jugement du 22 Août 2002, SONEMECA C/ Compagnie des Mines de Cayor(COMICA) Ohadata-J-03-34, Joseph ISSA-SAYEGH, op.cit., ibidem

la confusion alors qu'il lui suffisait de dire qu'il n'y avait pas lieu à validation, cette procédure n'étant pas prévue par l'Acte Uniforme[282].

La vente des biens saisis s'effectue selon deux modalités : soit le débiteur contre lequel est poursuivie la saisie se propose de vendre volontairement les biens saisis pour en affecter le prix au paiement des créanciers, c'est la vente amiable ; soit les biens seront vendus aux enchères publiques, c'est l'hypothèse de la vente forcée.

Le débiteur dispose d'un délai d'un mois pour vendre ses biens. Si dans ce délai d'un mois, le débiteur n'a pas vendu volontairement les biens saisis, il est procédé à la vente forcée dans les conditions prévues par les articles 120 et suivants.

## Section 2
## La saisie foraine

La saisie foraine est une saisie conservatoire de biens meubles corporels. Sa particularité réside dans le fait qu'elle ne s'applique qu'au débiteur sans domicile fixe, à ceux dont le domicile ou l'établissement est situé dans un pays étranger. L'Acte Uniforme consacre cette mesure conservatoire par une seule disposition.

### § 1. Champ d'application

Aux termes de l'article 73, lorsque le débiteur n'a pas de domicile fixe ou lorsque son domicile ou son établissement se trouve dans un pays étranger, la juridiction compétente pour autoriser et trancher les litiges relatifs à la saisie de ses biens est celle du domicile du créancier. Le saisissant est gardien des biens, s'ils sont entre ses mains ; sinon il sera établi un gardien. La procédure applicable est celle prescrite pour les saisies conservatoires.

On peut remarquer que, contrairement à l'article 54 qui donne compétence à la juridiction du domicile ou du lieu où demeure le débiteur d'autoriser la saisie, l'article 73 attribue cette compétence au juge du domicile du créancier, lequel juge connait également des contestations relatives à ladite mesure.

Il serait utile de rappeler que le créancier est institué gardien des biens peu importe que les biens se trouvent entre ses mains ou entre les mains d'un tiers. Le débiteur n'ayant pas de domicile fixe ou ayant son domicile dans un pays étranger, le législateur a voulu accroitre les garanties du saisissant en lui

---

[282] Ndiaw DIOUF, Obs. sous Tribunal régional hors classe de Dakar, Audience Publique et ordinaire du 12 septembre 2000 n°1599, Entreprise Générale Africaine C/ Sarl CEGES, note citée

confiant la garde des biens. Le tiers saisi qui est habituellement institué gardien des biens saisis a été écarté.

La saisie foraine obéit aux mêmes conditions de fond que la saisie conservatoire telle qu'elle a été décrite supra. Le créancier ne disposant pas du titre exécutoire doit, dans le mois de la saisie, saisir la juridiction compétente en vue de l'obtention dudit titre, à moins qu'il ait pratiqué la saisi conformément à l'article 55. Ainsi, donc, muni de son titre exécutoire, le créancier procède à la conversion de la saisie conservatoire en saisie-vente, selon la procédure indiquée par cette voie d'exécution.

### § 2. La procédure

Le juge du domicile du créancier saisi pour autoriser la saisie doit rechercher si le créancier satisfait aux conditions cumulatives édictées par l'article 54, le fait pour le débiteur d'avoir son domicile à l'étranger n'étant pas suffisant pour autoriser la saisie. Ainsi, doit être rétractée l'ordonnance de saisie conservatoire pour garantir le recouvrement d'une créance, s'il n'y a pas péril menaçant le recouvrement de la créance, le débiteur bien que domicilié en France disposant au Cameroun de structures de gestion fiables[283].

L'espèce ayant donné lieu à l'arrêt rendu par la Cour d'appel de Lomé le 23 juin 2009[284]est fort intéressant à plus d'un titre. La Société J.G.R.F. dont le siège social est au Panama, a sollicité et obtenu une ordonnance du président du tribunal de Lomé, l'autorisant à pratiquer une saisie conservatoire sur les 997 parts sociales que détenait sa débitrice, la Société PEFACO, dont le siège social est au Bahamas, entre les mains d'un tiers la Société LYDIA LUDIC Sarl dont le siège social est à Lomé au Togo, pour avoir sureté et paiement de sa créance principale évaluée à la somme de 277.000.000 F CFA.

En exécution de ladite ordonnance, une saisie a été pratiquée par la société créancière, laquelle saisissait ensuite, le Tribunal de Lomé au fond, en vue de l'obtention d'un titre exécutoire. Réagissant à cette saisie, la Société PEFACO assignait la Société J. G.R.F devant le juge des référés en vue d'obtenir la mainlevée de cette saisie pour violation des articles 54 et 73 de l'AUVE. Par ordonnance du 26 mai 2006, le juge des référés a ordonné la mainlevée de ladite saisie contre consignation de la somme de 318.550.000 F CFA au greffe du tribunal de Lomé, en attendant le règlement définitif de cette affaire. De

[283]CA du Littoral arrêt N°91/REF du 09 juin 2004, Aff. Le Printemps du Centre Sarl C/ Société F.A.I.E. Sarl, Ohadata J-06-184, cité par René NJEUFACK TEMGWA « Saisies conservatoires », Encyclopédie du droit OHADA, POUGOUE (P.G), (sous Dir.), op cit. p. 1760.

[284] CA de Lomé, arrêt n°97/2009 du 23 juin 2009, Société PAFECO INDUSTIES LIMITED C/ Société J. G.R.F International Consultants, Ohadata J-10-177

son côté le tribunal de Lomé par jugement du 21 novembre 2008, a constaté que la créance du saisissant était certaine, liquide, exigible et condamnait la société PEFACO à payer à la Société J. G.R.F la somme de 318.550.000 F CFA. C'est donc contre ces deux décisions que la société PEFACO avait relevé appel.

Devant les seconds juges, l'appelant reprochait au président du tribunal de Lomé d'avoir violé les articles 54 et 73 AUVE, en ce que d'une part, pour avoir autorisé la Société J.G.R.F, dont le siège social se trouve à Panama, à saisir les parts sociales de la Société PEFACO, dont le siège est situé au Bahamas entre les mains de la société LYDIA LUDIC, une société de droit togolais dont le siège social est au Togo. En déclarant que le recouvrement de la prétendue créance est menacé ; sans avoir justifié le fondement, le juge saisi d'une demande d'autorisation de pratiquer une saisie conservatoire étant tenu de rechercher l'existence d'une créance paraissant fondée en son principe, avant de voir si son recouvrement est menacé, telle n'a pas été la démarche du premier juge. D'autre part, la Société PEFACO faisait grief au juge de Lomé de ne pas avoir relevé son incompétence, en articulant que l'article 73 de l'AUVE attribue compétence à la juridiction du domicile du créancier lorsque le débiteur n'a pas de domicile fixe ou lorsque son établissement se trouve dans un pays étranger. Or, le créancier et le débiteur ont chacun un domicile fixe et connu, qu'à défaut de saisir la juridiction du domicile de son débiteur, c'est-à-dire le juge du Panama, le créancier aurait pu saisir le juge de son propre domicile, le juge du Bahamas.

Statuant sur l'exception d'incompétence ainsi soulevée, la Cour d'appel retenait qu'il « ressort des dispositions de l'article 73 al.1 précité que lorsque le débiteur n'a pas de domicile fixe ou lorsque son domicile ou son établissement se trouve dans un pays étranger, la juridiction compétente pour autoriser et trancher les litiges relatifs à la saisie de ses biens est celle du domicile du créancier. Cet article attribue exceptionnellement compétence au juge du domicile du créancier lorsque le débiteur n'a pas un domicile fixe ou lorsque ce domicile se trouve à l'étranger. Qu'en l'espèce le domicile de la débitrice est bien connu de la créancière, qu'il appartient donc à cette dernière de faire le déplacement du domicile de la débitrice pour obtenir l'autorisation du juge de ce domicile avant de pouvoir saisir, que Lomé n'étant ni le domicile de la créancière, ni celui de la débitrice, c'est à tort que l'intimée en l'espèce a saisi et obtenu du Président du Tribunal de Lomé, l'autorisation de la saisie litigieuse. Le Président du Tribunal de Lomé en autorisant cette saisie a manifestement violé les dispositions de l'article 73 précité ; même si la créancière a élu domicile au cabinet de son conseil à Lomé, cette élection de domicile ne rend pas compétent le juge du domicile élu pour donner un titre au créancier ; que cette élection de domicile ne rend compétent le juge du domicile élu que pour l'exécution d'un acte, aux termes de l'article 67 in fine du Code de Procédure civile ce qui n'est pas le cas en l'espèce, qu'il convient de déclarer nulle et de nul effet l'ordonnance n°1240/2006 du président du Tribunal ayant autorisé la saisie litigieuse(...) ».

L'on retiendra de cette décision, qu'en matière de saisie foraine, le juge compétent, pour autoriser la saisie est celui du domicile du créancier. Par conséquent, lorsque le créancier et que le débiteur ont leur domicile respectif à l'étranger, le créancier ne peut, au moyen d'une élection de domicile dans un autre pays, satisfaire aux exigences de l'article 73 al.1 AUVE pour prétendre pratiquer une saisie conservatoire sur les biens appartenant à son débiteur.

Le juge territorialement compétent pour connaitre des difficultés relatives à la saisie des biens est celui du domicile du créancier. Dès lors, n'est pas fondée, l'invocation de l'exception d'incompétence du juge camerounais au motif que le débiteur est domicilié à l'étranger[285].

## Section 3
## La saisie-revendication

La saisie-revendication est une mesure conservatoire qui permet au titulaire d'un droit de suite sur un meuble[286] de saisir à titre conservatoire, les biens de son débiteur avant d'en poursuivre la délivrance ou la restitution au moyen d'une saisie-appréhension. Peu importe que le bien soit entre les mains du débiteur de l'obligation de remise ou de délivrance ou entre les mains d'un tiers détenteur. La saisie-revendication est donc une variante de la saisie conservatoire. A ce titre, elle est soumise aux conditions générales de la saisie conservatoire. Le Professeur Joseph DJOGBENOU s'étonnait de la localisation de cette saisie parmi les procédures afin d'exécution, alors qu'à l'instar de toutes les mesures conservatoires, la saisie-revendication procède des mêmes règles que la saisie conservatoire[287]. La saisie-revendication est réglementée par les articles 218 alinéa 2 et 227 à 235 de l'AUVE.

[285] CA du Littoral à Douala, arrêt n°61/REF du 23 fév.2004, Société Industries Forestières Batalimo C/ Ets AL ADWAR, précité

[286]Selon Gérard COUCHEZ, le droit de suite dont s'agit suppose un droit réel (propriété, usufruit, gage) dont la sanction normale est l'action en revendication pour les droits réels autres que le droit de propriété ou une action voisine de celle-ci. S'agissant de meubles, une telle action, exercée directement, risque de se révéler inefficace puisque dans l'attente d'une décision constatant le droit réel invoqué, les meubles revendiqués peuvent changer de mains et échapper définitivement au revendiquant.

[287]DJOGBENOU (J.), L'exécution forcée en droit Ohada op.cit.p.175

### § 1. Les conditions d'ouverture

Avant d'examiner les biens pouvant faire l'objet de la saisie-revendication (B), il convient d'apporter des précisions sur le titulaire de l'action en revendication (A).

#### A. Le titulaire de l'action

Toute personne apparemment fondée à requérir la délivrance ou la restitution d'un bien meuble corporel peut, en attendant sa remise, le rendre indisponible au moyen d'une saisie-revendication.

Le saisissant doit être créancier d'une obligation de remise, de délivrance ou de restitution d'une part, et cette obligation doit porter sur un bien meuble d'autre part. La difficulté, en cette matière, est que le poursuivant sera confronté aux dispositions de l'article 2279 du Code Civil selon lequel en fait de meuble possession vaut titre. Ce principe peut être écarté lorsque le bien saisi-revendiqué a été volé ou perdu. Une action en revendication étant alors ouverte dans les conditions certes restrictives.

#### B. Les biens pouvant faire l'objet d'une saisie-revendication

Les biens pouvant faire l'objet d'une saisie-revendication sont divers et variés puisqu'ils épousent les contours de relations commerciales. L'on retiendra simplement qu'il s'agit des biens meubles corporels que le débiteur est tenu de délivrer ou de restituer. Ce qui exclut les biens autres que les meubles à l'instar des immeubles par nature ou par destination.

### § 2. La procédure de la saisie

La mise en œuvre de la saisie-revendication requiert une autorisation préalable de la juridiction compétente(A). Muni de cette autorisation, le créancier peut procéder aux opérations de saisie (B) lesquelles produisent certains effets (C).

#### A. L'autorisation de la juridiction compétente

En vertu de l'article 227 de l'AUVE, toute personne apparemment fondée à requérir la délivrance ou la restitution d'un bien meuble corporel peut, en attendant sa remise, le rendre indisponible au moyen d'une saisie-revendication. Cette autorisation n'est pas requise, lorsque le poursuivant se prévaut d'un titre exécutoire ou d'une décision de justice qui n'a pas encore force exécutoire[288].

---

[288]Contrairement à l'article 55 de l'AUVE qui dispense de l'autorisation préalable du juge, le créancier qui se prévaut d'un titre exécutoire, d'un défaut de paiement, dûment établi, d'une

La requête est introduite auprès de la juridiction du domicile ou du lieu où demeure la personne tenue de délivrer ou de restituer le bien. La décision portant autorisation désigne le bien qui peut être saisi, ainsi que l'identité de la personne tenue de le délivrer ou de le restituer. Cette autorisation est opposable à tout détenteur du bien désigné.

Sur présentation de l'autorisation de la juridiction compétente, d'un titre exécutoire ou d'une décision de justice qui n'a pas encore force exécutoire, il est procédé à la saisie-revendication en tout lieu et entre les mains de tout détenteur du bien. Si la saisie est pratiquée dans un local servant d'habitation d'un tiers détenteur du bien, une autorisation spéciale de la juridiction compétente est nécessaire.

Au cas où le saisissant ne serait pas dispensé de l'autorisation préalable, il doit solliciter deux autorisations : une ordonnance de saisie et une autorisation spéciale aux fins de pratiquer la saisie dans le local. Cette dernière autorisation est requise même lorsque le poursuivant est dispensé de l'autorisation préalable du juge.

### B. Les opérations de saisie

Après avoir rappelé au détenteur du bien qu'il est tenu de lui indiquer si ce bien a fait l'objet d'une saisie antérieure et, le cas échéant, de lui en communiquer le procès-verbal, l'huissier instrumentaire dresse un acte de saisie qui contient les mentions prescrites par l'article 231 de l'AUVE. A peine de nullité, le procès-verbal de saisie contient :

1) les noms, prénoms et domiciles des créanciers et débiteurs ou, s'il s'agit de personnes morales, leurs forme, dénomination et siège social ;
2) mention de l'autorisation de la juridiction compétente qui est annexée à l'acte, ou mention du titre en vertu duquel la saisie est pratiquée ;
3) la désignation détaillée du bien saisi ;
4) si le détenteur est présent, sa déclaration au sujet d'une éventuelle saisie antérieure sur le même bien ;
5) la mention, en caractères très apparents, que le bien saisi est placé sous la garde du détenteur qui ne peut ni l'aliéner, ni le déplacer

lettre de change acceptée, d'un billet à ordre, d'un chèque, ou d'un loyer impayé après commandement dès lors que celui-ci est dû en vertu d'un contrat de bail d'immeuble écrit, la dispense contenue à l'article 227 ne concerne que celui qui se prévaut d'un titre exécutoire, ou d'une décision de justice qui n'a pas encore force exécutoire, de sorte que le créancier muni de l'un des titre visé à l'article 55 alinéa 2 devra solliciter l'autorisation préalable du juge. La raison est que la saisie-revendication ne s'applique pas à une somme d'argent.

sauf dans le cas prévu par l'article 103 ci-dessus, sous peine de sanctions pénales et qu'il est tenu de faire connaître la saisie-revendication à tout créancier qui procéderait à une saisie sur le même bien ;

6) la mention, en caractères très apparents, du droit de contester la validité de la saisie et d'en demander la mainlevée à la juridiction du domicile ou du lieu où demeure le débiteur ;

7) la désignation de la juridiction devant laquelle seront portées les contestations relatives à l'exécution de la saisie ;

8) l'indication, le cas échéant, des noms, prénoms et qualités des personnes qui ont assisté aux opérations de saisie, lesquelles doivent apposer leur signature sur l'original et les copies ; en cas de refus, il en est fait mention dans l'acte ;

9) l'élection de domicile dans le ressort territorial juridictionnel où s'effectue la saisie si le créancier n'y demeure. Il peut être fait à ce domicile élu, toute signification ou offre ;

10) la reproduction des textes pénaux relatifs au détournement d'objets saisis289ainsi que celle des articles 60, 61, 227 et 228 ci-dessus.

L'huissier peut photographier les biens saisis dans les conditions prescrites par l'article 45 de l'AUVE.

Si le détenteur est présent, l'acte de saisie lui est remis en lui rappelant verbalement les mentions portées aux points 5 et 6 de l'article 231. Il en est fait mention dans l'acte. L'article 232 ne le mentionne pas, mais cette remise vaut signification.

Par contre, si la saisie a été pratiquée entre les mains d'un tiers détenteur du bien, l'acte est également signifié dans un délai de huit jours, au plus tard, à celui qui est tenu de le délivrer ou de le restituer. Lorsque le détenteur n'a pas assisté aux opérations de saisie, une copie de l'acte lui est signifiée, en lui impartissant un délai de huit jours pour qu'il porte à la connaissance de l'huissier toute information relative à l'existence d'une éventuelle saisie antérieure et qu'il lui en communique le procès-verbal. (Art.332 AUVE).

### C. Les effets de la saisie

Comme toute mesure conservatoire, la saisie-revendication entraine l'indisponibilité du bien saisi. Le bien saisi est, en principe, placé sous la garde

---

[289] L'article 400 al.5 du Code Pénal dispose en effet que le saisi qui aura détruit, détourné ou tenté de détruire ou de détourner des objets saisis sur lui-même et confié à sa garde sera puni des peines portées en l'article 406. Il sera puni des peines portées en l'article 401 si la garde des objets saisis et qu'il aurait détruit, détourné ou tenté de détourner avait été confié à un tiers.

du détenteur, qui doit le représenter, lorsqu'il sera légalement requis, il ne peut ni l'aliéner, ni le déplacer.

Le créancier qui peut légitimement redouter la distraction des biens saisis, peut faire usage de l'article 233 AUVE. Selon ce texte, à tout moment, le président de la juridiction compétente peut autoriser sur requête, les parties entendues ou dûment appelées, la remise du bien à un séquestre qu'il désigne.

### § 3. Les incidents de la saisie-revendication

La saisie peut soulever des contestations de la part du débiteur ou du tiers détenteur. Les conditions de validité de la saisie-revendication sont celles édictées par les dispositions générales en matière de saisie conservatoire.

#### A. Le régime des contestations

L'article 228 AUVE renvoie aux articles 60 et 61 de l'AUVE. Ainsi les conditions édictées pour les mesures conservatoires par les articles 60 et 61 sont applicables en matière de saisie-revendication. Si ces conditions ne sont pas réunies, la mainlevée de la saisie peut être ordonnée à tout moment, même dans les cas où le demandeur se prévaut d'un titre exécutoire ou d'une décision de justice non encore exécutoire.
La demande de mainlevée est portée devant la juridiction du domicile ou du lieu où demeure le débiteur de l'obligation de délivrer ou de restituer. La décision de mainlevée prend effet à compter du jour de sa notification. On retrouve ici une précision que le législateur OHADA n'a étendue à toutes les mesures conservatoires.

L'article 229 AUVE indique que les autres contestations, notamment celles relatives à l'exécution de la saisie, sont portées devant la juridiction du lieu où sont situés les biens saisis. L'utilisation de l'adverbe « notamment » autorise d'envisager d'autres hypothèses non citées par cette disposition.

Si le détenteur se prévaut d'un droit propre sur le bien saisi, il en informe l'huissier instrumentaire par lettre recommandée avec avis de réception ou tout moyen laissant trace écrite, à moins qu'il n'en ait fait la déclaration au moment de la saisie. Dans le délai d'un mois, il appartient au saisissant de porter la contestation devant la juridiction du domicile ou du lieu où demeure le détenteur. Le bien demeure indisponible durant l'instance. A défaut de contestation dans le délai d'un mois, l'indisponibilité cesse. Le tiers détenteur qui se prétend propriétaire des biens saisis doit initier une action en distraction en appelant le poursuivant à l'instance.

La demande en distraction d'un bien saisi dans le cadre d'une procédure de saisie-revendication des biens doit être, conformément à l'article 141 de l'AUVE, signifiée au créancier saisissant, faute de quoi, l'action en distraction doit être déclarée irrecevable[290]. La question se pose de savoir si le juge compétent pour ordonner la distraction est celui prévu par l'article 49 de l'AUVE ou le juge du fond saisi d'une action en revendication, lequel, après avoir statué sur la propriété du bien litigieux, ordonne la distraction dudit bien, lorsqu'il est acquis que celui-ci n'est pas la propriété du débiteur saisi.

Dans l'espèce ayant donné lieu à l'arrêt n°174/REF du 27 octobre 2008 rendu par la Cour d'appel du Littoral, pour obtenir l'infirmation de l'ordonnance n°163 du 28 juin 2007 rendue par le juge du contentieux du Tribunal de Première Instance de Douala-Ndokoti, l'appelant soutenait que le juge compétent pour ordonner la distraction des biens dont parle l'article 141 de l'AUVE est celui prévu par l'article 343 du Code Camerounais de procédure Civile et Commerciale à savoir le juge du fond, mieux placé pour analyser les circonstances dans lesquelles les cartes grises brandies par l'intimé ont été obtenues. Pour confirmer la décision du premier juge, la Cour d'appel a décidé que la saisie-revendication n'est qu'une variante de la saisie conservatoire et que l'article 49 de l'AUVE reconnait compétence en cas de contentieux relatif à l'exécution de cette saisie au juge du contentieux de l'exécution, c'est à bon droit que le premier juge saisi d'une difficulté relative à une saisie-revendication d'un véhicule a retenu sa compétence[291]

### B. La conversion en saisie-appréhension

La saisie-revendication est le prélude à la saisie-appréhension. A cet effet, lorsque celui qui a pratiqué une saisie-revendication a obtenu un titre exécutoire prescrivant la délivrance ou la restitution du bien saisi, il est procédé comme en matière de saisie-appréhension, ainsi qu'il est dit aux articles 219 à 226 (art.235 AUVE).

Le terme conversion utilisé par le législateur parait inapproprié, puisqu'il ne s'agit pas véritablement d'une conversion de la saisie-revendication en saisie-appréhension à l'instar de la conversion de la saisie conservatoire des biens meubles corporel en saisie-vente. Il s'agit en réalité d'une succession de la saisie-appréhension à la saisie-revendication.

---

[290] TPI Douala-Ndokoti, Ordonnance, n°190/05-06 du 03 Mai 2006, Aff. PIERAMI Michel C/ Sté EDILCAM SA, Sté Bois SA, Ohadata J-07-200

[291] CA, Littoral l'arrêt n°174/REF du 27 octobre 2008, SOCIETE YEMON OIL& DISTRUBITION C/ Dame NGUIWGMOWING MUNA, Ohadata J-10-259.

## Section 4
## La saisie conservatoire des créances

La saisie conservatoire des créances est une mesure qui permet à un créancier de saisir entre les mains d'un tiers, les sommes appartenant à son débiteur, pour les rendre en indisponibles, afin, le cas échéant, de se les faire attribuer lors de la conversion. La saisie conservatoire des créances a remplacé l'ancienne saisie-arrêt, réglementée par les dispositions des articles 557 et suivants du Code de Procédure Civile français, dispositions que les anciennes colonies françaises avaient incorporées dans leurs législations respectives.

Au Congo, la saisie-arrêt faisait l'objet des articles 328 et suivants du Code de Procédure Civile, commerciale, Administrative et Financière. Elle permettait au créancier de saisir, entre les mains d'un tiers, les sommes et les effets mobiliers appartenant à son débiteur. La mesure était suivie d'une instance en validation, introduite dans un délai de 15 jours suivant la saisie, faute de quoi, la saisie-arrêt encourait nullité.

Avec l'entrée en vigueur de l'Acte Uniforme portant Organisation des Procédures Simplifiées de recouvrement et des voies d'exécutions, la saisie-arrêt a été remplacée par la saisie conservatoire des créances.

Les conditions d'ouverture de la saisie conservatoire des créances sont identiques à celles précédemment examinées dans les dispositions générales consacrées à la saisie conservatoire, auxquelles nous renvoyons le lecteur de bien vouloir se rapporter. La spécificité de cette mesure réside dans le fait qu'elle s'applique exclusivement aux biens meubles incorporels qui sont en l'occurrence les créances. Il faut exclure de cette mesure la saisie des droits d'associés et des valeurs mobilières qui font l'objet d'une réglementation particulière, ainsi que la saisie des rémunérations du travail qui ne peuvent faire l'objet d'une mesure conservatoire.

La saisie conservatoire des créances met en présence trois parties : le créancier saisissant, le débiteur saisi et le tiers saisi, excepté l'hypothèse où le créancier pratique une saisie sur soi pour les créances appartenant au débiteur dont il détient. L'étude de cette mesure implique d'examiner au préalable les opérations de saisie, les effets de la mesure et sa conversion en saisie-attribution des créances.

### § 1. Les opérations de saisie

Les opérations de saisie sont sanctionnées par la rédaction d'un procès-verbal de saisie (A), contenant certaines énonciations, ainsi que les déclarations faites par le tiers saisie (B). Ce procès-verbal doit être dénoncé au débiteur saisi dans un délai précis (C).

### A. Le procès-verbal de saisie

Le créancier procède à la saisie, au moyen d'un acte d'huissier signifié au tiers. L'acte de saisie contient six mentions indiquées à l'article 77 de l'AUVE, toutes prescrites à peine de nullité à savoir :

1) l'énonciation des noms, prénoms et domiciles du débiteur et du créancier saisissant ou, s'il s'agit de personnes morales, leurs dénomination, forme et siège social ;
2) l'élection de domicile dans le ressort territorial juridictionnel où doit être pratiquée la saisie si le créancier n'y demeure pas ; il peut être fait, à ce domicile élu, toute signification ou offre ;
3) l'indication de l'autorisation de la juridiction ou du titre en vertu duquel la saisie est pratiquée ;
4) le décompte des sommes pour lesquelles la saisie est pratiquée ;
5) la défense faite au tiers de disposer des sommes réclamées dans la limite de ce qu'il doit au débiteur ;
6) la reproduction des dispositions du 2ème alinéa de l'article 36 et de celles de l'article 156.

La rédaction du procès-verbal de saisie doit se faire avec minutie puisqu'il cristallise, une part importante des contestations. En pratique, la plupart des contestations élevées par le saisissant se focalisent sur ce procès-verbal, notamment sur l'omission des mentions prescrites à peine de nullité. Or, les mentions édictées par l'article 77 AUVE sont toutes prescrites à peine de nullité. L'omission ou l'indication erronée d'une mention sera sanctionnée par la nullité de la saisie.

Le juge doit préciser dans sa décision, la mention omise. La Cour d'appel d'Abidjan a jugé que la nullité de l'acte de saisie prévue par l'article 77 de l'Acte Uniforme portant Voies d'exécution, ne peut être invoquée lorsque, dans l'exploit de dénonciation de saisie servi au débiteur, figure la mention du siège social. Fait une mauvaise application de l'acte uniforme et sa décision doit être infirmée, le juge qui conclut à la nullité alors que cette mention n'est pas prescrite dans l'intérêt du destinataire de la saisie[292].

L'une des phases importantes de la saisie est la déclaration faite par le tiers saisi lors des opérations de saisie.

---

[292] CA, Abidjan, ch. civ&com, 5ème chambre C, arrêt civil contradictoire n°887 du 26 juillet 2005, Aff. TIEMELE YAO DJUE c/ Société SOAD et autres, Ohadata J-08-34

### B. Les déclarations du tiers saisi

Le tiers saisi doit indiquer à l'huissier instrumentaire la nature du ou des comptes du débiteur. Aux termes de l'article 80 de l'AUVE, le tiers saisi est tenu de fournir à l'huissier les renseignements prévus à l'article 156 et de lui remettre copie de toutes pièces justificatives. Les renseignements sont mentionnés dans le procès-verbal[293]. S'agissant des saisies pratiquées entre les mains d'une banque ou d'un établissement assimilé, si l'acte de saisi est signifié au siège de la banque, la saisie vise toutes les agences de ladite banque située sur le territoire de l'Etat concerné. Par contre, une saisie signifiée à une agence ne concerne que cette agence.

Le tiers saisi qui, sans motif légitime, ne fournit pas les renseignements prévus, s'expose à devoir payer les sommes pour lesquelles la saisie a été pratiquée, si celle-ci est convertie en saisie-attribution, sauf son recours contre le débiteur. Il peut aussi être condamné à des dommages-intérêts en cas de négligence fautive ou de déclaration inexacte ou mensongère. A défaut de contestation des déclarations du tiers avant l'acte de conversion, celles-ci sont réputées exactes pour les seuls besoins de la saisie (art.81).

La condamnation du tiers saisi au paiement des sommes de la saisie suppose la conversion de la saisie conservatoire en saisie-attribution des créances. Dès lors le tiers saisi ne peut être condamné au paiement des causes de la saisie que si l'on est en présence d'une attribution des créances[294]. De même, pour obtenir la condamnation du tiers saisi au paiement de dommages-intérêts pour déclarations inexactes sur le fondement de l'article 81 de l'AUVE, le créancier doit établir que la saisie conservatoire des créances a été convertie en saisie-attribution des créances. Fait une mauvaise application des dispositions dudit article et expose ainsi son arrêt à la cassation, la Cour d'appel qui ramène les conditions d'application de l'article 81 sus invoqué à la seule constatation des déclarations inexactes faites par le tiers saisi pour le condamner au paiement des dommages-intérêts sans relever la preuve de la conversion de la saisie conservatoire en saisie-attribution[295].

---

[293]L'article 80 renvoie à l'article 156, lequel dispose, en effet que, le tiers saisi est tenu de déclarer au créancier l'étendue de ses obligations à l'égard du débiteur ainsi que les modalités qui pourraient les affecter et, s'il y a lieu, les cessions de créances, délégations ou saisies antérieures. Il doit communiquer copie des pièces justificatives. Ces déclaration et communication doivent être faites sur le champ à l'huissier ou l'agent d'exécution et mentionnées dans l'acte de saisie ou, au plus tard, dans les cinq jours si l'acte n'est pas signifié à personne. Toute déclaration inexacte, incomplète ou tardive expose le tiers saisi à être condamné au paiement des causes de la saisie, sans préjudice d'une condamnation au paiement de dommages-intérêts.

[294]CCJA, 2e ch, arrêt N°37/2012 du 03 mai 2012

[295]CCJA, 3e ch. Arrêt n°21/2016 du 25 février 2016, Aff. BICICI c/ Société Sino-Ivoirienne de construction Urbaine Compagnie dite SICUC

Par ailleurs, la CCJA a reconnu au tiers saisi assigné en paiement des causes de la saisie conservatoire le droit d'invoquer les irrégularités du procès-verbal de saisie ou les manquements de l'huissier instrumentaire[296].

Les obligations du tiers saisi s'inscrivent dans le cadre des dispositions de l'article 38 de l'AUVE, selon lequel, les tiers ne peuvent faire obstacle aux procédures en vue de l'exécution ou de la conservation des créances. Ils doivent y apporter leur concours, lorsqu'ils en sont légalement requis. Tout manquement, par eux, à ces obligations peut entraîner leur condamnation à verser des dommages-intérêts. Le tiers entre les mains duquel est pratiquée une saisie peut également, et sous les mêmes conditions, être condamné au paiement des causes de la saisie, sauf son recours contre le débiteur.

### C. La dénonciation au débiteur

La dénonciation permet de porter à la connaissance du débiteur la saisie pratiquée sur ses biens, même si en pratique, la banque informe toujours son client.

L'article 79 de l'AUVE imparti au saisissant huit jours pour dénoncer la saisie, à peine de caducité. Il n'est pas rare de constater que le créancier ayant pratiqué une saisie oublie de la dénoncer au débiteur saisi L'absence de dénonciation dans les délais prévus par cette disposition est une irrégularité exposant la saisie conservatoire des créances à la sanction de la caducité[297]. Le délai de 8 jours imparti au débiteur est un délai franc. C'est dans ce sens qu'il faut comprendre, la décision de la Cour d'appel de Niamey qui retient que si l'article 79 de l'Acte Uniforme relatif aux Procédures Simplifiées de Recouvrement et des Voies d'exécutions impose un délai de 8 jours pour dénoncer une saisie, il s'agit là d'un délai franc, selon l'article 335 du même Acte uniforme, c'est-à-dire que le premier jour et le dernier ne comptent pas. Il est également exclu, sauf permission du juge, de signifier les actes les jours de fêtes et les jours fériés. Dès lors, déduction faite de ces quatre jours, il y a lieu de conclure que la dénonciation faite par l'appelant, l'a été dans les 7 jours, donc en conformité avec l'article 79 de l'Acte uniforme relatif aux procédures simplifiées de recouvrement et des voies d'exécution[298].

---

[296]CCJA, 3e ch. Arrêt n°96/2014 du 1er août 2014, Aff. BAGUI MALEUKEU Jeannette et DAHE Brigitte c/ La Compagnie Abidjanaise de Réparations Navales et de Travaux Industriels dite CARENA, précité.

[297]TPI de Yaoundé Centre Administratif, Ord. n°482/C du 2 septembre 2008, Aff. EYONE Luc c/ NGO SOM Julienne, Me BILOA Marie Fidelia, Union Bank of Cameroun PLC et autres, Ohadata J-09-219.

[298]Cour d'appel de Niamey, chambre civile, arrêt n°121 du 16 oct.2002, Ets Oudou Karimoun c/ Hadja Aïssa Maïga Kaduna, Ohadata J-03-255

La saisie conservatoire est dénoncée au débiteur par acte d'huissier, lequel contient, à peine de nullité les mentions ci-après :

1) une copie de l'autorisation de la juridiction ou du titre en vertu duquel la saisie a été pratiquée ;
2) une copie du procès-verbal de saisie ;
3) la mention, en caractères très apparents, du droit qui appartient au débiteur, si les conditions de validité de la saisie ne sont pas réunies, d'en demander la mainlevée à la juridiction du lieu de son domicile ;
4) la désignation de la juridiction devant laquelle seront portées les autres contestations, notamment celles relatives à l'exécution de la saisie ;
5) la reproduction des dispositions des articles 62 et 63 ci-dessus.

A l'instar du procès-verbal de saisie, l'acte de dénonciation fait souvent l'objet des contestations de la part du débiteur dès lors qu'elle ne contient pas des mentions prescrites à peine de nullité. Pour infirmer une ordonnance ayant débouté le saisi de sa demande en mainlevée, la Cour d'appel de Lomé a décidé que l'article 79-4 de l'AUVE prescrivant, à peine de nullité, la mention dans l'acte de dénonciation de la saisie conservatoire des créances, la désignation de la juridiction devant laquelle seront portées les autres contestations, notamment celles relatives à l'exécution de la saisie, c'est à bon droit que doit être annulé pour défaut de base légale, l'acte de dénonciation qui ne spécifie pas la qualité du président du Tribunal sur l'acte de dénonciation[299]. Cette décision, certes justifiée pèche tout de même en ne précisant pas que la nullité de l'acte de dénonciation était prononcée du fait de l'omission d'une mention prescrite à peine de nullité et non de l'absence de base légale comme il a été indiqué.

### § 2. Les effets de la saisie

La saisie conservatoire des créances entraine l'indisponibilité des sommes saisies (A). Nonobstant cette indisponibilité, les sommes saisies peuvent être versées entre les mains d'un séquestre (B)

#### A. L'indisponibilité des sommes saisies

Lorsque la saisie porte sur une créance ayant pour objet une somme d'argent, l'acte de saisie la rend indisponible à concurrence du montant autorisé par la juridiction compétente ou, lorsque cette autorisation n'est pas

---

[299] Cour d'appel de Lomé, arrêt n°118/09 du 18 août 2009, Société OANDO-TOGO c/ Compagnie africaine de Pétrole (CAP-TOGO) et autres, Ohadata J-10-178.

nécessaire, à concurrence du montant pour lequel la saisie est pratiquée. La saisie vaut de plein droit consignation des sommes devenues indisponibles et confère au saisissant un droit de gage (art.57 AUVE). L'indisponibilité s'applique à l'ensemble des comptes du débiteur (compte courant, compte de dépôts, compte épargne).

Ce texte concède au créancier saisissant les mêmes droits qu'un créancier gagiste. Il permet au saisissant de se faire payer sur les sommes saisies, par privilège et préférence aux autres créanciers. Même confronté à la concurrence des autres créanciers, le créancier saisissant devra se prévaloir de son privilège pour se faire payer par préférence sur ces derniers. Cette préférence l'emporte même face au créancier privilégié à l'instar du fisc[300].

Le droit de se faire attribuer la somme saisie par préférence aux autres créanciers n'est effective qu'à la condition d'avoir rapidement convertie la saisie conservatoire en saisie-attribution des créances. La saisie conservatoire ne procure aucun effet attributif immédiat des sommes saisies, elle rend simplement indisponible lesdites sommes. L'acte uniforme ne conférant ni privilège, ni droit de gage au saisissant qui se serait manifesté le premier sur le mode conservatoire dès lors que celui-ci n'a pas songé à convertir la mesure conservatoire en voie d'exécution.

Du reste, l'indisponibilité attachée à l'acte de saisie s'applique immédiatement dès la signification du procès-verbal de saisie au tiers saisi. Les sommes saisies deviennent indisponibles et bloquées entre les mains du tiers saisi. Cette indisponibilité entraine une immobilisation totale du solde du compte nonobstant la disproportion entre le montant du solde et celui de la créance cause de la saisie[301].

La question de l'indisponibilité des sommes saisies ne manque pas de soulever des difficultés pratiques s'agissant notamment de l'étendue de la mesure. La question se pose si l'indisponibilité qui s'applique aux sommes saisies ou si la mesure n'affecte que le compte. Si l'indisponibilité frappe uniquement les avoirs, le compte continue à fonctionner et peut être crédité des paiements effectués au profit du débiteur. Par contre, si l'indisponibilité s'applique au compte, aucune opération ne sera effectuée dans ce compte.

[300] Ass. Plén., 26 oct. 1984, n°83-10.055, Bull. ass. Plén., n°6 ; D, 1985, 33, concl. Cabannes et note Derrida ; JPC 1985, II, 20432, rapp. Viennois et note Corlay ; Gaz. Pal. 1985, 1 ,236, note Chartier.

[301] ZOUATCHAM (H.P), La saisie des sommes d'argent entre les mains des banques, mémoire de D.E.A droit privé, 2005, Université de Yaoundé II SOA, p.96

Abordant le sujet Joseph DJOGBENOU affirme « *qu'en absence d'une clarification légale sur ce point de droit, on peut soutenir cependant que si le législateur avait entendu affecter le compte par la saisie, il aurait interdit au tiers banquier d'admettre toutes autres opérations sur le compte, y compris les paiements effectués au profit du débiteur saisi, tel n'est en réalité pas le cas puisque des opérations peuvent être portées au crédit du compte* ».

L'indisponibilité ne s'applique qu'aux avoirs se trouvant dans le compte. Pourtant, même limitée aux sommes saisies, l'indisponibilité engendre une difficulté supplémentaire. Que se passe-t-il lorsque postérieurement à la saisie, les sommes d'argent ont été versées dans le compte du débiteur. L'indisponibilité affecte également les sommes venues grossir le solde du compte, ou au contraire, le débiteur aura la libre disposition des sommes versées dans son compte postérieurement à la signification du procès-verbal de saisie.

De l'avis du professeur Joseph DJOGBENOU, l'indisponibilité s'applique aussi bien aux créances actuelles que futures. Cette position nous parait imprécise et incomplète puisqu'elle applique une réponse globale à une question complexe.

En effet, dans l'hypothèse où les avoirs rendus indisponibles au moment de la saisie suffisent à désintéresser le créancier, il sera absurde de frapper d'indisponibilité les sommes venues grossir le solde du compte. Il convient donc de distinguer selon les cas, si au moment de la saisie, le compte du débiteur est créditeur ou débiteur et subsidiairement, si les sommes rendues indisponibles au moment de la saisie correspondent aux sommes pour lesquelles la saisie a été pratiquée pour désintéresser le créancier au moment de la conversion de la saisie conservatoire en saisie-attribution des créances.

Nous estimons que l'acte de saisie rend indisponible les sommes d'argent se trouvant dans le compte, à concurrence du montant pour lequel la saisie est pratiquée. L'indisponibilité est donc limitée au solde du compte lorsque les sommes saisies suffisent à couvrir le montant pour lequel la saisie est pratiquée ainsi que tous ses accessoires. L'indisponibilité ne frappe pas les comptes dans leur globalité, ou toutes créances du débiteur sur le tiers saisi, mais les sommes à concurrence de la créance à recouvrer[302]. De sorte que l'indisponibilité peut s'étendre aux sommes versées dans le compte postérieurement à l'acte de saisie lorsque le compte est débiteur ou le solde inférieur au montant pour lequel la saisie est pratiquée. Ce solde peut être

302 VIGNEAU(V.), Règles spécifiques à la saisie conservatoire des créances de sommes d'argent, Droit et Pratique des Voies d'exécution GUICHARD (S), MOUSSA(T) (dir) op.cit. p.533

affecté à l'avantage ou au préjudice du saisissant par les opérations indiquées à l'article 161 AUVE dès lors qu'il est prouvé que leur date est antérieure à la saisie.

A ce propos, il faut souligner la position de l'arrêt de la Cour d'appel du Littoral qui a retenu que la saisie conservatoire des créances pratiquée sur un compte bancaire emporte indisponibilité des sommes et plus spécifiquement de celles que le tiers a déclaré détenir. Par conséquent, il n'y a pas indisponibilité du compte qui peut continuer à fonctionner. Aucune faute ne peut dès lors être retenue à cet effet contre le tiers saisi sauf à prouver qu'il a fait une fausse déclaration relativement aux sommes déclarées[303].

L'indisponibilité attachée à l'acte de saisie admet une dérogation introduite par l'article 52 AUVE. En vertu de ce texte, les créances insaisissables dont le montant est versé sur un compte[304] demeurent insaisissables. Cette disposition n'est pas facile d'application puisqu'il se heurte au principe de la fongibilité des fonds ; principe selon lequel dès que les sommes d'argent sont versées dans un compte bancaire, elles perdent leur nature.

En pratique, les sommes saisies sont consignées dans un sous compte ou viré dans un compte spécial, ce qui permet au compte saisi de continuer à fonctionner et recevoir ainsi les paiements. Les banques procèdent à un cantonnement automatique, soit à concurrence du montant autorisé par le juge, soit celui visé par l'huissier dans l'acte de saisie.

### B. La consignation entre les mains d'un séquestre

L'acte uniforme a aménagé la possibilité de consigner les sommes saisies entre les mains d'un séquestre. A défaut d'accord amiable, tout intéressé peut demander, par requête, que les sommes saisies soient consignées entre les

[303]CA du Littoral, arrêt du 14 janv.2009, Aff. Les Ets CHIEDJOU (CHIEDJOU René) c/ Société Camerounaise de Dépôt Pétrolier (SCDP), Ohadata J-09-147.

[304] Le compte bancaire peut être défini comme une convention par laquelle deux personnes qui sont périodiquement créancières et débitrices réciproques, font figurer leurs créances et dettes en articles de compte indivisible, seul le solde étant dû après clôture. Cette définition ne nous renseigne que partiellement sur la notion du compte bancaire qui est certes une convention, mais dont la nature reste complexe. Sous l'apparence d'une convention, se cache un document comptable. Un compte bancaire est un document comptable et une convention riche au contenu. Matériellement, le compte est un tableau synoptique des créances et des dettes réciproques de deux personnes-la banque et son client- appelées « correspondants ». A première vue ce document semble relever, non pas du droit, mais de la technique comptable. Ceci est sans doute vrai pour des comptes de passage, simples documents comptables, mais est certainement insuffisant pour les comptes de dépôt et les comptes courants. Pour ces comptes, en effet, sous l'apparence d'un document comptable se cachent une convention une au riche contenu (Rives-Lange (J-L), Contamine-Raynaud (Monique), Droit bancaire, Dalloz, 6$^{e}$ éd. 1995 p.805, spécialement n°182)

mains d'un séquestre désigné par la juridiction du domicile ou du lieu où demeure le débiteur. La remise des fonds au séquestre arrête le cours des intérêts dus par le tiers saisi. (art.78 AUVE).

Une difficulté peut surgir à lorsque le saisissant entend solliciter la désignation d'un séquestre. Doit-il appeler le débiteur à l'instance dans le cadre d'une procédure contradictoire ou au contraire, doit-il saisir le juge aux fins d'obtenir une ordonnance sur requête et surprendre ainsi le débiteur.

L'énoncé de l'article 78 AUVE incite plutôt à pencher pour une procédure contradictoire, puisque cette disposition indique que, à défaut d'accord amiable, ce qui sous-entend que les parties n'ayant pas trouvé un accord amiable sur la nécessité de désigner un séquestre ou sur l'identité du séquestre, la partie la plus diligente, doit saisir le juge à cet effet. C'est dans ce sens que s'est prononcée un juge qui a décidé que doit être déclaré nulle, la désignation d'un séquestre intervenue dans le cadre d'une saisie conservatoire, lorsque les parties n'ont pas été convoquées à l'instance[305].

### § 3. La conversion en saisie-attribution des créances

La conversion de la saisie conservatoire des créances en saisie-attribution est la suite logique de la procédure de cette mesure conservatoire. L'idée maitresse est que le créancier qui pratique une saisie conservatoire ne dispose pas, souvent d'un titre exécutoire. Après avoir pratiqué la saisie sans titre exécutoire, le créancier a initié une procédure aux fins d'obtention d'un titre exécutoire. Muni dudit titre exécutoire, il procède à la conversion de la saisie conservatoire en saisie-attribution des créances, afin de se faire attribuer immédiatement, dans la limite des sommes dues en principal, frais et intérêts échus, les fonds jusque-là, rendus indisponibles entre les mains du tiers saisi.

#### A. L'acte de conversion

La conversion de la saisie conservatoire en saisie-attribution se fait par acte d'huissier appelé habituellement procès-verbal de conversion. Une telle demande ne peut être formulée devant le juge saisi d'une action en contestation de la saisie conservatoire ni a fortiori devant le tribunal saisi d'une demande aux fins d'obtention du titre exécutoire. Pourtant, il n'est pas rare de voir de telle demande formulée devant le juge, lorsque le créancier qui a antérieurement pratiqué une saisie conservatoire, poursuit l'obtention d'un titre exécutoire.

---

[305]TPI Douala-Ndokoti, Ordonnance, n°231 du 12 Mai 2005, Aff. Sté SCEMAR SARL C/ NGUIMBOUS Jean Blaise, Samuel ENAME NKWANE Ohadata J-07-189, REPERTOIRE 2006-2010 P.688

En formulant une telle demande, le saisissant estime à tort, faire l'économie du temps et d'évacuer par la même occasion la procédure de la saisie conservatoire. Dans l'affaire ayant donné lieu à la décision n° 003 du 23 janvier 2008 rendu par le Tribunal de Commerce de Pointe-Noire, après une tentative de transaction infructueuse en cours d'instance, le créancier saisissant dont la créance au principal n'était pas contestée par le débiteur saisi, sollicitait la validation de la saisie conservatoire et sa conversion en saisie-attribution des créances. Il sollicitait d'enjoindre le tiers saisi à lui verser directement les sommes saisies. Répondant à cette demande, le tribunal a retenu que non seulement le présent tribunal est incompétent à examiner la régularité de la saisie conservatoire pratiquée en vertu d'une ordonnance rendue par une autre juridiction en l'occurrence, le tribunal de grande instance de Pointe-Noire, mais également il est incompétent à convertir la saisie conservatoire en saisie-attribution, l'acte de conversion relevant de la compétence exclusive de l'huissier de justice[306].

Cela dit, le créancier signifie au tiers saisi un acte de conversion qui contient, à peine de nullité les mentions prescrites par l'article 82 AUVE à savoir :

1) les noms, prénoms et domiciles du saisi et du saisissant ou, s'il s'agit de personnes morales, leurs forme, dénomination et siège social ;

2) la référence au procès-verbal de saisie conservatoire ;

3) la copie du titre exécutoire sauf si celui-ci a déjà été communiqué lors de la signification du procès-verbal de saisie, auquel cas il est seulement mentionné ;

4) le décompte distinct des sommes dues en principal, frais et intérêts échus ainsi que l'indication du taux des intérêts ;

5) une demande de paiement des sommes précédemment indiquées à concurrence de celles dont le tiers s'est reconnu ou a été déclaré débiteur. L'acte informe le tiers que, dans cette limite, la demande entraîne attribution immédiate de la créance saisie au profit du créancier.

Aucun délai n'est imparti au créancier saisissant pour convertir la saisie conservatoire en saisie-attribution des créances. Le délai prescrit à l'article 61 AUVE impose simplement au saisissant de devoir initier, la procédure afin d'obtention d'un titre exécutoire, à peine de caducité. Mais lorsqu'il a obtenu son titre exécutoire, l'Acte Uniforme ne lui prescrit aucun délai pour convertir la saisie conservatoire en saisie-attribution des créances, de sorte que la conversion peut intervenir plusieurs mois ou plusieurs années après l'acte de saisie. La saisie durera aussi longtemps que le créancier sera en procédure aux

306 Tribunal de commerce de Pointe-Noire, Jugement n°003 du 23 janvier 2008, SCAB-Congo S.A C/ Société AFRIC, précité

fins de l'obtention d'un titre exécution. Dans cette hypothèse, la conversion peut intervenir plusieurs années après la saisie conservatoire.

En pratique, la conversion s'effectue assez rapidement après l'obtention du titre exécutoire.

En vertu de l'article 83 de l'AUVE, la copie de l'acte de conversion est signifiée au débiteur. A compter de cette signification, le débiteur dispose d'un délai de quinze jours pour contester l'acte de conversion devant la juridiction de son domicile ou du lieu où il demeure. Sur renvoi de l'article 84 AUVE, les dispositions de l'article 170 sont applicables. Selon ce texte, à peine d'irrecevabilité, les contestations sont portées, devant la juridiction compétente, par voie d'assignation, dans le délai d'un mois à compter de la dénonciation de la saisie au débiteur. Le tiers saisi est appelé à l'instance de contestation.

Ce renvoi à l'article 170 de l'AUVE a parfois été source de confusion relativement au délai imparti au débiteur pour contester l'acte de conversion. Le saisissant est parfois tenté de prendre en compte le délai d'un mois indiqué à l'article 170 de l'AUVE pour élever des contestations.

En réalité, il n'y a pas de confusion possible, l'article 83 AUVE indique clairement que le délai pour élever les contestations contre l'acte de conversion est de 15 jours pour compter de la signification de l'acte de conversion. Le renvoi à l'article 170 AUVE opéré par l'article 84 de l'AUVE ne concerne nullement le délai pour contester l'acte de conversion, mais plutôt les autres aspects se rapportant à la saisie-attribution des créances. C'est dans ce sens qu'il faut comprendre cette décision qui retient que lorsque la contestation de l'acte de conversion est formée par le débiteur quinze (15) jours après la signification de l'acte de conversion de la saisie conservatoire des créances qui lui a été servie, elle est tardive et doit être déclarée irrecevable[307].

### B. Le paiement du créancier

Le paiement du saisissant doit être envisagé selon que le débiteur n'a pas élevé des contestations d'une part ou lorsque le paiement intervient à l'issue des contestations.

En l'absence de contestation, le tiers saisi effectue le paiement au créancier ou à son mandataire, sur présentation d'un certificat du greffe attestant l'absence de contestation. Il n'appartient pas au tiers saisi de contester la saisie

---

[307] TPI, Bafoussam, ord. référé n°3 du 17 octobre 2003, Aff. Galerie de l'Ouest SARL c/ NGUESSI Marcel, BICEC , CBC, Afriland First Bank et Me Guy EFON, Ohadata J-05-12

en lieu et place du débiteur. Dans l'espèce ayant donné lieu à l'arrêt n°013 du 18 février 2010, la CCJA a décidé qu'en confirmant l'ordonnance de référé, la Cour d'appel a bien interprété l'article 83 AUVE, dès lors qu'aux termes de cet article, l'action en contestation de saisie n'appartient pas au tiers saisi, mais au débiteur saisi. Celui-ci n'ayant élevé aucune contestation, le refus du tiers saisi de se libérer entre les mains du créancier poursuivant est injustifié[308].

Le paiement peut intervenir avant l'expiration de ce délai si le débiteur a déclaré par écrit ne pas contester l'acte de conversion. Le paiement est effectué contre quittance entre les mains du créancier saisissant ou de son mandataire justifiant d'un pouvoir spécial qui en informe immédiatement son mandant. Dans la limite des sommes versées, ce paiement éteint l'obligation du débiteur et celle du tiers saisi (art. 165).

Lorsque la saisie porte sur des créances à exécution successive, le tiers se libère au fur et à mesure des échéances dans les conditions prévues par l'alinéa 1 de l'article 165 de l'AUVE. Le tiers saisi est informé par le créancier de l'extinction de sa dette, même lorsque les sommes ont été versées à un séquestre conformément à l'article 166, par lettre recommandée avec avis de réception ou tout moyen laissant trace écrite.

En cas de contestations, à l'issue de la procédure, la juridiction compétente donne effet à la saisie pour la fraction non contestée de la dette. Sa décision est exécutoire sur minute. S'il apparaît que ni le montant de la créance du saisissant ni la dette du tiers saisi ne sont sérieusement contestables, la juridiction compétente peut ordonner provisionnellement le paiement d'une somme qu'elle détermine en prescrivant, le cas échéant, des garanties. Le tiers qui a reçu signification de la décision tranchant la contestation, sur présentation d'un certificat du greffe de non-appel procède au paiement du créancier.

La décision de la juridiction tranchant la contestation est susceptible d'appel dans les quinze jours de sa notification. Le délai pour faire appel ainsi que la déclaration d'appel sont suspensifs d'exécution sauf décision contraire spécialement motivée de la juridiction compétente (art.172)

En cas de contestation, et dans l'attente de l'issue de la procédure engagée, toute partie peut demander à la juridiction compétente, sur requête, la désignation d'un séquestre, à qui le tiers saisi versera les sommes saisies. La

---

[308]CCJA, 2ème chambre, arrêt n°013 du 18 février 2010, Aff. Société PALMCI-SA c/ Société Ivoirienne des Pièces Automobiles SARL dite SIPA, Le Juris Ohada n°2/2010 avril- mai-juin, p.35

décision tranchant la contestation sera signifiée au séquestre, lequel procédera au paiement du créancier.

Le tiers est tenu de conserver les fonds rendus indisponibles par la saisie conservatoire aussi longtemps que la mainlevée n'a pas été ordonnée. En application de l'article 167 AUVE, le tiers saisi est informé par le créancier de l'extinction de sa dette, même lorsque les sommes ont été versées à un séquestre conformément à l'article 166 AUVE par lettre recommandée avec avis de réception ou tout moyen laissant trace écrite. La saisie ne produit plus d'effet lorsque le tiers saisi cesse d'être tenu envers le débiteur. Le tiers saisi en informe le créancier par lettre recommandée avec demande d'avis de réception ou tout moyen laissant trace écrite.

Nonobstant les dispositions de l'article 167 AUVE, il n'est pas rare que le créancier soit désagréablement surpris par le tiers saisi, lorsqu'advient le moment du paiement, après avoir préalablement procéder à la conversion de la saisie conservatoire, qu'il n'est plus débiteur du débiteur saisi. Dans ce cas, le tiers saisi doit être condamné au paiement des sommes dont elle s'est dessaisie. Dans une espèce où le tiers saisi avait été condamné au paiement des sommes de la saisie, pour rejeter le pourvoi régulariser par le tiers saisi, la CCJA a estimé aux visas des articles 84 et 164 de l'AUVE qu'il résulte de l'article 84 de l'AUVE, disposant que les dispositions des articles 158 et 159, 165 à 168 des 2° et 3° alinéas de l'article 170, des articles 171 et 172 ci-après sont applicables que l'article 167 dudit Acte Uniforme aux termes duquel la saisie ne produit plus d'effet lorsque le tiers saisi cesse d'être tenu envers le débiteur. Le tiers saisi en informe le créancier par lettre recommandée avec demande d'avis de réception ou tout moyen laissant trace écrite est applicable au présent litige. Que cependant, il ne résulte ni de l'arrêt attaqué, ni des pièces du dossier que le tiers saisi a informé le créancier saisissant de ce qu'elle avait cessé d'être tenue envers le débiteur saisi, que par conséquent faute d'avoir respecté les conditions ci-dessus prescrites par cet article, le tiers saisi demeure en sa qualité de tiers saisi, débitrice de ladite saisie, d'où il suit que l'arrêt attaqué n'encourt pas le reproche visé au moyen[309].

Après le paiement effectif des sommes par le tiers saisi, le débiteur ne pourra plus contester la procédure ayant abouti au paiement des causes de la saisie. Dès lors qu'une procédure de conversion de saisie conservatoire en saisie-attribution des créances a été faite conformément aux dispositions des articles 83 AUVE- notamment la signification de l'acte de conversion et l'absence de contestations dans les délais – et qu'elle a abouti au paiement des

[309] CCJA, arrêt n°34/2009 du 30 juin 2009, Aff. La Fédération Nationale des COOPEC de Côte d'Ivoire dite FENACOOPEC-CI c/ Patrice FOFANA, Recueil de Jurisprudence n°13, janvier-juin 2009, P.94, Ohadata J-10-75.

causes de la saisie par le tiers saisi mettant ainsi fin aux poursuites, la demande tendant à l'annulation de cette procédure de conversion doit être déclarée non fondée puisque dépourvue d'objet[310].

Toutefois, le débiteur qui n'a pas contesté la saisie conserve la faculté d'agir en répétition de l'indu, devant le juge du fond.

Lorsque le créancier a pratiqué la saisie sur le fondement des dispositions régissant les systèmes, moyens et incidents de paiement, il est tenu de procéder à toute voie d'exécution dans le délai de huit jours prescrit par l'article 199 du règlement CEMAC N°02/03/CEMAC/UMAC/ CM relatif aux systèmes, moyens et incidents de paiement. Le porteur d'un certificat de non-paiement revêtu de la formule exécutoire dispose du délai de huit (08) jours maximum pour procéder à toute voie d'exécution. Passé ce délai, ce titre exécutoire devient caduc et par voie de conséquence, toute saisie pratiquée en vertu dudit titre est frappée de nullité par la juridiction compétente et entraine la mainlevée de la saisie irrégulièrement pratiquée[311].

## Section 5
## La saisie conservatoire des droits d'associés et des valeurs mobilières

Longtemps ignorés par la loi qui ne lui accordait aucun intérêt, les droits d'associés et des valeurs mobilières occupent désormais une place importante dans le patrimoine des sociétés. L'AUVE réglemente la saisie conservatoire des droits d'associés et des valeurs mobilières aux articles 85 à 90 et 236 à 239. Ces dispositions ne régissent en réalité que les opérations de saisie et la conversion de la saisie conservatoire des droits d'associés et des valeurs mobilières en saisie-vente, les dispositions communes à toutes les saisies conservatoires édictées aux articles 54 à 61 AUVE sont applicables.

Les droits d'associés sont des titres émis par la société en contrepartie des apports[312] faits par les associés. Ils représentent les droits des associés et sont dénommés actions dans les sociétés par actions et parts sociales dans les autres

---

[310]TPI de Yaoundé Centre Administratif, ordonnance N°392/C du 17 juillet 2008, Aff. Société G4S Security services Cameroun PLC dénommé Sté Wackenhut Cameroun SA contre Société TSEKENIS SA, Maitre TCHEUNKAM, BICEC, Standard Chartered Bank SA, Ohadata-J-09-216.

[311]CA du Centre, arrêt n° 354/CIV du 08 juillet 2011, La Mutuelle d'Epargne et de Crédit du Cameroun (La Mec) C/ La Société BENZ CAM JOBING INTER SARL, Ohadata J-13-08.

[312]Les associés doivent obligatoirement faire des apports, lesquels sont constitutifs du capital social. En application de l'article 40 AUDSCGIE, chaque associé peut apporter à la société, de l'argent, par apport en numéraire, des droits portant sur des biens en nature, mobiliers ou immobiliers, corporels ou incorporels, par apport en nature ; des connaissances techniques ou professionnelles ou des services, par apport en industrie, Tout autre apport étant interdit.

sociétés (Art. 51 AUDSCGIE). Quant aux valeurs mobilières, elles sont des titres émis par une personne morale, publiques ou privées, pour un montant globalement déterminé, transmissibles par inscription en compte ou tradition, qui confèrent des droits identiques par catégorie et donnent accès directement ou indirectement à une quotité du capital de la société émettrice, ou à un droit de créance général sur son patrimoine (art.744 AUDSCGIE). Les valeurs mobilières sont des actions et des obligations émises par les sociétés anonymes. Ils revêtent la forme de titres au porteur ou de titres nominatifs qu'elles soient émises en contrepartie d'apports en nature ou d'apports en numéraire (art.745 AUDSCGIE).

### § 1. La procédure

Il est procédé à la saisie conservatoire des droits d'associés et des valeurs mobilières par la signification d'un acte aux personnes mentionnées à l'article 236, c'est-à-dire soit auprès de la société ou de la personne morale émettrice, soit auprès du mandataire chargé de conserver ou de gérer les titres.

#### A. Les opérations de saisie

La saisie est effectuée au moyen d'un procès-verbal de saisie dressé par un huissier de justice. Ce procès-verbal contient, à peine de nullité, les mentions prévues à l'article 237 sous réserve du 3) où l'indication du titre exécutoire peut être remplacée par celle de l'autorisation de la juridiction compétente de pratiquer la saisie conservatoire.

Cet acte contient des mentions ci-après :

1) les noms, prénoms et domiciles du débiteur et du saisissant ou, s'il s'agit de personnes morales, leurs forme, dénomination et siège social ;

2) élection de domicile dans le ressort territorial juridictionnel où s'effectue la saisie si le créancier n'y demeure pas ; il peut être fait, à ce domicile élu, toute signification ou offre ;

3) l'autorisation de la juridiction compétente de pratiquer la saisie conservatoire.

4) le décompte des sommes réclamées en principal, frais et intérêts échus, ainsi que l'indication du taux des intérêts ;

5) l'indication que la saisie rend indisponibles les droits pécuniaires attachés à l'intégralité des parts ou valeurs mobilières dont le débiteur est titulaire ;

6) la sommation de faire connaître, dans un délai de huit jours, l'existence d'éventuels nantissements ou saisies et d'avoir à communiquer au saisissant copie des statuts (art.237). Cependant, l'obligation faite aux tiers saisi de devoir signaler l'existence d'éventuels nantissements ou saisie et d'avoir à

communiquer au saisissant copie des statuts n'est assortie d'aucune sanction au cas où le tiers méconnaitrait cette exigence[313].

### B. La dénonciation au débiteur

Dans un délai de huit jours suivant la saisie conservatoire, celle-ci doit être portée à la connaissance du débiteur au moyen de la signification sous peine de caducité. Cette signification est faite par un acte d'huissier de justice. Cet acte contient à peine de nullité, les mentions prescrites à l'article 86 à savoir :

1) copie de l'autorisation de la juridiction ou du titre en vertu duquel la saisie est pratiquée ;

2) copie du procès-verbal de saisie ;

3) la mention, en caractères très apparents, du droit qui appartient au débiteur, si les conditions de validité de la saisie ne sont pas réunies, d'en demander la mainlevée à la juridiction du lieu de son domicile ;

4) la désignation de la juridiction devant laquelle seront portées les autres contestations, notamment celles relatives à l'exécution de la saisie ;

5) élection de domicile dans le ressort territorial juridictionnel où s'effectue la saisie si le créancier n'y demeure pas ; il peut être fait, à ce domicile élu, toute signification ou offre ;

6)la reproduction des articles 62 et 63 ci-dessus.

L'article 87 renvoie aux dispositions de l'article 239 selon lequel, l'acte de saisie rend indisponibles les droits pécuniaires du débiteur. Celui-ci peut en obtenir la mainlevée en consignant une somme suffisante pour désintéresser le créancier. Cette somme est spécialement affectée au profit du créancier saisissant.

## § 2. La conversion en saisie-vente

La saisie des droits d'associés et des valeurs mobilières est convertie en saisie-vente. La conversion se fait par un acte d'huissier de justice, appelé communément, procès-verbal de conversion. Ainsi muni d'un titre exécutoire constatant l'existence de sa créance, le créancier signifie au débiteur un acte de conversion en saisie-vente qui contient, à peine de nullité les mentions énumérées à l'article 88 AUVE à savoir :

1) les noms, prénoms et domiciles du saisi et du saisissant ou, s'il s'agit de personnes morales, leurs forme, dénomination et siège social ;

2) la référence au procès-verbal de saisie conservatoire ;

3) la copie du titre exécutoire sauf si celui-ci a déjà été communiqué lors de la signification du procès-verbal de saisie, auquel cas il est seulement mentionné ;

313. NJEUFACK TEMGWA « Saisies conservatoires », Encyclopédie du droit OHADA POUGOUE (Sous Dir.), op.cit., p.1767.

4) le décompte distinct des sommes à payer en principal, frais et intérêts échus, ainsi que l'indication du taux des intérêts ;

5) un commandement d'avoir à payer cette somme, faute de quoi il sera procédé à la vente des biens saisis ;

6) l'indication, en caractères très apparents, que le débiteur dispose d'un délai d'un mois pour procéder à la vente amiable des valeurs saisies dans les conditions prescrites par les articles 115 à 119 ;

7) la reproduction des articles 115 à 119 ;

Conformément à l'article 89 AUVE, une copie de l'acte de conversion est également signifiée au tiers saisi.

Le débiteur dispose d'un délai d'un mois à compter de la signification du procès-verbal de conversion pour procéder lui-même à la vente amiable des droits d'associés et valeurs mobilières, A défaut d'une vente amiable, il est procédé à la vente forcée dans les conditions prescrites aux articles 240 à 244 qui réglementent la saisie-vente.

# CHAPITRE III

# LA SAISIE CONSERVATOIRE DES NAVIRES ET AERONEFS

Les navires et les aéronefs sont des biens d'une grande valeur. Ils constituent des biens précieux qui peuvent être saisis à titre conservatoire pour contraindre les propriétaires à s'acquitter de leurs dettes.
La saisie conservatoire des navires et des aéronefs ne font pas l'objet d'une réglementation par l'AUVE. Leur règlementation déroge ainsi au droit commun des mesures conservatoires et des voies d'exécution.

## Section 1
## La saisie conservatoire des navires

La saisie conservatoire de navire s'entend de toute immobilisation ou restriction au départ d'un navire en vertu d'une décision judiciaire pour garantir une créance maritime. Cette définition résultant de l'article 2 de la convention de Genève du 12 mars 1999 sur la saisie conservatoire des navires invite d'opérer une distinction entre la saisie et les autres mesures qui peuvent entrainer l'immobilisation d'un navire, décidées par les autorités administratives conformément au droit international ou au droit interne d'un Etat.

### § 1. La distinction de la saisie des mesures administratives

Dans le cadre de ses missions de souveraineté, un Etat peut, pour des raisons de sécurité nationale, immobiliser un navire se trouvant dans ses eaux territoriales ou empêcher un navire en partance de mettre les voiles. L'Etat agissant *jure imperii* prendra ainsi, conformément au droit interne ou au droit international, la décision d'immobiliser le navire sans passer par les voies judiciaires[314].

L'article 2 de la convention de Montego Bay sur le droit de la mer du 10 décembre 1982, autorise l'Etat côtier à étendre sa souveraineté, au-delà de son territoire et de ses eaux intérieures et, dans le cas d'un Etat archipel, de ses eaux archipélagiques, à une zone de mer adjacente désignée sous le nom de mer territoriale.

---

314 BEURIER (J-P.) (Dir.), Droit maritime, éd. Dalloz, 2006, coll. Dalloz action, p.245

Cette souveraineté s'étend à l'espace aérien au-dessus de la mer territoriale, ainsi qu'au fond de cette mer et à son sous-sol. L'article 73 de ladite convention précise que dans l'exercice de ses droits souverains d'exploration, de conservation et de gestion des ressources biologiques de la zone économique exclusive, l'Etat côtier peut prendre toutes mesures, y compris l'arraisonnement, l'inspection, la saisie et l'introduction d'une instance judiciaire, qui sont nécessaires pour assurer le respect des lois et règlements qu'il a adoptés conformément à la Convention. Lorsqu'une caution ou une garantie suffisante a été fournie, il est procédé sans délai à la mainlevée de la saisie dont un navire aurait fait l'objet et à la libération de son équipage.

Dans l'exercice de leurs missions régaliennes, les services douaniers peuvent arraisonner un navire transportant des produits de contrebande, illicites, contrefaits, ou des stupéfiants. Il en sera de même lorsque le navire constitue un danger pour l'environnement. La protection du domaine public maritime pouvant inciter les autorités domaniales à ordonner l'immobilisation d'un navire.

Ce faisant, pour immobiliser un navire se trouvant dans ses eaux territoriales, l'Etat n'est pas tenu de solliciter au préalable une décision de justice. Il s'agit des prérogatives de puissance publique, visant à protéger le domaine public maritime, à lutter contre la piraterie maritime, la pêche illégale, le trafic des stupéfiants ou de tout autre produit illicite. Ces mesures ne peuvent pas être assimilées à la saisie des navires au sens de la convention de Genève du 12 mars 1999.

### § 2. La saisie des navires proprement dite

La saisie conservatoire du navire fait l'objet d'une règlementation particulière (A). Sa mise en œuvre implique l'immobilisation du navire sur autorisation du juge (B).

#### A. La loi applicable

La saisie conservatoire de navires fait l'objet d'une réglementation particulière édictée par chaque Etat partie au traité OHADA. Le caractère parfois lapidaire des dispositions nationales consacrées à la saisie des navires a parfois conduit certaines juridictions, à recourir aux dispositions de l'AUVE[315].

---

[315] CA Abidjan, chambre civ&com. Arrêt du 23 mars 2004, Société d'Armement le Dauphin c/ Société Nord Gascogne Armement et autres, Point II, Ohadata J-05-258. Dans cette espèce, la Cour a retenu que les navires étant des biens meubles corporels, ils sont compris dans le champ

La saisie des navires n'étant pas règlementée par l'AUVE, ce texte ne peut recevoir application en présence d'un texte de droit interne. Saisi d'une procédure de saisie-vente de navire, le Tribunal de Dakar a relevé que, seules les dispositions du Code de la Marine Marchande peuvent régir la vente forcée d'un navire, dès lors les dispositions de l'Acte Uniforme sur les voies d'exécution ne peuvent être appliquées[316].

La CCJA a décliné sa compétence dans un litige relatif à une saisie de navire, en retenant que « l'arrêt attaqué a été rendu exclusivement sur le fondement des dispositions du code de procédure civile, économique et administrative de Guinée, dès lors, la compétence de la Cour de Céans ne saurait être retenue du seul fait de l'évocation de la violation de l'article 13 de l'Acte Uniforme relatif à l'arbitrage qui n'a été, ni discuté devant les juges du fond, ni appliqué par eux. Du reste selon les termes de l'article 54 et 56 de l'Acte uniforme portant Organisation des procédures simplifiées de recouvrement et des voies d'exécution, la saisie conservatoire en droit OHADA peut porter sur tous les biens mobiliers corporels ou incorporels du débiteur, or la saisie de l'espèce porte sur un navire qui est doté d'un statut juridique soumis au droit maritime qui n'est pour l'instant pas régi par un Acte uniforme et relève plutôt en droit positif guinéen du code de la marine marchande ; qu'il suit que les conditions de compétence de la Cour de céans telles qu'édictées par l'article 14, alinéa 3 et 4 sus visé ne sont pas réunies et qu'il échet de se déclarer incompétent[317]».

Il faut dire que tous les pays membres au traité OHADA n'ont pas la même règlementation en matière de saisie des navires. Au Benin par exemple, la saisie conservatoire des navires est régie par la loi n° 2010-11 du 7 mars 2011 portant Code maritime en république du Bénin[318], notamment les articles 151 à 159.

---

d'application de l'Acte Uniforme portant Organisation des Procédures Simplifiées de Recouvrement et des Voies d'Exécutions.

316 316 TRHC Dakar, 08 mai 2001, Serigne Seck c / CBAO, Ohadata J-03-329.

317 CCJA, 2e ch. arrêt n°29/2018 du 08 février 2018, société MOI International Singapore PTE, Ltd c/ les Armateurs du navire M/V AMSEL IMO, https:// legiafrica.com. Il faut préciser qu'en l'espèce le litige opposant ces parties était relatif à la réparation d'un préjudice né du fait du retard enregistré dans l'exécution de leur contrat de transport maritime de marchandises, que tant devant le premier juge que devant le juge d'appel, aucun moyen relatif à l'application d'un Acte uniforme ou d'un règlement n'a été soulevé, discuté par les parties ou appliqué par les juges de fond ;

318 Le Bénin a adhéré à la nouvelle Convention internationale de Genève du 12 mars 1999 sur la saisie conservatoire des navires le 3 mars 2010, convention entrée en vigueur le 14 septembre 2011.

Au Congo et au Cameroun, à l'instar des autres pays de l'Afrique Centrale, la saisie conservatoire des navires est soumise à un double régime[319] : un régime communautaire issu du Code de la marine marchande de la CEMAC en ses articles 144 à 156 applicables à tous les navires immatriculés dans le territoire de la C.E.M.A.C[320], mais également aux navires étrangers se trouvant dans les eaux sous juridiction d'un Etat membre de la C.E.M.A.C et un régime international issu de la Convention internationale de Bruxelles du 10 mai 1952 pour l'unification de certaines règles sur la saisie conservatoire des navires de mer d'autre part[321].

Si la convention de Bruxelles du 10 mai 1952 a largement inspiré le code de la marine marchande CEMAC, celui-ci a pris en compte l'évolution du droit maritime insufflée par la convention de Genève du 12 mars 1999 sur la saisie conservatoire des navires, à laquelle se réfère expressément le code de la marine marchande CEMAC.

Quoique présentant des similitudes, elles ne sont pas pour autant identiques, de sorte que le juge doit tenir compte de ces différents textes lorsqu'ils sont invoqués par les plaideurs. Lorsque la saisie porte non pas sur un navire au sens de la convention de Bruxelles et du Code de la Marine marchande CEMAC, mais plutôt sur un bateau, celui-ci sera soumis au régime dicté par le règlement N°14/99/CEMAC-036-CM-03 portant Code de la navigation intérieure CEMAC/RDC du 17 décembre 1999 applicables aux bâtiments et menues embarcations immatriculées dans le territoire de la CEMAC et de la République Démocratique du Congo, ainsi qu'aux

---

319Maître Gaston NGAMKAN, saisie conservatoire de navires : Etude comparée entre le droit communautaire de l'Afrique centrale (Cemac) et le droit béninois, intégration économique et exercice du métier d'avocat Cotonou, bénin séminaire organisé par l'union internationale des Avocats, en collaboration avec l'ordre des avocats du bénin

320 La Communauté Economique et Monétaire de l'Afrique centrale, CEMAC en sigle, regroupe six Etats à savoir : Le Cameroun, le Congo-Brazzaville, le Gabon, la Guinée Equatoriale, la République Centrafricaine et le Tchad. La CEMAC a été institué par le traité de N'Djamena du 16 mars 1994, révisé le 25 juin 2008 à Yaoundé et le 30 janvier 2009 à Libreville. La CEMAC est entrée en vigueur courant 1999 après ratification par tous ses signataires et lancera ses activités que lors du sommet de MALABO tenu en juin 1999. La CEMAC a remplacé l'Union Douanière et Economique de l'Afrique Centrale UDEAC en sigle, institué par le traité du 8 décembre 1964 signé à Libreville

321La Convention internationale de Bruxelles du 10 mai 1952. A l'exception de la Guinée Equatoriale, ancienne colonie espagnole, tous les autres Etats de l'Afrique centrale, anciennes colonies françaises sont contractants à la Convention de Bruxelles depuis le 23 avril 1958, en vertu du principe de la succession législative prévue dans leurs constitutions respectives, la France avait étendu l'application de cette convention à ses colonies, territoires sous tutelle, territoires d'Outre-mer en date du 23 avril 1958 conformément à l'article 18, litt. a) de la Convention.

bâtiments[322] et menues embarcations étrangères se trouvant dans les eaux sous juridiction des Etats CEMAC/RDC conformément aux accords de réciprocité passés entre les Etats étrangers concernés et en application des conventions internationales en vigueur.

### B. L'immobilisation du navire

Les navires servent à trois fins : plaisance, pèche et transports. Ce sont les trois modes d'exploitation du navire, le premier répond à une activité désintéressée, le second à une activité de nature civile, le troisième à une activité de nature commerciale[323]. Il convient d'ajouter les navires destinés aux expéditions scientifiques et aux activités sportives.

Peu importe le mode d'exploitation choisi par le propriétaire, l'exploitation du navire engendre souvent un contentieux, pouvant inciter l'une des parties à solliciter son immobilisation, en pratiquant une saisie conservatoire.

L'immobilisation du navire est particulièrement utile lorsqu'il s'agit d'un navire battant pavillon étranger[324]. Lors d'une escale dans un port, les membres d'équipage peuvent également pratiquer une saisie conservatoire du navire pour les créances salariales impayées afin de faire pression sur l'armateur.

## § 3. Les conditions de la saisie conservatoire de navire

Pour prétendre pratiquer une saisie conservatoire sur un navire[325]le créancier saisissant est tenu de remplir les conditions requises. Il doit justifier

322 Aux termes de l'article 2 du code de la navigation intérieure CEMAC/RDC, le bâtiment s'entend de tout bateau de navigation intérieure, y compris une menue embarcation, un bac, un engin flottant ainsi qu'un navire de mer lorsqu'il évolue dans les zones réservées à la navigation intérieure telle que définies à l'article 5. Cette disposition indique, sauf dispositions spécifiques édictées par l'autorité compétente, les voies de navigation intérieure incluent les chenaux de navigation, les voies d'accès ainsi que les rades des ports de la navigation intérieure.

323RODIERE(R), du PONTAVICE (E), Droit maritime, 12e éd. Précis Dalloz, 1997, p.612

324 LEBORGNE (A.), Voies d'exécution et procédures de distribution, éd. Dalloz, 2009, p.935

325 Les conventions internationales ne donnent aucune définition du navire. Selon le Guide Juridique Dalloz, Tome IV, 1998, le navire est un bâtiment de mer, meuble destiné au transport. Ce meuble est immatriculé. Bâtiment de mer, le navire est destiné à affronter le péril marin et se trouve effectivement habituellement en mer. Ceci l'oppose aux bateaux, qui circulent en rivières ou dans les rades protégées ainsi qu'aux engins de plage dont les caractéristiques leur interdisent d'effectuer une navigation maritime. Cette définition mérite d'être complétée. De manière générale, le navire est un nom générique pour les constructions flottantes de grande dimension, ayant un appareil propulsif. En droit l'appellation de " Navire " est réservée aux bâtiments qui naviguent sur mer. Le navire est doté d'un statut juridique spécial, il a un nom, un domicile et une nationalité. Un navire est dit armé, lorsqu'il est prêt à naviguer (CMA CGM, Delmas, Glossaire du transport maritime).

d'une créance maritime (B) paraissant fondée en son principe, ou faire l'allégation d'une créance maritime (A).

Contrairement à l'article 54 de l'AUVE qui conditionne la mise en œuvre de la saisie conservatoire à la justification cumulative de l'existence d'une créance paraissant fondée en son principe et à la menace sur le recouvrement de ladite créance, la saisie conservatoire de navires requiert soit une créance maritime paraissant fondée en son principe soit l'allégation d'une telle créance. La justification des circonstances de nature à menacer le recouvrement de la créance n'est pas requise.

### A. L'exigence d'une créance paraissant fondée en son principe ou allégation d'une créance maritime

Les créanciers qui entendent pratiquer une saisie conservatoire de navire doit-il justifier d'une créance paraissant fondée en son principe ou devra-t-il invoquer l'allégation d'une créance maritime, telle est la question à laquelle est souvent confrontée le créancier. La réponse à cette double préoccupation est tributaire du fondement juridique de la demande.

En effet, lorsque le saisissant fonde sa demande sur la convention de Bruxelles, l'article 1er, §1 de ladite convention autorise la saisie conservatoire de navire, dès lors que le créancier fait l'allégation d'un droit ou d'une créance, laquelle créance doit être maritime. Ce qui n'est pas le cas, si le poursuivant fonde sa demande sur les dispositions du Code de la Marine marchande CEMAC.

En vertu de l'article 150 al.1 du Code de la Marine marchande, pour pratiquer une saisie conservatoire de navire, le saisissant doit justifier d'une créance maritime paraissant fondée dans son principe[326].

Peu importe le fondement juridique invoqué par le créancier, il suffit que la créance paraisse fondée en son principe dans un cas, ou qu'il fasse l'allégation d'une créance dans un autre, pour pratiquer la saisie.

La convention de Genève du 12 mars 1999 sur la saisie conservatoire de navires n'a pas apporté des changements notables en la matière puisqu'elle reprend pour l'essentiel le dispositif de la convention de Bruxelles de 1952, en retenant à l'article 3-1 que la saisie de tout navire au sujet duquel une créance maritime est alléguée peut-être pratiquée.

---

[326] La notion de la créance paraissant fondée en son principe renvoie à celle que retienne la jurisprudence en application de l'article 54 de l'AUVE

L'apparence de la créance ouvre donc la possibilité au créancier de pratiquer une saisie conservatoire de navire, le caractère unilatéral de la procédure. Ne permettant pas au débiteur de contester cette créance au moment de la saisine du juge. Ce dernier examine les arguments et les pièces produites par le saisissant pour faire droit à la demande ou la rejeter.

L'allégation d'une créance maritime est une notion très souple dont la mise en application devra faciliter de pratiquer une saisie de navire sans trop de difficulté. La justification d'une créance paraissant fondée en son principe étant plus contraignante que la simple allégation d'une créance maritime, la Cour de cassation a jugé que l'allégation prévue par la convention du 10 mai 1952 se distingue de la condition de créance paraissant fondée en son principe en ce qu'elle comporte un degré moindre de probabilité[327].

Pour autoriser une saisie conservatoire de navire, une créance paraissant fondée en son principe ou l'allégation d'une créance n'étant pas suffisante, encore faut-il que cette créance ait un lien avec une activité maritime.

### B. La nécessité d'une créance maritime

Le Code de la marine marchande CEMAC indique à son article 149 que les créances maritimes pouvant donner lieu à la saisie d'un navire sont celles qui, conformément aux dispositions de la Convention internationale du 12 mars 1999 sur la saisie conservatoire des navires[328], résultent de l'une des causes ci-après :

---

[327]Com. 26 mai 1987, n°86-11.400, navire African Star, Bull.civ. IV, 123 ; DMF 1987, p.645 ; DMF 1988, p. 86, obs. Bonassies, cité par BEAUCHARD(R) La saisie conservatoire des navires : Conditions de fond, in GUICHARD (S), MOUSSA(T) (dir), Droit et Pratique des Voies d'exécution, Op.cit, p.551

[328] Aux termes de l'article 1er de cette convention, Par "créance maritime", il faut entendre une créance découlant d'une ou plusieurs des causes suivantes :a) Pertes ou dommages causés par l'exploitation du navire ; b) Mort ou lésions corporelles survenant, sur terre ou sur eau, en relation directe avec l'exploitation du navire ; c) Opérations de sauvetage ou d'assistance ainsi que tout contrat de sauvetage ou d'assistance, y compris, le cas échéant, une indemnité spéciale concernant des opérations de sauvetage ou d'assistance à l'égard d'un navire qui par lui-même ou par sa cargaison menaçait de causer des dommages à l'environnement ; d) Dommages causés ou risquant d'être causés par le navire au milieu, au littoral ou à des intérêts connexes; mesures prises pour prévenir, réduire ou éliminer ces dommages; indemnisation de ces dommages ; coût des mesures raisonnables de remise en état du milieu qui ont été effectivement prises ou qui le seront; pertes subies ou risquant d'être subies par des tiers en rapport avec ces dommages ; et dommages, coûts ou pertes de nature similaire à ceux qui sont indiqués dans le présent alinéa d) ; e) Frais et dépenses relatifs au relèvement, à l'enlèvement, à la récupération, à la destruction ou à la neutralisation d'un navire coulé, naufragé, échoué ou abandonné, y compris tout ce qui se trouve ou se trouvait à bord de ce navire, et frais et dépenses relatifs à la conservation d'un navire abandonné et à l'entretien de son équipage ; f) Tout contrat relatif à l'utilisation ou à la location du navire par affrètement ou autrement ; g) Tout contrat relatif au transport de

1) dommages matériels ou corporels, y compris perte de vies humaines sur terre ou sur mer, causés par un navire ou provenant de son exploitation ;

2) assistance et sauvetage ;

3) contrats relatifs à l'affrètement ou à l'utilisation d'un navire ;

4) contrats relatifs au transport des marchandises par un navire ;

5) pertes ou dommages aux marchandises et bagages transportés par un navire ;

6) avarie commune ;

7) remorquage ou pilotage d'un navire ;

8) fournitures de produits, de matériels ou de services à un navire en vue de son exploitation ou de son entretien ;

9) construction, réparation, équipement d'un navire ou frais de cale ;

10) salaires du capitaine et de l'équipage ;

11) débours du capitaine, des affréteurs, des chargeurs ou des agents maritimes, effectués pour le compte du navire ou de son propriétaire ;

12) commissions des agents du navire ;

13) propriété contestée du navire ;

14) droits de copropriété d'un navire ou droits à l'exploitation d'un navire, ou aux produits d'exploitation d'un navire en copropriété ;

15) indemnité ou autre rémunération due au titre de toute mesure ou tentative visant à prévenir, écarter ou limiter un dommage imputable au navire y compris un dommage de pollution – en vertu ou non d'une Convention internationale, d'un texte législatif ou réglementaire, ou d'un contrat ;

16) frais et dépenses relatifs à l'enlèvement de l'épave du navire ou de sa cargaison ;

17) toutes primes d'assurances relatives au navire ;

---

marchandises ou de passagers par le navire, par affrètement ou autrement ;) Remorquage ; h) Pertes ou dommages subis par, ou en relation avec, les biens (y compris les bagages) transportés par le navire ; i) Avarie commune ; j) remorquage, k) Pilotage ; l) Marchandises, matériels, approvisionnement, soutes, équipements (y compris conteneurs) fournis ou services rendus au navire pour son exploitation, sa gestion, sa conservation ou son entretien ; m) Construction, reconstruction, réparation, transformation ou équipement du navire ; n) Droits et redevances de port, de canal, de bassin, de mouillage et d'autres voies navigables ; o) Gages et autres sommes dus au capitaine, aux officiers et autres membres du personnel de bord, en vertu de leur engagement à bord du navire, y compris les frais de rapatriement et les cotisations d'assurance sociale payables pour leur compte ; p) Paiements effectués pour le compte du navire ou de ses propriétaires ; q) Primes d'assurance (y compris cotisations d'assurance mutuelle) en relation avec le navire, payables par le propriétaire du navire ou par l'affréteur en dévolution ou pour leur compte ; r) Frais d'agence ou commissions de courtage ou autres en relation avec le navire, payables par le propriétaire du navire ou par l'affréteur en dévolution ou pour leur compte ; s) Tout litige quant à la propriété ou à la possession du navire ; t) Tout litige entre les copropriétaires du navire au sujet de l'exploitation ou des droits aux produits d'exploitation de ce navire ; u) Hypothèque, "mortgage" ou droit de même nature sur le navire ; v) Tout litige découlant d'un contrat de vente du navire.

18) tout litige découlant d'un contrat de vente du navire.

On retiendra de cette énumération que la créance pouvant faire l'objet d'une saisie de navire doit être une créance maritime, ayant une intimité avec le navire[329]. Le navire étant considéré comme un patrimoine d'affectation, seuls les créanciers dont les droits ont un lien avec l'activité maritime pourront le saisir[330]. Les titulaires des créances autres que maritimes n'entrent pas dans le champ d'application de cette convention, tels les créanciers personnels du propriétaire, ne peuvent recourir à une saisie conservatoire de navire de ce dernier pour faire pression sur lui.

La créance maritime est donc cette créance qui a un lien très étroit avec la construction, l'exploitation et la propriété du navire. Le législateur CEMAC a repris ici les grandes lignes de la convention de Bruxelles du 10 mai 1952. En matière de saisie conservatoire de navire, le droit de gage général de l'article 2284 du Code civil dont tout créancier peut se prévaloir pour saisir les biens de son débiteur s'estompe. Le droit maritime d'inspiration anglo-saxonne ayant consacré une action *in rem*, tendant à donner la qualité de débiteur non plus au propriétaire ou à l'exploitant, dont l'identité devient une question secondaire, mais au navire[331]. Le navire auquel la créance se rapporte étant personnellement responsable de la dette[332],le droit anglo-saxon permet à un plaideur ayant un privilège sur le navire, « *de faire valoir ses droits directement sur le navire sans se préoccuper de la personne du propriétaire*[333]».

S'agissant de la convention de Bruxelles, la question s'était posée de savoir si cette énumération était indicative ou exhaustive. La même question reste d'ailleurs posée pour le Code communautaire CEMAC. Pour apporter une réponse à cette question, un recours aux travaux préparatoires était indispensable.

L'examen desdits travaux préparatoires a permis d'établir que cette liste est exhaustive et non indicative. Pourtant cette réponse n'a pas complètement résolu les inquiétudes des praticiens. Des difficultés d'interprétation de cette disposition ont donné lieu à une jurisprudence très riche et variée. Les juges

---

329DJOGBENOU (J.), L'exécution forcée, droit Ohada, op.cit.

LEBORGNE (A.), Voies d'exécution et procédures de distribution, op.cit. p.938 330

331BEAUCHARD (R), Saisie conservatoire des navires : droit applicable, Droit et Pratique des Voies d'exécution, GUICHARD (S), MOUSSA(T) (dir), Op.cit

332 GORGIEVA(R.), La saisie conservatoire des navires, Etude comparative en droit français et droit international, Mémoire Master II, ''Droit maritime et des transports'' Université Paul CEZZANE, Aix- Marseille III, année universitaire 2010-2011, p.33

333 REMOND-GOUILLOUD (M.), Droit maritime, 2e éd. Pedone, 1993, cité par GORGIEVA Ruslana, ibidem.

ont été amenés à faire une interprétation de cette disposition, en rapport avec l'évolution du commerce marine pour déterminer si telle demande pouvait être qualifiée de créance maritime pour justifier une saisie conservatoire de navire. Ainsi, il a été retenu que la créance d'un armateur en remboursement du solde d'un compte d'escale à l'encontre de son agent maritime entrait dans la catégorie des « *débours du capitaine et ceux effectués par les chargeurs, les affréteurs ou les agents pour le compte du navire ou de son propriétaire*[334] ».

Des difficultés peuvent surgir dans l'interprétation de certains actes liés à cette disposition qui requiert *in fine*, le pouvoir souverain du juge pour interpréter si tels frais intègrent bien les dispositions de l'article 119. Aussi, a-t-il été jugé que la notion de salaires des capitaines, officiers et hommes d'équipage, qui se rattache au fonctionnement et à l'exploitation du navire, doit s'entendre comme un terme générique couvrant l'ensemble des créances liées au contrat d'engagement. Dès lors, les accessoires du salaire des capitaines, officiers ou hommes d'équipage, ainsi que les indemnités liées à la rupture du contrat d'engagement sont des créances maritimes au même titre que les salaires[335].

Dans une espèce relativement récente[336], Dame Kim épouse Park Hee Suk, agissant sur la base de l'intervention de Monsieur Foyang Etienne, leur partenaire commun, avait consenti au sieur Matsamakis NIKOS, Armateur domicilié à Douala - Bonapriso, un prêt de 70.000.000 FCFA (soit environ 107.000 euros) destinés à l'achat du carburant et autres produits pour l'entretien et l'exploitation des navires appartenant à ce dernier. Pour garantir le remboursement de ladite somme, Matsamakis avait remis à Dame Kim deux chèques Crédit Lyonnais de 55.000.000 FCFA (84.000 euros) et 15.000.000 FCFA (23.000 euros) tirés respectivement les 28 octobre 2005 et 13 janvier 2006, lesquels sont retournés impayés faute de provision. La question s'était alors posée au juge de savoir si le prêt consenti à un armateur pour l'achat du carburant et des autres produits nécessaires à l'entretien et à l'exploitation du navire pouvait être considéré comme une créance maritime. S'appuyant sur les dispositions pertinentes de l'article 119 paragraphe 8 du Code communautaire de la CEMAC, le juge des référés a déclaré qu'était parfaitement fondée, la saisie conservatoire d'un navire pratiquée par un

---

334Com. 10 mai 1989, n°87-11-779, Bull.civ IV, n°146 ; DMF 1989, p. 704, note Bonassies cité par GUICHARD (S), MOUSSA(T) (dir), op.cit, p. 553

335 CA Aix-en –Provence, 13 avr.2004, navire Wedge One, DMF 2004 p.1012, note Chaumette ; DMF 2005, HS, p. 60, obs. Bonassies, cité par Renaud BEAUCHARD, ibidem

336 Ordonnance de référé n° 483 du 23 août 2006 rendue par le Tribunal de Première Instance de Douala-Bonanjo, dans l'affaire Matsamakis NIKOS c/ Dame KIM épouse Park Hee Suk inédite. Cité par KENGUEP Ebénézer, la procédure de saisie conservatoire des navires : le chemin de croix des justiciables camerounais, Revue de l'ERSUMA n° 6 janvier 2016, p.470 et suivants

prêteur de fonds ayant servi à armer les navires du débiteur stationnés et dépourvus de carburant.

### C. La problématique de la qualité du débiteur

La saisie de navire soulève en filigrane la question de la qualité du débiteur saisi. Il sera rappelé qu'en droit commun, le créancier ne peut saisir à titre conservatoire que les biens appartenant à son débiteur. En matière de saisie conservatoire de navire, la question parait plus délicate, dans la mesure où le créancier peut être autorisé à saisir un navire n'appartenant pas à son débiteur. Selon l'article 114 du Code de la Marine Marchande CEMAC, le créancier peut saisir le navire auquel la créance se rapporte ou tout autre navire appartenant à celui qui était, au moment où est née la créance maritime, propriétaire du navire auquel cette créance se rapporte.

Ce qui permet aux créanciers de l'affréteur de saisir le navire auquel se rapporte la créance, navire objet d'un contrat d'affrètement, dès lors qu'il est établi que la dette se rapporte audit navire. L'inconvénient de cette conception réside dans le fait que la dette peut être contractée à l'insu de l'armateur propriétaire du navire. Au moment de la saisie, il est fort probable que le contrat d'affrètement qui liait le propriétaire à l'affréteur ait déjà pris fin.

En poursuivant la saisie du navire, l'armateur sera contraint de payer une dette dont il ignore parfois l'existence. Ce qui a fait dire au Doyen Rodière, que « *c'est bien entendu le navire du débiteur seul qu'on peut saisir, l'affrètement d'un navire n'en fait pas la propriété de l'affréteur, les créanciers de l'affréteur n'ont donc aucun titre à le saisir*[337] ».

La question se pose de savoir si un armateur peut voir son navire saisi pour les dettes contractées par un affréteur, même après la ré-délivrance du navire. La convention de Bruxelles et le code communautaire CEMAC sont muets sur la question et la doctrine semble partager à ce sujet. Certains auteurs envisageant ouvertement cette possibilité alors que d'autres indiquent que le propriétaire du navire n'a pas à répondre des dettes de l'affréteur en dehors de l'hypothèse où le navire est grevé d'une hypothèque. La jurisprudence semble tout autant divisée que la doctrine.

Selon la Cour d'appel de Saint-Denis, «la Convention de 1952 ne permet pas de pratiquer une saisie conservatoire sur un navire n'appartenant pas au débiteur de l'obligation après re-délivraison sur la seule allégation d'une créance maritime relative audit navire, son article 9 prévoyant en son alinéa 1 qu'elle ne crée aucun droit à une action qui, en dehors de ces stipulations,

---

[337]RODIERE(R), du PONTAVICE (E), Droit maritime, op. cit. p.475

n'existerait pas d'après la loi appliquée par le tribunal saisi du litige, et en son article 2, qu'elle ne confère aux demandeurs aucun droit de suite autre que celui accordé par ladite loi ou par la convention internationale sur les privilèges et hypothèques maritimes, si elle était applicable… une telle saisie ne peut être autorisée que si le saisissant peut justifier d'une créance privilégiée au sens de la loi applicable[338].»

Pour la Cour d'appel de Rennes «l'article 3.4 de la Convention de 1952 permet la saisie d'un navire affrété avec remise de la gestion nautique pour sûreté d'une créance sur l'affréteur tout en posant comme limite à cette mesure son application exclusive au navire concerné par la fourniture ; il n'importe dans cette hypothèse que l'affrètement ait cessé lors de la saisie ; en effet, le droit de suite exclu à l'art. 9 concerne uniquement l'aliénation du navire et la faculté de saisir entre les mains de l'acquéreur, alors qu'en l'espèce la société X (le fréteur) était propriétaire du navire lors du remplissage des soutes et l'était toujours lors de la saisie[339]».

Les navires appartenant à un Etat, ou exploités par lui, ne peuvent être saisis si, au moment où la créance est née, ils étaient affectés exclusivement à un service gouvernemental et non commercial.

### § 4. La procédure de la saisie de navire

La saisie conservatoire de navire doit être autorisée par une ordonnance du président de la juridiction compétente(B). La spécificité de cette procédure demeure l'implication de l'autorité maritime dans la mise en œuvre de la mesure (A).

#### A. L'avis de l'autorité maritime compétente

La particularité de cette mesure réside en ce que la saisie conservatoire de navire ne peut être accordée par le juge qu'après avis de l'autorité maritime compétente (art.120 Code CEMAC). L'article §11 du Code de la marine marchande CEMAC précise que l'autorité maritime compétente est « le Ministre chargé de la marine marchande ou le Directeur de la marine marchande ou tout autre fonctionnaire auquel le Ministre a délégué tout ou partie de ses pouvoirs ».

La question se pose de savoir à qui incombe l'obligation de solliciter l'avis de l'autorité maritime compétente. Le texte de l'article 120 reste muet sur la question. Ce qui peut laisser penser que le juge saisi d'une demande de saisie

---

338 CA Saint Dénis, 09 aout 2012, DMF 2013-746

339CA Rennes 25 septembre 2012, navire Pioneer, DMF 2013,333

de navire doit requérir l'avis de l'autorité compétente, avant d'apprécier en dernier lieu le bien-fondé de la mesure sollicitée. Tel n'est pas le cas.

En pratique, l'avis de l'autorité maritime est sollicité par le requérant préalablement à la saisine du juge, de sorte que l'avis est joint au dossier au moment de la saisine du juge. Il faut dire que cet avis n'a qu'un caractère consultatif et ne lie pas le juge (art.118). De sorte que même lorsque l'autorité maritime a émis un avis favorable, le juge peut rejeter la demande du requérant et inversement. Le texte ne précise pas non plus si l'avis doit être motivé ou pas. Nonobstant le mutisme du législateur communautaire CEMAC sur ce point, il faut admettre que cet avis doit être motivé. L'autorité maritime doit éclairer la religion du juge objectivement sur les éléments motivant son avis.

Force est de constater que l'obtention de cet avis, souvent utilisé à contre-emploi par l'autorité administrative est devenue une gageure et un véritable chemin de croix pour les justiciables[340]de sorte que l'on peut utilement s'interroger s'il ne faut pas simplement supprimer cette autorisation lors de prochaine réforme du Code CEMAC.

S'agissant de la saisie conservatoire de navire, la diligence est requise dans la mesure où le navire ne restant à quai que pendant quelques jours, le temps nécessaire pour décharger sa cargaison, la lenteur administrative aidant, si plusieurs semaines sont nécessaires pour obtenir le précieux sésame que constitue l'avis de l'autorité maritime, le créancier peut obtenir cet avis alors que le navire qu'il entendait saisir a déjà mis les voiles.

En outre, si l'intention du législateur louable au départ était d'associer l'autorité maritime dans la mise en œuvre de cette saisie, en l'impliquant davantage, l'autorité maritime peut aujourd'hui devenir un obstacle à la mise en œuvre de la saisie de navire. L'immixtion intempestive de l'autorité maritime est de nature à compromettre la sécurité juridique et judiciaire qu'appellent les investisseurs de leurs vœux[341].

---

[340] KENGUEP Ebénézer, la procédure de saisie conservatoire des navires : le chemin de croix des justiciables camerounais, Revue de l'ERSUMA n° 6 janvier 2016, p.470 et suivants op.cit.

[341]Dans l'affaire opposant le sieur Matsamakis Nicolas à la société Maersk Cameroun S.A, citée KENGUEP Ebénézer dans son article cité supra, l'auteur rapporte que bien qu'ayant fait l'objet d'une saisie conservatoire à la suite de l'ordonnance n° 1543 du Président du Tribunal de Première Instance de Douala en date du 30 novembre 2012, le navire M/V Maersk Newport a quitté le port de Douala sans qu'aucune décision ou autre mesure ordonnant mainlevée n'ait été rendue, mais simplement sur la base d'une instruction par fax du Ministre camerounais des transports exerçant abusivement ses prérogatives d'autorité maritime compétente. Evidemment le Ministre en cause, soucieux de préserver les équilibres géostratégiques et politique ne dira aucun mot à propos de cette affaire, mais cet exemple n'est pas de nature à mettre les investisseurs en confiance.

## B. L'ordonnance aux fins de saisie conservatoire de navire

Le créancier est tenu de solliciter une autorisation du juge compétent du lieu où le navire est amarré pour pratiquer une saisie conservatoire. Aucune dispense d'autorisation n'est accordée au créancier, fût-il détenteur d'un titre exécutoire.

Le législateur ne précise pas de combien de temps dispose le créancier qui a obtenu l'ordonnance autorisant la saisie pour pratiquer la mesure. En raison de la mobilité des navires, le créancier ne peut se permettre d'attendre plusieurs mois avant de pratiquer la mesure. Surtout lorsque le navire à saisir est un tramping appartenant à une « *single ship company* [342]» qui vogue au hasard du fret à transporter.

Le code de la marine marchande CEMAC ne contient aucune disposition spécifique réglementant l'épineuse question de la compétence territoriale du juge devant autoriser la saisie conservatoire de navire. La précision est apportée par les articles 4 et 5 de la convention de Bruxelles attribuant compétence au juge *du for* pour autoriser dans un port de l'Etat partie, la saisie conservatoire d'un navire et à en donner mainlevée.

En matière de transport maritime, les parties recourent souvent à une clause compromissoire insérée dans la charte-partie attribuant compétence à une juridiction arbitrale en cas de litige. Cependant, même en présence d'une clause compromissoire, le juge de l'urgence est toujours compétent pour autoriser et donner mainlevée d'une saisie conservatoire, en application de l'article 13 alinéa 4 de l'Acte Uniforme sur l'Arbitrage.

Si aux termes de cette disposition, le juge des référés peut statuer en matière d'urgence même en présence d'une clause compromissoire, les mesures qu'il peut prendre ne doivent en aucun cas impliquer un examen du litige au fond dont l'examen relève de la compétence exclusive du tribunal arbitral. L'action en référé tendant à obtenir la mainlevée d'un gage constitué aux termes d'une convention de garantie à première demande impliquant nécessairement l'examen au fond de la validité de la convention de garantie conclue par les deux parties, ce qui entraine l'incompétence de la juridiction de référés. La Cour d'appel, qui a ainsi retenu sa compétence, a méconnu les dispositions de l'article 13 précité et expose sa décision à la cassation[343].

---

[342] Une compagnie de navigation qui ne possède qu'un seul navire

[343]CCJA, 2ème ch. arrêt n°018/2015 du 02 avril 2015, Aff. Société United Bank for Africa dite UBA c/ Société Beneficial Life Insurance (BLI), Ohadata J-16-18.

En présence d'une clause compromissoire, le juge étatique est compétent, sauf clause contraire, pour se prononcer sur une mesure conservatoire telle que la saisie de navire. Inversement, sauf disposition contraire dans la clause compromissoire, il n'est pas compétent pour ordonner une expertise afin de faire les comptes entre les parties, surtout en l'absence d'urgence, s'agissant du juge des référés[344].

Du reste, une juridiction étatique saisi d'un litige relevant de la compétence d'un tribunal arbitral, en vertu d'une convention d'arbitrage, ne peut décliner sa propre compétence qu'à la condition que l'une des parties lui en fasse la demande[345].

Lorsqu'une clause attributive de compétence donne compétence à une juridiction particulière pour connaitre tout litige pouvant surgir entre les parties, elle joue comme une clause compromissoire. A cet effet, elle n'interdit nullement au juge d'ordonner une mesure conservatoire à l'instar d'une saisie conservatoire de navire. La clause attributive de compétence ne concerne en réalité que le fond du litige ; elle ne fait pas obstacle à la compétence du juge pour prescrire une mesure conservatoire.

En présence d'une clause compromissoire, la compétence du juge étatique ne se limite qu'à la prescription des mesures urgentes ou conservatoires. Le juge n'étant pas autorisé à connaitre le fond du litige relevant de la compétence exclusive du tribunal arbitral. Viole ainsi les dispositions de l'article 13, alinéas 1 et 2 de l'Acte Uniforme relatif à l'arbitrage, une Cour d'appel, qui non seulement infirme le jugement du tribunal qui s'est reconnu incompétent, mais retient sa compétence pour se prononcer sur le fond du litige, nonobstant l'existence d'une clause d'arbitrage[346].

Cela tant, le juge apprécie souverainement la requête du créancier pour autoriser ou refuser la saisie du navire.

### C. Les opérations de saisie

Les opérations de saisie de navire sont exécutées par un huissier de justice, conformément aux dispositions régissant l'exécution des décisions de justice.

---

344 CA Douala, arrêt n°81/ref., SOCIAA c/ BAD, Ohadata J-02-31

345 CCJA, 1ère ch., arrêt n°6 du 29 juin 2006, Aff. F.K.A c/ H.A.M, Le Juris Ohada n°4/2006, p.2, Ohadata J- 07-23.

346 CCJA, 1ère Chambre, arrêt n° 12 du 24 février .2005, Aff. Société de Manufacture de Côte d'ivoire dite MACACI c/ May Jean Pierre, Juris-Ohada, n°02/2005, p.9- Recueil de Jurisprudence de la CCJA n°5, janvier –juin 2005, volume 2 p.27, Ohadata J-05-357

### 1) -Les diligences effectuées par l'huissier instrumentaire

Conformément à l'article 122 du Code de la marine marchande de la C.E.M.A.C la saisie conservatoire est pratiquée entre les mains du Capitaine du navire par un huissier de justice qui dresse procès-verbal. La copie du procès-verbal est adressée au Commandant du port, à l'autorité maritime compétente, ainsi qu'au Consul de l'Etat du pavillon. L'huissier énonce dans son procès-verbal :

- les nom, profession et domicile du créancier pour qui il agit ;
- la décision judiciaire autorisant la saisie ;
- le montant de la créance justifiant la saisie ;
- la date du commandement de payer ;
- l'élection de domicile faite par le créancier dans le lieu où siège l'autorité judiciaire compétente, et dans le lieu où le navire est amarré ;
- les nom et adresse du propriétaire du navire ;
- les nom, catégorie, tonnage et nationalité du navire.

Il est fait énonciation et description, dans le procès-verbal, des chaloupes, agrès et apparaux du navire, ainsi que de ses provisions et soutes.

Si le navire saisi bat pavillon d'un état membre de la CEMAC le procès-verbal de saisie est inscrit sur le registre tenu par l'autorité maritime compétente et sur lequel le navire est immatriculé. Cette inscription est requise dans un délai de sept jours, à compter de la date du procès-verbal. Ce délai est augmenté de vingt jours, si le lieu de la saisie et le lieu où le registre des immatriculations est tenu ne sont pas situés dans le même Etat.

L'huissier doit demander au capitaine si le navire saisi a déjà fait l'objet d'une saisie antérieure et dans cette hypothèse, de lui communiquer le procès-verbal y relatif. Dans le cas où le capitaine serait absent lors de la saisie, un délai de huit jours lui sera imparti, à compter de la saisie pour faire connaitre à l'huissier l'existence d'une saisie antérieure ayant conservé ses effets et lui communiquer le procès-verbal.

De même, le procès-verbal de saisie doit rappeler les dispositions de l'article 116 du Code de la Marine marchande selon lequel, nonobstant toute saisie et à tout moment, le tribunal compétent peut après l'avis de l'autorité maritime autoriser le départ du navire pour un ou plusieurs voyages déterminés. Pour obtenir cette autorisation, le requérant doit fournir une garantie suffisante.

Enfin, le procès-verbal doit contenir les dispositions de l'article 400 al.5 du Code Pénal réprimant le détournement des objets saisis.

### 2) -Les effets de la saisie conservatoire de navire

La saisie conservatoire empêche le départ du navire. Elle ne porte aucune atteinte aux droits du propriétaire (Art.121Code de la marine marchande). Il s'agit d'une spécificité de la saisie de navire. Contrairement à la saisie conservatoire de droit commun rendant le bien saisi indisponible, la saisie conservatoire de navire empêche simplement le départ du navire. En dépit de la saisie de son navire, le débiteur peut légalement aliéner son navire.

### 3) - Le gardien du navire saisi

L'autre particularité de la saisie conservatoire de navire est que le débiteur saisi n'est pas constitué gardien des biens saisis. Cette mission incombe à l'autorité portuaire. Selon l'article 124 du Code de la marine marchande CEMAC, l'autorité maritime compétente est constituée gardienne du navire saisi. En pratique cette mission est confiée au Directeur du Port et les fonctionnaires auxquels il a délégué tout ou partie de ses pouvoirs, et notamment le Commandant du Port ou le Chef du Service de la Capitainerie pour tout ce qui concerne la police portuaire.

Dans l'accomplissement de son mandat, le gardien n'assure qu'une obligation de moyens. Lorsqu'elle reçoit notification de la décision judiciaire autorisant la saisie, l'autorité maritime compétente émet l'interdiction d'appareiller et en assure l'application. Cette interdiction doit être émise par le Chef du Service de la Capitainerie, lequel assume les fonctions de police portuaire. Ceci permet de s'assurer que le navire ne quitte le port clandestinement, alors qu'il fait l'objet d'une saisie conservatoire. Le législateur a sans doute tenu compte des difficultés engendrées au plan international par les conventions internationales lesquelles ne désignent pas explicitement le gardien du navire immobilisé au port à quai pour établir les responsabilités en cas de dommage. Même saisi, un navire est toujours susceptible de causer des dommages aux installations portuaires et à d'autres navires.

En France, le Conseil d'Etat avait exclu que l'autorité portuaire puisse être qualifiée de gardien de la chose[347]. Pour sa part, la Cour de Cassation considère que le propriétaire du navire était dessaisi de la possession de son bâtiment, donnant ainsi une part de responsabilité au créancier saisissant[348].

---

[347] CE 20 janv.1989, n°60269, D.1989, J.619, note Grellois

[348] Civ. 2e , févr.1987, n°85-17.763, Bull. civ II, n°46 ; JCP 1987, IV, P.131 cité par Renaud BEAUCHARD, saisie conservatoire des navires : effets de la saisie , in GUICHARD (S), MOUSSA(T) (dir), Droit et Pratique des Voies d'exécution, Op.cit, spécialement n°626.31

Il est prévu des mécanismes pour autoriser le débiteur à exploiter son navire, en autorisant ledit navire de quitter le port moyennant la fourniture d'une garantie. Aux termes de l'article 116, nonobstant toute saisie et à tout moment, le tribunal compétent peut, après l'avis de l'autorité maritime, autoriser le départ du navire pour un ou plusieurs voyages déterminés. Pour obtenir cette autorisation, le requérant doit fournir une garantie suffisante.

Aucune demande tendant à la libération du navire contre la constitution d'une garantie ne peut être interprétée comme une reconnaissance de responsabilité ni comme une renonciation à toute défense ou tout droit de limiter la responsabilité.

Dans un délai d'un mois à compter de la notification de la saisie faite au capitaine, le propriétaire du navire ou son représentant peut se pourvoir devant le juge des référés en rétractation de l'ordonnance de saisie. Par ailleurs, nonobstant la saisie, il peut demander à tout moment au tribunal compétent, l'autorisation de voyage (art.123).

#### 4) -La mainlevée provisoire de la saisie : l'autorisation de voyage

Un assouplissement à l'empêchement de naviguer a été aménagé en permettant au juge d'autoriser le navire d'effectuer un ou plusieurs voyages sous certaines conditions. L'article 116 du Code de la Marine marchande CEMAC, dispose que « nonobstant toute saisie et à tout moment, tribunal compétent peut après l'avis de l'autorité maritime autoriser le départ du navire pour un ou plusieurs voyages déterminés. Pour obtenir cette autorisation, le requérant doit fournir une garantie suffisante. Aucune demande tendant à la libération du navire contre la constitution d'une garantie ne peut être interprétée comme une reconnaissance de responsabilité ni comme une renonciation à toute défense ou tout droit de limiter la responsabilité ».

Après avis de l'autorité maritime compétente, le tribunal, fixe le délai dans lequel le navire devra regagner le port de la saisie. Il peut ultérieurement modifier ce délai pour tenir compte des circonstances et, le cas échéant, autoriser le navire à faire d'autres voyages. Si, à l'expiration du délai fixé, le navire n'a pas rejoint son port, la somme déposée en garantie est acquise aux créanciers, sauf le jeu de l'assurance en cas de sinistres couverts par la police.

Le montant de la garantie est fixé par le juge en fonction du quantum de la créance cause de la saisie. Le versement de la garantie est une condition substantielle pour l'obtention de l'autorisation du voyage. Il ne relève pas des attributions du juge de dispenser le requérant de l'obligation de verser la garantie. Ainsi lorsque le requérant n'a pas versé la garantie, sa demande doit être rejetée.

La garantie n'est pas versée entre les mains du créancier saisissant, mais au greffe de la juridiction. Elle ne sera remise au saisissant que si le navire s'est soustrait à son obligation de regagner le port à l'expiration du délai imparti. Il faut noter que cette garantie sera restituée en cas de mainlevée de la saisie.

Il ressort de la lecture de l'article 116 du Code de la marine marchande que seul le débiteur saisi peut solliciter l'autorisation de voyage, celle possibilité est écartée au profit d'un tiers. La raison de cette exclusion est que seul le débiteur a intérêt à formuler une telle demande.

Toutefois, lorsque plusieurs navires de grand tonnage sont simultanément saisis dans le port, leur immobilisation pendant plusieurs jours peut engendrer un engorgement du port. Ce qui peut affecter considérablement les opérations de remorquage. Dans ce cas, les autorités portuaires sont fondées à solliciter l'autorisation de déplacer les navires saisis pour les placer dans un autre port moins encombré. Les autorités portuaires sont tenues de solliciter l'autorisation de déplacer les navires saisis, car ils ne peuvent prendre une telle initiative de leur propre chef.

### 5) -L'obligation d'initier une procédure au fond

A compter de la notification du procès-verbal de saisie conservatoire, le créancier saisissant est tenu d'introduire une procédure ou accomplir les formalités nécessaires à l'obtention du titre exécutoire, dans un délai d'un mois. Ce délai est prescrit à peine de caducité (Art.125 code de la marine marchande). L'on retrouve la même exigence à l'article 61 de l'AUVE.

Dans le souci de préserver les intérêts des armateurs, l'article 126 indique que le propriétaire de navire saisi, qui aura obtenu la mainlevée ou la rétractation de la saisie, pourra assigner le saisissant en réparation du préjudice subi du fait de l'immobilisation du navire, s'il est avéré que la saisie était injustifiée. Cette action permet au débiteur de poursuivre la réparation du préjudice causé par une saisie manifestement injustifiée voire abusive. Le débiteur aura certainement à débourser des frais supplémentaires pour les indemnités des marins, des frais générés par l'immobilisation auprès des autorités portuaires ou l'armateur.

### 6) -La conversion en saisie-vente

Après avoir obtenu un titre exécutoire, le créancier convertit la saisie conservatoire du navire en saisie-vente. Constituent des titres exécutoires au sens de l'article 127 du Code de la marine marchande : les décisions juridictionnelles revêtues de la formule exécutoire et celles qui sont exécutoires sur minutes ; les actes et décisions juridictionnels étrangers ainsi que les sentences arbitrales déclarées exécutoires par une décision juridictionnelle non susceptible de recours suspensif d'exécution de l'Etat dans lequel ce titre est invoqué ; les procès-verbaux de conciliation signés par le juge et les parties ; les actes notariés revêtus de la formule exécutoire ; les décisions auxquelles la loi nationale de chaque Etat partie attache les effets d'une décision judiciaire.

La conversion se fait suivant procès-verbal de conversion. Ce procès-verbal est inscrit sur le registre des hypothèques maritimes tenu par l'autorité administrative compétente. Cette inscription est requise dans le délai de sept jours à compter de la date du procès-verbal. Ce délai est porté à quatorze jours si le lieu de la saisie et le lieu où le registre est tenu ne sont pas situés dans le même port (art.161).

## Section 2
## La saisie conservatoire des aéronefs

La saisie conservatoire d'aéronef est une mesure spectaculaire qui focalise l'attention de la presse et de l'opinion publique, en raison de la nature du bien objet de la saisie. Plus qu'une mesure conservatoire, la saisie d'aéronef est souvent source de désagrément pour les tiers. L'immobilisation de l'aéronef peut également avoir des conséquences graves sur le plan diplomatique[349]lorsque la saisie porte sur un aéronef d'une compagnie étrangère[350]. Au-delà de son aspect médiatique, cette mesure peut s'avérer difficile à mettre en œuvre en raison de la mobilité qui caractérise les aéronefs.

La saisie conservatoire d'aéronefs est régie par le règlement n°07/12-UEAC-066-CM-23 du 22 juillet 2012 portant Code de l'Aviation Civile des Etats membres de la CEMAC. Ce texte se réfère à la convention de Chicago du 07 décembre 1944 relative à l'aviation civile internationale également applicable dans l'espace CEMAC. Selon l'article 35 du Code de l'aviation civile CEMAC, les aéronefs constituent des biens meubles pour l'application des dispositions du code civil. Toutefois, la cession de propriété doit être constatée par écrit et ne produit des effets à l'égard des tiers que par l'inscription au registre d'immatriculation. Toute mutation de propriété par décès ou tout jugement translatif, constitutif, déclaratif de propriété doit être inscrite sur le registre à la requête du nouveau propriétaire.

---

349 LEBORNE (A.), Voies d'exécution et procédures de distribution, éd. Dalloz, 2009, p.945

350 V. par exemple, paris, 31 janv. 1984, Gaz. Pal. 1984, 277, note Pruvost, pour la saisie d'un avion d'Air Zaïre, qui avait à son bord le Président MOBUTU, cité LEBORNE (A.), ibidem p.945

Il faut réserver la saisie conservatoire effectuée par les officiers de police judiciaire, les agents des services des douanes, les fonctionnaires du corps technique de l'aviation civile dûment assermentés et les autorités administratives en application de l'article 58 du Code de l'Aviation civile, pour sanctionner les infractions à la règlementation de la circulation aérienne lorsque, l'aéronef ne remplit pas les conditions prévues par la loi.

Dans cette hypothèse, il s'agit plutôt d'une rétention administrative d'un aéronef que d'une saisie conservatoire.

### § 1. Champ d'application

La saisie conservatoire des aéronefs ne s'applique qu'aux aéronefs. L'aéronef étant défini comme tout appareil qui peut se soutenir dans l'atmosphère grâce à des réactions de l'air autres que les réactions de l'air sur la surface de la terre. Cette définition au demeurant technique et globalisante peut être source de difficultés à l'ère de nouvelles technologies avec l'irruption des appareils volant miniaturisés à l'instar des drones.

L'article 20 du Code suscité classe les aéronefs en trois types suivant leur utilisation :

- Aéronefs d'Etat comprenant tous ceux qui sont utilisés dans les services militaires, de douane ou de police ou d'autres services d'application de la loi d'un Etat ;
- Aéronefs privés autres que ceux d'Etat et qui sont utilisés à des fins non commerciales ;
- Aéronefs de transport qui sont ceux conçus pour transporter des personnes ou du fret. Ils sont utilisés contre rémunération ou en vertu d'un contrat de location.

La même disposition distingue trois types d'aéronefs selon leur tonnage. Elle distingue les avions ultraléger (ULM) qui sont des aéronefs dont le MTOW (poids maximal autorisé au décollage) ne dépasse pas 454 KG ou 1000 livres et qui normalement ne sont pas utilisés pour le transport public, des aéronefs de faible tonnage dont le MTOW est inférieur à 5700 KG (environ 12550 livres). A ces deux types d'aéronefs vient s'ajouter les aéronefs de gros tonnage dont le MTOW est pour les statistiques de l'OACI d'au moins 9 tonnes (environ 200000 livres). Dans le contexte de la règlementation technique, c'est un aéronef dont le MTOW est supérieur à 5700 KG (environ 12550 livres).

### § 2. La procédure

La saisie conservatoire des aéronefs est régie par les règles édictées par le code de l'aviation civile CEMAC. Toutefois en cas de mutisme du législateur sur certains aspects, la jurisprudence recourt parfois aux règles régissant la saisie conservatoire de droit commun.

### A. Les conditions d'ouverture

La saisie conservatoire des aéronefs n'est ouverte qu'aux créanciers réunissant certaines conditions liées notamment à la créance cause de la saisie, à la nationalité de l'aéronef ainsi qu'au domicile de son propriétaire.

#### 1) -L'autorisation préalable du juge

L'article 64 du Code de l'aviation civile CEMAC indique que, lorsque le propriétaire de l'aéronef n'est pas domicilié dans un des Etats Membres ou que l'aéronef est de nationalité étrangère, tout créancier a le droit de pratiquer une saisie conservatoire avec l'autorisation du président du tribunal de première instance du lieu où l'appareil atterri. Même muni d'un titre exécutoire, le créancier est tenu de solliciter l'autorisation préalable du juge, alors qu'il serait exempté d'une telle autorisation s'il s'agissait d'une saisie conservatoire de droit commun.

On retrouve la même exigence en droit français. Dans l'affaire ayant donné lieu à l'arrêt de la Cour d'appel de Paris du 13 janvier 1998, la GPA Fokker 1000 Ltd, ayant son siège social en Irlande, avait pratiqué une saisie conservatoire d'un Boeing 747 appartenant à la compagnie Air Gabon dont le siège social se trouvait à l'aéroport international de Libreville au Gabon, pendant que l'appareil se trouvait dans les hangars de l'aéroport d'Orly Sud en France. Nonobstant l'existence d'un titre exécutoire dont était détenteur le créancier poursuivant, la Cour d'appel avait déclaré cette saisie nulle et de nul effet en application de l'article R.123-9 du Code de l'Aviation civile. Selon ce texte, lorsque le propriétaire de l'aéronef n'est pas domicilié en France ou lorsque l'appareil est de nationalité étrangère comme c'était le cas, le créancier ne peut pratiquer une saisie conservatoire qu'avec l'autorisation du juge d'instance du lieu où l'appareil a atterri[351].

Le juge saisi doit donner mainlevée de la saisie, si le propriétaire offre de déposer un cautionnement égal au montant de la créance réclamée. Il peut aussi ordonner la mainlevée de la saisie en fixant le montant de cautionnement à fournir (art.64 al.2 Code de l'Aviation civile CEMAC).

---

[351] CA Paris, 6e ch., sect.D, 13 janvier 1998, inédit

### 2) -Les conditions relatives à la créance

La saisie d'aéronef est ouverte à tout créancier, chirographaire ou nanti de suretés. Le créancier saisissant peut-être nanti d'une sûreté, grevant l'aéronef mais il n'est pas nécessaire qu'il soit titulaire d'un droit de suite pour pratiquer la saisie. Dans l'affaire dite air Gabon, la Cour d'appel de Paris a retenu qu'il ne peut être fait grief à un avocat d'avoir déposé une requête afin de se voir autoriser à saisir à titre conservatoire l'aéronef de la société aérienne qui se reconnaissait débiteur des honoraires qui lui étaient reconnus et dus. Les circonstances de l'espèce faisant suffisamment ressortir que l'intéressé a agi dès qu'il lui est apparu que son client n'entendait pas satisfaire à ses demandes de paiements des honoraires convenus, et à un moment où il était fondé de croire sa créance en péril, compte tenu des difficultés financières de la société, qui sont suffisamment établies par les articles de presse et d'ailleurs reconnues par celle-ci dans ses conclusions[352].

La créance cause de la saisie a souvent un lien avec l'aéronef, tel est le cas lorsque le propriétaire de l'aéronef était bénéficiaire d'un emprunt en vue de l'acquisition de l'appareil et pour garantir le remboursement de son crédit, le créancier a pris une hypothèque sur les aéronefs inscrits sur le registre d'immatriculation des aéronefs civils[353].

En tout état de cause, le créancier saisissant est souvent détenteur d'une créance garantie par l'aéronef.

## B. Les conditions relatives à la nationalité de l'aéronef et au domicile du propriétaire

Aux termes de l'article 64 du Code de l'Aviation civile CEMAC, lorsque le propriétaire de l'aéronef n'est pas domicilié dans un des Etats Membres ou que l'aéronef est de nationalité étrangère, tout créancier a le droit de pratiquer une saisie conservatoire. Ce qui implique que la saisie d'un aéronef ayant la nationalité de l'un des Etats membres de la CEMAC n'est pas envisageable.

Lorsque le propriétaire de l'aéronef est une personne morale, la saisie n'est possible que si son siège social n'est pas situé dans un Etat membre de la CEMAC.

---

352 CA Paris 1ère ch. A, 23 juin 2003, Gaz. Pal.2003, 2, J.3007, cité par Fréderic –Jérôme PANSIER, Saisie-vente des aéronefs in GUICHARD (S), MOUSSA(T) (dir), Droit et Pratique des Voies d'exécution, Op.cit

353 Cf. CCJA, arrêt n°023/2006 du 16 novembre 2006, Aff. Société Africaine de Crédit Automobile dite SAFCA et Société Africaine de Crédit-Bail dite SAFBAIL c/ Société Air Continental, précité

## C. Les aéronefs insaisissables

L'article 60 du Code de l'Aviation Civile CEMAC dispose que « sans préjudice des procédures spéciales prévues par le présent Code, les aéronefs des Etats Membres et Etrangers, affectés à un service d'Etat ou au transport public des passagers ne peuvent faire l'objet d'une mesure de saisie conservatoire que si la créance porte sur les sommes dues par le propriétaire en raison de l'acquisition de ces aéronefs ou de contrats de formation ou de maintenance liés à leur exploitation ». L'article 65 ajoute que sont exempts de saisie, les aéronefs en service sur les lignes de transport public, les pièces de rechange et accessoires indispensables à leur utilisation, à condition, s'il s'agit d'aéronefs étrangers qu'ils soient rentrés régulièrement sur le territoire national.

Par pièces de rechange, il faut entendre toutes les parties composant les moteurs, hélices, appareils de radio, instruments, équipements, garnitures, parties de ces divers éléments et plus généralement tous objets, de quelque nature que ce soit, conservés en vue du remplacement des pièces composant l'aéronef, sous réserve de leur individualisation. Une publicité appropriée doit être effectuée conformément à l'article 39 du même code.

Ces dispositions comportent des restrictions à la possibilité de saisir à titre conservatoire reconnue à tout créancier dès lors que l'aéronef est affecté à un service d'Etat, à des transports publics. Le fait que l'aéronef soit temporairement immobilisé pour subir une opération de grande visite n'autorise pas le créancier à pratiquer la saisie. Dans une espèce où le pourvoi faisait grief à l'arrêt de la Cour d'appel d'avoir déclaré nulle la saisie conservatoire d'un aéronef alors que l'aéronef était immobilisé, pour rejeter le pourvoi, la Cour de Cassation a relevé que l'avion n'était immobilisé que temporairement et devait reprendre à l'issue des opérations de grande visite, ses vols et le fait de subir une visite de grand entretien n'a pas fait perdre à l'appareil son affectation aux transports publics[354].

## D. Les opérations de saisie

La saisie conservatoire est pratiquée entre les mains du Commandant de bord ou du pilote de l'aéronef par un huissier de justice qui dresse procès-verbal. Les opérations de saisie sont exécutées par l'huissier instrumentaire territorialement compétent. Le Code de l'Aviation civile ne mentionne pas, de manière détaillée, le contenu du procès-verbal de saisie conservatoire d'aéronef. La seule indication contenue à l'article 62 est celle relative à la saisie-vente de l'aéronef. En l'absence de l'indication précise, un renvoi à la

[354]Civ. 2e, 25 nov. 1999, arrêt n°1341, n°98-12.758, NPT ; Gaz. Pal. 3 aout 2000, J. n°216, p.24

saisie conservatoire de droit commun est indispensable, en tenant compte, bien entendu, des spécificités contenues à l'article 62. Ainsi, outre les mentions indispensables, requises pour la validité d'acte d'huissier de justice, le procès-verbal de saisie doit contenir :

1) les noms, prénoms et domiciles du créancier ; s'il s'agit de personnes morales, leurs forme, dénomination et siège social ;

2) mention de l'autorisation de la juridiction compétente qui a autorisé la saisie ;

3) le décompte de la somme dont il poursuit le paiement en principal, frais et intérêts échus ainsi que l'indication du taux des intérêts ;

4) la désignation détaillée du type de l'aéronef ;

5) La description des principaux équipements et accessoires de l'aéronef ;

6) le numéro d'immatriculation de l'aéronef ;

7) la mention, que l'aéronef est placé sous la garde d'un gardien (désigné par l'huissier instrumentaire) et qu'il ne peut être déplacé sous peine de sanctions pénales ;

8) la reproduction des textes pénaux relatifs au détournement d'objets saisis[355] ainsi que celle des articles 60, 61, 227 et 228 ci-dessus.

9) la mention, en caractères très apparents, du droit de contester la validité de la saisie et d'en demander la mainlevée devant le président du tribunal compétent ayant autorisé la saisie ;

10) la désignation de la juridiction devant laquelle seront portées les contestations relatives à l'exécution de la saisie ;

11) l'élection de domicile dans le ressort territorial juridictionnel où s'effectue la saisie si le créancier n'y demeure ; il peut être fait à ce domicile élu, toute signification ou offre ;

Une vigilance accrue est de mise, afin de prévenir toute distraction de l'aéronef et son départ clandestin. A cet effet, l'huissier instrumentaire doit signifier la saisie à l'autorité compétente de l'aéroport, aux autorités compétentes de l'aviation civile, à la tour de contrôle ainsi qu'au service de la police de l'air et des frontières, tout en leur déclarant verbalement que l'appareil est placé sous mains de justice. L'huissier instrumentaire doit obtenir la collaboration franche des autorités aéroportuaires, afin de faire obstacle à tout départ clandestin de l'aéronef en le plaçant en lieu sûr, en l'immobilisant par le retrait d'une pièce indispensable à la navigation.

---

[355]L'article 400 al.5 du Code Pénal dispose en effet que le saisi qui aura détruit, détourné ou tenté de détruire ou de détourner des objets saisis sur lui-même et confié à sa garde sera puni des peines portées en l'article 406. Il sera puni des peines portées en l'article 401 si la garde des objets saisis et qu'il aurait détruit, détourné ou tenté de détourner avait été confié à un tiers.

En pratique, il est conseillé à l'huissier de requérir le concours de la force publique et des autorités portuaires, pour obtenir l'immobilisation de l'aéronef de sorte que la tête de l'appareil soit face à un bâtiment[356]. Cette démarche est dictée par le fait que l'aéronefs ne peut faire de marche arrière. Dans ces conditions, pour décoller, les autorités aéroportuaires doivent lui fournir un engin de tractation arrière jusqu'à ce que l'appareil puisse s'engager sur le tarmac en position de marche avant.

### § 3. La conversion en saisie-vente

La saisie conservatoire d'aéronef est une mesure de pression dont l'avantage réside dans l'effet de surprise qui permet au débiteur de transiger dans un bref délai avec le créancier, surtout lorsque la presse ébruite la mesure et lui donne une publicité planétaire, mettant dans l'embarras le débiteur devenu insolvable aux yeux de ses partenaires. La saisie d'un aéronef est une publicité malsaine qui peut écorner l'image de la compagnie et impacter négativement son chiffre d'affaire. Lorsque le créancier poursuivant n'a été désintéressé, il doit convertir la saisie conservatoire en saisie-vente. Ce qui lui permettra de poursuivre la vente de l'aéronef et de se faire payer sur le prix. La conversion en saisie-vente implique que le saisissant soit détenteur d'un titre exécutoire. A supposer qu'il soit détenteur dudit titre, le saisissant doit faire précéder la conversion en saisie-vente par un commandement de payer. La saisie-vente de l'aéronef obéit aux mêmes règles que la saisie-vente de droit commun.

Un commandement de payer doit être servi au débiteur et à la personne du propriétaire ou à son domicile dans un délai de huit jours avant l'acte de conversion. Celle-ci est effectuée par un procès-verbal de conversion dressé par un huissier de justice, contenant les mentions prescrites à l'article 62 du Code de l'Aviation civile. L'acte de conversion doit contenir : les nom, prénoms, domicile du créancier pour qui il agit, le titre en vertu duquel il procède, la somme dont il poursuit le paiement, l'élection du domicile faite par le créancier du lieu où siège le tribunal devant lequel la vente doit être poursuivie, le nom du propriétaire, le type de l'aéronef, son immatriculation. A ces mentions, il faut ajouter la référence du procès-verbal de saisie conservatoire.

La vente aux enchères de l'aéronef est poursuivie dans les formes établies pour les ventes sur saisie (art.61 du Code de l'Aviation civile). A l'instar de la saisie-vente, le propriétaire de l'aéronef dispose de la possibilité de procéder à la vente amiable de l'aéronef dans un délai d'un mois.

---

[356]Fréderic –Jérôme PANSIER, Saisie-vente des aéronefs in GUICHARD (S), MOUSSA(T) (dir), Droit et Pratique des Voies d'exécution, Op.cit,

# DEUXIEME PARTIE

## PRATIQUE DES MESURES D'EXECUTION FORCEE

La saisie afin d'exécution vise à obtenir l'exécution forcée du débiteur. Selon la nature du bien mobilier sur lequel porte la saisie, la mise en œuvre de l'exécution forcée permet au créancier soit de procéder à la vente des biens saisis afin d'obtenir le paiement de sa créance sur le prix de vente, soit de se faire attribuer les sommes d'argent rendues indisponibles, soit d'appréhender les biens saisis.

Le législateur OHADA a institué quatre (04) mesures d'exécution mobilière à savoir la saisie-vente (chapitre1), la saisie-attribution des créances (chapitre 2), la saisie et cession des rémunérations (chapitre 3) ainsi que la saisie-appréhension et la saisie-revendication (chapitre 4).

# CHAPITRE I

# LA SAISIE-VENTE

La saisie-vente est une procédure permettant à un créancier, détenteur d'un titre exécutoire constatant une créance liquide et exigible, de placer sous-main de justice et faire vendre les biens meubles corporels appartenant à son débiteur[357], afin de se faire payer sur le prix. Elle fait l'objet des articles 91 à 152 de l'AUVE.

La saisie-vente s'est substituée à l'ancienne saisie exécution régie par les différentes législations africaines. Elle faisait l'objet des articles 340 à 350 du code de procédure civile commerciale administrative et financière congolais, 318 à 360 du Code de procédure civile et commerciale camerounais, 411 à 453 du Code de procédure civile sénégalais, 337 à 666 du code de procédure civile gabonais, 351 à 370 du code de procédure civile ivoirien, 384 à 391 du code de procédure civile mauritanien, 191 à 201 du code de procédure civile malien, 320 à 338 du code de procédure rwandais[358].

La mise en œuvre de cette procédure requiert l'observation des conditions requises (section 1). La procédure édictée par l'Acte uniforme (section 2) s'achève par la vente des biens (section 3). La saisie-vente peut faire l'objet des contestations (section 4). La saisie des récoltes sur pied sera abordée dans une ultime section (section 5).

## Section 1
## Les conditions de la saisie-vente

Les conditions de la mise en œuvre de la saisie-vente découlent de l'article 91 de l'AUVE. Selon ce texte, tout créancier muni d'un titre exécutoire constatant une créance liquide et exigible peut, après signification d'un commandement, faire procéder à la saisie et à la vente des biens meubles corporels appartenant à son débiteur, qu'ils soient ou non détenus par ce dernier, afin de se payer sur le prix.

---

357 COUCHEZ (G.) Voies d'exécution, op.cit. p.89

358 TCHOU-BAYO (J.P), « La saisie-vente », Encyclopédie du droit OHADA, POUGOUE (P.G) (Sous la Dir.), op.cit. p. 1772

Il en résulte que pour prétendre pratiquer une saisie-vente, le poursuivant doit justifier la détention d'un titre exécutoire (§1) constatant une créance liquide et exigible (§2).

### § 1. La détention du titre exécutoire

La saisie-vente est réservée au créancier détenteur d'un titre exécutoire. C'est une condition substantielle à la mise en œuvre de cette mesure. En exigeant du poursuivant l'obtention préalable d'un titre exécutoire condamnant le débiteur au paiement des sommes d'argent, le législateur voulait s'assurer que le poursuivant, ne se trompe pas de débiteur. Qu'il ne s'apprête pas à saisir puis à faire vendre les biens d'un tiers.

La condition de la détention du titre exécutoire fera défaut, lorsque le titre dont se prévaut le poursuivant ne consacre qu'une obligation de faire ou de délivrer. La mise en œuvre de la saisie-vente ne s'appliquant qu'à une obligation de payer.

Il serait utile de rappeler que constituent des titres exécutoires au sens de l'article 33 de l'AUVE :
1) les décisions juridictionnelles revêtues de la formule exécutoire et celles qui sont exécutoires sur minute ;
2) les actes et décisions juridictionnelles étrangers ainsi que les sentences arbitrales déclarés exécutoires par une décision juridictionnelle, non susceptibles de recours suspensif d'exécution, de l'État dans lequel ce titre est invoqué ;
3) les procès-verbaux de conciliation signés par le juge et les parties ;
4) les actes notariés revêtus de la formule exécutoire ;
5) les décisions auxquelles la loi nationale de chaque État Partie attache les effets d'une décision judiciaire.

Ces titres ayant déjà fait l'objet des développements, il convient de s'y rapporter. L'application de l'article 33 AUVE soulève parfois des difficultés à tel point qu'elle fait l'objet d'une abondante jurisprudence. Les tribunaux décidant si en telle espèce, le titre dont se prévaut un créancier peut être considéré comme un titre exécutoire au sens de l'article 33 AUVE.

Ainsi, a-t-il été décidé que la grosse d'un arrêt revêtu de la formule exécutoire vaut titre exécutoire au sens de l'article 33 de l'AUVE[359]. La contestation d'une saisie-vente pour défaut de titre exécutoire doit être rejetée si le titre exécutoire dont s'agit est une ordonnance d'injonction de payer

[359] TPI Nkongsamba, Ord. n°02/CE du 17 Nov.2004, Aff. Dewa Hamadou c/ Ekoume David, Mekoudja Guimfack, Ohadata J-05-156

revêtue de la formule exécutoire. Celle-ci constitue un titre exécutoire conformément à l'article 33 de l'AUVE que le juge des référés ne peut remettre en cause, au risque d'outrepasser ses compétences[360]. La saisie-vente réalisée sur la base d'une ordonnance d'injonction de payer contenant la formule exécutoire et ayant fait l'objet d'un certificat de non opposition est valable[361]. La saisie-vente pratiquée en vertu de la grosse du procès-verbal de conciliation signée par le juge et les parties est valable. Cet acte constitue un titre exécutoire conformément à l'article 33 de l'AUVE[362]. De même, le commandement décerné par l'administration fiscale est un titre exécutoire, il sert valablement de base à des voies d'exécution[363].

Pour fonder une saisie-vente, le titre exécutoire doit avoir acquis autorité de la chose jugée et sa validité ne doit pas faire l'objet des contestations. En l'absence de validité du titre exécutoire sur lequel se fonde une procédure de saisie-vente, la mainlevée de cette saisie sera ordonnée[364].

Par contre, la saisie-vente doit être déclarée nulle et sa mainlevée ordonnée dès lors qu'elle a été pratiquée sans titre exécutoire, ou lorsque ledit titre n'a pas acquis autorité de la chose jugée. C'est ainsi qu'il a été jugé que la saisie-vente pratiquée sur la base d'une décision frappée d'appel doit être annulée car une telle saisie est faite sans titre exécutoire[365].

Il n'est pas rare que le bénéficiaire d'une décision de justice n'ayant pas encore acquis autorité de la chose jugée se précipite pour sa mise à exécution alors que son titre exécutoire peut encore faire l'objet des voies de recours. C'est ainsi qu'a été annulée pour défaut de titre exécutoire, la saisie-vente pratiquée sur le fondement d'une ordonnance d'injonction de payer ayant fait l'objet d'une opposition[366]. Un jugement pénal non assorti de l'exécution

---

360 TRHC Dakar, jugement n°139 du 27 janvier 2003, Société Sénégalaise de Construction International (SCI) c/ Maguette WADE, Ohadata J-05-85.

361CA Abidjan, chambre civ&com. Arrêt n°829 du 20 juillet 2004, Dame KOFFI Philomène c/ AVOT Emile Louis Albert, Ohadata J-05-332.

362 TPI Douala Ndokoti, Ord. n°150/04.05 du 03 février 2005 Aff. E.T c/ T.F., Ohadata J-05-147

363CA Abidjan arrêt n°1031 du 30 juillet 2002, Ministère de l'Economie et des Finances c/ Société el Nasr Export et Import, Ohadata J-03-308.

364 CA Littoral, arrêt n°92/REF du 15 mai 2006, Aff. Le Groupement d'Entreprises de Transports Maritimes et Aériens (GETMA) c/ La Société TOLAZZI AFRIQUE, Ohadata J-07-179.

365 CA Abidjan, arrêt n°1213 du 14 nov.2003 N'Guessan Konan Camille c/ Sté OUTSPAN IVOIRE, Ohadata J-03-319

366 CA Abidjan, chambre civ.&com. B, arrêt 423 du 28 juillet 2011, Aff. La Société GROUPESSOR SARL c/ l'Eglise de Jésus-Christ des Saints, Ohadata J-13-16

provisoire et frappé d'appel ne pouvant constituer un titre exécutoire. La saisie-vente pratiquée sur le fondement d'un tel jugement est donc nulle[367].

Pour sa part, la Cour d'appel de Daloa a déclaré nulle la saisie-vente pratiquée sur le fondement d'une ordonnance de conversion de saisie conservatoire en saisie-vente, non prévue par la procédure simplifiée de recouvrement et des voies d'exécution, une telle ordonnance ne constituant pas un titre exécutoire au sens de l'article 33 de l'AUVE[368].

S'il peut être fait grief à une Cour d'appel d'avoir déclaré régulière, bonne et valable, une saisie-vente pratiquée en vue du recouvrement d'une créance non encore exigible et d'avoir ainsi violé les dispositions de l'article 91 al. 1 de l'Acte Uniforme sur les voies d'exécution [369], il ne peut être reproché au créancier d'avoir violé les dispositions de l'article 91 de l'AUVE dès lors que la saisie est pratiquée en vertu d'un arrêt civil revêtu de la formule exécutoire, arrêt qui constitue un titre exécutoire au sens de l'article 33 de l'AUVE[370].

La créance pouvant fonder une saisie-vente doit être contenue dans un titre, encore faut-il que cette créance remplisse les conditions de liquidité et d'exigibilité édictées par l'article 91 de l'AUVE.

### § 2. Une créance liquide et exigible

La liquidité de la créance est requise à tout créancier voulant pratiquer une à saisie-vente. En effet, en vertu de l'article 91 de l'AUVE, la saisie-vente n'est ouverte qu'au créancier muni d'un titre exécutoire constatant une créance liquide et exigible.

La créance est liquide lorsqu'elle porte sur une somme d'argent dont le montant est chiffré, déterminé, indiqué avec précision ou à tout le moins lorsque tous les éléments permettant de le chiffrer y sont mentionnés. Le texte de l'article 91 apporte une précision en indiquant que le titre exécutoire doit lui-même constater la liquidité de la créance, en vertu de laquelle la saisie est poursuivie.

---

[367] CA Abidjan, arrêt n°384 du 10 avril 2001, Société UNIMAT c/ SODIREP, Le Juris Ohada n°2 /2004, juin-août 2004, p.57, note BROU Kouakou Mathurin, Ohadata J-04-30.

[368] CA Daloa, arrêt civil et contradictoire n°157 du 21 juin 2006, Aff. KONAN KOUADIO Siméon c/ OUEDRAOGO GANDA SAYOUDA, KATO TAKORA Claude, NAYAKA WAONGO Raphael, Ohadata J-08-47.

[369] CCJA, 2e chambre, arrêt n°13 du 24 février 2005, Aff. Société LOTENY TELECOM c/ KOFFI SAHOUOT Cédric, Le Juris Ohada, n°2/2005, p.12, Recueil de jurisprudence de la CCJA, n°5, janvier 2005, volume 2.p.30, Ohadata J-05-358

[370]C A, BOBO DIOULASSO, Ord. Référé n°59/2004 du 30 déc.2004, P.P.T. c/ Société T.F.E. SA, Ohadata J-08-12.

La créance est exigible lorsque son paiement peut être immédiatement exigé. Le débiteur ne pouvant se prévaloir du bénéfice d'un délai de grâce par lui octroyé par le juge pour différer le paiement de sa dette.

S'agissant d'une créance à terme, le créancier est tenu d'attendre l'échéance fixée avant de pratiquer une saisie-vente. Pour rejeter le pourvoi formé contre un arrêt rendu par la Cour d'appel de Pointe-Noire, la CCJA, après avoir considéré que la créance était liquide, a retenu que celle-ci était exigible, dès lors que le débiteur ne pouvait se prévaloir d'un quelconque délai légal ou conventionnel pour différer le paiement[371].

## Section 2
## La procédure de la saisie-vente

Avant le déclenchement des opérations de saisie (§ 2) proprement dites, le créancier est tenu d'accomplir une formalité préalable consistant à servir au débiteur un commandement de payer (§1), s'ensuivra la vente des biens saisis (§3).

### § 1. Le commandement de payer

La mise en œuvre de la procédure de saisie-vente est précédée d'un commandement de payer. La nature du commandement (A), son contenu (B) et ses effets (C) feront l'objet des développements.

#### A. La nature du commandement

Le commandement de payer est une mise en demeure dressée par l'huissier de justice à la requête du créancier. Il s'agit d'une formalité préalable et obligatoire dont l'inobservation est sanctionnée par la nullité de la procédure entreprise.

Cette formalité vise à avertir le débiteur de payer les sommes réclamées dans un délai de huit jours au cas où, il aurait oublié de payer sa dette. En réalité, il s'agit d'un moyen de pression redoutable qui informe le débiteur que faute de s'exécuter dans le délai de huit jours par lui imparti ses biens seront saisis puis vendus, afin que le créancier puisse se faire payer sur le prix de la vente.

---

[371]CCJA, arrêt n°037/2009 du 30 juin 2009, Aff. ABB LUMUS GLOBAL SPA c/ BASSEYISSILA Jean Robert et autres, Recueil de jurisprudence n°13, janvier-juin 2009, p.97, Ohadata J-10-76.

La doctrine a pu objecter que le législateur n'a pas prévu, de manière explicite, que l'omission de cette formalité soit sanctionnée par la nullité, de sorte que l'on ne peut sanctionner cette formalité par la nullité. Si l'objection ne manque pas de pertinence, il faut néanmoins relever que le principe « pas de nullité sans texte » ne peut recevoir application en la matière.

En effet, la signification préalable du commandement est une formalité substantielle, préalable et obligatoire au déclenchement de la procédure. Elle ne constitue nullement une option laissée à la discrétion du poursuivant, mais une condition *sine qua non*, sans laquelle la saisie-vente ne saurait être mise en œuvre.

De l'avis du Président René LAUBA, « *bien que ne constituant pas, en lui-même un acte d'exécution, le commandement n'est pas une formalité extérieure à la procédure de saisie. La saisie ne peut valablement exister sans lui*[372] » avant d'ajouter « *il convient de relever que dans l'esprit des rédacteurs du décret n°96-1130 du 18 décembre 1996, qui a modifié le texte des articles 8 et 510 C.pr. civ., le commandement fait partie intégrante de la procédure de saisie-vente, puisque sa délivrance permet au débiteur de saisir le Jex afin d'obtenir un délai de paiement qui va suspendre le processus de saisie qui commençait à s'amorcer* ». Cette lecture peut être transposée à la saisie-vente en droit Ohada compte tenu des similitudes existant entre les deux textes.

L'article 92 de l'AUVE, dispose que « *la saisie est précédée d'un commandement* ». Une lecture exégétique de cette disposition incite à penser qu'il s'agit d'une obligation. En légistique, le présent a valeur d'impératif, (...) Il n'y a pas lieu, sous prétexte de renforcer le caractère impératif d'une obligation, de recourir au mot « doit », le simple présent du verbe principal suffit[373].

Il faut dire que l'omission de faire précéder la saisie-vente par un commandement de payer est sanctionnée par la nullité de la procédure, au même titre que l'omission d'une mention prescrite à peine de nullité. Il a été décidé que le procès-verbal de saisie-vente doit être déclaré nul dès lors que le commandement de payer, préalable à toute procédure de saisie-vente n'a pas été observé[374] . Le créancier ne peut donc se soustraire à cette obligation. D'ailleurs le juge n'a aucun pouvoir de lui dispenser l'accomplissement de cette formalité substantielle. Cette obligation s'impose même à

---

372LAUBA (R.), Formalité préalable à la saisie : commandement de payer, in GUINCHARD (S) et MOUSSA (T.) (dir), Droit et Pratique des Voies d'Exécution, op.cit. p.622

373 SAUVE (J.M.), DENOIX DE SAINT MARC (R), (S.S.), Guide pour l'élaboration des textes législatifs et réglementaires, p.188

374 Section du Tribunal de Sassandra, jugement n°42 du 20 février 2003, Le Juris Ohada, n°2/2004, juin-août 2004, p.72, Ohadata J-04-307.

l'administration fiscale qui entend saisir les biens meubles corporels d'un débiteur redevable des impositions[375].

La doctrine a critiqué cette faveur accordée au débiteur indélicat de distraire ses biens les plus précieux, certains avaient même plaidé pour la suppression pure et simple de cette formalité. Pour Gérard COUCHEZ, « *l'exigence de cette formalité préalable présente un inconvénient très sérieux : averti par le commandement que son créancier est décidé à saisir ses biens, le débiteur de mauvaise foi ne manquera probablement pas de déplacer ceux-ci ou certains d'entre eux en vue de les faire échapper à la procédure envisagée*[376] ».

Il est donc conseillé au créancier confronté à la mauvaise foi de son débiteur de pratiquer d'abord une mesure conservatoire sur ces biens, avant de la convertir en saisie-vente. Ceci dit, tous les débiteurs n'étant pas de mauvaise foi, le commandement peut également constituer un formidable moyen de pression pour contraindre le débiteur à payer sa dette.

Le commandement de payer doit être signifié au débiteur dans un délai de huit jours. L'article 92 de l'AUVE donne la possibilité au créancier de servir commandement dans l'acte de signification du titre exécutoire. Ce qui fera gagner du temps et réduira les frais de procédure, en accomplissant deux formalités substantielles dans un seul exploit.

Il s'agit d'un délai franc dont la computation obéit au régime fixé à l'article 335 de l'Acte Uniforme. Le premier jour de la signification de l'exploit, appelé « *dies a quo* » et le dernier jour qui est le « *dies ad quem* » ne sont pas pris en compte pour la computation de ce délai de huit jours. Ce délai expire le huitième jour à minuit. Si le dernier jour intervient un jour non ouvrable, ou un jour férié ou chômé, le délai est prorogé jusqu'au premier jour ouvrable suivant. Le créancier n'est pas tenu de pratiquer la saisie immédiatement à l'expiration de ce délai. Les opérations de saisie peuvent intervenir plusieurs jours après l'expiration dudit délai.

---

[375]CA OUGADOUGOU, ord. réf. n°64 du 21 août 2003, Aff. Maître FARAMA Prosper c/ Ministère des Finances et du Budget, Ohadata J-04-155. Dans cette espèce, il a été retenu que la loi fiscale qui prévoit une procédure dérogatoire en matière de recouvrement des impôts reste muette quant aux actes à accomplir quant aux règles de fond et de forme des actes de poursuites ou d'exécution. Le vide juridique laissé par la loi fiscale est comblé par l'application des dispositions de droit commun, notamment de l'AUVE. En combinant les dispositions de la loi fiscale et de l'Acte Uniforme, l'administration fiscale qui recourt à la saisie-vente est obligée de signifier préalablement la mise en demeure rendue exécutoire par une contrainte administrative valant commandement de payer. Par conséquent doit être annulée la saisie-vente pratiquée en l'absence de cette contrainte administrative.

[376] COUCHEZ (G.) Voies d'exécution, op.cit. p.91

Cependant, les opérations de saisies ne peuvent intervenir avant l'expiration de ce délai, toute saisie pratiquée avant l'expiration de ce délai est prématurée. Toute saisie-vente pratiquée avant l'expiration du délai de huit jours est irrégulière et encourt mainlevée[377].

Le contenu du commandement de payer fait l'objet d'une réglementation particulière.

### B. Le contenu du commandement

Le commandement doit d'abord obéir au formalisme exigé de tout exploit d'huissier de justice par la loi nationale pour la validité des actes. Il doit être daté, signé avec l'entête de l'étude de l'huissier instrumentaire. L'inobservation de ces formalités est sanctionnée par la nullité de l'acte vicié. Il a été jugé qu'encourt nullité, le commandement de payer aux fins de saisie-vente qui n'indique pas la date, des jours, mois et an conformément à l'article 81 du Code burkinabé de procédure civile[378].

A ces mentions s'ajoutent les mentions particulières exigées par l'article 92 de l'AUVE. Selon ce texte, le commandement de payer doit contenir à peine de nullité :

1) mention du titre exécutoire en vertu duquel les poursuites sont exercées avec le décompte distinct des sommes réclamées en principal, frais et intérêts échus ainsi que l'indication du taux des intérêts ;

2) commandement d'avoir à payer la dette dans un délai de huit jours, faute de quoi il pourra y être contraint par la vente forcée de ses biens meubles.

Le délai de huit jours doit être indiqué avec précision. Lorsque ce délai a été réduit par le créancier dans le dessein de pratiquer rapidement la saisie sans devoir attendre, ce commandement encourt nullité. Le commandement de payer ayant été déclaré nul pour avoir indiqué un délai de paiement inférieur à huit (08) jours, la régularité de la saisie-vente oblige qu'un autre commandement de payer, régulier cette fois-ci, soit servi au débiteur. Le créancier n'ayant justifié d'avoir procédé à une telle régularisation, c'est à bon droit que le premier juge a ordonné la mainlevée de la saisie pratiquée[379].

L'omission des mentions prescrites à l'article 92 entraine la nullité du commandement. Ce peut être la mention relative aux frais et intérêts échus

---

[377] CA Niamey, chambre civile, arrêt n°115 du 02 octobre 2002, Ets Hasan Barti c/ Adamou Amidou, Dame Maïmouna, Habou Halli Koko, Point II, Ohadata.

[378] TGI Bobo-Dioulasso, ord. référé n°35 du 07 mars 2003, NAGOLO B. Charles c/ Société Générale des Banques du Burkina, Ohadata J-04-148.

[379] CA Abidjan, arrêt civil contradictoire n°146 du 08 février 2005, Aff. Société CLAM Ivoire c/ Bathily Moussa, Ohadata J-09-179.

ainsi que l'indication du taux des intérêts[380] ou celle relative au décompte distinct des sommes réclamées[381]. Si le commandement de payer a été annulé, la saisie entreprise est également affectée par cette nullité. La nullité du commandement entraine conséquemment celle de la saisie-vente qui en résulte.

Le commandement doit contenir élection de domicile, jusqu'à la fin de la poursuite sauf nouvelle élection de domicile signifiée au débiteur, dans le ressort territorial juridictionnel où l'exécution doit être poursuivie si le créancier n'y demeure pas. Il peut être fait, à ce domicile élu, toute signification ou offre (art.93).

Il a été jugé que dans une procédure de saisie-vente, le créancier ne peut élire domicile en un lieu autre que celui ou l'exécution est poursuivie. Ce lieu est en l'espèce celui ou le créancier a sollicité et obtenu l'exéquatur de la sentence arbitrale objet du commandement. Le créancier qui n'a pas élu domicile dans le ressort de la juridiction compétente à travers le commandement querellé a violé les dispositions de l'article 93 de l'AUVE le commandement doit être annulé et la discontinuation des poursuites ordonnée. Il en est ainsi lorsque dans l'exploit de signification-commandement, le créancier a déclaré élire domicile « uniquement dans son centre de traitement des créances à Bafoussam » alors qu'en sollicitant et obtenant par devant le juge du contentieux de l'exécution du TPI de Mbouda l'exéquatur de la sentence arbitrale objet du commandement litigieux subséquent, il a nécessairement entendu poursuivre l'exécution dans le ressort territorial du TPI de Mbouda [382].

Le commandement doit être signifié au débiteur à personne, l'article 94 interdisant que celui-ci soit fait au domicile élu. Cette interdiction participe du renforcement des droits du débiteur, qui doit être avisé personnellement de la procédure que le créancier entend initier. L'huissier instrumentaire doit faire les diligences nécessaires afin de toucher le débiteur.

Si en dépit de ces diligences, les investigations de l'huissier s'avèrent infructueuses, le domicile du débiteur demeurant introuvable, la signification

---

380 CA Abidjan, chambre civ. &com., 5ème Chambre D, n° 691 du 28 juin 2005, Aff. Société ELEA (FDKA) c/ SAFCA, Ohadata J-08-04.

381 TPI Bafoussam, ord. référé n°44 du 05 mars 2004, KAMDEM POLLAH Joseph c/ Dame magne TAYO Bernadette, Ohadata J-05-10, voir aussi CA Abidjan, 3e ch. civ. &com. B n°83 du 09 fév.2007, arrêt civil contradictoire, Aff. ET STE SODISPAM c/ N'Gbocho Antoine, Ohadata J-08-283.

382 TPI Mbouda, ord. n°03/Réf/TPI du 04 octobre 2011, Moguem Wafo Epouse Nkumenyi Christiane Chantal c/ Djoumesse Tsafack Laurence Epouse Tadzon , sociétés Générales de Dommages et Créances en Afrique( S.G.D.C Afrique), Ohadata J-12-235.

est alors faite à mairie ou à parquet. Cette formalité ne doit être accomplie qu'après l'établissement d'un procès-verbal de recherche infructueuse. C'est ainsi qu'il a été décidé que, l'article 94 de l'AUVE n'a pas été édicté pour sanctionner l'impossibilité du créancier de signifier l'acte de procédure aux débiteurs saisis mais pour permettre à ceux-ci d'être informés de la vente de leurs biens saisis. Dès lors, les débiteurs saisis qui n'ont pas indiqué au créancier saisissant leur nouveau domicile alors même qu'ils se savaient engagés dans une procédure de saisie conservatoire convertie en saisie-vente, ne peuvent pas bénéficier des dispositions dudit article édicté pour les débiteurs de bonne foi. L'Acte Uniforme n'excluant pas les autres modes de signification que sont la signification à mairie ou à parquet, le commandement qui a été signifié à mairie est régulier[383].

### C. Les effets du commandement

Le commandement de payer fait courir le délai de huit jours prévus à l'article 92 de l'AUVE à l'expiration duquel le débiteur pourra procéder à la saisie-vente. Cette mise en demeure permet de rappeler solennellement au débiteur qu'il se doit de payer sa dette dans le délai de huit jours à lui imparti. Le commandement permet également de faire courir les intérêts moratoires et d'interrompre la prescription.

En droit français, avant la réforme de l'article 2244 du code civil issue de la loi n°2008-561 du 17 juin 2008[384], ce texte prévoyait que le commandement de payer produisait un effet interruptif de la prescription. Dans sa nouvelle rédaction issue de la réforme, l'article 2244 du code civil ne vise plus expressément le commandement, mais « l'acte d'exécution forcée » qui interrompt le cours de la prescription. Or, le commandement n'est pas un acte d'exécution, c'est d'ailleurs l'avis de la CCJA lorsqu'elle décide que « *le rôle du commandement aux fins de saisie-vente étant de permettre une saisie sans pour autant avoir pour effet de rendre indisponible en tout ou en partie les biens du débiteur, il n'est pas une mesure d'exécution*[385] ».

Le commandement de payer constitue une mise en demeure, formalité substantielle et prélude à la saisie, quoiqu'aucune saisie-vente ne pouvant être entreprise sans un commandement préalable.

---

[383]CA Abidjan, chambre civ.& com. arrêt du 23 mars 2004, Société Armement les Dauphin c/ Société Nord Gascogne Armement et un autre,

[384] L. n°2008-561, 17 juin 2008, portant réforme de la prescription en matière civile, JO 18 juin, p.9856

[385] CCJA, arrêt n°07/2005 du 27 janvier 2005, Société Optique Instrumentale c/ ITRAG-Transit, Le Juris Ohada n°1/2005, janvier-mars 2005, p.18, Recueil de Jurisprudence de la CCJA, n°5, janvier-juin 2005, volume 2, p.20, Ohadata J-05-189.

### § 2. Les opérations de saisie

A l'expiration du délai de huit jours imparti au débiteur dans le commandement de payer, il est procédé aux opérations de saisie. Certains préalables sont indispensables au bon déroulement des opérations de saisie. L'AUVE a consacré quatre dispositions d'ordre général à ces formalités. Celles-ci sont relatives notamment à la descente sur les lieux, à l'ouverture des portes ainsi qu'à l'heure de la saisie (A), prélude aux opérations de saisie proprement dites(B).

#### A. Les formalités subséquentes à la descente sur les lieux

A l'expiration du délai de huit jours, à compter du commandement de payer rester infructueux, l'huissier de justice peut, sur justification du titre exécutoire, pénétrer dans un lieu servant ou non d'habitation dans les conditions prévues par les articles 41 à 46, de l'acte Uniforme. L'huissier se rend en priorité au domicile du débiteur où il est censé trouver des biens de ce dernier. Si le débiteur est une personne morale, cette descente se fera à son siège social.

Bien avant le début des opérations, l'huissier instrumentaire effectue, par le truchement d'un tiers, qui endosse le costume de détective privé, un repérage des lieux, en toute discrétion. Il procède ainsi à une enquête sur la nature des biens dont peut disposer le débiteur, le lieu où ils sont placés.

Le déroulement de la saisie est tributaire de l'attitude du débiteur. Celui-ci peut coopérer ou s'opposer violemment à la saisie en refusant l'accès de l'huissier dans le local abritant les objets à saisir. Cette éventualité a retenu l'attention du législateur Ohada. A cet effet, l'article 42 indique qu'en l'absence de l'occupant du local, ou si ce dernier en refuse l'accès, l'huissier peut établir un gardien aux portes pour empêcher le divertissement. Il requiert, pour assister aux opérations, l'autorité administrative compétente à cette fin ou une autorité de police ou de gendarmerie. Dans les mêmes conditions, il peut être procédé à l'ouverture des portes.

Il convient de faire une distinction lorsque le débiteur est absent des lieux ou lorsqu'il s'oppose à la saisie en refusant l'accès au local où se trouvent les biens à saisir. Dans la première hypothèse, la présence de l'autorité administrative sera suffisante pour assister aux opérations de saisie. Par contre, si le débiteur s'oppose à la mesure, l'huissier devra requérir une autorité de police ou de gendarmerie pour prêter main forte à l'exécution de la mesure.

En pratique, l'huissier requiert toujours une autorité de police ou de gendarmerie lors des opérations de saisie, en anticipant sans doute l'opposition du débiteur. Il obtient à cet effet, du Procureur de la République, des réquisitions aux fins de recours à la force publique. Cette pratique a été instituée sur injonction du Ministère public qui n'apprécie guère que les huissiers de justice puissent directement requérir la force publique sur le fondement de l'article 29 de l'AUVE sans au préalable obtenir les réquisitions du parquet à cette fin.

L'article 42 de l'AUVE indique la possibilité du déroulement des opérations de saisie en présence d'une autorité administrative compétente. L'on peut penser naturellement soit au Maire d'une commune, soit à un conseiller municipal ou un fonctionnaire municipal délégué par le maire à cette fin[386]. Si les biens se trouvent dans un local ou un endroit dont le débiteur est locataire, la saisie est réputée faite entre les mains de ce dernier nonobstant le fait que le propriétaire des lieux loués ait assisté aux opérations.

Lorsque les biens à saisir se trouvent dans un local servant d'habitation, les dispositions des articles 41 et suivants de l'AUVE sont applicables. Si les biens à saisir sont détenus par un tiers, l'huissier se rend sur les lieux où sont gardés lesdits biens. Une autorisation de la juridiction du lieu, où sont situés les biens, est requise, lorsque ces biens se trouvent dans les locaux d'habitation.

En sa qualité de professionnel, l'huissier doit avoir préparé minutieusement cette opération, aidé en cela par le créancier qui a dû collecter les informations précieuses sur les lieux où se trouvent les biens appartenant au débiteur. Cette collecte d'informations doit être réalisée en amont, le créancier saisissant ne pouvant accompagner l'huissier lors des opérations de saisie, sauf en cas de nécessité constatée par le juge. L'interdiction faite au créancier saisissant d'assister aux opérations de saisie vise à prévenir entre les deux colitigants toutes altercations susceptibles de compromettre le bon déroulement des opérations.

Lorsque la saisie est effectuée en l'absence du débiteur ou de toute personne se trouvant dans les lieux, l'huissier assure la fermeture de la porte ou de l'issue par laquelle il a pénétré dans les lieux (art.43 AUVE). L'huissier peut toujours se faire assister d'un ou deux témoins majeurs, non parents ni alliés en ligne directe des parties ni à leur service. Il énonce, en ce cas, sur le procès-verbal, leurs noms, prénoms, professions et domiciles. Les témoins signent l'original et les copies du procès-verbal (art.44). L'huissier ne peut

---

[386] COUCHEZ (G.) Voies d'exécution, op.cit. p.94 art.20&21 loi française du 9 juillet 1991

prendre comme témoins, au sens de cette disposition auquel renvoie l'article 98 de l'AUVE, ses propres collaborateurs[387].

L'huissier peut photographier les objets saisis. Les photographies sont conservées par lui en vue de la vérification des biens saisis. Elles ne peuvent être communiquées qu'à l'occasion d'une contestation portée devant la juridiction compétente. (art.45 AUVE). Aucune mesure d'exécution ne peut être effectuée un dimanche ou un jour férié, si ce n'est en cas de nécessité et en vertu d'une autorisation spéciale du président de la juridiction dans le ressort de laquelle se poursuit l'exécution. Aucune mesure d'exécution ne peut être commencée avant huit heures ou après dix-huit heures, sauf en cas de nécessité avec l'autorisation de la juridiction compétente et seulement dans les lieux qui ne servent pas à l'habitation. La partie saisissante ne peut, sauf nécessité constatée par la juridiction compétente, assister aux opérations de saisie (art. 46 AUVE).

La saisie-vente peut porter sur tous les biens mobiliers corporels saisissables du débiteur, y compris ceux qui ont été saisis antérieurement à titre conservatoire. Dans ce dernier cas, il est fait application des articles 88 à 90 (art.95). La finalité de la saisie-vente étant de parvenir à la vente des biens saisis, l'huissier instrumentaire ne peut saisir que les biens ayant une valeur marchande.

La question reste posée lorsque les biens saisis sont hors de prix comparativement au quantum de la créance cause de la saisie. Le législateur Ohada n'a pas directement abordé la question. La réponse apportée par l'article 28 alinéa 2 selon lequel, sauf s'il s'agit d'une créance hypothécaire ou privilégiée, l'exécution est poursuivie en premier lieu sur les biens meubles et, en cas d'insuffisance de ceux-ci, sur les immeubles, est insatisfaisante puisqu'elle n'établit pas une échelle de valeur dans l'ordre des poursuites, mais plutôt un ordre de priorité fondé sur la nature du bien à saisir, en priorisant la saisie mobilière, avant de poursuivre la saisie des immeubles.

La loi ne fait pas obstacle à la saisie d'un bien mobilier dont la valeur est nettement supérieure à la créance cause de la saisie.

### B. Les opérations de saisie proprement dites

En fonction de l'endroit où sont trouvé les biens à saisir, la saisie-vente peut être pratiquée entre les mains du débiteur ou entre celles d'un tiers.

[387] CA Ouest, arrêt n°12/civ. Du 09 Oct.2002, Aff. Hôpital de MBOUO c/ TCHANANA Jean Pierre, Ohadata J-04-226.

### 1) -La saisie pratiquée entre les mains du débiteur

Lorsque la saisie est pratiquée entre les mains du débiteur, et que celui-ci est présent sur les lieux, la saisie est pratiquée en sa présence. Si le débiteur n'est pas présent sur les lieux, l'huissier doit tout même exécuter sa mission, les opérations se dérouleront en son absence.

#### a) -Les opérations de saisie en présence du débiteur

Si le débiteur assiste aux opérations de saisie, l'huissier procède impérativement à un itératif commandement avant de procéder à la saisie.

##### 1°) -L'obligation d'un itératif commandement

L'article 99 AUVE fait obligation à l'huissier instrumentaire, lorsque le débiteur est présent sur les lieux et avant toute opération de saisie, de réitérer verbalement la demande de paiement. Cette formalité est qualifiée d'itératif commandement[388]. Si, par extraordinaire, le débiteur venait à s'exécuter en payant spontanément sa dette, l'huissier lui délivre bonne et valable quittance et dressera un procès-verbal de récupération des deniers.

La question peut se poser lorsque le débiteur paie partiellement la dette après l'itératif commandement. Tout dépendra du montant de l'acompte versé. En tout état de cause, l'huissier doit surseoir les opérations, le temps de rendre compte au créancier.

Nonobstant le paiement d'un acompte, le créancier peut décider de poursuivre les opérations de saisie pour le restant de la somme due. L'huissier informe le débiteur qu'il est tenu de faire connaître les biens qui auraient fait l'objet d'une saisie antérieure. Cette formalité accomplie, l'huissier procède aux opérations de saisie.

##### 2°) - L'établissement de l'acte de saisie

L'huissier procède à la saisie en dressant un inventaire des biens. Cette formalité est actée dans un procès-verbal conformément aux prescriptions de l'article 100 de l'AUVE. A peine de nullité, l'acte de saisie contient :

---

[388] En faisant obligation à l'huissier de réitérer verbalement la demande de paiement, le législateur a voulu protéger jusqu'au bout les intérêts du débiteur pour lui éviter cette procédure qui peut être traumatisante voire humiliante. L'autre raison est que depuis que l'huissier avait servi le commandement de payer au débiteur, celui-ci a pu rassembler les fonds nécessaires pour désintéresser le créancier, mais il aurait pu oublier de le faire.

1) les noms, prénoms et domiciles du saisi et du saisissant ou, s'il s'agit de personnes morales, leurs forme, dénomination et siège social ; l'élection éventuelle de domicile du saisissant ;

2) la référence au titre exécutoire en vertu duquel la saisie est pratiquée ;

3) la mention de la personne à qui l'exploit est laissé ;

4) la désignation détaillée des objets saisis ;

5) si le débiteur est présent, la déclaration de celui-ci au sujet d'une éventuelle saisie antérieure des mêmes biens ;

6) la mention, en caractères très apparents, que les biens saisis sont indisponibles, qu'ils sont placés sous la garde du débiteur, qu'ils ne peuvent être ni aliénés ni déplacés, si ce n'est dans le cas prévu par l'article 97, sous peine de sanctions pénales, et que le débiteur est tenu de faire connaître la présente saisie à tout créancier qui procéderait à une nouvelle saisie des mêmes biens ;

7) l'indication, en caractères très apparents, que le débiteur dispose d'un délai d'un mois pour procéder à la vente amiable des biens saisis dans les conditions prévues par les articles 115 à 119 ;

8) la désignation de la juridiction devant laquelle seront portées les contestations relatives à la saisie-vente ;

9) l'indication, le cas échéant, des noms, prénoms et qualités des personnes qui ont assisté aux opérations de saisie, lesquelles devront apposer leur signature sur l'original et les copies ; en cas de refus, il en est fait mention dans le procès-verbal ;

10) la reproduction des dispositions pénales sanctionnant le détournement d'objets saisis ainsi que de celle des articles 115 à 119 ;

11) la reproduction des articles 143 à 146.

L'huissier rappelle verbalement au débiteur le contenu des mentions des 6) et 7) de l'article précédent. Il lui rappelle également la possibilité qui lui est offerte de procéder à la vente amiable des biens saisis dans les conditions prescrites par les articles 115 à 119. Il est fait mention de ces déclarations dans le procès-verbal de saisie. Une copie de ce procès-verbal, portant les mêmes signatures que l'original, est immédiatement remise au débiteur. Cette remise vaut signification. (art.102). L'huissier peut être amené a dressé un procès-verbal de carence, s'il ne trouve sur les lieux aucun bien susceptible d'être saisi ou n'ayant manifestement pas de valeur marchande, sauf si le créancier requiert la continuation de l'exécution (art.96 de l'AUVE).

En exigeant une désignation détaillée des objets saisis, le législateur a voulu éviter une désignation sommaire ne permettant pas d'identifier les objets en cas de contestation. La précision est donc de rigueur pour satisfaire à cet exercice. Par cette désignation détaillée, l'huissier doit apporter le maximum de précision sur l'objet saisi, son état (usité ou vétuste), sa couleur, etc.

S'agissant des appareils électroménagers, l'huissier doit s'assurer au moment de la saisie, que ceux-ci sont en mesure de fonctionner ou en panne, même s'ils sont à l'arrêt. Ceci pour éviter, une éventuelle substitution. Les dispositions de l'article 45, qui permettent à l'huissier de photographier les objets saisis, lui seront d'un grand secours. Cependant, ces photographies ne peuvent lui dispenser de l'obligation de procéder à une description détaillée des objets saisis.

Les articles 94-2° et 101-4° du décret français du 31 juillet 1992, qui a inspiré le législateur Ohada, retiennent une désignation détaillée des objets saisis, dont les contours ont été dessinés par la jurisprudence. Ainsi, il a été décidé que la simple mention, sur le procès-verbal, de la saisie d'une collection de livres comportant cinq cents unités, ne constitue pas une description détaillée au sens de l'article 94-2° et justifie l'annulation de la mesure[389].

Le législateur impose à l'huissier d'attirer l'attention du débiteur sur certaines mentions et rappeler verbalement au débiteur de lui indiquer si les mêmes biens font l'objet d'une saisie antérieure. Pour attirer l'attention du débiteur sur ces mentions, celles-ci sont singularisées par leur rédaction en caractères très apparents, mises en exergue par leur caractère gras, en italique et surlignées au besoin afin de les mettre en évidence, à première vue.

Les mentions prévues par l'article 100 de l'AUVE doivent intégralement être reproduites dans tout acte de saisie, à peine de nullité, leur absence doit entrainer la nullité de l'acte de saisie. Lorsque le juge constate l'absence de l'une des mentions prescrites, il doit prononcer la nullité de l'acte ainsi que celle de la saisie-vente qui en résulte. Ainsi a été cassé l'arrêt qui d'une part, justifie les omissions au lieu de les sanctionner et, d'autre part, subordonne la nullité à l'exigence d'un grief ou préjudice[390].

Par cette décision, la CCJA a eu à préciser que les mentions prescrites par l'article 100 (5 et 11) AUVE doivent être observées à peine de nullité. Dès lors en déboutant le plaideur de la demande de nullité de l'acte de saisie-vente

---

[389]Civ. 2e, 30 sept.1999, n°97-18.424, Bull. civ. II, n°146 D. 1999, IR 249 Procédures nov. 1999, n°246 note Perrot, cité par GUINCHARD (S) et MOUSSA (T.) (dir), op.cit. p.639

[390] CCJA, arrêt n° 12 du 18 mars 2004, Aff. Société Banque Commerciale du Niger dite BNC c/ Hamadi Ben Damma, Le Juris Ohada, n°2/2004, juin-août 2004, p.23, note BROU Kouakou Mathurin, Recueil de jurisprudence de la CCJA n°3, janvier-juin 2004, p.96 ; Ohadata J-04-297, voir également ONANA ETOUNDI(F), Les grandes tendances jurisprudentielles de la Cour Commune de Justice et d'Arbitrage en matière d'interprétation et d'application du droit Ohada(1997-2010), collection « pratique et contentieux de Droit des Affaires », édition spéciale oct.2011.

et de mainlevée de la saisie bien qu'ayant relevé des irrégularités, la Cour d'appel de Niamey a violé l'article 100 AUVE. Qu'en statuant ainsi, dit la CCJA, alors que, d'une part, qu'elle devait non pas justifier les omissions qu'elle a constatées dans l'acte de saisie-vente, mais plutôt sanctionner celles-ci en prononçant la nullité dudit acte et, alors, d'autre part, que contrairement à ses énonciations, l'article 100 de l'Acte uniforme susvisé n'a assorti la nullité qu'il a prévue d'aucune exigence de preuve d'un grief ou préjudice, la Cour d'appel a violé ledit article.

La CCJA réitère sa jurisprudence sur la nullité automatique et rappelle que le juge ne doit pas céder à l'indulgence, ni être un censeur de la loi, en essayant de trouver des excuses aux maladresses du créancier[391]. C'est ainsi qu'a été annulé le procès-verbal de saisie-vente qui n'a pas satisfait aux prescriptions de l'article 100 de l'AUVE en ce que l'acte de saisie ne contient pas les noms, prénoms et domicile du saisi et du saisissant et subséquemment mainlevée de ladite saisie a été donnée[392].

S'agissant d'une personne morale, lorsque l'acte de saisie ne mentionne pas la forme, la dénomination et le siège social de ladite personne, l'acte de saisie encourt nullité, et mainlevée de la saisie doit être ordonnée[393]. De même, est nul pour violation de l'article 100 de l'AUVE, l'acte de saisie-vente qui omet de préciser à qui l'exploit a été remis et qui ne fait pas ressortir en caractères très apparents les mentions relatives à l'indisponibilité des biens saisis[394]. L'acte de saisi qui ne comporte ni la situation exacte du domicile du saisi, ni l'indication des noms, prénoms et qualité des personnes qui ont assisté aux opérations de saisie ni le mode de calcul des intérêts dus par le débiteur, viole les dispositions des articles 100 alinéas 1 et 9 et 36 de l'AUVE. Dans le

ONANA ETOUNDI résume bien ce régime de nullité automatique en faisant observer que la conséquence qui en résulte, est une restriction du champ d'appréciation du juge, et une pénible survie des nullités relatives. Le principe de la nullité de plein droit sanctionnant l'inobservation des formalités prescrites à peine de nullité sans que le juge ait à rechercher si cette inobservation a causé ou non un préjudice à la partie qui s'en prévaut. (voir. ONANA ETOUNDI(F), Les grandes tendances jurisprudentielles de la Cour Commune de Justice et d'Arbitrage en matière d'interprétation et d'application du droit Ohada, op.cit.

[392]TGI Bobo-Dioulasso, Ord. de référé n°120 du 31 octobre 2003, Imprimerie Nationale du Burkina(INB) c/ OUEDRAOGO Adama, CONVOLBO B. Etienne et OUEDRAOGO Aimé Vincent Ohadata J-04-55.

[393]TPI Bouaké, jugement n° 1038 du 05 mai 2000, Le Juris Ohada n°2/2003, p.43, note anonyme, Ohadata J-03-197 ; voir aussi TPI Yaoundé Centre Administratif, ord. n°828/D du 15 juillet 2004, Aff. Société NOA Débat c/ Engoulou Francis Paul, Ohadata J-05-198.

[394]TPI Yaoundé Centre Administratif, ord. n°796/C du 08 juillet 2003, Aff. ABESOLLO ESSAM Pierre c/ Société COTRAD, Ohadata J-04-416

[394] TPI Douala-Ndokoti, ord. n°196/05-06 du 10 août 2006 Aff. WAFO David c/ Liquidation EX BICIC S.A. Ohadata J-07-83.

cas d'espèce, cet acte doit être annulé, sans pour autant que ne soit nécessaires d'examiner les autres griefs du demandeur[395].

Le débiteur ne peut se prévaloir des dispositions de l'article 100- 9°) que lorsqu'il n'a pas assisté en personne à la saisie de ses biens, ces dispositions n'étant nécessaires qu'en cas d'absence du saisi[396]. Il convient de souligner cet arrêt qui a retenu que le procès-verbal de saisie-vente ne portant pas la signature de la personne entre les mains de qui la saisie a été opérée, la Cour n'est pas mise en situation de vérifier si ladite saisie a été faite entre les mains du débiteur ou d'un tiers. D'où elle ne pouvait apprécier si les articles 100 à 109 de l'AUVE ont été respectées ou non. Il y a lieu, dès lors de déclarer ladite saisie irrégulière et d'ordonner sa mainlevée[397].

Pour sa part la Cour d'appel d'Abidjan a jugé que ne satisfait pas aux exigences de l'article 100 de l'AUVE, l'exploit de saisie-vente dont les mentions relatives au droit de vente amiable du débiteur sont de même caractère que le reste du texte[398]. Le procès-verbal de saisie-vente, encourt nullité et mainlevée de ladite saisie doit être ordonnée pour violation des dispositions de l'article 100 alinéa 8 exigeant l'indication en caractères très apparents de la désignation de la juridiction devant laquelle seront portées les contestations relatives à la saisie-vente[399].

En revanche, aucune nullité n'est encourue lorsque, d'une part, il a été constaté que les mentions concernées -article 100-6) et 7- sont inscrites en caractères très apparents, de sorte qu'elles soient distinguées des autres écritures à première vue, et d'autre part, ces mentions ont été insérées sous le titre souligné « TRES IMPORTANT » et en tête des autres mentions, bien qu'étant en gras, ne sont pas de nature à en altérer le caractère apparent exigé par la loi dans le but d'information du débiteur[400].

---

395 TPI Douala-Ndokoti, ord. n°196/05-06 du 10 août 2006 Aff. WAFO David c/ Liquidation EX BICIC S.A. Ohadata J-07-83.

396CA Abidjan, arrêt n°961 du 18 novembre 2005, aff. Mlle FAKHRY FAWZIEH c/ Antoine SADDY, Ohadata J-09-192.

397CA Zinder, chambre judiciaire, arrêt n°11 du 31 Oct.2006 Aff. M.L.S. c/ A.B. Ohadata J-10-293.

398CA Abidjan, arrêt n°969 du 26 juillet 2002, BOPLAST c/ BALAGHI Moussou, Ohadata 03-19.

399TPI Douala-Ndokoti, ord. n°111/04-05 du 16 novembre 2004, Aff. BATET Ebénézer c/ TONYE Jean Alphonse, Ohadata J- 05-146

400CCJA, arrêt n°025/ 2011 du 06 décembre 2011, Société des Mines de l'Aïr dite SOMAIR SA c/ Moussa EDI. Recueil de Jurisprudence n°17 (juillet-décembre 2011), p.61 ; Juris Ohada, 2012, n°1, janvier-mars, p.49, Ohadata J-13-151.

**b) -La saisie pratiquée en l'absence du débiteur**

Même lorsque le débiteur n'est pas sur les lieux où se trouvent les biens à saisir, l'huissier doit procéder aux opérations de saisie. Le débiteur n'ayant pas assisté aux opérations de saisie, une copie du procès-verbal de saisie lui est signifiée, lui impartissant un délai de huit jours pour qu'il porte à la connaissance de l'huissier instrumentaire l'existence d'une éventuelle saisie antérieure et qu'il lui en communique le procès-verbal y relatif (article 102 AUVE).

**2) - La saisie pratiquée entre les mains d'un tiers**

Une autorisation du juge est requise pour pratiquer une saisie-vente dans un local d'habitation appartenant à un tiers.

**a) - L'autorisation du juge**

Aux termes de l'article 105 de l'AUVE, lorsque la saisie porte sur des biens qui sont détenus par un tiers et dans les locaux d'habitation de ce dernier, elle doit être autorisée par la juridiction du lieu où sont situés les biens. Cette autorisation doit être obtenue préalablement à la mise en œuvre de la mesure et présentée au tiers au moment de la saisie. Il n'est pas nécessaire de servir une signification de l'autorisation au débiteur ni au tiers. La loi n'impose nullement d'accomplir une telle formalité, seule une présentation au tiers est requise. En outre, cette autorisation n'est pas requise lorsque la saisie se déroule dans un local autre que celui servant d'habitation.

Sur présentation du commandement de payer conforme aux articles 92 à 94 signifié au débiteur, à l'expiration d'un délai de huit jours après sa date, et sur présentation éventuelle de l'autorisation de la juridiction prévue l'article 105, l'huissier peut saisir, entre les mains d'un tiers, les biens que celui-ci détient pour le compte du débiteur (art.106). En dépit du fait que les biens à saisir soient détenus par un tiers, le créancier est tenu, de servir un commandement de payer au débiteur dans les conditions prévues par les articles 92 à 94. L'omission de cette formalité est sanctionnée de nullité. Ce n'est que sur présentation de ce commandement au tiers que les opérations de saisie peuvent débuter.

L'article 106 de l'AUVE donne la possibilité au créancier de pratiquer une saisie sur soi-même, lorsqu'il détient légitimement des biens appartenant à son débiteur. La procédure à respecter est celle régissant la saisie-vente pratiquée entre les mains d'un tiers.

### b) -L'acte de saisie

Préalablement à l'établissement de l'acte de saisie, l'huissier invite le tiers à déclarer les biens qu'il détient pour le compte du débiteur et, parmi ces derniers, ceux qui auraient fait l'objet d'une saisie antérieure. En cas de refus de déclaration ou de déclaration inexacte ou mensongère, le tiers peut être condamné au paiement des causes de la saisie, sauf son recours contre le débiteur. Il peut, aussi, être condamné à des dommages-intérêts (art.107). Si le tiers déclare ne détenir aucun bien appartenant au débiteur ou s'il refuse de répondre, il en est dressé acte. Celui-ci est remis ou signifié au tiers avec l'indication, en caractères très apparents, de la sanction visée à l'article 108. Dans ce cas, l'huissier dresse un procès-verbal de carence, puisqu'aucun bien n'a été saisi.

Par ailleurs, si le tiers déclare détenir des biens pour le compte du débiteur, il est dressé un inventaire[401] qui contient, à peine de nullité, les mentions prescrites à l'article 109 de l'AUVE :

1) la référence du titre en vertu duquel la saisie est pratiquée ;

2) la date de la saisie, les nom, prénoms et domicile du saisissant ou, s'il s'agit d'une personne morale, ses forme, dénomination et siège social ; l'élection éventuelle de domicile ;

3) les nom, prénoms et domicile du débiteur ou, s'il s'agit d'une personne morale ses forme, dénomination et siège social ;

4) la mention des nom, prénoms et domicile du tiers ;

5) la déclaration du tiers et, en caractères très apparents, l'indication que toute déclaration inexacte ou mensongère l'expose à être condamné au paiement des causes de la saisie sans préjudice d'une condamnation à des dommages-intérêts ;

6) la désignation détaillée des biens saisis ;

7) la mention, en caractères très apparents, que les objets saisis sont indisponibles, qu'ils sont placés sous la garde du tiers, qu'ils ne peuvent être ni aliénés ni déplacés, si ce n'est dans le cas prévu par l'article 97 sous peine de sanctions pénales et que le tiers est tenu de faire connaître la présente saisie à tout créancier qui procéderait à une saisie sur les mêmes biens ;

8) la mention que le tiers peut se prévaloir des dispositions de l'article 112 qui est reproduit dans l'acte ;

9) l'indication que le tiers peut faire valoir ses droits sur les biens saisis, par déclaration ou par lettre recommandée avec avis de réception ou tout moyen laissant trace écrite adressée à l'huissier ou à l'agent d'exécution du créancier saisissant ;

---

401 Certes l'article 109 de l'AUVE retient le terme inventaire, mais en réalité, il s'agit d'un procès-verbal de saisie dans lequel, l'huissier instrumentaire dresse évidemment l'inventaire des biens saisis en procédant à une désignation détaillée desdits biens.

10) la désignation de la juridiction devant laquelle seront portées les contestations relatives à la saisie-vente ;

11) l'indication, le cas échéant, des noms, prénoms et qualités des personnes qui ont assisté aux opérations de saisie, lesquelles doivent apposer leur signature sur l'original et sur les copies ; en cas de refus, il en est fait mention dans le procès-verbal ;

12) la reproduction des dispositions pénales sanctionnant le détournement d'objets saisis.

De manière générale, l'on peut noter que ces mentions obéissent aux mêmes exigences que celles contenues dans le procès-verbal, lorsque la saisie est pratiquée entre les mains du débiteur. La spécificité de ce procès-verbal réside en ce qu'il contient des mentions qui intéressent particulièrement le tiers. Il en est ainsi de la possibilité reconnue au tiers de refuser la garde des biens saisis ou de solliciter à tout moment, d'être déchargé de ses fonctions de gardien. Ce qui permettra à l'huissier de pourvoir à la nomination d'un nouveau gardien et à l'enlèvement des biens.

L'autre particularité de cet acte est le fait qu'il attire l'attention du tiers sur la teneur de ses déclarations en consignant, en caractères très apparents, l'indication que toute déclaration inexacte ou mensongère l'expose à être condamné au paiement des causes de la saisie sans préjudice d'une condamnation à des dommages-intérêts.

Enfin, il est reconnu au tiers saisi la possibilité de faire valoir ses droits sur les biens saisis, par déclaration ou par lettre recommandée avec avis de réception ou tout moyen laissant trace écrite adressée à l'huissier du créancier saisissant. Si le tiers se prévaut d'un droit de rétention sur le bien saisi, il en informe l'huissier par lettre recommandée avec avis de réception ou tout moyen laissant trace écrite, à moins qu'il n'en ait fait la déclaration au moment de la saisie.

Dans le délai d'un mois, le créancier saisissant peut contester ce droit de rétention devant la juridiction compétente du domicile ou du lieu où demeure le tiers. Le bien demeure indisponible durant l'instance. A défaut de contestation dans le délai d'un mois, la prétention du tiers est réputée fondée pour les besoins de la saisie (art.114). La mise en œuvre du droit de rétention peut s'avérer délicate.

### § 3. Les règles spécifiques à la saisie de certains biens

Le législateur Ohada a prévu des mesures spécifiques pour la saisie de certains biens. C'est le cas des véhicules terrestres à moteur (A) et des sommes d'argent trouvées au lieu de la saisie (B).

### A. La saisie d'un véhicule terrestre à moteur

Lorsque parmi les biens se trouve un véhicule terrestre à moteur, le créancier est en droit de solliciter son immobilisation.

En application de l'article 103 alinéa 3, le créancier saisissant peut solliciter cette immobilisation, sur requête, devant la juridiction compétente, à tout moment, même avant le début des opérations de saisie. Cette juridiction, après avoir entendu les parties ou celles-ci dûment appelées, peut ordonner son immobilisation jusqu'à son enlèvement en vue de la vente par tout moyen n'entraînant aucune détérioration du véhicule. La loi n'indique pas qu'elles sont les moyens pouvant permettre à l'huissier d'immobiliser le véhicule. La seule obligation est celle de ne pas détériorer le véhicule. L'huissier peut donc utiliser « *un sabot de Denver* », mais aussi adopter un moyen plus radical consistant à enlever, avec l'aide d'un mécanicien, une pièce essentielle sans laquelle le véhicule ne peut se mouvoir.

Dans les mêmes conditions, sur le fondement de l'article 103 al. 2 de l'AUVE, le créancier peut solliciter de la juridiction compétente, la remise du véhicule saisi à un séquestre désigné. Cette sollicitation peut se faire à tout moment, même avant le début des opérations de saisie. Ce texte vise à préserver le véhicule de toute avarie qui pourra résulter de son utilisation sans qu'elle n'entame la question de la validité de la saisie[402]. L'idée étant de prévenir toute détérioration du véhicule, pouvant entrainer une dépréciation de sa valeur marchande.

En pratique, l'article 103 AUVE est source de conflit. Souvent, en présence d'un débiteur retors, le créancier procède sans autorisation du juge, à l'immobilisation systématique du véhicule saisi ou à son enlèvement, estimant que s'il le laissait à sa disposition, le débiteur serait tenté de le distraire. Quoique légitimes, ces préoccupations ne peuvent dispenser le créancier à solliciter l'autorisation préalable du juge aux fins de l'immobilisation du véhicule.

Même dans l'hypothèse où le créancier saisi le juge, celui-ci ne peut autoriser l'immobilisation sans avoir, au préalable, entendu les parties ou les avoir dûment appelés. Il a été jugé qu'en ordonnant la saisie et l'enlèvement des véhicules automobiles du débiteur sans entendre les parties ou sans que

[402] CA Abidjan, arrêt civil contradictoire n°835 du 11 juillet 2000, Aff. ETS Richard et CIE c/ Société HERMES AFRIQUE, Ohadata J-06-78.

celles-ci aient été dûment appelées, le juge a violé l'article 103 alinéa 3 de l'AUVE[403].

L'inquiétude des créanciers est ici partagée par le Doyen Jean Paul TCHOU-BAYO qui estime que « *le recours au juge pour autoriser l'immobilisation du véhicule semble alourdir la procédure, il eut été judicieux que le législateur laissât le soin à l'huissier de justice ou à l'agent d'exécution de procéder directement à l'immobilisation, quitte à engager sa responsabilité civile professionnelle en cas de faute ayant entrainé la détérioration du véhicule*[404] ». Le législateur français (art. 58 de la loi du 09 juillet 1991) a donné une plus grande liberté à l'huissier de justice en lui permettant de saisir le véhicule du débiteur en l'immobilisant en quelque lieu qu'il se trouve, par tout moyen n'entrainant aucune détérioration du véhicule. En l'état actuel du droit OHADA, immobilisation du véhicule ne peut se faire que sur autorisation du juge.

### B. La saisie des sommes d'argent trouvées sur les lieux

Les sommes en espèces trouvées lors des opérations de saisie peuvent être saisies à concurrence du montant de la créance du saisissant. Elles sont consignées entre les mains de l'huissier ou au greffe au choix du créancier. Il en est fait mention dans le procès-verbal de saisie, lequel doit indiquer en outre, à peine de nullité, que le débiteur dispose d'un délai de quinze jours à compter de la signification dudit procès-verbal, pour former une contestation devant la juridiction du lieu de la saisie qui doit être désignée dans le procès-verbal.

En cas de contestation, à défaut d'ordonner le versement au créancier ou la restitution au débiteur, la juridiction peut en ordonner la consignation. A défaut de contestation dans le délai imparti, les sommes sont immédiatement versées au créancier. Elles viennent en déduction des sommes réclamées (art. 104).

En pratique, il n'est pas évident de découvrir les sommes en espèces dans un meuble ou dans un tiroir sur les lieux de la saisie pour une raison évidente. Huit jours avant la saisie, un commandement préalable ayant été servi au débiteur, ce qui permet ce dernier de mettre en sécurité les sommes d'argent. L'ingéniosité du débiteur sera mise à contribution pour trouver une cachette

---

403CA Abidjan, arrêt de référé n°444 du 24 avril 2001, Collins Ukpe Turhobo c/ Société Ash International, Ohadata J-02-107

404 TCHOU-BAYO (J.P), « La saisie-vente », Encyclopédie du droit OHADA, POUGOUE (P.G) (Sous Dir.), op. cit. ,p.1793.

que l'huissier instrumentaire ne pourra même pas soupçonner comme pouvant abriter des sommes d'argent.

### § 3 : la signification de la saisie

La saisie doit être signifiée au tiers saisi (A) et au débiteur (B) dans les conditions fixées par l'AUVE.

#### A. La signification au tiers saisi

La saisie doit être signifiée au tiers saisi. Les formalités à accomplir varient selon que le tiers ait ou non assisté aux opérations de saisie. Lorsque le tiers est présent aux opérations de saisie, l'huissier lui rappelle verbalement le contenu des mentions des 5), 7) et 8) de l'article 109. Il est fait mention de cette déclaration dans le procès-verbal. Une copie du procès-verbal de saisie portant les mêmes signatures que l'original lui est immédiatement remise ; cette remise vaut signification.

Par contre, si le tiers n'a pas assisté aux opérations de saisie, la copie du procès-verbal de saisie lui est signifiée en lui impartissant un délai de huit jours pour qu'il porte à la connaissance de l'huissier l'existence d'une éventuelle saisie antérieure sur les mêmes biens et qu'il lui en communique le procès-verbal (art.110).

#### B. La signification au débiteur

Une fois la saisie pratiquée entre les mains du tiers, celle-ci doit être signifiée au débiteur. A cet effet, une copie du procès-verbal est signifiée au débiteur, huit jours au plus tard après la saisie. A peine de nullité, il est indiqué que le débiteur dispose d'un délai d'un mois pour procéder à la vente amiable des biens saisis dans les conditions prescrites par les articles 115 à 119, qui sont reproduits (art. 111). Il a été jugé que sont nulles et de nul effet et mainlevée des saisies pratiquées doit être ordonnée dès lors que d'une part, elles étaient dépourvues de base légale et d'autre part, que l'acte de dénonciation du procès-verbal de saisie ne contient pas les indications obligatoires des articles 100 et 111 de l'AUVE[405].

### § 4. La conservation des biens saisis

Elle peut être confiée à un gardien institué de droit par la loi ou pourvu à son remplacement par la nomination d'un séquestre.

---

[405] TPI Bouaflé, Ord. référé n°15 du 15 sept 2006, Aff. BROU ASSOUARE c/ La Société ZAMACOM S.A et Autres, Ohadata J-09-365

### A. Le gardien des biens saisis

Lorsque la saisie est pratiquée entre les mains du débiteur, celui-ci est institué de droit, gardien des biens saisis. Si la mesure est pratiquée entre les mains d'un tiers, cette responsabilité incombe au tiers. Il s'agit d'une obligation légale inscrite en caractères très apparents, dans le procès-verbal de saisie. Etant placés sous la garde soit du débiteur soit du tiers saisi, les biens ne peuvent être déplacés que pour une cause légitime. Dans ce cas, le gardien est tenu d'en informer préalablement le créancier. Cette information préalable n'est pas requise en cas d'urgence absolue. En tout état de cause, le gardien doit indiquer au créancier le lieu où les biens seront placés. La qualité du gardien des biens saisis permet au débiteur de continuer de jouir de ces biens nonobstant l'indisponibilité attachée à la saisie.

Le débiteur étant institué gardien des biens saisis, ceux-ci ne peuvent être enlevés que dans les conditions prévues par la loi, le débiteur entendu ou dûment appelé. Le créancier ne peut donc obtenir l'autorisation d'enlever les biens saisis pour les confier soit à un séquestre soit à l'huissier instrumentaire sans que le débiteur ait été au préalable entendu ou dûment appelé.

Par ailleurs, lorsque la saisie a été pratiquée entre les mains d'un tiers, celui-ci, en sa qualité de gardien des biens saisis, ne peut se dessaisir desdits biens sans une décision du juge. Ainsi a-t-il été jugé que doit être condamné à payer les causes de la saisie, le tiers saisi qui se dessaisit des biens saisis avant l'intervention de la décision de mainlevée[406].

### B. La nomination d'un séquestre

Sous réserve du droit d'usage dont le tiers pourrait être titulaire sur les biens saisis, le juge peut ordonner sur requête, à tout moment, même avant le début des opérations de saisie, et après avoir entendu les parties ou celles-ci dûment appelées, la remise d'un ou de plusieurs objets à un séquestre qu'il désigne.

La désignation du séquestre intervient à l'issue d'une procédure contradictoire les parties entendues ou dûment appelées. C'est dans ce sens qu'il faut comprendre cette décision qui a déclaré nulle la désignation d'un séquestre intervenue dans le cadre d'une saisie lorsque les parties n'ont pas été convoquées à l'instance[407].

---

[406]CA Abidjan, arrêt n° 394 du 04 avril 2003, La Société SDV-CI c/ La Société GETMA, Ohadata J-03-297.

[407]TPI Douala-Ndokoti, ord. n°231 du 12 mai 2005, Aff. Société SCEMAR SARL c/ Déjà Cité, p.120

Par ailleurs le séquestre désigné doit être un tiers à la procédure pour garantir les intérêts de toutes les parties en litige et prémunir tout conflit d'intérêts entre les colitigants. Pour censurer un arrêt de la Cour d'appel d'Abidjan ayant désigné le créancier en qualité de séquestre, la CCJA a retenu que « c'est à juste titre que le juge des référés a ordonné raisonnablement au profit des deux parties la désignation en qualité de séquestre du prix de vente des graines de coton saisies, un tiers en la personne de la CARPA, dès lors que la détention par le créancier poursuivant du prix de vente des graines de coton saisies, opérées par lui avant la mise en œuvre des opérations de saisies conservatoires, a créé, en raison de ce que la créance, objet du recouvrement , était contestée, une situation mettant en péril la conservation des intérêts du débiteur saisi ; en déboutant le débiteur saisi de sa demande de désignation d'un séquestre autre que le créancier saisissant, la cour d'appel a violé l'article 113 de l'AUVE et sa décision encourt la cassation[408] ».

### § 5. Les effets de la saisie

L'acte de saisi entraine l'indisponibilité des biens saisis(A). Il faut réserver l'hypothèse d'une saisie infructueuse sanctionnée par un procès-verbal de carence qui ne produit aucun effet sur les biens (B).

#### A. L'indisponibilité des biens

Qu'elle soit pratiquée entre les mains du débiteur, d'un tiers ou sur soi-même, la saisie-vente produit les mêmes effets : l'indisponibilité des biens saisis. Cela ressort des dispositions de l'article 97 de l'AUVE, selon lequel les biens saisis sont indisponibles. Si une cause légitime rend leur déplacement nécessaire, le gardien est tenu d'en informer préalablement le créancier, sauf en cas d'urgence absolue. En tout état de cause, il indiquera au créancier le lieu où les biens seront placés. Cette disposition d'ordre général comprise dans les dispositions communes à toutes les saisies a été reprise par aussi bien des dispositions de l'article 100-6) que l'article 109-7).

La mention de l'indisponibilité des biens saisis doit figurer dans le procès-verbal de saisie en caractères très apparents, que les biens saisis sont indisponibles, qu'ils sont placés sous la garde du débiteur, ou tiers selon les cas, qu'ils ne peuvent être ni aliénés ni déplacés, si ce n'est dans le cas prévu par l'article 97, sous peine de sanctions pénales. Le corollaire de cette obligation est que le débiteur saisi ou le tiers, conserve la jouissance des biens

[408] CCJA, 2e ch. Arrêt n°34 du 03 juin 2010, Aff. Les Etablissements TICA c/ Société TRIDENT SHIPPING SA, Le Juris-Ohada n°4/2011, Octobre-Novembre-Décembre p.5, Ohadata J-11-78

saisis, lorsqu'il n'a pas sollicité d'être déchargé de sa mission de gardien des biens.

Si parmi les biens saisis se trouvent les biens consomptibles[409], nonobstant cette indisponibilité de principe, l'article 103 autorise le débiteur saisi à utiliser ses biens à charge pour lui d'en respecter la contrevaleur estimée au moment de la saisie.

## B. En cas d'un procès-verbal de carence

Si aucun bien n'a manifestement pas de valeur marchande, l'huissier instrumentaire dresse un procès-verbal de carence sauf si le créancier requiert la continuation de l'exécution (art. 96 AUVE).

La lecture de cette disposition peut laisser penser que l'huissier doit au préalable informer le saisissant avant de dresser le procès-verbal de carence, cependant, l'huissier n'est pas tenu d'accomplir une telle formalité. Le procès-verbal de carence constate les diligences effectuées par l'huissier qui, n'a trouvé aucun bien susceptible d'être saisi. A ce sujet, le Président René LAUBA affirme que « *l'établissement d'un procès-verbal a un intérêt pratique en ce qu'il permet à l'huissier de prouver à son mondant qu'il a tenté de pratiquer la saisie, cependant ses diligences se sont révélées infructueuses, ce qui lui permet de dégager sa responsabilité, tout en lui permettant d'être rétribué pour ses démarches*[410] ».

L'autre avantage du procès-verbal de carence, c'est qu'il permet au créancier chirographaire de poursuivre l'exécution forcée sur les immeubles du débiteur. En vertu de l'article 28 alinéa 2 de l'AUVE, sauf s'il s'agit d'une créance hypothécaire ou privilégiée, l'exécution est poursuivie en premier lieu sur les biens meubles et, en cas d'insuffisance de ceux-ci, sur les immeubles. Le procès-verbal de carence est le moyen idoine pour faire la preuve de cette insuffisance, puisqu'il permet d'établir que la procédure enclenchée pour saisir des biens meuble corporels du débiteur s'est révélée infructueuse.

---

409Par biens consomptibles il faut entendre les biens qui se consomment par le premier usage, leur utilisation provoquant leur destruction à l'instar des denrées alimentaires. Mais il convient de faire une distinction entre les denrées alimentaires destinées à l'usage personnel du débiteur ayant une valeur marchande de sorte qu'il puisse faire l'objet d'une saisie et les denrées alimentaires entreposées au domicile du débiteur mais destinées à la vente. Dans cette hypothèse, le créancier peut prendre l'initiative de procéder à la vente de ces denrées périssables en obtenant une autorisation de la juridiction compétente, le prix de vente devant être consigné entre les mains d'un séquestre.

410LAUBA, (R.), Opérations de saisie, Droit et Pratique des Voies d'Exécution GUINCHARD (S) et MOUSSA (T.) (dir), op.cit. p. 638

## § 6. L'exercice du droit de rétention par le tiers saisi

Le créancier saisissant peut se voir opposer un droit de rétention par le tiers saisi. Il faut entendre par droit de rétention, le droit reconnu au créancier qui a en sa détention un bien, propriété de son débiteur de refuser de s'en dessaisir tant qu'il n'a pas reçu un paiement intégral de sa créance[411]. Il s'agit d'une faculté accordée au créancier qui détient le bien du débiteur de refuser de délivrer jusqu'à complet paiement du prix[412].

En dépit du fait que le droit de rétention soit réglementé sous le titre II intitulé « sûretés mobilières », ce qui indiquait que cette mesure concernait surtout les meubles corporels, certains auteurs estimaient qu'en tant que moyen de pression, le droit de rétention devrait pouvoir s'exercer sur un immeuble[413]. Le nouvel Acte Uniforme portant Organisation des sûretés a clos ce débat et exclu les immeubles du droit de rétention en précisant à son article 67 que le créancier qui détient légitimement un bien mobilier de son débiteur peut le retenir jusqu'au complet paiement de ce qui lui est dû. Le droit de rétention reconnu au tiers saisi n'est mis en œuvre que sous réserve de l'application de l'article 107 al. 2[414]. Il convient de déterminer les conditions du droit de détention (A) avant d'examiner sa mise en œuvre (B) et ses conséquences (C) sur la suite de la procédure.

### A. Les conditions de mise en œuvre

La mise en œuvre du droit de rétention par le tiers saisi obéit aux conditions prescrites par l'article 68 de l'AUS, lequel énumère les trois cas d'ouverture. En vertu de ce texte, le tiers saisi ne peut opposer un droit de rétention au créancier saisissant que :

- si la créance du rétenteur est certaine, liquide et exigible ;

---

[411] Sous l'empire de l'Acte Uniforme portant organisation des suretés du 17 avril 1997, le droit de rétention était réglementé par les articles 41 à 43. Avec la réforme dudit Acte du 15 décembre 2010, le droit de rétention fait dorénavant l'objet des articles 67 à 70 AUS.

[412] KALIEU ELONGO (Y), Droit et pratique des suretés réelles OHADA, PUA, collection droit uniforme, 2010, p.181

[413] KALIEU ELONGO (Y), ibidem p.184

[414] L'article 107 de l'AUS dispose que « lorsqu'un même bien fait l'objet de plusieurs gages successifs sans dépossession, le rang des créanciers est déterminé par l'ordre de leur inscription.

Lorsqu'un bien donné en gage sans dépossession fait ultérieurement l'objet d'un gage avec dépossession, le droit de préférence du créancier gagiste antérieur est opposable au créancier gagiste postérieur lorsqu'il a été régulièrement publié et nonobstant le droit de rétention de ce dernier.

Lorsqu'un bien donné en gage avec dépossession fait ultérieurement l'objet d'un gage sans dépossession, le droit de rétention du créancier gagiste antérieur est opposable au créancier postérieur qui ne pourra prétendre exercer ses droits sur le bien, tant que le créancier antérieur n'aura pas été entièrement payé ».

- s'il existe un lien de connexité entre la naissance de la créance et la détention de la chose retenue ;

- et si le bien n'a pas été saisi avant d'être détenu par le rétenteur.

La condition selon laquelle l'exercice du droit de rétention ne peut se faire qu'avant toute saisie implique que le tiers rétenteur est tenu de faire valoir son droit préalablement à la mise en œuvre de la saisie.

S'agissant de la connexité, celle-ci est réputée établie selon l'article 69 de l'AUS :

1°) lorsque la chose retenue a été remise jusqu'au complet paiement de la créance du rétenteur ;

2°) lorsque la créance impayée résulte du contrat qui oblige le rétenteur à livrer la chose retenue ;

3°) lorsque la créance impayée est née à l'occasion de la détention de la chose retenue.

La connexité est matérielle ou juridique. Le Professeur KALIEU ELONGO affirme que, « *la connexité juridique ou intellectuelle tient au fait que la créance et la détention sont issues d'un même contrat ou nées d'un rapport juridique synallagmatique comme dans l'hypothèse de restitutions réciproques suite à l'annulation ou la résolution d'un contrat*[415] ». Quant à la connexité matérielle ou objective, elle tient au fait que la créance est née à l'occasion de la chose retenue. Cela est illustré à l'article 69- 3° de l'acte Uniforme qui retient que la connexité est réputée établie lorsque la créance impayée est née à l'occasion de la détention de la chose retenue. Il en est ainsi lorsque le tiers rétenteur d'un véhicule a exposé les frais pour en assurer la conservation ou le gardiennage.

Il revient au juge de déterminer si le tiers rétenteur a observé les conditions d'ouverture édictée par la loi. La diversité des relations d'affaires qui peuvent se nouer interdit d'établir une liste exhaustive des hypothèses où le droit de rétention peut être invoqué. La jurisprudence a reconnu comme exerçant valablement son droit de rétention sur le véhicule vendu, le vendeur qui n'a pas reçu paiement du prix de vente de ce véhicule[416]. Le droit de rétention ne pouvant s'exercer que si celui qui s'en prévaut dispose d'un droit de créance vis-à-vis du débiteur[417]. Ainsi, en présence d'un contrat de détention par un tiers, consécutif à un contrat de tierce détention de marchandises vendues, le non-paiement des honoraires dus au tiers détenteur justifie le droit pour ce

---

[415] KALIEU ELONGO (Y), Droit et pratique des suretés réelles OHADA, op.cit. p.184

[416] CA Abidjan, arrêt n°141 du 14 février 2003, Société COMAFRIQUE Entreprises c/ Oulai Zondje Félix, Ohadata J-03-299.

[417] CA Abidjan, arrêt n°1164 du 24 octobre 2003, Kinda Augustin Joseph c/ Mlle Koné Fatoumata, Ohadata J-03-337

dernier de retenir la marchandise sans encourir de responsabilité pour dépréciation de la marchandise[418].

La CCJA a retenu qu'est régulière et fondée la rétention opérée par le demandeur au pourvoi sur les connaissements relatifs aux marchandises expédiées au profit et pour le compte de sa cliente, dès lors que ladite rétention avait pour seul et unique but le paiement de la créance réclamée. Une telle opération, qui s'inscrit dans le cadre légal de l'article 41 de l'Acte Uniforme portant organisation des suretés ne s'inscrivant nullement dans le cadre de la réalisation forcée d'un bien gagé. Dès lors en fondant sa décision sur l'article 43 du même Acte Uniforme pour condamner le demandeur au pourvoi à restituer les connaissements retenus, la Cour d'appel a commis une erreur, et sa décision encourt la cassation[419]

Le droit de rétention couvre un champ très vaste en ce qu'il s'applique à toute sorte de biens mobiliers corporels ou incorporels, dès lors que les conditions exigées par la loi sont réunies. Il porte sur des marchandises, des colis, des véhicules, des supports matériels, des films, logiciels, des documents comptables[420], mais aussi sur des documents administratifs à l'instar des connaissements ou encore sur des fichiers sur bande magnétique[421].

Le rétenteur doit justifier une créance certaine liquide et exigible. La rétention d'un bien pour être légitime, doit cependant intervenir en dehors de toute contestation. Ce faisant, le droit de rétention ne peut être exercé légitimement, si une partie de la créance est contestée, tel est le cas, lorsque la rétention est intervenue alors que le quantum de la créance était querellé[422]. La CCJA retient que ne satisfait pas à la condition d'exigibilité de la créance,

---

418 CA Conakry, arrêt n°75 du 1er avril 2003, Bureau Veritas c/ Rustal Trading Guinée, Ohadata J-03-105

419 CCJA, arrêt n°30 du 04 novembre 2004, Société de Gestion Ivoirienne de Transport Maritime et Aérien dite GITMA c/ Société Africaine de Matières Exportables dite SAM EX, Le Juris Ohada n°4/2004, octobre-décembre 2004, p.20 note BROU Kouakou Mathurin, Recueil de la Jurisprudence de la CCJA n°4, juillet-Décembre 2004, p.40-Jurisprudence commentée de la CCJA, octobre 2005, n°1, p.34, note Félix ONANA ETOUNDI, Ohadata J-05-171

420 KALIEU ELONGO (Y), op.cit p.184, l'auteur indique pertinemment qu'il faut réserver des cas qui peuvent porter atteinte à l'ordre public et cite une décision rendue par la CA du Littoral (arrêt n°42/RF du 25 janvier 1995 W.K.G. c/ Directeur de l'HGD, Juridis Périodique, n°33, janv-mars 1998,p. 15, note NCHIMI MEBU J.C.). Dans cette espèce, il avait été décidé qu'une dépouille mortelle et un certificat de décès ne pouvaient pas être considérés comme des choses qui sont dans le commerce et ne pouvaient de ce fait, faire l'objet d'un droit de rétention.

421 Com.11 juill.2000, n°97-12.374, Bull.civ. IV, n°142 cité par GUINCHARD (S) et MOUSSA (T.) (dir), op.cit. p.649

422 TPI Cotonou, Jugement contradictoire, n°034/1er C.COM du 21 Oct.2002, role général n°016/2001, Société AKPACA Sarl c/ Société TRANS-OMAR, Ohadata J-04-291.

le prêteur , qui, en présence d'un accord entre les parties à un contrat de prêt stipulant que l'emprunteur, pêcheur, s'engage à rembourser totalement le prêt dans un délai maximum de deux mois à compter de la date du premier départ en mer par prélèvement, à hauteur de 50% de la valeur nette de la pêche, prétend exercé un droit de rétention sur les pirogues de son débiteur, sans établir que le délai de deux mois ainsi imparti est expiré[423].

En revanche, est fondé le créancier rétenteur qui exerce son droit de rétention sur le conteneur destiné à sa débitrice jusqu'au complet paiement par celui-ci de sa dette, dès lors que la créance réclamée est la conséquence des relations d'affaires entretenues par les deux sociétés. Par conséquent, en déclarant le créancier détenteur légitime rétenteur du conteneur litigieux, l'arrêt attaqué ne violait en rien l'article 42 al. 2 de l'AUS[424].

### B. La mise en œuvre du droit de rétention

Pour faire valoir son droit de rétention, le rétenteur n'est soumis à aucune formalité particulière. La mise en œuvre du droit de rétention n'est pas subordonnée à une demande en justice, ni à une mise en demeure préalable. Le droit de rétention opère comme une exception d'inexécution. Il suffit que l'excipiens oppose l'exception à son protagoniste lorsque celui-ci réclame l'exécution de sa créance[425].

Le tiers saisi qui entend exercer son droit de rétention informe verbalement l'huissier instrumentaire, alors que celui-ci procède aux opérations de saisie sans autres formalités. Cette déclaration est suffisante pour la mise en œuvre du droit de rétention. Si cette déclaration n'est pas faite au moment de la saisie, le tiers informe l'huissier de son droit de rétention sur les biens saisis par lettre recommandée avec avis de réception ou tout moyen laissant trace écrite.

A partir de la réception de la lettre avec avis de réception ou de la déclaration faite à l'huissier instrumentaire, le créancier dispose d'un délai d'un mois pour contester ce droit de rétention devant la juridiction compétente du domicile ou du lieu ou demeure le tiers saisi.

---

423 CCJA, arrêt n°16/2002 du 27 juin 2002, Société MAREGEL c/ Serigne Moustapha Mbacke, Le Juris Ohada n°4/2002, octobre-décembre 2002, p.43, note Anonyme- Recueil de Jurisprudence de la CCJA, n°spécial, janvier 2003, p.31, Ohadata 02-165

424 CCJA, 1ère ch. arrêt n°006 du 28 fév.2008, Aff. ENVOL –TRANSIT COTE D'IVOIRE SARL c/ SDV COTE D'IVOIRE dite SDV-CI / 2.- Société IED /3.- Administration des Douanes. Le Juris Ohada n°2, avril- mai- juin 2008, p.13, Recueil de Jurisprudence de la CCJA n°11, janvier-juin 2008, p.35, Ohada J-09-29.

425 TERRE (F.), SIMLER (PH.), LEQUETTE (Y.), Droit Civil, Les Obligations, Op. cit.p.649

Il appartient au créancier poursuivant de faire la preuve de ce que le tiers rétenteur ne remplit pas les conditions requises pour exercer un prétendu droit de rétention sur le bien faisant l'objet de la saisie. Cette preuve peut s'avérer difficile à rapporter en l'absence du débiteur, une collusion frauduleuse entre le tiers et le débiteur n'étant pas à exclure.

### C. Les conséquences du droit de rétention

Le droit de rétention ne fait pas obstacle à la poursuite de la procédure. En effet, l'exercice du droit de détention n'est pas incompatible à la vente des biens faisant l'objet d'une saisie-vente. Toutefois, même après l'adjudication des biens, le rétenteur doit s'opposer à ce qu'il soit dépossédé de ces biens sans qu'il soit au préalable et entièrement payé.

Il s'ensuit que la procédure peut suivre son cours jusqu'à l'adjudication des biens, mais le détenteur ne sera pas tenu de livrer les biens sans avoir été payé. Il s'agit d'une condition préalable à laquelle l'adjudicataire ne peut déroger même lorsqu'il aura versé le prix. Le rétenteur est privilégié sur le prix de vente pour le paiement de sa créance. Dans l'ordre de distribution des deniers provenant de la réalisation des meubles, le rétenteur vient avant tous les autres créanciers privilégiés ou chirographaires selon l'ordre édicté à l'article 226 de l'AUS.

## Section 3
## La vente des biens saisis

Les biens saisis sont vendus selon deux modalités : la vente amiable ou la vente forcée. Le créancier saisissant est astreint à observer la procédure indiquée par l'AUVE pour parvenir à la vente des biens saisis.

### § 1. La vente amiable

L'Acte Uniforme a laissé la possibilité au débiteur saisi de procéder lui-même, à la vente des biens, modalité qualifiée de vente-amiable. Elle est dite amiable parce qu'elle est mise en œuvre par le débiteur à qui incombe la charge de trouver un acquéreur, la vente étant toujours conclue avec l'assentiment du créancier, qui peut s'y opposer.

La vente amiable doit être conclue dans un délai d'un mois à compter de la signification du procès-verbal de saisie. L'on peut s'interroger pour savoir si la vente-amiable est une faculté ou une obligation.

### A. La vente amiable : faculté ou obligation

La formulation de l'article 115 AUVE laisse penser que la vente amiable est simplement une faculté. En effet, aux termes de cette disposition, le débiteur contre lequel est poursuivie une mesure d'exécution forcée peut vendre volontairement, dans les conditions définies, les biens saisis pour en affecter le prix au paiement des créanciers.

Le verbe *« pouvoir »* utiliser par le législateur et l'adverbe « *volontairement* » suffisent à démontrer le caractère facultatif de cette vente amiable, puisque que le débiteur devra y recourir de son propre chef, sans contrainte aucune. Reste à savoir si le débiteur peut y renoncer en autorisant le créancier de procéder directement à la vente forcée sans devoir attendre le délai d'un mois prescrit par l'article 116 AUVE. S'agissant d'une faculté, le débiteur n'est pas tenu de l'exercer.

Par contre, le créancier ne peut décider de passer outre l'éventualité d'une vente amiable en procédant directement à la vente forcée, une telle procédure serait entachée de nullité. Le délai d'un mois laissé au débiteur pour procéder à la vente amiable de ses biens n'est pas un acte de générosité de la part du créancier, mais une contrainte procédurale que le saisissant est tenu de respecter et dont l'inobservation entache de nullité la procédure. Le créancier ne peut priver le débiteur de la possibilité d'exercer cette faculté en passant outre le délai imparti au débiteur pour faire vendre ses biens à l'amiable. Ce n'est qu'à l'expiration de ce délai que l'huissier peut procéder à la vente forcée.

Comme toute faculté, le débiteur peut donc y renoncer. D'ailleurs cette renonciation est souvent implicite puisqu'elle se déduit du silence observé par le débiteur pendant ce délai d'un mois à lui imparti pour faire vendre ses biens. Rien n'interdit au débiteur de faire une renonciation expresse en informant l'huissier instrumentaire, de ce qu'il n'entend pas levée l'option de la vente amiable. La question reste posée si, en renonçant au bénéfice de la vente amiable, le débiteur peut immédiatement autoriser le créancier de procéder à la vente forcée sans devoir attendre l'expiration du délai d'un mois consacré à l'éventualité d'une vente amiable. Quoique les décisions relatives à l'application de cette question de droit soient rares, la lecture de l'article 117 *in fine* incite à penser le contraire.

En effet, selon ce texte, « *il ne peut être procédé à la vente forcée qu'après l'expiration du délai d'un mois prévu par l'article 116, augmenté, s'il y a lieu, du délai de quinze jours imparti aux créanciers pour donner leur réponse* ». Le créancier est tenu d'attendre l'expiration du délai d'un mois pour procéder à la vente forcée, quoiqu'il ait reçu du débiteur l'information selon laquelle il n'entend pas levée l'option de la vente amiable. Ce délai étant édicté dans l'unique but d'inciter le débiteur à faire vendre ses biens. Or même si le débiteur y renonçait expressément, l'huissier sera tenu d'attendre l'expiration de ce délai avant de procéder à la vente forcée, l'article 117 in fine, faisant obligation de procéder à la vente forcée qu'après l'expiration du délai d'un mois imparti au débiteur pour procéder à la vente amiable.

Il est intéressant de souligner cette décision de la Cour Suprême du Bénin[426], qui dénie le bénéfice des dispositions sur la vente amiable au créancier requérant, qui sollicitait l'interruption de la procédure aux fins de la vente convenue au motif que l'article 115 de l'AUVE, n'était réservée qu'au débiteur saisi.

### B. La mise en œuvre de la vente amiable

Une fois l'option prise de procéder à la vente amiable des biens saisis, le débiteur doit chercher un acquéreur potentiel. En fonction des objets à vendre, plusieurs personnes peuvent être intéressées par l'acquisition de ces biens. Le débiteur informe, par écrit, l'huissier instrumentaire des propositions qui lui ont été faites en indiquant les nom, prénoms et adresse de l'acquéreur éventuel ainsi que le délai dans lequel ce dernier s'offre à consigner le prix proposé. L'huissier communique ces indications au créancier saisissant et aux créanciers opposants par lettre recommandée avec avis de réception ou tout moyen laissant trace écrite. Ceux-ci disposent d'un délai de quinze jours pour prendre le parti d'accepter la vente amiable ou de la refuser. En l'absence de réponse, ils sont réputés avoir accepté.

La vente des objets saisis se négocie directement entre le débiteur et l'acquéreur potentiel. Cependant, sa conclusion est soumise à l'approbation préalable et expresse des créanciers. Si les propositions faites par l'acquéreur sont acceptées par les créanciers, ceux-ci doivent prendre parti d'accepter ou de refuser dans un délai de quinze jours. En la matière, le silence des créanciers vaut acceptation. Les créanciers peuvent se retourner contre l'huissier si celui-ci a failli à sa mission en ne faisant pas parvenir dans les délais requis ces propositions.

L'acquéreur éventuel peut proposer un calendrier pour consigner le prix en plusieurs mensualités. Le prix de la vente est consigné entre les mains de l'huissier ou au greffe, au choix du créancier saisissant. La consignation du prix est une condition substantielle pour le transfert de la propriété et, a

---

[426] C.S. Bénin, arrêt n°042/CJ-CM du 13 mai 2005, Société SANEP c/ Banque Internationale du Bénin, Société WALE ORGANISATION et autres, cité par -DJOGBENOU (J.), L'exécution forcée, droit Ohada, Op.cit.p.201.

fortiori, pour la délivrance des biens. Le défaut de consignation fait obstacle à la réalisation de la vente amiable et ce, bien que l'offre d'achat ait été acceptée par le créancier[427]. A défaut de consignation dans le délai convenu[428] par les parties, il est donc procédé à la vente forcée, la vente amiable n'ayant pu être conclue (art.118).

Le refus du créancier d'autoriser la vente amiable ne peut engager sa responsabilité, puisqu'en application de l'article 119 AUVE, la responsabilité du créancier ne peut être recherchée que si le refus d'autoriser la vente est inspiré par l'intention de nuire.

Le législateur OHADA aurait dû exiger du créancier de justifier son refus. Il serait donc judicieux d'encadrer la possibilité reconnue au créancier de refuser la vente, en fondant son refus sur les éléments objectifs, tenant compte de la valeur marchande du bien ou des modalités du paiement du prix proposer par l'acquéreur. Or, le créancier peut refuser la vente sans avoir à justifier son refus. D'ailleurs, il n'est pas exclu que ce refus soit motivé par des raisons purement subjectives dictées par une antipathie, sans aucun lien avec le recouvrement de la créance, le débiteur devant démontrer l'intention de nuire du créancier pour prétendre engager sa responsabilité.

Dans cette hypothèse, le créancier qui a refusé la vente sans raison valable devait être condamné à verser la différence du prix entre celui proposé par l'acquéreur amiable et celui obtenu lors des ventes aux enchères publiques. Il arrive parfois que le prix obtenu aux enchères publiques soit inférieur à celui proposé par l'acquéreur amiable, le créancier ayant refusé la vente ne pouvant engager sa responsabilité qu'à condition d'avoir établi que le refus d'autoriser la vente est inspiré par l'intention de nuire au débiteur, chose difficile à établir.

Il convient d'encadrer le refus du créancier et de procéder à la réécriture de cette disposition pour lui adjoindre un second alinéa qui sera libellé comme suit : *le créancier qui refuse d'autoriser la vente amiable sans motifs objectifs est tenu d'en supporter la différence, si lors de la vente aux enchères publiques, le prix obtenu est inférieur à celui proposé par l'acquéreur amiable.*

A l'expiration du délai imparti pour la vente amiable, le créancier procède à la vente force des biens saisis.

---

427 LAUBA, (R.), « Opérations de vente amiable », Droit et Pratique des Voies d'Exécution, GUINCHARD (S) et MOUSSA (T.) (dir), op.cit. p. 653

428 Le délai dont il est question à l'article 118 AUVE est le délai d'un mois prévu à l'article 116 AUVE, augmenté du délai de quinze jours impartis par l'article 117 au créancier pour accepter ou refuser la vente amiable ou de se porter acquéreur.

### § 2. La vente forcée

La vente forcée intervient lorsque la vente amiable n'a pas eu lieu, faute pour le débiteur d'avoir opté pour cette possibilité ou lorsque les créanciers ont refusé d'autoriser la vente amiable.

A l'issue du délai imparti pour la conclusion de la vente amiable, il est procédé à la vente forcée des biens aux enchères publiques(B), après avoir accompli les formalités préalables (A).

#### A. Les formalités préalables à la vente

La vente est effectuée aux enchères publiques par un auxiliaire de justice habilité par la loi nationale de chaque État Partie. Il s'agit d'un commissaire-priseur ou d'un huissier de justice faisant office de commissaire-priseur. La vente est précédée par les formalités de publicité.

##### 1) -La publicité obligatoire

La publicité vise à informer le public et attirer des acquéreurs éventuels. Elle est effectuée conformément aux dispositions de l'article 121 de l'AUVE et s'effectue par affiches indiquant les lieu, jour et heure de la vente et la nature des biens saisis. Les affiches sont apposées à la mairie du domicile ou du lieu où demeure le débiteur, au marché voisin et tous autres lieux appropriés ainsi qu'au lieu de la vente si celle-ci a lieu à un autre endroit.

En vue d'atteindre un public très large, la publicité peut être faite par voie de presse. Régulièrement les colonnes des journaux annoncent les enchères. L'on constate également les communiqués sur les chaines de télévisions et de radios aux heures de grande audience, faisant état de la vente aux enchères publiques. Avec le développement des NTIC, la publicité se fait parfois sur internet, notamment sur les plateformes de vente ligne.

La publicité porte sur la consistance des biens à vendre avec une description détaillée de leurs caractéristiques. Elle porte également sur toutes informations destinées à renseigner les potentiels acquéreurs. La publicité doit avoir lieu quinze jours au moins avant la date fixée pour la vente. L'accomplissement de cette formalité doit être certifié par un huissier de justice (art.122 AUVE). L'huissier doit aviser le débiteur des lieu, jour et heure de la vente dix jours au moins avant sa date par lettre recommandée avec demande d'avis de réception ou par tout moyen laissant trace écrite. Il en est fait mention dans le certificat prévu à l'article 122 (art.123).

### 2) -La vérification des biens

La vérification des biens est la seconde formalité à accomplir préalablement à la vente. Cette formalité instituée par l'article 124 AUVE permet de s'assurer que les biens saisis n'ont pas été détournés, distraits, dégradés ou échangés. Les cas de détournement des biens sont fréquents lorsque le débiteur est institué gardien des biens.

Cette formalité est facilitée par les photographies prises par l'huissier lors des opérations de saisie. La vérification des biens permet également de mettre un terme à la mission du gardien et de le décharger de toute responsabilité. L'article 124 de l'AUVE indique, en effet, qu'avant la vente, la consistance et la nature des biens saisis sont vérifiées par l'agent chargé de la vente. Il en est dressé procès-verbal. Seuls sont mentionnés les objets manquants et ceux qui auraient été dégradés.

Par cette précision, le législateur a voulu épargner à l'huissier instrumentaire la rédaction d'un second procès-verbal reprenant une description détaillée des biens à vérifier, de sorte que, si à l'issue des opérations de vérification, aucun objet n'a été détourné, ni dégradé, le procès-verbal y relatif appelé *« procès-verbal de récolement »* devra se borner à mentionner l'accomplissement de cette formalité sans reprendre l'énumération des biens faisant l'objet de la saisie. Les indications du procès-verbal de recollement ne sont pas prescrites à peine de nullité. Le débiteur ne peut donc poursuivre la nullité dudit procès-verbal sur le fondement des dispositions relatives à l'acte de saisie.

La question peut se poser sur la sanction encourue, lorsque l'huissier instrumentaire a omis de procéder à la vérification des biens. L'Acte Uniforme reste muet sur cette question. La doctrine considère toutefois que l'absence de vérification ne saurait être une cause de nullité de la procédure, mais qu'elle est susceptible de faire obstacle à toute responsabilité du gardien, faute de pouvoir prouver le détournement ou la détérioration des biens saisis[429].

Après la vérification des biens, le gardien est déchargé de sa mission, les biens doivent être enlevés pour être vendus.

### B. La vente aux enchères publiques

La vente aux enchères publiques se déroule soit au lieu où se trouvent les objets saisis, soit dans une salle ou un marché public dont la situation géographique est la plus appropriée pour la concurrence et à moindre frais. En cas de désaccord entre le créancier et le débiteur sur le lieu où doit s'effectuer

---

[429]COUCHEZ (G.) Voies d'exécution, op.cit. p.102

la vente, la juridiction compétente tranche ce différend dans les cinq jours de sa saisine par la partie la plus diligente.

Le moment de la vente des biens est fonction de l'expiration des délais impartis pour la vente amiable. L'article 134 dispose en effet, qu'en cas d'extension de la saisie initiale, il n'est procédé à la vente forcée sur l'ensemble des biens saisis qu'à l'expiration de tous les délais impartis pour leur vente amiable. Toutefois, indique le second alinéa, il peut être procédé à la vente forcée immédiate de ceux des biens pour lesquels le délai imparti en vue de leur vente amiable est expiré, soit avec l'accord du débiteur ou l'autorisation de la juridiction compétente, soit lorsque les formalités de publicité avaient déjà été effectuées au moment de l'opposition. Ce qui peut aboutir à plusieurs ventes successives.

L'adjudication est faite au plus offrant après trois criées. La durée de chaque enchère est laissée à la sagesse du commissaire-priseur. L'officier ministériel jouit également d'une grande liberté dans la conduite des enchères. La loi n'impose aucune mise à prix, il appartient au créancier de déterminer le montant des enchères, l'expérience de l'huissier lui sera d'un grand secours pour la détermination du montant minimum. Les enchères étant portées directement par les personnes intéressées, la détermination d'un montant est cruciale dans la mesure où, il constitue un signal pour les potentiels adjudicataires, qui peuvent ainsi se faire une idée de la valeur marchande du bien.

Les enchères sont ouvertes à toute personne, excepté l'huissier instrumentaire qui ne peut se porter acquéreur pour son propre compte. Les enchères sont portées par les personnes intéressées, la loi n'interdit pas pour autant qu'elles soient portées par l'intermédiaire d'un mandataire.

La vente est arrêtée lorsque le prix des biens vendus assure le paiement du montant des causes de la saisie et des oppositions, en principal, intérêts et frais (art.126 AUVE). Ce qui implique une vigilance accrue de l'huissier instrumentaire qui devra veiller à arrêter la vente en temps opportun, dès lors que les objets déjà vendus suffisent à couvrir le montant de la créance cause de la saisie. L'inobservation de cette disposition devra conduire le débiteur à engager la responsabilité de l'huissier imprudent, pour faute professionnelle.

La circonstance selon laquelle le prix des objets vendus vainement serait versé au débiteur est inopérante, puisqu'il n'est pas dans l'intérêt de celui-ci de voir ses biens vendus aux enchères publiques, alors qu'il aurait voulu les garder. Aussi a-t-il été jugé que, doit être reconnue la responsabilité solidaire, pour faute professionnelle, du commissaire-priseur et de l'huissier de justice qui procèdent à la saisie et la vente du véhicule du débiteur alors que le produit de la vente du bien mobilier initialement saisi dudit débiteur aurait largement couvert sa dette, dans la mesure où ils ne contestent pas avoir saisi les meubles meublants dont la valeur aurait pu permettre de désintéresser le créancier[430]. Les biens non vendus sont restitués au débiteur et l'huissier devra les faire transporter au lieu où ils étaient saisis.

Le prix est payable comptant, faute de quoi, l'objet est revendu à la folle enchère de l'adjudicataire. L'article 125 AUVE ne donne aucune indication sur la procédure de folle enchère. Pour pallier cette carence, les juridictions se réfèrent à la procédure de revente sur folle enchère relative à la saisie immobilière. C'est ainsi que le tribunal de Dakar a jugé que lorsque, dans le cadre de la saisie des droits d'associés, lorsque l'adjudicataire ne verse pas le prix dans le délai fixé, la règlementation sur folle enchère devra, faute de réglementation, être réglée en référence, aux dispositions prévues pour la saisie immobilière, notamment celle de l'article 320 AUVE[431].

L'article 125 AUVE semble exclure le paiement par chèque ou par virement bancaire. Il est évident que cette disposition ne doit pas être prise au pied de la lettre, ce qui importe pour le créancier poursuivant est le paiement de sa dette. Dans cette optique, le paiement par chèque est envisageable, mais l'huissier instrumentaire ne pourra autoriser la délivrance des objets vendus qu'après l'encaissement dudit chèque.

Il est dressé procès-verbal de la vente contenant la désignation des biens vendus, le montant de l'adjudication et l'énonciation déclarée des noms et prénoms des adjudicataires (art.127). Quoique ce texte ne l'indique pas, l'huissier devra également indiquer les objets restitués au débiteur le cas échéant.

Le commissaire-priseur ou l'huissier de justice chargé de la vente est personnellement responsable du prix des adjudications et il ne peut recevoir aucune somme au-dessus de l'enchère.

---

430 CA Abidjan, arrêt n°241 du 23 février 2001, CLA Charles c/ NGUESSAN BOA Kouassi, Actualités juridiques, n°28, juin 2002, p.15, Ohadata J-02-185. Dans cette espèce, le problème de droit soumis à la Cour est le suivant « l'huissier qui procède à la saisie du véhicule de son débiteur alors que le produit de la vente du mobilier initialement saisi dudit débiteur aurait largement couvert sa dette, commet-il une faute susceptible d'engager sa responsabilité professionnelle ? oui répondent en chœur le Tribunal et Cour d'appel. Et cette dernière de préciser : la responsabilité de l'huissier dans la vente du véhicule est parfaitement engagée dans la mesure où il ne conteste pas avoir saisi les meubles meublants dans la valeur aurait pu permettre de désintéresser le créancier. D'où la confirmation du jugement du Tribunal ».

431 TRHC de Dakar, jugement n°1591 du 28 août 2001, Aff. S.G.B.S. c/ Me Amadou Moustapha NDIAYE, Ohadata J-04-166. Certes cette décision a été rendue dans le cadre d'une saisie-vente des droits d'associés, mais cette solution devra s'appliquer à la saisie-vente de droit commun.

L'adjudication a pour effet de transférer le droit de propriété sur la chose vendue à l'adjudicataire. Il n'est pas rare qu'un tiers, qui se prétend propriétaire d'un bien vendu aux enchères publiques, exerce une action en revendication contre l'adjudicataire. Etant en possession du bien acquis dans une vente publique, l'adjudicataire est protégé par les articles 2279 et 2280 du code civil. Toutefois, s'il est établi que les biens vendus n'étaient pas la propriété du saisi, mais du tiers revendiquant, leur restitution sera conditionnée au remboursement du prix payé par l'adjudicataire.

L'adjudicataire ne bénéficie d'une protection particulière que contre le revendiquant, il n'a pas droit à la même protection contre les vices cachés. L'action résultant des vices rédhibitoires ne pouvant être introduite pour les ventes aux enchères publiques, à moins qu'il soit établi une attitude frauduleuse, visant à dissimuler ces vices.

Cela dit, il est fréquent que la saisie-vente donne lieu à des contestations. C'est l'objet de la section suivante.

## Section 4
## Les incidents de la saisie-vente

La saisie-vente est une procédure extrajudiciaire, lorsqu'elle n'a pas donné lieu à des contestations. Ces contestations sont connues sous le vocable « incidents de la saisie-vente ». Elles peuvent être soulevées par d'autres créanciers qui viennent se joindre à la saisie déjà pratiquée au moyen d'une opposition (§1), par le débiteur saisi (§2) ou encore par le tiers (§3). Toujours est-il que ces contestations doivent être tranchées par le juge du lieu de la saisie. Il convient de souligner que l'opposition des autres créanciers ne constitue une contestation au sens procédural du terme, puisqu'il ne requiert pas l'intervention du juge. Il constitue ce qu'il convient d'appeler « une sorte d'incident extrajudiciaire » selon la formule du Doyen Jean Paul TCHOU BAYO[432].

### § 1. L'opposition des créanciers

Il est fréquent que d'autres créanciers du même débiteur se manifestent pour pratiquer une saisie-vente sur les biens meubles corporels faisant déjà l'objet d'une saisie antérieure.

---

432 J.P. TCHOU-BAYO « La saisie-vente », Encyclopédie du droit OHADA, (sous. Dir. POUGOUE) op.cit. p.1793 n°134

Dans ce cas, en vertu de l'adage *« saisie sur saisie ne vaut »,* il ne peut être pratiquée une nouvelle saisie sur lesdits biens. Le créancier qui entend pratiquer une saisie-vente sur les biens de son débiteur qui font déjà l'objet d'une saisie antérieure doit se joindre à la saisie encours au moyen d'une simple opposition. Concrètement, si, à l'occasion d'une saisie, le débiteur présente au créancier le procès-verbal établi lors d'une précédente saisie, ce créancier procède par voie d'opposition comme il est dit à l'article 131. Il peut pratiquer sur le champ une saisie complémentaire dans les conditions prescrites aux articles 100 à 102 (art.133).

Par cette opposition, le créancier vient se joindre, à la saisie antérieure de sorte que la nouvelle saisie vient se greffer sur la première pour constituer une seule et unique procédure. Le créancier opposant peut le cas échéant, procéder, à une saisie complémentaire des biens jusque-là épargnés par la première saisie. L''opposition permet au second créancier de venir concourir lors de la distribution du prix de vente des biens saisis, le premier saisissant ne bénéficiant d'aucun privilège sur les autres.

Pour former opposition, le créancier doit réunir deux conditions essentielles : d'une part, le créancier doit satisfaire aux conditions requises par l'article 91 pour pratiquer une saisie. L'opposant doit être muni d'un titre exécutoire constatant une créance liquide et exigible (art.130 AUVE) et d'autre part, l'opposition doit intervenir avant la vérification des biens.

L'article 131 AUVE indique les mentions qui doivent figurer sur l'acte d'opposition. A peine de nullité, l'acte d'opposition contient l'indication du titre exécutoire en vertu duquel elle est formée, le décompte distinct des sommes réclamées en capital, frais et intérêts échus ainsi que l'indication du taux d'intérêts.

L'acte d'opposition est signifié au créancier premier saisissant si ce n'est dans le cas où l'opposition est formée par lui pour ajouter une nouvelle créance ou étendre l'assiette de la saisie antérieure. Il est également signifié au débiteur. Le créancier premier saisissant poursuit seul la vente.

### A. La jonction des poursuites

La jonction des poursuites suppose que le créancier opposant se joigne à la saisie initiale sans étendre l'assiette de la saisie à d'autres biens en pratiquant une saisie complémentaire. La procédure débute par la rédaction d'un procès-verbal dit acte d'opposition conformément à l'article 131 AUVE.

L'acte d'opposition est signifié au créancier premier saisissant et au débiteur. Cependant, lorsque l'opposition est effectuée par le premier saisissant pour ajouter une nouvelle créance ou étendre l'assiette de la saisie antérieure, l'acte d'opposition n'est signifié qu'au débiteur.

### B. La saisie complémentaire

L'article 132 AUVE indique que tout créancier opposant peut étendre la saisie initiale à d'autres biens. Il est dressé un procès-verbal de saisie complémentaire dans les conditions prescrites aux articles 100 à 102 AUVE.

En effectuant une saisie complémentaire, l'opposant pratique une saisie-vente pour les biens qui ont échappé à la saisie initiale. Pour ce faire, un inventaire des biens nouvellement saisis doit être réalisé, dans la mesure où l'huissier pratique une véritable saisie-vente pour les biens qui, jusqu'alors n'étaient pas compris dans l'assiette de la saisie. Un procès-verbal est dressé lequel contient à peine de nullité, les prescriptions des articles 100 de l'AUVE. Ce procès-verbal doit observer les prescriptions des articles 101 et 102 AUVE. Quoiqu'il en soit, le procès-verbal de la saisie complémentaire est signifié au créancier premier saisissant et au débiteur. Cette signification peut intervenir en même temps que l'acte d'opposition. Il faut réserver l'hypothèse où la saisie complémentaire est l'œuvre du premier saisissant, une signification au débiteur est suffisante.

L'AUVE ne prévoit pas la signification de l'acte d'opposition au tiers saisi, il s'agit là d'une omission susceptible de constituer une source de contestations, lorsque les biens objets des poursuites sont détenus par un tiers. D'ailleurs, l'article 107 AUVE fait obligation à l'huissier d'inviter le tiers à déclarer les biens qu'il détient pour le compte du débiteur et, parmi ces derniers, ceux qui auraient fait l'objet d'une saisie antérieure.

Quoi de plus normal de signifier l'acte d'opposition et le procès-verbal de saisie complémentaire au tiers saisi, afin qu'il soit à mesure d'informer les potentiels créanciers opposants de l'existence d'une opposition antérieure, la loi ne limitant pas le nombre de créanciers pouvant exercer une opposition sur les biens déjà saisis. A notre avis, l'acte d'opposition et le procès-verbal de saisie complémentaire doivent être signifiés également au tiers saisi.

En dépit de la jonction des procédures résultant de l'opposition des autres créanciers, le premier saisissant conserve la direction des poursuites. Il tient ce privilège de l'article 131 alinéa 4 AUVE en vertu duquel le créancier premier saisissant poursuit seul la vente. Cependant, lorsque le premier saisissant est défaillant dans l'accomplissement des actes de poursuite, d'autres créanciers peuvent le subroger dans la poursuite de la procédure.

En se joignant à la saisie pratiquée par le premier saisissant, l'opposant bénéficie des avantages de la procédure déjà engagée et s'associe aux poursuites. Désormais la mainlevée de la saisie-vente ne peut résulter que d'une décision de la juridiction compétente ou de l'accord du créancier saisissant et des créanciers opposants. Ce qui lui permet d'avoir voix au chapitre dans la conduite des poursuites et le dénouement de la procédure. L'inconvénient de cette démarche est que, l'opposition étant liée à la procédure initiée par le premier poursuivant, les irrégularités de procédure commises par l'huissier du premier créancier font anéantir son opposition.

L'article 137 précise que « la nullité de sa première saisie n'entraîne pas la caducité des oppositions si ce n'est lorsqu'elle résulte d'une irrégularité dans le déroulement des opérations de saisie. Cette nullité est toujours dépourvue de conséquence sur la saisie complémentaire ». La nullité étant la sanction d'un vice de forme ou de fond qui fait disparaître rétroactivement l'acte ne remplissant pas les conditions requises pour sa validité[433], il en résulte que, la nullité de la première saisie ne peut entrainer la caducité des oppositions, à moins que cette nullité sanctionne une irrégularité commise dans le déroulement des opérations de saisie. En tout état de cause, la nullité de la saisie initiale n'affecte en rien la saisie complémentaire. La Cour de cassation décidant que « *l'efficacité de la procédure menée par les créanciers qui se joignaient aux poursuites était dépendante de la validité de la saisie initiale, la nullité de celle-ci ayant pour conséquence l'anéantissement de celle-là*[434] ». Cette jurisprudence vivement critiquée par une partie de la doctrine française ne peut être transposée en droit OHADA.

En effet, il convient de faire une distinction selon que la nullité évoquée sanctionne une irrégularité commise dans le déroulement des opérations de saisie ou une irrégularité de fond. Si la nullité de la saisie initiale est consécutive à une irrégularité de forme, liée notamment au déroulement des opérations de saisie, le procès-verbal de saisie n'ayant pas observé l'une des mentions prescrites à peine de nullité à l'article 100 AUVE par exemple, la nullité encourue par l'acte de saisie initiale entraine *ipso facto,* la caducité de l'opposition. L'on explique cette dépendance par le fait que l'opposition n'a qu'une autonomie relative par rapport à la saisie initiale. Elle n'est pas une saisie indépendante de la saisie initiale, elle vient simplement se greffer à la saisie initiale engagée par le premier saisissant[435].

---

[433]LAUBA (R.), « Incidents de saisie : opposition des créanciers, » Droit et Pratique des Voies d'Exécution, GUINCHARD (S) et MOUSSA (T.) (dir), , op.cit. p.669

[434]Req. 15 janv. 1899, DP 1900. 1. 160, note Glasson, S. 1900. 1. 193. Note Tissier, cité par COUCHEZ (G.) Voies d'exécution, op.cit. p.107

[435]COUCHEZ (G.) Voies d'exécution, op.cit. p.107, n° 185

Ce faisant, lorsque la saisie initiale est déclarée nulle pour une irrégularité consécutive au déroulement des opérations de saisie, le support procédural sur lequel reposait l'opposition étant anéanti, l'opposition qui s'y greffait ne peut subsister. L'acte de saisie ayant été déclaré nul, l'opposition qui s'y greffait reste sans support, ce qui explique sa caducité.

En revanche, lorsque la nullité de la saisie initiale sanctionne un vice de fond, la nullité de la première saisie n'affecte pas les oppositions. Si par exemple, le titre exécutoire par provision sur le fondement duquel la saisie initiale a été pratiquée est annulé, les oppositions ne sont pas affectées. Et pour cause, les opposants ayant des titres exécutoires distincts de celui du saisissant initial, la reformation du titre exécutoire détenu par celui-ci ne peut avoir d'incidence sur les droits des créanciers opposants. Dans ce cas, la plus ancienne des oppositions se substitue à la saisie initiale.

Enfin, l'article 137 de l'AUVE précise *in fine* que la nullité de la saisie initiale est toujours dépourvue de conséquence sur la saisie complémentaire. Cette précision vient conforter l'autonomie de la saisie complémentaire par rapport à la saisie initiale. En pratiquant une saisie complémentaire, l'opposant s'est certes joint à la saisie initiale cependant, l'assiette de la saisie complémentaire porte sur les biens n'ayant pas fait l'objet de la saisie initiale. De ce fait, la nullité de la saisie initiale, même fondée sur une irrégularité de forme commise dans le déroulement des opérations de saisie n'aura aucune incidence sur la saisie complémentaire.

### C. La subrogation dans les poursuites

La subrogation sanctionne la défaillance du premier poursuivant[436]. Elle constitue un formidable moyen de pression permettant au créancier opposant de veiller à l'aboutissement de la procédure conduite par le premier saisissant. Le législateur OHADA a confié la direction des poursuites au premier saisissant, il a voulu encadrer ses prérogatives, en donnant les moyens aux créanciers opposants de le subroger en cas de défaillance de sa part.

Aux termes de l'article 135 AUVE, à défaut par le créancier premier saisissant d'avoir fait procéder aux formalités de la mise en vente forcée à l'expiration des délais prévus, tout créancier opposant, après sommation infructueuse d'y procéder dans un délai de huit jours, lui est subrogé de plein droit. Le créancier premier saisissant est déchargé de ses obligations. Il est tenu de mettre les pièces utiles à la disposition du créancier subrogé.

---

436 TSETSA (G.S.), Le formalisme de la saisie immobilière en droit Ohada, Revue de l'ERSUMA n°6, janvier 2016, p.78

Pour prétendre subroger le premier créancier, le créancier opposant est tenu de le sommer de procéder aux formalités de la mise en vente forcée des biens saisis à l'expiration des délais prévus. Il n'est pas exigé du créancier opposant d'établir une quelconque défaillance du premier créancier saisissant. Celle-ci se déduit d'ailleurs de son incapacité à pouvoir accomplir les formalités de la mise en vente forcée.

Contrairement à la saisie immobilière qui permet au second créancier de demander la subrogation du premier saisissant s'il y a collusion, fraude, négligence ou autre cause de retard imputable au premier saisissant, en matière de saisie-vente, le législateur communautaire réserve la subrogation que pour défaut d'accomplissement de la mise en vente.

La subrogation intervient de plein droit, à l'expiration du délai de huit jours prescrit à l'article 135 AUVE, en cas de sommation infructueuse. La poursuite de la procédure incombera désormais au créancier opposant subrogé au premier saisissant.

### § 2 : Les contestations soulevées par le débiteur saisi

Pour faire échec à la procédure de saisie initiée sur ses biens, le débiteur peut contester la régularité de la saisie, en soulevant la nullité de la procédure. Cette contestation peut porter sur les biens saisis (A) ou sur la validité de la procédure (B). Si la saisie est déclarée nulle avant la vente des biens, le débiteur peut solliciter la restitution de ses biens lorsque ceux-ci sont détenus par un tiers (C).

#### A. Les contestations relatives aux biens

Les biens saisis peuvent faire l'objet d'une contestation portant sur leur propriété, il n'est pas exclu que le débiteur saisi puisse contester sa qualité de propriétaire des biens saisis ou invoquer leur insaisissabilité.

##### 1) -Les contestations tirées de la propriété des biens saisis

L'article 140 AUVE donne la possibilité au débiteur de demander la nullité de la saisie portant sur un bien dont il n'est pas propriétaire. Il est fréquent, que le créancier incorpore dans l'assiette de la saisie, un bien n'appartenant pas au débiteur saisi. Ce peut être un bien trouvé au domicile du débiteur, ou lorsque le créancier a des raisons de croire que ces biens appartiennent au débiteur. Cela arrive fréquemment lorsque la saisie est pratiquée au domicile des conjoints. Seule la connaissance du régime matrimonial des époux peut renseigner le saisissant sur les biens propres des conjoints, et donc sur ceux qui peuvent être inclus dans l'assiette de la saisie.

Toujours est-il que le débiteur devra prouver qu'il n'est pas le propriétaire des biens saisis et rapporter la preuve suffisante de cette allégation[437] en produisant des pièces susceptibles d'établir de manière incontestable la propriété des biens saisis à tort. Le bien saisi n'étant pas la propriété du débiteur saisi, celui-ci peut donc demander à la juridiction compétente de prononcer la nullité de la saisie. De même, le tiers dont le bien a été saisi à tort peut aussi se joindre à la procédure initiée par le débiteur pour solliciter la distraction de son bien[438]. Le juge apprécie souverainement les éléments probants fournis par le débiteur qui sollicite la nullité de la saisie au motif que les biens en faisant l'objet seraient la propriété d'un tiers[439].

La question reste posée de savoir quel est le titulaire de l'action en nullité, tant il vrai qu'une confusion règne auprès des plaideurs.

L'action en nullité d'une saisie-vente appartient exclusivement au débiteur saisi. L'action en nullité n'est reconnue qu'au seul débiteur saisi, le tiers qui se prétend propriétaire d'un bien saisi à tort doit initier une action en distraction, dès lors la demande tendant aux fins de nullité de la procédure formulée par un tiers revendiquant est irrecevable, celui-ci ne disposant que d'une action en distraction d'objets saisis[440].

Dans l'arrêt Société YEMON OIL& DISTRUBITION contre Dame NGUIWGMOWING MUNA précité, la Cour d'appel du Littoral a décidé que seul le débiteur a la qualité pour solliciter la nullité de la saisie appartenant au tiers, c'est à bon droit que le premier juge a déclaré irrecevable pour défaut de qualité la demande en nullité émanant du défendeur qui n'est pas propriétaire. Par ailleurs, le juge ne peut également ordonner la restituer d'un véhicule à celui qui n'a pas introduit une action en distraction du véhicule d'autant que

---

437Toulouse, 24 avr.2004, procédures 2005, comm. 105, Perrot, cité par N. FRICERO, Procédures Civiles d'exécution, op.cit., p.99

438TPI EDEA, ord. N°01/CE/TPI/010 du 18 Janv.2010, Aff. BIYOUMA Désiré et NGOWO Victor c/ Dame NGO MELONG, Ohadata-J-12-265

439 CCJA, arrêt n°006/2004 du 8 janvier 2004, Aff. W ALLEY Goly Kouamé Clément c/ KOUADIO Amana Monique, Juridata N°J006-01/2004, cité par MBOCK BIUMLA (J. M.), (dir.), OHADA, Code Bleu, Texte annotés jurisprudence résumée de la CCJA, Annotations du droit comparé, Ed. Juriafica, 2014, p.509. Dans le même sens, CCJA, 1ère ch., arrêt n°002/2013 du 07 mars 2013, Aff. Sté Générale Industrie c/ 1)-Sté RAYANNE, 2)-HASSAN KAMEL FTOUNI, 3) OMAÏS TOUFIC et 4) Sté CAFCACI, Recueil de jurisprudence n°20, Vol.2 janvier-décembre 2013, pp.11-14, Ohadata-J-15-02

440CA Abidjan, Arrêt n°784 du 21 juin 2002, Aff. Société ADCI (SCPA COFFIE et Associés) c/ Ets ETIMCO, Ohadata J-03-14 ; voir aussi CA, Abidjan Arrêt civil contradictoire n° 765 du 06 juillet 2004, Aff. FALL AZIZ c/ Mme DIENG ADJA HINA épouse ZAKKA, Ohadata J-05-323

c'est cette action qui lui aurait permis de faire éventuellement preuve de sa qualité de propriétaire[441].

Un arrêt de la Cour d'appel d'Abidjan a retenu que l'action du débiteur qui vise à obtenir l'annulation du commandement de payer et de la saisie-vente subséquente, ainsi que la mainlevée de celle-ci lorsque les biens saisis appartiennent à un tiers est régulière, car c'est le débiteur qui jouit de la qualité pour solliciter en justice l'annulation de toute saisie-vente[442]. L'action en nullité d'une saisie pratiquée sur un bien n'appartenant pas au débiteur, intentée par le tiers saisi est irrecevable. Une telle action n'appartenant qu'au débiteur lui-même[443].

La possibilité offerte au débiteur de demander la nullité de la saisie n'est ouverte que jusqu'à la vente des biens saisis. Est irrecevable toute demande tendant à obtenir la nullité d'une saisie après la vente des objets saisis, car hors délai[444].

### 2) -Les contestations tirées de la saisissabilité des biens

Le débiteur peut soulever la nullité de la saisie-vente au motif que l'huissier instrumentaire aurait incorporé des biens déclarés insaisissables dans l'assiette de la saisie. S'il assiste aux opérations de saisie, le débiteur peut invoquer l'insaisissabilité de ses biens devant l'huissier, lequel confronté à la difficulté, peut prendre l'initiative de saisir directement le président de la juridiction compétente, pour entendre statuer sur cette insaisissabilité alléguée (art.143 AUVE).

Si la demande en nullité est fondée sur l'insaisissabilité des biens, le débiteur n'est plus seul titulaire de l'action en nullité comme il a été dit précédemment, il partage l'exercice de cette action avec l'huissier instrumentaire qui doit agir comme en matière de difficulté d'exécution. En indiquant que l'huissier doit agir comme en matière de difficulté d'exécution, ce texte précise, que l'exercice de cette action appartient à l'huissier confronté à la difficulté dans le déroulement des opérations de saisie.

---

441 CA Littoral l'arrêt n°174/REF du 27 octobre 2008, SOCIETE YEMON OIL& DISTRUBITION C/ Dame NGUIWGMOWING MUNA, précité

442CA Abidjan, Arrêt civil contradictoire n° 146 du 08 février 2005, Aff. Société CLAM Ivoire c/ Batilly Moussa

443 CA Abidjan, Arrêt n° 912 du 08 juillet 2003, Aff. COULIBALY Gaoussou c/ SOCOPAG, NECCAF-CI, COPPAIE, SAKHO CAMARA, Ohadata J-03-316

443 CA Abidjan, 5e ch. civ. B, Arrêt civil n°1041 du 06 déc.2005, Aff. Coopérative OPAMC c/ Fonds de Garantie des Coopératives CAFE CACAO dit FGCC, Ohadata J-09-210

444 CA Abidjan, 5e ch. civ. B, Arrêt civil n°1041 du 06 déc.2005, Aff. Coopérative OPAMC c/ Fonds de Garantie des Coopératives CAFE CACAO dit FGCC, Ohadata J-09-210

En indiquant que l'huissier doit agir comme en matière de difficulté d'exécution, le législateur nous renseigne sur la procédure à suivre. Il s'agit de la procédure indiquée à l'article 48 de l'AUVE. L'huissier qui prend l'initiative de saisir le président de la juridiction compétente doit le faire par voie d'assignation. Il doit délaisser, aux frais du débiteur, assignation à comparaître aux parties, notamment au débiteur, au créancier premier saisissant et aux créanciers opposants. Il informe toutes les parties des jour, heure et lieu de l'audience au cours de laquelle la difficulté, tirée de l'insaisissabilité sera examinée. Il doit donner connaissance aux parties du fait qu'une décision pourra être rendue en leur absence.

Par ailleurs, lorsque l'insaisissabilité est invoquée par le débiteur, la procédure doit être introduite dans le délai d'un mois à compter de la signification de l'acte de saisie (art.143 AUVE). Le créancier est entendu ou appelé. L'inobservation de ce délai est sanctionnée par l'irrecevabilité de l'action.

Les demandes relatives à la propriété ou à la saisissabilité ne font pas obstacle à la saisie mais suspendent la procédure pour les biens saisis qui en sont l'objet (art.139 AUVE), de sorte que, même lorsque le débiteur soulève l'insaisissabilité de ses biens devant l'huissier instrumentaire, cette contestation ne doit pas suspendre les opérations de saisie qui doivent se poursuivre jusqu'à leur terme. L'huissier devra, tout au plus, faire mention de cet incident dans son procès-verbal de saisie, à charge pour lui de saisir le juge compétent.

L'absence de l'effet suspensif de l'incident s'explique par le fait d'éviter les manœuvres dilatoires du débiteur qui n'hésitera pas à exploiter cette occasion offerte. Si l'insaisissabilité ne fait pas obstacle à la poursuite des opérations de saisie, elle est suffisante pour suspendre la procédure de la vente pour les biens qui en font l'objet jusqu'à la fin de l'instance devant le juge[445].

Le créancier saisissant ne peut donc ignorer la demande en nullité fondée sur l'insaisissabilité et poursuivre la vente desdits biens. Lorsque le débiteur introduit une requête en nullité tirée de l'insaisissabilité des biens, en application de l'article 139 AUVE, la procédure de vente doit être suspendue pour les biens qui en font l'objet[446].

---

[445]FRICERO (N.), Procédures Civiles d'exécution, op.cit., p.98

[446] CCJA, 2e chambre, arrêt n°011/2008 du 27 mars 2008, Aff. Société TECRAM TRANSIT c/ Mlle N'GBESSO Berthe Eliane, Le Juris Ohada n°3, juillet –août-Sept 2008, p.23, Recueil de Jurisprudence de la CCJA n°11, janvier- juillet 2008, p.43, Ohadata J-09-42

### B. Les contestations relatives à la validité de la saisie

Le débiteur peut poursuivre la nullité de la saisie tirée de défaut de validité pour vice de forme ou de fond. Il est seul à avoir qualité pour contester la validité de la saisie[447], une telle demande formulée par un tiers sera déclarée irrecevable. Nous avons vu que le débiteur pouvait soulever la nullité de la saisie, aux motifs que la saisie porte sur les biens appartenant à un tiers, ou que les biens objet de la mesure sont insaisissables. Mais le débiteur peut également contester la validité de la saisie, en invoquant les vices de fond ou de forme.

Selon l'article 144 AUVE, la nullité de la saisie pour un vice de forme ou de fond autre que l'insaisissabilité des biens compris dans la saisie, peut être demandée par le débiteur jusqu'à la vente des biens saisis. Le créancier saisissant met en cause les créanciers opposants.

Les contestations pour vice de forme constituent une part importante du contentieux de la saisie-vente. En donnant la possibilité au débiteur de contester la validité de la saisie, le législateur a voulu s'assurer que le créancier a pratiqué la saisie en respectant le formalisme prescrit à cet effet. Ce faisant, toutes les irrégularités de forme, prescrites à peine de nullité seront sanctionnées. Il en sera ainsi lorsque le commandement de payer signifié au débiteur est entaché d'irrégularité, en ce qu'il ne contient pas le décompte détaillé de sommes dues et qu'il a omis d'indiquer les frais et intérêts échus et le taux d'intérêt appliqué en violation de l'article 92 AUVE[448].

Le créancier peut avoir omis de servir au débiteur, huit jours avant la saisie, un commandement de payer, qui contient certaines mentions. Dès lors la saisie opérée n'a pas été précédée d'un commandement de payer, obéissant aux exigences légales, celui-ci est entaché de nullité et interfère nécessairement sur la saisie pratiquée, qui encourt nullité, et point n'est besoin que la nullité soit conditionnée par l'existence d'un préjudice, puisque la loi ne l'exige pas[449].

---

[447] Civ. 2e, 10nov. 1998, Bull. II, n°270

[448]TPI Nkongsamba, ord. référé n°16/REF du 25 avril 2001, Société Ets NYAMEDJO c/ NGOUMELA Martin, Ohadata J-04-440. Par contre, l'indication des intérêts n'est pas obligatoire et son omission ne peut être sanctionné lorsque les intérêts ne sont pas énumérés parmi les sommes réclamées au débiteur. Le commandement ne contenant l'indication des intérêts a été déclaré valable (voir TPI Mbouda, Ord. référé n°01/Réf/TPI du 16 Août 2011, Aff. Secrétariat à l'Education Catholique du Diocèse de Bafoussam c/ Ndjangou Dagobert, Ohadata J-12-236).

[449]TPI Libreville, Ord. référé, Répertoire n°363/ 2001-2002 du 11 avril 2002, Société Chez Mari, Dame MARI MARI c/ BICIG Ohadata J-04-137

Quant au vice de fond, le débiteur peut contester le titre exécutoire sur le fondement duquel les poursuites sont entreprises. Il peut invoquer l'irrégularité dudit titre, ou le caractère certain et liquide de la créance. Cela est fréquent lorsque le créancier se prévaut d'une ordonnance d'injonction de payer revêtue de la formule exécutoire que le débiteur conteste pour avoir formé opposition de ladite ordonnance. Cette contestation remettant en cause le titre exécutoire, condition substantielle pour pratiquer une saisie-vente. C'est ainsi qu'il a été décidé que la saisie-vente opérée sans titre exécutoire, il y a lieu de la déclarer nulle et d'en ordonner la mainlevée, dès lors que l'ordonnance d'injonction de payer en vertu de laquelle elle a été pratiquée a fait l'objet d'une opposition qui en a suspendu l'exécution[450].

Le débiteur peut aussi contester l'exigibilité de la créance, en prétendant avoir bénéficié d'un délai de grâce, en invoquant la compensation ou la prescription.

Le débiteur a tout intérêt à introduire sa demande dans un bref délai d'autant plus que la demande en nullité ne suspend pas les opérations de saisie, à moins que la juridiction n'en dispose autrement (art.146 AUVE). L'introduction tardive de cette demande pouvant entrainer des frais supplémentaires pour le débiteur, même lorsque la saisie est annulée, l'article 145 indiquant que la juridiction qui annule la saisie peut laisser à la charge du débiteur tout ou partie des frais qu'elle a occasionnés si le débiteur s'est abstenu de demander la nullité en temps utile.

La CCJA fait une lecture rigoureuse de ces dispositions en retenant que « de l'analyse des dispositions des articles 144 alinéas 3 et 4 et 146 de l'Acte Uniforme portant organisation des procédures simplifiées de recouvrement et des voies d'exécution, il s'infère que la restitution des biens saisis ne peut intervenir que si la saisie est annulée avant que la vente aux enchères publiques ne soit intervenue. En l'espèce, si l'action en nullité initiée le 27 février 2003 l'a été avant la vente aux enchères publiques intervenues le 1er mars 2003, en revanche, la décision du juge des référés du 27 mars 2003, ordonnant la restitution du véhicule vendu est intervenue bien longtemps après la vente et la distribution du prix. En confirmant l'ordonnance n°1441 du 27 mars 2003, la Cour d'appel fait dire à l'article 144 de l'Acte uniforme sus-indiqué, qu'il permet la restitution du bien saisi à partir de la seule saisine de la juridiction compétente, d'une action en nullité de la saisie alors que, contrairement à ce que retient la Cour d'appel, la juridiction compétente ne

450 CA Abidjan, chambre civ.&com. B, arrêt 423 du 28 juillet 2011, Aff. La Société GROUPESSOR SARL c/ l'Eglise de Jésus Christ des Saints, Ohadata J-13-16, précité

peut ordonner ultérieurement la restitution des objets saisis, lorsque ceux-ci ont déjà été vendus aux enchères publiques et le prix distribué [451]».

Cette position de la CCJA est bien suivie par les juridictions de fond qui déclarent irrecevables les requêtes en nullité de la saisie introduite après la vente des biens saisis. Il a été jugé que la nullité de la saisie pour vice de fond autre que l'insaisissabilité des biens compris dans la saisie, pouvant être demandée par le débiteur jusqu'à la vente des biens saisis, la demande en nullité de la saisie critiquée ne peut être accueillie dès lors que les véhicules saisis ont été vendus[452].

La CCJA rappelle constamment que la nullité de la saisie pour vice de forme et de fond autre que l'insaisissabilité des biens compris dans la saisie ne pouvant, aux termes de l'article 144 de l'Acte uniforme portant voie d'exécution, peut être demandée par le débiteur jusqu'à la vente des biens saisis, en rejetant l'action tendant à l'annulation des saisies litigieuses, la Cour d'appel n'a en rien violé le texte visés au moyen, dès lors que ce n'est qu'après la vente des biens saisis que la requérante a demandé son annulation au juge des référés. Ce faisant elle a agi après et en méconnaissance des dispositions de l'article 144 qui sont d'ordre public. Aucune action en annulation *a fortiori* en restitution n'étant prévue après la distribution du prix, il y a lieu de déclarer irrecevable la requête en annulation et en restitution[453].

De même, est irrecevable, la requête du débiteur saisi tendant à la restitution des objets saisis, suite à la nullité de la vente, après la distribution des produits de la vente[454]. Plus explicite est l'arrêt de la CCJA qui retient qu'aux termes des dispositions de l'article 144 de l'Acte uniforme sus-indiqué, aucune action en annulation, *a fortiori* en restitution, n'est prévue

451 CCJA, Arrêt n°060/2005 du 22 déc.2005, Aff. DIRABOU Yves Joël et 3 autres c/ Société LES TERRES NOBLES dite TERNOB, Recueil de Jurisprudence de la CCJA n°6, juin-décembre 2005, p.92 ; Le Juris-Ohada, n°2/2006, p.33, Ohadata J-06-46

451 CA Daloa, 1ère chambre civ. &com., arrêt civil contradictoire n°98 du 09 mai 2007, Aff. KOUMOUE KOMENAN YSSOUFOU c/ L'ENTEPRISE COOPERATIVE AGRICOLE DE SOUBRE, Ohadata J-09-360

452 CA Daloa, 1ère chambre civ. &com., arrêt civil contradictoire n°98 du 09 mai 2007, Aff. KOUMOUE KOMENAN YSSOUFOU c/ L'ENTEPRISE COOPERATIVE AGRICOLE DE SOUBRE, Ohadata J-09-360

453CCJA, 2ème chambre, arrêt n°12 du 26 fév.2009, Aff. Société Négoce et Représentation Commerciale en Côte d'Ivoire dite NRCCI c/ Société ALPI Cote d'Ivoire dite ALPICI, Juris Ohada, n°2/2009, avril –juin, p.30, Ohadata J-09-285

454 CCJA, 2ème chambre, arrêt n°051/2013 du 12 juin 2013, Aff. Société Nationale de Raffinage dite SONARA SA c/ Société First OIL CAMEROUN, cité par par MBOCK BIUMLA (J. M.), (dir.), OHADA, Code Bleu, Texte annotés jurisprudence résumée de la CCJA, Annotations du droit comparé, Ed. Juriafica, 2016, p.698. Dans le même sens, CCJA, 1ère ch. Arrêt n°70/2018 du 29 mars 2018.

après la distribution du prix, en ordonnant l'annulation de la saisie et la restitution des biens saisis, dans cette phase de la procédure, la Cour d'appel a violé l'article 144 AUVE visé au moyen et sa décision encourt la cassation[455].

Il résulte de l'article 144 de l'AUVE que seule l'action en nullité de la saisie est reconnue au débiteur jusqu'à la vente des biens et non l'action en nullité de la vente[456].

### C. La restitution des biens

Lorsque la saisie est déclarée nulle avant la vente, en application de l'article 144 al. 2, le débiteur peut demander la restitution du bien saisi s'il se trouve détenu par un tiers, sans préjudice des actions en responsabilité exercées dans les termes du droit commun. Par contre, si la saisie est déclarée nulle après la vente, mais avant la distribution du prix, le débiteur peut demander la restitution du produit de la vente (art.144 al.4).

De l'analyse des dispositions de l'article 144 de l'AUVE, il s'infère que lorsque la nullité de la saisie est déclarée après la vente des biens qui en faisaient l'objet et que le prix n'est pas encore distribué, le débiteur n'a droit qu'à la restitution du prix de la vente. Dès lors, viole ce texte l'ordonnance du juge du contentieux de l'exécution qui ordonne la mainlevée de la saisie-vente des biens qui en faisaient l'objet, au lieu de condamner le créancier saisissant à restituer le produit de la vente[457].

## § 3. Les contestations soulevées par les tiers

Le tiers dispose de deux actions pour faire valoir ses droits sur les biens saisis à tort. Il doit exercer une action en distraction (A), lorsque les biens ne sont pas encore vendus. Si les biens ont été vendus avant la saisine du juge, le tiers doit introduire une action en revendication (B).

### A. L'action en distraction

L'action en distraction est réservée au tiers qui se prétend propriétaire des biens inclus dans l'assiette de la saisie. Cette méprise intervient souvent, lorsque la saisie est pratiquée entre les mains du débiteur, l'huissier ayant saisi les biens que le débiteur détenait pour le compte d'un tiers. Même lorsque la

---

[455] CCJA, 3e chambre, arrêt n°19 du 6 décembre 2011, Aff. CHEM IVOIRE, Contre A., Ohada, Recueil de jurisprudence de la CCJA, n°17, juillet-décembre 2011, p.120, Ohadata J-12-201

[456] CCJA, 3ème chambre, arrêt n°005/2015 du 26 février 2015, Aff. PRAO KOUASSI c/ COULIBALLY Lassinan, Ohadata J-16-05

[457] CCJA, 2e ch. Arrêt n°242 /2019 DU 31 OCTOBRE 2019, Aff. NSIA Banque Côte d'Ivoire c/ Société Banlaw Afrique Limited, https//legiafrica.com

saisie est pratiquée entre les mains du tiers, l'huissier peut saisir les biens appartenant à ce dernier.

Dans l'un ou l'autre cas, le tiers propriétaire doit introduire une action en distraction des biens. Cette action n'est réservée que pour la distraction des biens meubles corporels. C'est ainsi qu'a été le débouté un débiteur qui sollicitait la distraction des sommes d'argent saisies, action réservée aux biens pouvant faire l'objet d'une saisie-vente à la différence des sommes d'argent[458].

Le tiers doit être le propriétaire des biens dont il poursuit la distraction. Il doit préciser dans sa demande et ce, à peine d'irrecevabilité, les éléments sur lesquels se fonde le droit de propriété invoqué (art.141 AUVE). Il appartient donc au tiers, qui poursuit la distraction d'objets saisis de prouver sa qualité de propriétaire sur ces biens en application de l'article 141 de l'AUVE[459]. Les tiers agissant en distraction d'objets saisis doivent être déboutés de leur demande s'ils ne prouvent pas qu'ils sont propriétaires de ces biens, ou s'ils produisent des preuves douteuses[460]. En cas de doute sur sa qualité de propriétaire, le tiers est tenu de préciser le mode d'acquisition du bien dont la distraction est poursuivie[461].

Lorsque le demandeur en distraction d'objets saisis produit des documents non probants à l'appui de sa demande, celle-ci doit être rejetée[462]. La condition de la preuve est remplie lorsque le tiers produit des factures d'achats, ou toute pièce probante susceptible d'établir sa qualité de propriétaire sur les biens saisis. Si le bien saisi est un véhicule terrestre à moteur, la production devant le juge de la carte grise établi au nom du tiers est suffisante pour justifier sa qualité de propriétaire, et obtenir ainsi la distraction dudit véhicule[463]. Encore faut-il que le tiers puisse solliciter la distraction des biens effectivement saisis.

---

458CA Abidjan, 3ème chambre civ. &com., arrêt n°25 du 14 janvier 2011, Aff. D. c/ SOCIETE OIL EXPRESS CORPORATION, Juris-Ohada n°2/2012 p.47, Ohadata J-12-209

459 TRHC Dakar, Ordonnance de référé n°1576 du 06 Oct.2003, Lydia Sambou c/ Comptoir Canari Sarl, Djiby Diatta, Simone Damado), Ohadata-04-261.

460TRHC Dakar, Jugement n°37 du 03 Janv.2001, Dames Karfa Sané et Diambou Dième C/ Mass Sène, Maître Diaga Pouye Cissé et Moussa Kaba, Ohadata-J-05-88

461 TRHC Dakar, Jugement n°226 du 31 Janv.2001, Société Générale d'Equipement (SOGEI), Matar Diagne et Kiki Touré c/ Société IMMO TROPIC et Joseph COLLURA, Ohadata J-05-89

462CA Abidjan, arrêt n°1092 du 29 juillet 2003, KOUASSI Gérard Bonaventure & 01 Autre C/ Mme BINTOU COULIBALY & Autres, Ohadata J-03-344.

463TPI Edea, ord. 05/CE/TPI/010 du 09 déc.2010, Aff. La Boulangerie Patisseries les Délices SARL c/ Chébou Yébou, Les Nouvelles Boulangeries à EDEA, Ohadata J-12-261

S'il ne ressort pas du procès-verbal de saisie que les biens dont la distraction est sollicitée ont été saisis, il n'y a pas lieu d'ordonner leur distraction[464].

Par ailleurs, l'action en distraction du tiers saisi doit être déclarée irrecevable dès lors que ce tiers ne rapporte pas la preuve de sa qualité de propriétaire et qu'une confusion est par ailleurs établie entre ce tiers qui se prétend propriétaire et qui réclame en même temps la qualité de débiteur saisi[465]. Le débiteur saisi ne pouvant se prévaloir du bénéfice de l'article 141 l'AUVE, réservé au tiers saisi, en revendiquant une double qualité : de tiers saisi et de débiteur. Le tiers saisi ne peut que solliciter la distraction de ses biens s'il advenait qu'ils fussent englobés dans ladite saisie. Dès lors est irrecevable sa demande de mainlevée pour défaut de qualité, le directeur d'une société contre laquelle la saisie a été dirigée, la société ayant une personnalité propre distincte à celle de son directeur[466].

La demande en distraction est signifiée au créancier saisissant, au saisi et éventuellement au gardien. Le créancier saisissant met en cause les créanciers opposants par lettre recommandée avec avis de réception ou tout moyen laissant trace écrite. Le débiteur saisi est entendu ou appelé (art.141 AUVE).

### B. L'action en revendication

Si les biens saisis ont été vendus, le tiers qui se prétend propriétaire doit exercer une action en revendication, l'action en distraction étant irrecevable à ce stade. Selon l'article 142 AUVE, l'action en distraction cesse d'être recevable après la vente des biens saisis. Seule peut, alors, être exercée l'action en revendication.

Le tiers revendiquant doit agir avec diligence. A cet effet, il devra initier une action en revendication contre l'adjudicataire, la demande en distraction d'un bien dans le cadre d'une procédure de saisie-revendication des biens doit être, conformément à l'article 141 signifiée au créancier saisissant. La tâche du tiers revendiquant n'est pas aisée, dans la mesure où l'adjudicataire est particulièrement protégé par les articles 2279 et 2280 du code civil.

---

464 TRHC Dakar, Jugement n°218 du 31 Janv.2001, Yves PHILLIPE C, Société de transport AKF, la Société Multiloc, Maître Ndèye Tegue Fall LO et Maître Mademba Guèye, Ohadata-05-91

465CA du Littoral, Arrêt n°77/REF du 21 avril 2008, Dame FEUZEU Célestine C/ Dame YOUMBI Yvette, Ohadata J-10-272

466 TPI Nkongsamba, Ord. référé n°19/REF du 23 mai 2001 KWENGOP Joseph C/ Mme KWAYEP née DJOMO Anne, Ohadata J-04-453.

Par ailleurs, s'il est établi que les biens vendus n'étaient pas propriété du saisi, mais du tiers revendiquant, leur restitution sera conditionnée au remboursement du prix payé par l'adjudicataire.

Le second alinéa de l'article 142 AUVE prévoit que le tiers reconnu propriétaire d'un bien déjà vendu peut, jusqu'à la distribution des sommes produites par la vente, en distraire le prix non diminué des frais.

## Section 5
## La saisie des récoltes sur pied

La saisie des récoltes sur pied, appelée jadis saisie-brandon, est règlementée aux articles 147 à 152 de l'AUVE. Il s'agit d'une saisie afin d'exécution mobilière particulière soumise aux conditions de la saisie-vente avec quelques spécificités dues à la nature des biens à saisir.

La saisie des récoltes sur pied règlemente la saisie des fruits peu de temps avant leur maturité, mais attachés aux arbres ou au sol. D'où la nécessité de procéder à la saisie de ces fruits suivant une procédure spécifique. L'idée est que ces fruits étant proche de leur maturité, dès lors qu'ils seront détachés de l'arbre où du sol, ils deviendront des biens meubles, en autorisant leur saisie, on a donc considéré qu'il s'agissait de biens mobiliers par anticipation.

### § 1. Les conditions de la saisie des récoltes sur pied

La saisie des récoltes sur pied obéit aux mêmes conditions que celles édictées pour la mise en œuvre d'une saisie-vente, conditions auxquelles il convient de se reporter. L'accent sera mis ici sur la particularité de la mesure. L'Acte uniforme a prévu quelques spécificités relatives au débiteur et aux biens faisant l'objet de la mesure.

#### A. Les conditions liées au débiteur

L'article 147 AUVE énonce que la saisie n'est ouverte qu'au créancier de celui qui a droit aux fruits. Cette disposition appelle quelques observations.

En effet, il n'est pas rare que le propriétaire des terres où se trouve l'exploitation ne soit pas celui qui a droit aux fruits. Parce que celui-ci peut avoir donné ses terres en métayage[467] dans cette hypothèse, seuls les parts des fruits revenant au métayer doivent être saisis. Par ailleurs, lorsque l'exploitant

[467] Contrat en vertu duquel le propriétaire d'un domaine rural, le loue temporairement à une autre personne, appelée métayer, qui l'exploite moyennant partage des fruits et des pertes

jouit d'une totale liberté dans la gestion de l'exploitation, parce qu'il bénéficie d'un droit d'occupation des sols, les récoltes ne peuvent être saisi.

### B. Les biens faisant l'objet de la mesure

L'article 147 dispose que les récoltes et fruits proches de la maturité peuvent être saisis avant d'être séparés du sol. Si la notion de récoltes n'appelle aucune explication, il n'en est pas de même pour les fruits.

Les fruits à saisir peuvent être naturels ou industriels. Ils sont dits naturels, lorsqu'ils sont produits spontanément par la terre, sans le concours de l'homme. Cependant, lorsque la terre ne peut se couvrir desdits fruits qu'avec l'aide du travail de l'homme, ils sont dits fruits industriels. Doivent être exclus des récoltes et fruits à saisir, des minerais et autres matériaux à extraire des carrières, mines ou gisements, lesquels ne peuvent être saisis que suivant une procédure de saisie immobilière, en raison de leur adhésion au sol.

## § 2. La procédure de la saisie des récoltes sur pied

Comme toute mesure d'exécution mobilière, la saisie des récoltes sur pied débute par la signification d'un commandement de payer, huit jours avant la saisie. Cependant la signification doit intervenir en tenant compte du moment du déclenchement de la procédure.

### A. Le moment du déclenchement de la procédure

En vertu de l'article 147 AUVE, la saisie des récoltes sur pied ne pourra être faite, à peine de nullité plus de six semaines avant l'époque habituelle de maturité. Ce délai étant prescrit à peine de nullité, le créancier doit se référer aux usages pour déterminer l'époque habituelle de maturité des récoltes et fruits qu'il entend saisir. La saisie des récoltes et fruits proches de la maturité ne pouvant, aux termes de l'article 147 de l'AUVE, être faite à peine de nullité plus de six semaines avant l'époque habituelle de maturité, la saisie pratiquée doit être annulée et la mainlevée ordonnée, dès lors qu'il s'est écoulé plus de six semaines entre la signification du procès-verbal de saisie et la période de récoltes concernées[468].

### B. La particularité de l'acte de saisie

Aux termes de l'article 148 AUVE, à peine de nullité, le procès-verbal de saisie est établi conformément aux dispositions de l'article 100, à l'exception toutefois des dispositions du 4° alinéa de ce texte, lesquelles sont remplacées

---

[468] CA Daloa, 1ère chambre civ. & com., arrêt n°180 du 12 juillet 2006, Aff. SEYBO MALGAVINDIN c/ GNAORE RABE, Ohadata 09-372

par la description du terrain où sont situées les récoltes, avec sa contenance, sa situation et l'indication de la nature des fruits.

La particularité de ce procès-verbal de saisie réside en ce que la désignation détaillée des objets saisis exigée à l'article 100 AUVE est remplacée par la description du terrain où sont situées les récoltes, avec sa contenance, sa situation et l'indication de la nature des fruits. Ce qui devra conduire l'huissier à se rapprocher des services du cadastre et à exploiter les documents cadastraux.

L'autre particularité de ce procès-verbal consiste en ce qu'il est signé par le maire ou le chef de l'unité administrative où se situent les biens et copie lui en est laissée (art.148 al.2 AUVE). Par cette signature, le législateur a voulu impliquer l'autorité administrative locale à la procédure. Cette signature peut être dissuasive pour le débiteur s'il entendait récolter ou vendre ces fruits saisis.

Les récoltes sont placées sous la responsabilité du débiteur en tant que gardien. Toutefois, sur la demande du créancier saisissant, la juridiction compétente peut désigner un gérant de l'exploitation, le débiteur entendu ou appelé (art. 149.). Ainsi, en application de l'article, il a été jugé que le créancier poursuivant est fondé à faire désigner des gérants à l'exploitation de la plantation cacaoyère saisie[469].

La désignation d'un gérant des récoltes saisis est souvent motivée par la crainte de voir le débiteur distraire les récoltes. La procédure étant contradictoire, le débiteur peut légitimement s'opposer à cette mesure. En tout état de cause, il appartient au juge de décider souverainement de l'opportunité de cette mesure au regard des éléments fournis par les parties.

### § 3 : La vente des récoltes

La vente est annoncée par des affiches apposées à la mairie ou au lieu où s'apposent les actes de l'autorité publique et au marché le plus proche du lieu où se trouvent les récoltes. Les affiches mentionnent les jour, heure et lieu de la vente et indiquent le terrain où sont situées les récoltes, ainsi que sa contenance et la nature des fruits. L'apposition des affiches est constatée comme en matière de saisie-vente (art. 150 AUVE).

L'article 151 AUVE indique que la vente est faite, conformément aux dispositions des articles 120 et suivants, au lieu où se trouvent les récoltes ou au marché le plus voisin. Toutes les formalités prescrites pour les saisies ventes seront observées (152 AUVE).

---

469 TPI Gagnoa, jugement n°79 du 27 mars 2004, Aff. SN c/ A.K.A., Le Juris Ohada n°1/2006, p. 37, Ohadata J-07-03

# CHAPITRE II

# LA SAISIE-ATTRIBUTION DES CREANCES

Avant l'avènement du droit OHADA, la saisie-attribution des créances était connue sous l'appellation de saisie-arrêt. Une procédure complexe souvent comparée à un saut d'obstacle qui se déroulait en deux phases : la phase conservatoire qui permettait au créancier de bloquer entre les mains d'un tiers (appelé tiers-saisi), les créances-généralement les sommes d'argent appartenant à son débiteur à titre conservatoire et une phase d'exécution caractérisée par l'introduction d'une instance en validité, pour se faire attribuer les sommes bloquées.

Avec la saisie-attribution des créances, l'on a assisté à une refonte des deux phases de la procédure, pour n'en sauvegarder qu'une seule, supprimant au passage, la phase conservatoire de la procédure et subséquemment l'instance en validation.

Ce choc de simplification a eu pour conséquence majeure, l'exigence pour le créancier saisissant de disposer d'un titre exécutoire. La saisie-attribution des créances est une mesure à fin d'exécution qui permet à un créancier de saisir entre les mains d'un tiers les créances appartenant à son débiteur afin de se faire attribuer, sous réserve des immunités[470] et autres insaisissabilités. Dès lors, tout créancier muni d'un titre exécutoire constatant une créance liquide et exigible, peut, pour en obtenir le paiement, saisir entre les mains d'un tiers les créances de son débiteur portant sur une somme d'argent, sous réserve des dispositions particulières à la saisie des rémunérations (art.153 AUVE). La saisie des rémunérations du travail fait l'objet d'une règlementation particulière, raison pour laquelle, elle a été soustraite des dispositions générales consacrée à la saisie-attribution.

La saisie-attribution des créances est règlementée aux articles 153 à 172 de l'AUVE. Sa mise en œuvre soulève quelques difficultés d'ordre pratique, d'où l'existence d'un contentieux très abondant devant les juridictions. Il convient d'examiner successivement les conditions de la saisie-attribution des créances

---

470 Lorsque que le débiteur contre lequel est pratiqué une saisie-attribution des créances est une personne morale de droit publique, celui-ci bénéficie de l'immunité d'exécution prévue par la loi (CA, Littoral arrêt 063/Réf. du 14 mars 2007, Aff. Société SHELL CAMEROUN c/ SOCIETE AFRICAN PETROLUM CONSULT, Ohadata J-07-206

(section 1), la procédure (section 2), le contentieux (section 3). L'avis à tiers détenteur fera l'objet d'une autre section (section 4).

## Section 1
## Les conditions de la saisie-attribution des créances

L'examen de la saisie-attribution des créances se décline en deux points : les conditions relatives aux parties et celles relatives à la créance.

### § 1. Les conditions relatives aux parties

La saisie-attribution des créances met aux prises trois parties : le créancier saisissant, le débiteur saisi et le tiers saisi.

#### A. La qualité de créancier et débiteur

Le créancier saisissant est la personne qui prévaut d'une créance à l'égard d'un débiteur donné[471]. Le débiteur étant celui qui est tenu personnellement de la dette, sous réserve de la saisie pratiquée contre les débiteurs tenus incidemment de la dette. La qualité de créancier saisissant et de débiteur saisi ayant déjà fait l'objet de développements, il convient de s'y référer.

Il sera précisé que le créancier saisissant doit s'assurer qu'il ne se trompe pas de débiteur. Si aucune pièce n'atteste que le saisi est véritablement le débiteur saisi au point de mentionner son nom dans le procès-verbal de saisie-attribution des créances et dans l'acte dénonciation, le juge saisi de la contestation doit déclarer nul et de nul effet le procès-verbal de saisie-attribution et l'acte de dénonciation[472].

La saisie-attribution des créances est pratiquée toujours où presque entre les mains d'un tiers, d'où la nécessité de préciser cette qualité de tiers saisi.

#### B. La qualité de tiers saisi

Si la compréhension de cette notion de tiers saisi parait simple a priori, au regard des développements déjà consacrés cette notion, elle devient délicate et source de contestation lorsque le créancier saisissant engage la

---

[471] Seuls les deniers appartenant au débiteur doivent être saisis, la saisie-attribution opérée sur les deniers n'appartenant pas au débiteur est nulle et cette nullité peut être invoquée par le tiers auquel cette saisie cause un préjudice (CA, Abidjan, arrêt n°979 du 15 juillet 2003, Aff. SGBCI c/ SCI-CCI et 24 autres, Ohadata J-03-373).

[472] TPI Douala-Ndokoti, Ord. n°44/07 du 08 février 2007, Sté APRO TECHNIQUE INDUSTRIE dite ATI SARL c/ CAMTEL, Ohadata J-07-95

responsabilité du tiers saisi. C'est le cas dans la procédure opposant la Société AFROCOM-CI à la CITI-BANK.

Pour rejeter le pourvoi formé par la Société AFRICOM-CI contre l'arrêt de la Cour d'appel d'Abidjan ayant infirmé un jugement du Tribunal de Première Instance d'Abidjan, la CCJA a ébauché une définition du tiers saisi en retenant que, « *les dispositions de l'article 156 de l'AUVE s'appliquent exclusivement au tiers saisi, terme qui désigne la personne qui détient des sommes d'argent dues au débiteur saisi en vertu d'un pouvoir indépendant, même si elle les détient pour le compte d'autrui*[473] ». Encore faut-il que le tiers saisi puisse effectivement détenir les sommes appartenant au débiteur saisi, de sorte que le créancier poursuivant ne saurait poursuivre un tiers pour violation de son obligation de renseignement en application de l'article 156 AUVE dès lors qu'il est établi que le tiers saisi ne détient aucune somme d'argent appartenant au débiteur saisi.

### § 2. Les conditions relatives à la créance

Les conditions relatives à la créance dans une procédure de saisie-attribution des créances appelle de s'intéresser à la créance cause de la saisie(A) et la créance objet de la saisie (B).

#### A. La créance cause de la saisie

La créance cause de la saisie doit être constatée dans un titre exécutoire. Le juge d'exécution, n'a pas compétence pour connaitre les demandes tendant à remettre en cause le titre exécutoire dans son principe ou sur la validité des droits et obligations qu'il constate. Par conséquent il ne peut porter atteinte audit titre[474].

La saisie-attribution des créances ne peut être pratiquée qu'à l'encontre de la personne contre laquelle le titre exécutoire a été délivré. C'est ainsi qu'a été refusé à un créancier détenteur d'un titre exécutoire délivré à l'encontre d'un époux en recouvrement d'une dette ayant pour objet l'entretien du ménage ou l'éducation des enfants, de saisir les biens du conjoint, en l'absence de titre exécutoire pris contre lui[475]. De même, a été annulée la saisie opérée sur les

---

473 CCJA, arrêt n°009/2005 du 27 janvier 2005, Aff. Société AFROCOM-CI c/ CITIBANK, Le Juris -Ohada, n°1/2005, janvier-mars 2005, p.28, recueil de jurisprudence de la CCJA n°5, janvier-juin 2005, volume 1, p.56, Ohadata J-05-191

474 CCJA, 2ème chambre, arrêt n°4 du 02 février 2012, Aff. SONITRA SA C/ 1°) -E, 2°) K, 3°) S, 4°) B- 5°) N-6°) K-7°) B-8°) S-9°) K. Juris Ohada 2012, Octobre-décembre, p.16, Ohadata J-13-58.

475 Civ. 2e, 28 oct. 1999, n°97-20.071, Bull. civ. II, n°163; RTD civ. 2000, 168, obs. Perrot, cité par GUINCHARD (S) et MOUSSA (T.) (dir), op.cit. p.777

biens appartenant en propre à l'épouse divorcée du fait du partage en l'absence d'un titre exécutoire contre elle[476].

Dans une espèce où le débiteur saisi sollicitait la nullité du procès-verbal de saisie, la CCJA a estimé que les conditions formelles de validité de la saisie fixées par les articles 157 et 160 de l'AUVE ne peuvent être mises en œuvre que lorsque les conditions de fond déterminées par l'article 153 du même acte uniforme sont réunies, à savoir l'existence d'un titre exécutoire constatant une créance liquide et exigible contre le débiteur saisi[477]. Ainsi si la saisie n'est pas conforme aux conditions de fond de l'article 153, elle doit être déclarée nulle sans qu'il soit besoin de statuer sur sa régularité formelle[478]. C'est donc en violation de l'article 153 AUVE qu'une Cour d'appel a infirmé l'ordonnance ayant déclaré nulle la saisie et ordonnée sa mainlevée et son arrêt encourt cassation, dès lors que le titre exécutoire sur le fondement duquel la saisie a été pratiquée n'était pas délivré contre la société saisie à tort[479].

La saisie-attribution des créances peut être poursuivie jusqu'à son terme en vertu d'un titre exécutoire par provision. L'exécution est alors poursuivie aux risques du créancier, à charge pour celui-ci, si le titre est ultérieurement modifié, de réparer intégralement le préjudice causé par cette exécution sans qu'il y ait lieu de relever de faute de sa part (art.32 AUVE).

La créance cause de la saisie doit être liquide et exigible, dûment constater dans le titre exécutoire. Ces conditions doivent être remplies à la date de la saisie. La créance perd son caractère exigible dès lors qu'une décision en a suspendu l'exécution[480]. La Cour d'appel d'Abidjan a décidé que le titre exécutoire est l'acte ou le titre qui permet de recourir à l'exécution forcée. Il est constitué soit du seul acte ou titre, soit de l'ensemble des actes ou titres servant de fondement à la créance et permettant de recourir à son exécution forcée (...). Dès lors, contrairement à la prétention de l'appelante, il n'y a pas défaut ou incertitude sur le titre exécutoire, mais un ensemble de titres

---

[476] CA Abidjan, arrêt du 05 juillet 2002, Aff. Mme Grunitzky Géneviève Ex-épouse Ekra C/M. Mohamed Taïeb Kettani, Ohadata J-03-285.

[477] Le créancier ne peut pratiquer une saisie-attribution des créances contre une société anonyme, dont seul le directeur général s'était personnellement engagé dans l'acte notarié de prêt, sur le fondement duquel la saisie a été pratiquée (Cf. CCJA, Ass. plén. Arrêt n°076/2014 du 25 avril 2014 Aff. Société Impricolor, Bonato Jean Marc c/ Abdoulaye Cissé, Ohadata J-15-167).

[478] CCJA, arrêt n°20/2009 du 16 avril 2009, Aff. TIEMELE BONI Antoine et 57 autres c/ Société MRL Liquidation et YAO KOFFI Noël, Recueil de jurisprudence n°13, janvier-juin 2009, p.70, Ohadata J-10-68

[479] CCJA, Ass. Plén. Arrêt n°140/2014 du 11 novembre 2014, Aff. Société Nationale d'Electricité dite SNE c/ ABDERAMANE SEID, Ohadata J-15-230.

[480] CCJA, 2$^{e}$ ch., Arrêt n°180/2016 du 08 décembre 2016, Aff. Société PALM-CI c/ Société CICOMAG S.A

justifiant la créance poursuivie et constituant donc le titre exécutoire sur la base duquel la saisie est pratiquée, de sorte qu'il convient de dire qu'il n'y a pas eu violation de l'article 157 AUVE[481].

Le titre exécutoire peut donner lieu à des contestations lorsque le débiteur conteste sa validité. Cette hypothèse est fréquente lorsque le créancier est porteur d'une ordonnance d'injonction de payer.

En effet, si une ordonnance d'injonction de payer revêtue de la formule peut fonder une saisie-attribution des créances, il n'est pas rare que le créancier pratique une saisie-attribution des créances sur le fondement d'une ordonnance d'injonction de payer qui fait l'objet d'une opposition. Une Cour d'appel a jugé que dès lors que les délais d'opposition n'ont pas commencé à courir contre l'ordonnance d'injonction de payer, ayant servi de titre, cette décision n'était pas exécutoire au moment de la saisie. Le créancier ne pouvant pratiquer une saisie-attribution que s'il est muni d'un titre exécutoire, la saisie pratiquée est nulle[482]. Il ne s'agit pas d'un cas isolé, parce qu'il arrive fréquemment que le créancier se garde de signifier l'ordonnance au débiteur dans l'attente de l'écoulement du délai de quinze jours imparti au débiteur pour former opposition.

La question se pose souvent lorsque le débiteur forme opposition à l'ordonnance, alors que le créancier a déjà pratiqué une saisie-attribution des créances sur le fondement de l'ordonnance querellée devant le juge de l'opposition. Le juge doit-il donner mainlevée de la saisie-attribution des créances pratiquée pour violation de l'article 153 de l'AUVE, du fait que le poursuivant n'est pas muni d'un titre exécutoire. Que se passe-t-il lorsqu'une opposition à l'injonction de payer est formée postérieurement à une saisie-attribution. Force doit-elle rester au titre revêtu de la formule exécutoire ou bien le juge doit-il donner mainlevée de la saisie en considérant que l'opposition a fait perdre définitivement à l'ordonnance d'injonction de payer son caractère exécutoire. Ces questions à forte teneur contentieuse agitent les prétoires. Si la CCJA n'a pas encore eu l'occasion de se prononcer ouvertement sur ces interrogations, les réponses apportées par les juridictions françaises à ces questions peuvent être transposées en droit Ohada.

Saisie pour avis, la Cour de cassation française a estimé que « *l'opposition régulièrement formée, à la suite d'une mesure d'exécution, contre une ordonnance portant injonction de payer rendue exécutoire, a pour effet de*

---

481CA Abidjan, chambre civ. & com. arrêt n° 238 du 18 juin 2010, Aff. La Société SUCRIVOIRE c/ M. GBEHE Dénis (SCPA AHOUSSOU KONAN, Ohadata J-10-297

482CA Abidjan, arrêt n°1117 bis du 20 décembre 2005, Aff. EGYPT AIR HOLDNG COMPANY c/ La Société Air Afrique, Ohadata J-09-211

*saisir le tribunal de la demande du créancier et de l'ensemble du litige, et affecte ainsi la force exécutoire du titre sur le fondement duquel la mesure a été pratiquée. Elle empêche dès lors la poursuite de la procédure d'exécution sans remettre en cause les effets de l'acte de saisie dont la validité s'apprécie au moment où il a été signifié. L'opposition ne peut pas conduire à ordonner la mainlevée de la saisie-attribution pratiquée, mais fait obstacle jusqu'à ce qu'il ait été statué sur l'opposition par la juridiction compétente, au paiement des sommes rendues indisponibles*[483] ». Dans la même optique, Jean-Pierre VIGNAL estime que, conformément à cet avis qu'en cas d'opposition, la saisie n'est pas nulle ; ses effets sont simplement suspendus jusqu'à ce qu'il ait été statué sur les mérites de cette opposition par la juridiction compétente[484].

Sur le plan procédural, la question ne manque pas d'intérêt. Le juge d'exécution saisi d'une contestation de saisie-attribution des créances tirée de la violation de l'article 153 de l'AUVE, du fait que la grosse de l'ordonnance d'injonction de payer sur le fondement de laquelle la saisie-attribution des créances a été pratiquée, fait l'objet d'une opposition ne peut donner mainlevée de ladite saisie. Il doit surseoir à statuer et renvoyer l'affaire *sine die*, dans l'attente de la décision à intervenir devant le tribunal saisi de l'opposition. En conséquence renchérit Christophe LEFFORT, *« cette décision a le mérite de préserver les droits du créancier puisque les effets de la saisie sont maintenus (indisponibilité des sommes ou biens saisis) tout en ménageant ceux du débiteur (absence de paiement immédiat ou poursuite de la procédure*[485]*) ».*

Par ailleurs, la question se pose s'agissant d'une créance successive pour déterminer son exigibilité et savoir si la saisie-attribution peut être pratiquée pour une créance successive. Le créancier est tenu d'opérer une distinction entre la créance dont les termes sont arrivés à échéance et celle qui ne le sont pas encore. Seule la créance aux termes échus peut faire l'objet d'une saisie-attribution des créances. L'exigibilité de la créance s'opposant à pratiquer une saisie-attribution des créances pour une créance aux termes non échus.

Pour appréhender une créance à exécution successive au moyen d'une saisie-attribution des créances, le créancier n'est pas tenu de renouveler la procédure à chaque échéance. La signification d'un procès-verbal de saisie est

---

483Avis, 8 mars 1996, n°09-60.001, Bull. avis, n°4

484 VIGNAL (J-P), Créance du saisissant, Droit et Pratique des Voies d'Exécution GUINCHARD (S) et MOUSSA (T.) (dir), op.cit p.777.

485 LEFFORT (CH), « Décisions des juridictions de l'ordre judiciaire ou administratif ayant force exécutoire », Droit et Pratique des Voies d'Exécution, GUINCHARD (S) et MOUSSA (T.) (dir), op.cit. p.33

suffisante pour pratiquer une saisie-attribution des créances, quoique la créance cause de la saisie soit à exécution successive.

### B. La créance objet de la saisie

La saisie-attribution des créances a pour objet une créance des sommes d'argent, laquelle créance ne doit pas être insaisissable, ni être une créance résultant des rémunérations du travail. La CCJA a décidé que les sommes saisies ont un caractère insaisissable en vertu de l'article 51 de l'Acte Uniforme portant Voies d'Exécution et 271 du code de procédure civile ivoirien, dès lors qu'elles résultent d'une subvention de l'Etat. Par conséquent, il y a lieu d'ordonner la mainlevée de la saisie-attribution[486].

La saisie-attribution porte sur les créances, et non sur les sommes d'argent. C'est une approximation que de croire que la saisie porte sur des sommes d'argent et cela est dû au fait que les saisies des créances sont souvent pratiquées entre les mains des dépositaires des fonds, tels que les banquiers et les notaires[487], avant d'ajouter que « *cette confusion est plus nettement affirmée par M. Rivers-Langes en ces termes 'la solvabilité du banquier confère à la créance que constitue un solde créditeur une sécurité telle qu'elle est assimilée à son objet même, aux fonds auxquels elle donne droit* ».

Cette créance doit évidemment remplir certaines conditions. Elle doit exister au moment de la saisie dans le patrimoine du débiteur, ce qui interdit la saisie d'une créance éventuelle.

## Section 2. La procédure

La saisie-attribution des créances débute par un acte de saisie signifié au tiers saisi et au débiteur. Avant d'aborder la procédure de la saisie-attribution des créances proprement dite (§2), il convient d'examiner, le débat sur la signification préalable (§1) d'un commandement de payer, d'une part, et celui sur la signification du titre exécutoire, d'autre part.

## Sous-section 1. Le débat sur la signification préalable

Contrairement à la saisie-vente qui requiert une signification préalable du commandement de payer, le créancier qui entend pratiquer une saisie-

---

486CCJA, 1ère chambre, arrêt n°11 29 juin 2006, Aff. Centre National de Recherche Agronomique dit CNRA c/ AFFE-CI Sécurité SARL, Le Juris-Ohada n°4/2006, p.7, voir aussi Revue Penant n°861-octobre/ décembre 2007, p.548, Ohadata J-07-25. ; Ohadata J-08-255

487 ONANA ETOUNDI (F.), La pratique de la saisie-attribution des créances à la lumière de la jurisprudence de la CCJA de l'OHADA, Coll. Pratique et contentieux du droit OHADA, 1ère éd.2006, 85p

attribution des créances, n'est pas tenu d'accomplir cette formalité. Pourtant, une jurisprudence discordante estime que l'acte de saisie est précédé d'un commandement de payer (§1). L'autre préoccupation source de contentieux est la question de la signification préalable du titre exécutoire (§2).

### § 1. La signification préalable du commandement de payer

L'Acte Uniforme portant organisation des procédures simplifiées de recouvrement et des voies d'exécution ne contient aucune disposition qui impose au créancier qui entend pratiquer une saisie-attribution des créances, de servir un commandement de payer au débiteur, préalablement à la mise en œuvre de la saisie. D'ailleurs, une telle disposition serait contreproductive en ce qu'elle va anéantir l'effet de surprise en informant le débiteur d'organiser son insolvabilité. Examinant la question, Joseph DJOGBENOU affirme que « *Les créances sont d'une fongibilité et consomptibilité plus marquées que les biens corporels. On n'oubliera pas que la finalité de la procédure est d'assurer un recouvrement effectif et rapide des créances. Une mise en demeure, un commandement dont on sait, par ailleurs, qu'il ne permet et n'annonce qu'une saisie, serait, en l'espèce, une invitation adressée au débiteur à l'organisation de son insolvabilité*[488] »

Le commandement préalable n'est pas une exigence en matière de saisie-attribution des créances, même si rien n'interdit au créancier saisissant de servir ce commandement au débiteur préalablement à la saisie. L'inconvénient d'une telle démarche est qu'elle permet au débiteur d'organiser son insolvabilité.

Pourtant, force est de constater que certaines juridictions ont ajouté, au nombre des formalités à remplir préalablement à la saisie, la signification du commandement de payer, une exigence qui ne repose sur aucun texte. Il a été jugé que doit être déclaré valable le commandement préalable servi dans le cadre d'une saisie-attribution et qui ne comporte aucune irrégularité de forme. Lorsque le commandement préalable à une procédure de saisie-attribution des créances comporte un montant inexact au regard du titre exécutoire, cette irrégularité donne lieu à une mainlevée partielle de la saisie[489].

Pour sa part, la Cour d'appel du Centre a décidé qu'en matière de saisie attribution des créances, le commandement n'est pas une formalité prescrite à

---

[488] DJOGBENOU (J.), L'exécution forcée, droit Ohada op.cit. p.273

[489] TPI Nkongsamba, ord. n°3/CE du 28 février 2007, Aff. Maitre NGOUNOU Boniface c/ 1°- NGOUNOU Née NGAMALEU Anne, 2° Maitre PENDA Jean, 3° La Trésorerie Générale de Nkongsamba, Ohadata J-09-244

peine de nullité. En conséquence, le non-respect de cette formalité ne saurait entrainer la nullité de la saisie[490].

Bien qu'aucune disposition n'autorise d'exiger du créancier la signification d'un commandement préalable, certaines juridictions ont fini par ériger cette formalité au rang des formalités légales. Il était donc impérieux que la CCJA fixa la jurisprudence sur cette question.

Prenant position dans ce débat, la CCJA a décidé « *qu'encourt cassation pour défaut de base légale, l'arrêt de la Cour d'appel qui considère que la nullité de l'acte de signification –commandement entraine la nullité de la saisie-attribution des créances, sans indiquer la base légale sur laquelle celui-ci s'appuie*[491] ».

En matière de saisie-attribution des créances, la signification préalable du commandement de payer n'est pas une formalité exigée par l'Acte Uniforme. L'absence d'une telle formalité ne constitue pas une irrégularité pouvant vicier la procédure. Toutefois, lorsque le créancier saisissant a cru utile d'accomplir une telle formalité, les irrégularités pouvant entacher le commandement de payer n'ont aucune incidence sur la saisie pratiquée.

### § 2. Le débat sur la signification préalable du titre exécutoire

Le créancier qui entend pratiquer une saisie-attribution des créances doit-il au préalable, signifier le titre exécutoire en vertu duquel la saisie est opérée, ou saisir directement les créances de son débiteur, sans la signification préalable du titre exécutoire ? Telle est la question.

Il est un principe en droit processuel, qu'un jugement ou un arrêt ne peut être exécuté qu'après avoir été signifié contre celui envers qui il est rendu. Cette règle qui permet à celui qui est soumis à l'exécution de connaitre l'étendue de ses obligations[492] est consacrée par les législations nationales des Etats parties au traité Ohada, elles-mêmes inspirées de l'article 503 du Code de procédure civile français selon lequel « les jugements ne peuvent être exécutés contre ceux auxquels ils sont opposés qu'après leur avoir été notifiés, à moins que l'exécution n'en soit volontaire. En cas d'exécution au seul vu de la minute, la présentation de celle-ci vaut notification ». De ce fait, une décision ne peut être exécutée qu'après avoir été signifié au débiteur. C'est ainsi, qu'il a été décidé qu'une décision de justice ne produisant effet à l'égard des parties qu'à compter de sa signification, l'exécution du jugement assorti

---

[490]CA, Centre, Ord. N°228/CIV, du 14 mai 2010, Aff. RADIO TELEVISION SIANTOU SARL C/ CONGELCAM SA, Me NGOUAFACK Samuel, BICEC SA, SBBC SA, CA-SCB Cameroun et autres, Ohadata J-13-45.

[491]CCJA, 3ème chambre, arrêt. N°095/2015 du 23 juillet 2015, Aff. Monsieur KONE Lassina c/ Monsieur AMON KOUASSI Richard.

[492]VINCENT (J.), GUINCHARD(S.) Procédure civile, op.cit.p.937

de l'exécution provisoire valant titre exécutoire conformément à l'article 32 de l'AUPSRVE ne peut être poursuivie jusqu'à son terme, dès lors que l'arrêt rendu postérieurement n'a pas été signifié[493].

Doit-on considérer, comme le suggèrent certaines décisions, qu'il y a un vide juridique en la matière, l'Acte Uniforme n'ayant pas réglé la question de la signification préalable du titre exécutoire pour faire recours à la législation nationale, où au contraire, il faut considérer que les dispositions de l'article 153 AUVE apporte une réponse suffisante. Toujours est-il que la Cour d'appel de Lomé a considéré que lorsque le droit communautaire OHADA est silencieux sur certaines questions, c'est le droit national qui s'applique. Ainsi si l'Acte Uniforme portant Organisation des procédures simplifiées de recouvrement et des voies d'exécution ne prévoit pas la notification préalable du titre exécutoire, en matière de saisie-attribution des créances, l'article 296 du Code de Procédure Civile du TOGO fait obligation de signifier toute décision avant de passer à son exécution forcée. Dès lors est irrégulière, la saisie-attribution pratiquée par un créancier entre les mains des tiers avant de la dénoncer et de la signifier au débiteur. La Cour retenant qu'il n'y a pas eu signification préalable du titre exécutoire pour confirmer en l'ordonnance attaquée[494].

Cette décision résume le débat sur la signification préalable du titre exécutoire. Cette signification est une formalité indispensable et préalable à toute exécution forcée contenue dans les législations nationales des Etats de l'espace Ohada. Une signification préalable du titre exécutoire est donc requise, avant d'entreprendre une mesure d'exécution forcée, notamment une saisie attribution des créances sur le fondement dudit titre.

Pour donner mainlevée d'une saisie-attribution des créances, la Cour d'appel d'Abidjan a considéré que la saisie-attribution n'étant ouverte qu'à un créancier muni d'un titre exécutoire, en application de l'article 153 de l'Acte Uniforme, il n'existe pas de titre exécutoire lorsque le jugement par défaut qui fonde cette mesure n'a pas été signifié à personne ou à domicile. Par conséquent, mainlevée de la saisie doit être ordonnée[495].

Dans ce même ordre, il a été décidé que même revêtue de la formule exécutoire, l'ordonnance de taxe doit, avant de recevoir exécution, être notifiée à la partie débitrice ou à son conseil. Faute de signification, et corrélativement, en raison de l'effet suspensif lié à l'appel interjeté,

---

493 CA Abidjan, 5ème ch. & com. arrêt civ. & contr. n°486 du 03 mai 2005, Aff. CIE c/ NGORAN N'GUESSAN et autres, Ohadata J-09-346

494 CA Lomé, chambre. civ. arrêt n°040/2010 du 29 avril 2010, Aff. KOUMAZAN Moise Mawuko Kodjo c/ Société SOEAM TOGO (SAGA TOGO), Ohadata J-11-101

495 CA, Abidjan, arrêt n°441 du 04 avril 2000, Aff. K et P. c/ STI et SIB, Bulletin Juris Ohada, n°3/2002, Juillet-septembre 2002, p.38, note anonyme. Ohada jurisprudences nationales, n°1, décembre 2004, p.231, Ohadata J-02-141.

l'ordonnance de taxe, qui par la volonté de la loi ne peut recevoir exécution n'est pas un titre exécutoire au sens de l'article 33 et 153 de l'AUVE et 414 du Code de Procédure Civile[496].

Pour la Cour d'appel du Littoral, l'AUVE n'exigeant aucune signification préalable du titre exécutoire à l'encontre du débiteur avec commandement de payer les sommes pour lesquelles ce dernier a été condamné, et ne prévoyant par conséquent aucune sanction à cet effet, doit être infirmée la décision qui a annulée une procédure de saisie-attribution des créances pour absence de signification préalable[497].

La signification du titre exécutoire vise à informer le débiteur de l'existence d'une décision le condamnant au paiement des sommes d'argent ou à toute autre obligation. Elle fait courir également les délais de recours.

## Sous-section 2. La procédure de la saisie-attribution des créances proprement dite

La saisie-attribution des créances est déclenchée par un acte de saisie (§1) signifié au tiers saisi. Elle est portée à la connaissance du débiteur suivant un acte de dénonciation (§2). La procédure se termine par le paiement du créancier saisissant (§3).

### § 1. Le déclenchement de la procédure

La procédure est amorcée par la signification de l'acte de saisie (A) au tiers. Immédiatement après la signification de l'acte, la saisie produit des effets (B).

#### A. L'acte de saisie

L'acte de saisie est signifié dans les conditions édictées par l'Acte Uniforme (1). Le contenu du procès-verbal de saisie fait l'objet d'une réglementation particulière (2).

##### 1) -La signification de l'acte de saisie

Le créancier procède à la saisie par un acte signifié au tiers par l'huissier. Comme tout acte d'huissier, l'acte de saisi comporte les mentions

---

496 CA, Ouagadougou, ord. de référé n°28 du 15 mai 2003, Aff. Société COLINA Assurances c/ Cabinet d'Audit Financier et d'Expertise Comptables KOMBOIGO & Associés (CAFEC-KA) Sarl, Ohadata J-04-56

497 CA Littoral, Arrêt n°018/REF du 16 octobre 2006, Aff. La Société THOCAB-SARL c/ Société GEODIS VERSAS CAMEROUN, Ohadata J-07-170.

indispensables à tout acte d'huissier en sus de celles exigées par l'article 157 de l'Acte uniforme.

Ce n'est qu'à partir de sa signification que la saisie produira les effets. Le texte de l'article 157 AUVE ne précise pas si la signification doit être faite, à personne, à domicile où à domicile élu. En l'absence de précisions, l'huissier peut utilement faire usage du mode de signification la plus adaptée pour toucher le tiers. Si le mode de signification ne constitue pas une difficulté pour les personnes physiques, la difficulté peut surgir lorsque la signification doit être faite à une personne morale. La question de la signification peut être une source de conflit, dès lors que le tiers saisi peut exciper ne pas avoir reçu signification de l'acte de saisi, lorsque la signification été faite à une personne non habilitée.

Selon la CCJA, la signification faite à une personne morale doit être considérée comme signification à personne lorsqu'elle est faite à son représentant légal, à un fondé de pouvoir ou à toute personne habilitée à recevoir les actes pour le compte de la personne morale[498]. Tel n'est pas le cas lorsque la signification est servie à une secrétaire, sans pour autant que l'huissier puisse se rassurer si ladite secrétaire est habilitée à recevoir les actes pour le compte de la personne morale.

En ce qui concerne une personne morale de droit privé, la jurisprudence considère que la notification est valable dès l'instant où elle est délivrée au lieu d'établissement de cette personne et à défaut d'un tel lieu, lorsqu'elle est faite à la personne de l'un des membres de la personne morale[499].

Du reste le contenu du procès-verbal de saisie permet au tiers saisi de connaitre l'étendue de ses obligations.

### 2) - Le contenu du procès-verbal de saisie

Le contenu de l'acte de saisi est régi par l'article 157 de l'AUVE. Aux termes de cette disposition l'acte de saisie contient à peine de nullité :
1) l'indication des noms, prénoms et domiciles des débiteur et créancier ou, s'il s'agit de personnes morales, de leurs forme, dénomination et siège social ;
2) l'énonciation du titre exécutoire en vertu duquel la saisie est pratiquée ;

---

[498] CCJA, 2ème ch. Arr. n°036/2012 du 22 mars 2012, Aff. Cabinet BENIE c/ CFAO TECHNOLOGIES, il s'agissait en l'espèce une signification d'une ordonnance d'injonction de payer. Jurisprudence citée par MBOCK BIUMLA (J. M.), (dir.), op.cit. p.510

[499] CA Bobo-Dioulasso, arrêt n°50 du 21 juillet 2008, Aff. Société TOTAL BURKINA c/ PODA Zième Jean Claude, Ohadata J-09-394

3) le décompte distinct des sommes réclamées en principal, frais et intérêts échus[500], majorés d'une provision pour les intérêts à échoir dans le délai d'un mois prévu pour élever une contestation ;

4) l'indication que le tiers saisi est personnellement tenu envers le créancier saisissant et qu'il lui est fait défense de disposer des sommes saisies dans la limite de ce qu'il doit au débiteur ;

5) la reproduction littérale des articles 38 et 156 et 169 à 172 AUVE.

L'acte indique l'heure à laquelle il a été signifié. Il doit également mentionner la date à laquelle la saisie a été pratiquée. L'indication de la date de saisie est une condition de validité de l'acte de saisie, son défaut entraine la nullité dudit acte[501].

L'article 157 AUVE cristallise le contentieux dans la mesure où toutes les mentions exigées par ce texte sont prescrites à peine de nullité. Pourtant, certaines décisions se fondent sur les dispositions du code de procédure civile des Etats parties en subordonnant la nullité à la démonstration d'un grief ou d'un préjudice causé par l'irrégularité à la personne qui l'invoque, ce qui expose ces décisions à la cassation.

Saisi d'un pourvoi, la CCJA a rappelé que l'acte de saisie doit contenir, à peine de nullité les mentions exigées par l'article 157 AUVE dont le décompte distinct des sommes réclamées en principal, frais et intérêts échus, majoré d'une provision des intérêts à échoir. La nullité prescrite par cet article est, contrairement aux affirmations de la Cour d'appel, de plein droit. En subordonnant la nullité de l'acte de saisie à la preuve d'un préjudice que cause l'irrégularité de l'acte et en déduisant que le montant indiqué sur l'acte révèle le mode de calcul des intérêts sans que les intérêts échus et à échoir soient,

---

500 La simple erreur sur le décompte des sommes dues, laquelle erreur est constituée par la différence entre la somme réclamée et celle sur laquelle le décompte a été fait, n'est assortie d'aucune sanction, (CCJA, 1ère ch. Arr. n°11/2015, du 23 juillet 2015, Aff. Société NIGER GAZ SARL C/ SONIHY SA). De même, une Cour d'appel a décidé que l'appelant doit être débouté de sa demande, dès lors que les exploits critiqués font bien état des sommes réclamées en principal, frais et intérêts et qu'aucune disposition de l'Acte Uniforme ne frappe de nullité l'acte de saisie par erreur de calcul même du principal qui peut toujours être ajusté (CA, Abidjan, 4è ch. civ& com. arrêt n°684 du 19 nov.2010, Aff. SOMAT c/ N et autres. Juris Ohada 2012, n°3, juillet-septembre, p.36. La simple erreur de calcul commise par l'huissier sur le montant des frais ne peut entrainer la nullité de l'exploit de la saisie alors que l'omission d'aucune des mentions exigées à peine de nullité par l'article 157 de l'AUVE n'est invoquée par le moyen (CCJA, 1ère ch. Arrêt n°022/2014 du 11 mars 2014, Aff. Standard Chartered Bank Cameroon dite SCBC c/ Caisse Nationale de Prévoyance sociale dite CNPS, institut des relations internationales du Cameroun dit IRIC (Université Yaoundé II), Ohadata J-15-113).

501 CCJA, 3ème ch., Arrêt n°190/2015 du 23 décembre 2015, Aff. LCCI Liquidation, Tiemoko Koffi, Alain Guillermain c/ Kouamé SIGNO, Ohadata J-16-183

comme l'exige la loi, distinctement décomptés, le juge d'appel a enfreint les dispositions de l'article sus-indiqués et exposé sa décision à la cassation[502].

Précisons que l'inobservation de décompte distinct des sommes réclamées en principal frais et intérêts échus n'entraine la nullité de l'acte que si le créancier saisissant a réclamé les frais et les intérêts échus. Le défaut d'indication des intérêts dans l'acte de saisie ne remet pas en cause la validité de celui-ci dès lors que ceux-ci ne sont pas réclamés par le saisissant[503].

Il est permis au créancier d'indiquer dans l'acte de saisie, les émoluments de l'huissier instrumentaire, à côté du principal et des intérêts. Dans une espèce, le demandeur au pourvoi reprochait à l'arrêt attaqué le défaut de base légale en ce que les sommes représentants les émoluments de l'huissier, réclamés dans l'acte de saisie, n'étaient pas mentionnés dans le titre exécutoire en vertu duquel la saisie a été pratiquée, ce qui la rendait nul en application de l'article 157 alinéa 2-3°. Pour rejeter le pourvoi, la CCJA a considéré qu'il ressort de l'article 47 de l'AUVE qu'indépendamment du titre exécutoire, l'exécution engendre des frais, qu'il est demandé au saisissant de préciser dans l'acte de saisie en les distinguant du principal des sommes réclamées, lesquelles ressortent du titre exécutoire[504].

L'huissier instrumentaire doit faire preuve de minutie dans la rédaction de l'acte de saisie, afin d'observer toutes les mentions prescrites à peine de nullité. Il est vrai que le créancier n'apprécie guère de perdre un procès sur des questions de procédure. Un plaideur n'admet pas, par exemple, que la rédaction incorrecte d'un acte introductif d'instance puisse suffire à faire rejeter une demande bien fondée[505]. La doctrine a souvent critiqué ce formalisme rigoureux qui contribue à ruiner les efforts entrepris par le créancier pour obtenir le paiement de sa dette. Toujours est-il qu'en l'état actuel de l'AUVE toutes les mentions prescrites à peine de nullité doivent être observées scrupuleusement. C'est ainsi qu'a été déclaré nul le procès-verbal de saisie-attribution des créances, lequel ne contenait pas en application de

502 CCJA, Ass. Plén. Arrêt n°046/2014 du 23 avril 2014, Aff. Société 1) Banque Commerciale du Burkina dite BCB, 2) BANK OF AFRICA Burkina Faso dite BOA, 3) Banque Sahélo-saharienne pour l'investissement et le Commerce dite BISC, 4) Union Régionale des Caisses Populaires du Plateau Central dite URCPC c/ La société AIT INTERNATIONAL LTD, Ohadata J-15-137.

503 CCJA, 2ème chambre, arrêt n°066/2013 du 31 oct.2013, Aff. Etat de Côte d'Ivoire c/ AKOBE Georges Armand

504 CCJA, 2e ch., Arrêt n°22/2018 du 05 février 2018, Aff. Société TOUTON Négoce Cote d'Ivoire dite TNCI c/ OUEDRAOGO Paouinde

505505 HERON (J.), LE BARS(Th.), Droit judiciaire privé, LGDJ, 6e éd, 2016, p.8

l'article 157 AUVE, les intérêts échus, majorés d'une provision pour les intérêts à échoir dans le délai d'un mois[506].

De même, lorsque l'acte de saisie ne mentionne pas les noms, prénoms et domicile du débiteur[507], ou les domiciles des créanciers, comme l'exige l'article 157 alinéa 2-1 de l'AUVE, il doit être déclaré nul. Le domicile doit être indiqué avec précision pour le localiser, le fait que le siège de la société ne comporte que la domiciliation à une boite postale étant manifestement insuffisante, en l'absence de précisions utiles relatives à la rue et au quartier. Faute d'avoir indiqué ces éléments qui étaient de nature à permettre de localiser le siège social par une adresse ou indication suffisamment précise, il y a violation de l'article 157 AUVE[508].

Si le créancier poursuivant a élu domicile au cabinet de son conseil, cette précision doit figurer dans l'acte de saisie afin de satisfaire aux exigences de l'article 157 alinéa 2-1. Dans une espèce où les créanciers s'étaient bornés à indiquer le nom de leur cabinet conseil sans pour autant préciser qu'ils avaient élu domicile à son cabinet d'une part, ni préciser l'adresse dudit cabinet, la CCJA a relevé que l'acte de saisie ne mentionne pas le domicile des créanciers saisissants comme l'exige l'article 157 alinéa 2.1) qui sanctionne cette omission de nullité. Et le fait pour les saisissants de mentionner qu'ils ont pour conseil Maître OKMVELE, n'implique nullement qu'il y a eu élection de domicile à son cabinet. En outre il n'est pas non plus indiqué le domicile dudit conseil. Ainsi l'acte de saisie établi en violation de l'article 157, alinéa 2.1) susvisé, doit être déclaré nul. Il suit qu'en statuant comme elle l'a fait pour déclarer les saisies attributions valables, la Cour d'appel Judiciaire de Libreville, a violé pour mauvaise application les dispositions de l'article 157 alinéa 2.1°) susvisé. Il échet en conséquence de casser l'arrêt attaqué[509].

Il n'appartient pas au juge saisi d'une contestation tirée d'une irrégularité d'un acte de procédure, de justifier ces nullités ou de les occulter, l'office du juge étant de tirer les conséquences juridiques qui s'imposent en sanctionnant les actes viciés. Aussi a-t-il été décidé que dès lors que l'examen de l'exploit

---

[506] CCJA, 2ème chambre, arrêt n°025/2010 du 08 avril 2010, Aff. Société AMAR TALER dite SATA C/ LE RECEVEUR DES IMPOTS DE ZINDER, Le Juris Ohada n°3 juillet-août-septembre, p.25, Ohadata J- 11-69.

[507] CA Abidjan, arrêt n°1173 du 31 octobre 2003, Aff. BICICI c/ Oka Kokore Yao Félix et 16 autres, Ohadata J-03-338

[508] CCJA, arrêt n° 19 du 26 avril 2006, Aff. Société Générale de Banques au Cameroun dite SGBC c/ Société Elevage Promotion Afrique dite EPA SARL, Recueil de Jurisprudence n°9, janvier/juin 2007, p.84. Le Juris-Ohada n°3/2007, p.25, Ohadata J-08-232

[509] CCJA, 1ère chambre, arrêt N°38 du 10 juin 2010, Aff. Compagnie d'Assurance AXA Assurance Gabon c/ Hoirs ANGO OSSA, Recueil Jurisprudence n°15, janvier-juin 2010, Ohadata J-12-52

de dénonciation révèle que cet acte comporte des carences ou des omissions relatives à la mention précise soit du siège social de ladite société, soit de la juridiction territorialement compétente, au regard des textes internes camerounais devant laquelle les contestations pourront être portées ; ces mentions étant prescrites à peine de nullité par les articles 157-1) et 160-2) de l'AUVE, doit en conséquence être cassé, l'arrêt attaqués qui a occultés ces nullités alors qu'il se devait de les relever et les sanctionner[510].

Le procès-verbal de saisie-attribution doit déterminer avec précision le montant des frais et celui des intérêts. Le procès-verbal qui ne détermine pas avec précision le montant des frais d'une part et celui des intérêts de droit d'autre part est imprécis et doit être sanctionné[511]. Le créancier n'a pas besoin de se munir d'un titre spécifique consacrant les intérêts de droit pour réclamer ces sommes. La CCJA a retenu que conformément aux dispositions de l'article 154 de l'AUVE, la saisie-attribution doit également porter sur les intérêts de droit et autres taxes. En décidant que le créancier n'a pas besoin de se munir d'un titre spécifique consacrant les intérêts de droit pour procéder à la saisie-attribution des créances, la Cour d'appel n'a en rien violé l'article 154 visé au moyen[512]. L'acte de saisie produit certains effets qu'il convient de préciser.

### B. Les effets du procès-verbal de saisie

L'effet principal du procès-verbal de saisie est l'attribution immédiate des sommes saisies est l'indisponibilité[513]. L'acte de saisie produit des effets dès sa signification au tiers saisi.

#### 1) -L'attribution immédiate de la créance saisie

L'attribution immédiate de la créance saisie implique que dès la signification de l'acte de saisie au tiers saisi, les sommes saisies et tous ses accessoires sortent du patrimoine du débiteur saisi et entre dans celui du

---

510CCJA, arrêt n°35/2009 du 30 juin 2009, Aff. Société AES SONEL SA c/ NANKOUA Joseph, recueil de Jurisprudence N°13, janvier-juin 2009, p.144, Ohadata J-10-86.

511 CCJA, 1ère ch., Arrêt n°65/2017 du 30 mars 2017, Aff. Société de Gestion des Entrepôts Frigorifiques en Côte d'Ivoire dit SOGEF c/ Société UNIPESCA Sarl

512 CCJA, 1ère ch., Arrêt n°88/2018 du 26 avril 2018, Aff. Société Ivoirienne de Construction et de Gestion Immobilière dite SICOGI c/ Société Internationale Consulting Group de Cote d'Ivoire dit ICG-CI.

513 L'indisponibilité fait obstacle à un paiement sur les sommes saisies, en ce qu'elle bloque les sommes objet de la mesure entre les mains du tiers saisi, privant ainsi le débiteur de la possibilité d'effectuer une quelconque opération sur les sommes saisies, sous réserve de l'article 161 AUVE. L'indisponibilité attachée à l'acte de saisie peut avoir des effets pervers par sa brutalité, privant ainsi de ressources l'entreprise et avec elle, les salariées qui ne pourront plus percevoir leurs rémunérations.

créancier saisissant. Seul le paiement au créancier est alors différé, dans l'attente d'éventuelles contestations.

En effet, aux termes de l'article 154 AUVE, l'acte de saisie emporte, à concurrence des sommes pour lesquelles elle est pratiquée ainsi que tous ses accessoires, mais pour ce montant seulement, attribution immédiate au profit du saisissant de la créance saisie, disponible entre les mains du tiers. Les sommes saisies sont rendues indisponibles par l'acte de saisie. Cet acte rend le tiers personnellement débiteur des causes de la saisie dans la limite de son obligation

L'effet attributif de l'acte de signification s'opère de manière instantanée. La CCJA a retenu qu'il ressort tant de l'esprit de l'article 154 AUVE que de sa jurisprudence que l'argument selon lequel les défenses à exécution ordonnées par une Cour d'appel après la saisie-attribution ont fait que celle-ci est dépourvue de titre exécutoire ne peut prospérer, car l'arrêt grossoyé constitue un titre exécutoire et que l'ordonnance de défense à exécution n'ayant pas d'effet rétroactif et donc sans influence sur l'immédiateté de l'effet attributif de la saisie[514]. La notion de l'attribution immédiate mérite quelques précisions.

Il convient de préciser que si dès la signification de l'acte de saisie, la créance saisie sort du patrimoine du débiteur pour entrer dans celui du créancier, le saisissant ne devient pas pour autant propriétaire des sommes saisies dans un temps voisin de cette signification, son droit de propriété sur les sommes saisies n'est que virtuel à ce stade de la procédure. Cette propriété ne sera acquise qu'à l'issue du délai d'un mois imparti au débiteur pour contester la mesure, après la purge de toutes les contestations, le cas échéant. D'ailleurs, même si le débiteur n'a pas élevé des contestations, le tiers saisi ne peut se libérer des sommes saisies avant l'expiration de ce délai, à moins que le débiteur ait déclaré, par écrit, ne pas contester la saisie.

Or si les sommes saisies avaient intégré le patrimoine du saisissant en pleine propriété celui-ci pouvait en disposer ou ses propres créanciers pouvaient les saisir, pour obtenir le paiement de leur créance[515], tel n'est pas le cas. L'expression « *entrée dans le patrimoine du créancier* » ne peut être prise au pied de la lettre mais plutôt au second degré, en considérant que par l'effet attributif de l'acte de saisie, le créancier saisissant est virtuellement

---

[514] CCJA, 1ère ch., Arrêt n°072/2013 du 14 novembre 2013, Aff. Société Nigérienne d'Electricité dite NIGELEC SA c/ Société d'Exploitation des Eaux du Niger dite SEEN SA, Société Nigérienne de Banque dite SONIBANK SA, ECOBANK Niger, Recueil de jurisprudence n°20, vol. 1 jan.-déc. 2013, p.24-28, Ohadata J- 15-72

[515] DONNIER (M.), DONNIER (J.B.), Voies d'exécution et procédures de distribution, Paris, LITEC 7e édition, 2006.

propriétaire des sommes saisies, dans la mesure où seule une contestation du débiteur peut interrompre le processus enclenché.

Abordant la question, Maurice SOH estime que « *la somme saisie-attribuée serait dans une situation de flottaison d'appartenance entre l'acte de saisie et l'expiration du délai imparti pour contester, car extraite du patrimoine du débiteur, elle n'est pas encore effectivement entrée dans le patrimoine du créancier, le paiement étant différé et le banquier n'étant demeuré que gardien*[516] ». La notion d'attribution immédiate signifie que, dès l'acte de saisie, la créance disponible et objet de la saisie devient la propriété du créancier saisissant. Cette propriété est affectée d'une résolution et notamment l'absence de contestation par le débiteur saisi, ou en cas de contestation, l'obtention d'une décision de justice favorable et exécutoire. Dans la même optique, Paul Gérard POUGOUE et Félix TEPPI KOLLOKO affirment que « *l'acte de saisie, à lui seul ne permet pas au créancier saisissant de disposer des sommes saisies. L'attribution immédiate est donc une fiction juridique par laquelle le législateur a entendu protéger le créancier premier saisissant contre tous les autres créanciers postérieurs, et lui réserver ainsi un privilège exclusif sur la somme saisie attribuée*[517] ».

Le créancier saisissant ne dispose pas sur les sommes saisies de toutes les prérogatives que confère le droit de propriété, puisqu'il ne peut pas disposer des sommes bloquées, l'attribution est certes immédiate mais le paiement est différé[518]. La Cour d'appel d'Abidjan rappelant que s'il est exact que l'article 154 AUVE dispose que la saisie-attribution emporte à concurrence des sommes pour lesquelles elle est pratiquée ainsi que tous ses accessoires, attribution immédiate au profit du créancier, il n'en demeure pas moins que le transfert de propriété n'est parfait qu'en cas de paiement effectif par le tiers saisi[519].

### 2) -L'étendue de l'effet attributif

L'article 154 AUVE limite les effets de cette attribution immédiate qu'à concurrence des sommes pour lesquelles la saisie est pratiquée ainsi que tous

---

[516]SOH (M), Les saisies des avoirs bancaires, Mémoires d'Auditeur de Justice, ENAM Yaoundé, juillet 1999, p.33, cité par ONANA ETOUNDI (F.), La pratique de la saisie-attribution des créances à la lumière de la jurisprudence de la CCJA de l'OHADA, op.cit. p.51

[517]POUGOUE (P-G), TEPPI KOLLOKO (F), La saisie-attribution des créances OHADA, éd. PUA, collection Vade-Mecum, 2005, p.43

[518]VIGNAL (J-P), « Effets immédiats de la signification de l'acte de saisie-attribution », Droit et Pratique des Voies d'Exécution » GUINCHARD (S) et MOUSSA (T.) (dir), op.cit. p.818

[519] CA Abidjan, chambre civ. & com. arrêt n°96 du 26 mars 2010, La Société GSAM HOLDING c/ CI-TELECOM, BICICI, Société GREEN, Société COMIUM, Obs. Joseph ISSA-SAYEGH, Ohadata J-10-295

ses accessoires, de sorte que, si le quantum des sommes détenues par le tiers saisi est supérieur à la créance et à tous ses accessoires, la saisie est cantonnée automatiquement, le surplus demeurant disponible nonobstant la saisie, et peut continuer de faire l'objet d'opérations de la part du débiteur saisi[520].Ce cantonnement doit intervenir de manière automatique, sans qu'il soit nécessaire pour le créancier de saisir le juge à cette fin.

En pratique, l'huissier instrumentaire ignore, dans les livres de quelle banque, le débiteur a ouvert un compte, dresse un acte de saisie et le ventile dans plusieurs établissements bancaires dans l'espoir de trouver un ou plusieurs comptes créditeurs. Ce qui peut aboutir à la saisie simultanée des comptes bancaires du débiteur, dont le solde peut excéder largement la créance cause de la saisie, frais et tous les accessoires. En pareil circonstance, le débiteur doit solliciter le cantonnement devant le juge, ce qui se traduira par une mainlevée partielle de la saisie.

Il faut épingler cette décision critiquable de la Cour d'appel d'Abidjan dans une espèce où le débiteur sollicitait la mainlevée de la saisie au motif que le créancier avait pratiqué plusieurs saisies. La Cour a décidé que l'article 154 AUVE n'interdit pas au créancier saisissant de procéder à plusieurs saisies contre le même débiteur, même si le montant de l'une d'entre elles suffit à éponger la dette[521].

Contestant cette décision à juste titre, la CCJA l'a censuré, en précisant que *« les premières saisies couvrant largement le montant dont le recouvrement est recherché, le créancier saisissant ne peut pratiquer d'autres saisies attributions à l'encontre de son débiteur, dès lors qu'il ne démontre pas qu'il n'a pas pu se faire payer par les tiers saisis pour quelques raisons que ce soit. Par conséquent, il y a lieu d'ordonner la mainlevée de la nouvelle saisie pratiquée. En rejetant la demande de mainlevée du débiteur saisi, sans se prononcer sur les saisies antérieures dont la somme couvre largement, la créance cause de la saisie, la Cour d'appel n'a pas mis la Cour en mesure d'exercer son contrôle, d'où la cassation de l'arrêt attaqué*[522] ». Cette décision aux allures d'une symphonie inachevée, a laissé plus d'un praticien sur sa soif. Elle a censuré l'arrêt de la Cour d'appel sans avoir explicitement mis en exergue la violation de l'article 154 AUVE. D'où les critiques de la

---

[520]DJOGBENOU (J.), L'exécution forcée en droit Ohada op.cit. p.214

[521] CA Abidjan, arrêt n°585 du 03 mai 2002, Aff. Mobil Oil Cote d'Ivoire c/ Sociétés Les CENTAURES ROUTIERS et Autres, Ohadata J-03-12

[522] CCJA, arrêt n°28 du 15 juillet 2004, Aff. Mobil Oil Côte d'Ivoire c/ 1°/ Les Centaures Routiers 2°/ Caisse Autonome des Règlements Pécuniaire des Avocats dite CARPA, 3°/ Maître ADOU Hyacinthe, Le Juris-Ohada n°4/2004, p.14 note BROU Kouakou Mathurin. Recueil de Jurisprudence de la CCJA, n°4 juillet-décembre 2004, p.34, Jurisprudence commentée de la CCJA, octobre 2005, n°1, p.24, note Félix Onana Etoundi, Ohadata J-05-170

doctrine qui considérait que la CCJA a donné une réponse inachevée à la question posée, alors que l'occasion lui était donnée de déterminer la portée réelle de l'effet de cantonnement automatique attaché à l'article 154 de l'Acte uniforme sur les Voies d'Exécution[523].

Cela étant, il ne faut pas passer sous silence le fait pour la CCJA d'avoir souligné que les premières saisies couvraient largement le montant dont le recouvrement est recherché. Le créancier saisissant ne pouvait pratiquer d'autres saisies attribution à l'encontre de son débiteur, dès lors qu'il n'a pas démontré qu'il n'a pas pu se faire payer par les tiers saisis pour quelques raisons que ce soit. Cette précision est importante, en ce qu'elle fixe les limites de l'effet du cantonnement attaché à l'article 154 AUVE.

Le fait de pratiquer deux saisies simultanément ou successivement ne rend pas automatiquement nulle l'une ou l'autre saisie. Lorsque le cantonnement n'est pas automatique, il appartient au débiteur saisi de démontrer que le quantum de toutes les sommes saisies est largement supérieur au montant de la créance poursuivie et de demander le cantonnement ou la mainlevée de la saisie qu'il estime surabondante ou inutile[524] .

L'attribution immédiate permet au créancier premier d'échapper au concours d'autres créanciers, l'article 155 al. 2 de l'AUVE disposant en effet, que la signification ultérieure d'autres saisies ou de toute autre mesure de prélèvement, même émanant de créanciers privilégiés, ne remettent pas en cause cette attribution, sans préjudice des dispositions organisant les procédures collectives. Il en résulte que, lorsque le créancier, premier saisissant a pratiqué une saisie-attribution des créances, les sommes objet de la saisie lui sont attribuées immédiatement et rentrent dans son patrimoine virtuel, quoique le paiement soit différé.

Ce faisant, la signification postérieure d'autres saisies, à l'initiative d'autres créanciers même privilégiés, ne peuvent remettre en cause, les privilèges attachés à sa qualité du créancier premier saisissant. Seule l'ouverture d'une procédure collective à l'encontre du débiteur pouvant remettre en cause l'effet attributif de la saisie, dans les conditions fixées par l'AUPCAP.

---

523ONANA ETOUNDI (F.), Jurisprudence commentée de la Cour Commune de Justice et d'Arbitrage de l'OHADA (Arrêts juillet- décembre 2004) Revue Semestrielle de l'Institut de Droit Communautaire n°1, Oct.2005. P.27 et S.) Cité par ONANA ETOUNDI (F.), La pratique de la saisie-attribution des créances à la lumière de la jurisprudence de la CCJA de l'OHADA, op.cit.p.53

524 CA Abidjan, chambre civ. & com. arrêt n°354 du 20 nov.2010, Aff. Société FINAMARK c/ Mme A. et Autres. Le Juris-Ohada n°3/2011, juillet-septembre 2011, p.12, Ohadata J-12-153.

### 3) - L'incidence de l'effet attributif sur les procédures collectives

L'article 75 de l'Acte Uniforme portant Organisation des Procédures Collectives d'Apurement du passif dispose que les décisions d'ouverture de redressement judiciaire, ou de la liquidation des biens interrompt ou interdit toute action en justice, de la part de tous les créanciers composant la masse, qui tend :

1° à la condamnation du débiteur au paiement d'une somme d'argent ;

2° à la résolution d'un contrat pour défaut de paiement d'une somme d'argent ;

La décision d'ouverture arrête ou interdit également toute procédure de la part de ces créanciers tant sur les meubles que sur les immeubles ainsi que toute procédure de distribution n'ayant pas produit un effet attributif avant la décision d'ouverture.

La nouveauté introduit par cette disposition réside en ce qu'elle indique clairement que lorsque la mesure pratiquée produit déjà un effet attributif, à l'instar de la saisie-attribution des créances, l'ouverture postérieure d'une procédure collective d'apurement du passif ne peut avoir d'effet sur la saisie en cours. Par l'effet attributif attaché à l'acte de saisie, l'ouverture d'une procédure collective à l'encontre du débiteur ne saurait remettre en cause, la saisie attribution des créances. Cette procédure n'a aucune incidence sur la saisie en cours. C'est dans ce sens qu'il faut comprendre cette décision qui a décidé que la mesure de règlement préventif postérieurement à une saisie-attribution des créances pratiquée contre le débiteur n'a aucun effet sur cette saisie, cette procédure n'ayant pu suspendre l'effet translatif des causes de la saisie dans le patrimoine du saisissant[525].

Il faut préciser que si la créance cause de la saisie est née postérieurement à la décision d'ouverture de la procédure collective, le créancier est autorisé à pratiquer une saisie.

### 4) - L'incidence de l'effet attributif sur les procédures fiscales

Depuis l'entrée en vigueur de l'AUVE l'administration fiscale ne peut plus se prévaloir de ses privilèges lorsqu'il se retrouve en concours avec un premier créancier ayant déjà pratiqué une saisie-attribution des créances.

---

[525] CA, Abidjan, arrêt n°134 du 07 janvier 2003, Aff. FERME ADAM SARL et Mireille BERTIN c/ SIPRA, Ohadata J-03-228.

Saisi pour un avis sur la question de savoir quel est le sort des procédures fiscales contentieuses par rapport à l'effet abrogatoire de l'article 336 de l'AUVE, la CCJA a répondu en ces termes « *le droit fiscal ne fait partie à ce jour de matières rentrant dans le domaine du droit des affaires harmonisées tel que défini par l'article 2 du Traité OHADA. Toutefois, si les procédures fiscales postérieures à la date d'entrée en vigueur de l'Acte Uniforme concerné mettent en œuvre des mesures conservatoires, mesures d'exécution forcée et procédures de recouvrement déterminées par ledit Acte uniforme, ces procédures fiscales doivent se conformer aux dispositions de celui-ci*[526] ».

L'administration qui a recourt à des procédures d'exécution de l'AUVE pour le recouvrement de ses créances fiscales, l'avis à tiers détenteur mis en œuvre dans cette hypothèse doit se conformer aux prescriptions de l'Acte Uniforme et perd son privilège[527]. Ainsi « *l'avis à tiers détenteur pourra s'avérer inefficace au cas où il est précédé d'une première saisie-attribution pratiquée par un créancier ordinaire. Si l'avis à tiers détenteur est pratiqué dans la même journée que les autres saisies, il y aura concours et répartition au marc le franc, sans qu'aucun compte ne soit tenu du caractère privilégié ou non de la créance*[528] ». L'on assiste à une sorte de relativisation des effets de l'avis à tiers détenteur[529]. Cette relativisation n'intervient que lorsque l'administration fiscale vient en concours avec un premier créancier, à qui elle ne peut opposer les privilèges du trésor[530].

Faisant application de l'article 155 AUVE, la Cour d'appel de Bangui a décidé que cette disposition fait clairement une distinction entre deux situations : celle des saisies signifiées au cours de la même journée dont les créanciers viennent en concours lorsque la somme n'est pas suffisante pour les désintéresser tous, car elles sont réputées faites simultanément, celle où elle donne la priorité au premier créancier saisissant, lorsque la deuxième signification intervient à une date ultérieure, même si ce créancier est privilégié, comme en l'espèce la Direction Générale des Impôts, cette dernière ne devant se contenter que du reliquat disponible. Ainsi la Société ORANGE Centrafrique devrait payer immédiatement le créancier saisissant puisqu'il y

---

526 Avis n°001/2001/EP du 30 avril 2001, RJCCA n° spécial, janvier 2003, p.74

527 ONANA ETOUNDI (F.), La pratique de la saisie-attribution des créances à la lumière de la jurisprudence de la CCJA de l'OHADA, op.cit. p.53

528 POUGOUE (P-G), TEPPI KOLLOKO (F), La saisie-attribution des créances OHADA, op.cit. p.44

529 ONANA ETOUNDI(F), MBOCK (J, M), Cinq ans de jurisprudence commentée de la CCJA de l'OHADA 1999-2004, Presse de l'AMA, Yaoundé, 1ère éd. 2005, p. 204

530 Dans un avis, la Cour de cassation estimait que le concours entre créanciers saisissants « doit se régler au prorata des créances respectives, sans qu'il y ait lieu de prendre en compte l'existence d'éventuels privilèges », avis, 24 mai 1996, n°09-60.004, Bull. avis, n°5

avait un cantonnement automatique et reverser le reliquat, quel que soit le montant, au second créancier, même privilégié[531].

Par contre, dans l'hypothèse d'une pluralité des saisies-attribution pratiquées le même jour, le créancier premier saisissant ne bénéficie nullement de l'effet attributif, les actes de saisie signifiés au cours de la même journée entre les mains du même tiers étant réputés faits simultanément. L'article 155 AUVE permet de départager les créanciers en cas de contestations sur le jour et l'heure de la signification de la saisie au tiers. De ce fait, si les sommes disponibles ne permettent pas de désintéresser la totalité des créanciers, ceux-ci viennent en concours et seront payés au marc-le franc. Si la saisie se trouve privée d'effet, les saisies et prélèvements ultérieurs prennent effet à leur date.

### 5) - L'impact de l'effet attributif sur les délais de grâce

L'effet attributif de la saisie interdit l'octroi des délais de grâce au débiteur saisi. Le juge ne peut accorder un délai de grâce au débiteur, pour les sommes faisant déjà l'objet d'une saisie-attribution des créances. Pourtant, le débiteur qui conteste une saisie-attribution, formule souvent de manière reconventionnelle, une demande de délais de grâce. Une telle demande doit être rejetée compte tenu de l'effet attributif des créances attaché à l'acte de saisie.

L'interdiction d'accorder le délai de grâce pour des sommes ayant fait l'objet d'une saisie-attribution des créances a été rappelée par la CCJA lorsqu'elle retient que l'effet attributif immédiat de la saisie-attribution entrainant transfert instantané de la créance saisie disponible dans le patrimoine du saisissant, le juge de l'exécution ne peut suspendre les effets de ladite saisie-attribution en accordant des délais de paiement[532].

Pour sa part, la Cour de cassation a approuvé une Cour d'appel qui a retenu que le Jex ne pouvait accorder des délais de paiement, la saisie-attribution ayant pour effet de transmettre la propriété des fonds saisis au créancier[533].

---

531CA Bangui, chambre civ. &com. arrêt civil n°295 du 15 décembre 2010, Aff. Société ORANGE Centrafrique c/ NAMTOLIE Elie Allard et SAMBOULA Léandre, Société MEDIA INTERNATIONAL – Direction Générale des Impôts, Ohadata J-12-198

532 CCJA, arrêt n°35/2005 du 02 juin 2005, Aff. Dame KHOURI Marie C/ 1°/ Société HYJAZI SAMITH et HASSAN dite INDUSCHIMIE ; 2°/ SOCIETE GENERALE de BANQUES en COTE D'IVOIRE dite SGBCI, recueil de Jurisprudence de la CCJA n°5, janvier-juin 2005, volume 2, p.52 ; Le Juris-Ohada, n°4/2005, Juillet-sept.2005, p.8, Ohadata J-06-14

533Civ. 2e, 4 oct.2001, n°00-11.609, Bull. civ. II, n°150 ; D. 2002, 1658, note Soustelle ; Procédures 2001, n°207, obs. Perrot ; RD banc. Fin. 2002, n°22, obs. J-M.D. cité par VIGNAL (J-P), Effets immédiats de la signification de l'acte de saisie-attribution, op.cit. p.818

### C. Les obligations du tiers saisi

Le tiers saisi est tenu de respecter certaines obligations dont la violation entraine des sanctions.

#### 1) - L'étendue des obligations

Le tiers saisi a une obligation de renseignement. Le terme générique d'obligation de renseignement comporte plusieurs sous-ensembles et mérite quelques précisions. La première obligation consiste pour le tiers saisi à déclarer l'étendue de ses obligations à l'égard du débiteur. Cette obligation est accompagnée d'une deuxième obligation toute aussi rigoureuse que la première : celle de communiquer les pièces justificatives. La troisième obligation consiste à faire la déclaration et communiquer les pièces justificatives sur-le-champ à l'huissier instrumentaire ou au plus tard, dans les cinq jours si l'acte de saisie n'est pas signifié à personne. La quatrième obligation consiste à faire une déclaration complète et sincère.

##### a) - L'obligation de renseignement

Le tiers saisi est tenu de déclarer au créancier l'étendue de ses obligations à l'égard du débiteur ainsi que les modalités qui pourraient les affecter et, s'il y a lieu, les cessions de créances, délégations ou saisies antérieures. Cette exigence contenue à l'article 156 AUVE indique clairement la principale obligation du tiers saisi : celle de fournir les renseignements au créancier poursuivant. De ce fait, le tiers saisi est tenu d'apporter des renseignements précis sur la nature de ses obligations à l'égard du débiteur saisi. Le législateur OHADA a précisé le contenu de sa déclaration et les formalités subséquentes.

Le créancier qui pratique une saisie-attribution des créances ignore les capacités financières de son débiteur. Il se trouve dans l'expectative, son seul espoir étant de devoir trouver les sommes d'argent appartenant au débiteur entre les mains du premier tiers saisi, faute de quoi il devra poursuivre ses recherches pour dénicher un autre tiers qui est susceptible de détenir les sommes appartenant au débiteur. Les déclarations du tiers saisi peuvent fournir des renseignements précieux à l'huissier instrumentaire en permettant d'envisager la possibilité de pratiquer une autre saisie auprès d'autres tiers, ou de limiter la mesure à cette saisie, lorsque les sommes saisies couvrent largement la créance cause de la saisie.

Le tiers saisi doit indiquer avec précision les sommes qu'il détient pour le compte du débiteur saisi, en indiquant notamment la somme en principal ainsi que les intérêts échus. Il doit préciser si ces sommes font l'objet d'une cession des créances ou d'une saisie antérieure.

Lorsque la saisie est pratiquée entre les mains d'un établissement bancaire, celui-ci est tenue d'indiquer les différents comptes ouverts et sous compte au nom du saisi dans ses livres sans omettre l'existence d'une convention de fusion pouvant exister entre les différents comptes. Il doit également indiquer leurs soldes respectifs au jour de la saisie, sous réserve de sa déclaration sur le solde définitif après la régularisation de la gestion des opérations en cours dans le délai de 15 jours ou d'un mois selon les cas indiqués à l'article 161 AUVE. Il n'appartient nullement à l'huissier instrumentaire de préciser les références du ou des comptes à saisir, l'indication de l'identité du débiteur saisi est suffisante pour permettre au banquier de vérifier si le débiteur est titulaire d'un compte ouvert dans ses livres.

Dans l'affaire ECOBANK contre HOTEL KEMPINSKI EL FAROUK, pour casser l'arrêt infirmatif qui avait ordonné la mainlevée d'une saisie-attribution des créances et condamner ECOBANK, tiers à replacer les fonds qu'il avait payés entre les mains de l'huissier instrumentaire, La CCJA a retenu qu'en « ordonnant la mainlevée de la saisie et en condamnant ECOBANK-MALI à replacer les fonds dans le compte de Kempinski Hôtel El Farouk aux motifs que le compte saisi n'appartient pas à la Société Malienne d'Hôtellerie, mais plutôt à Kempinski Hôtel El Farouk, alors qu'il ressort de diverses correspondances adressées au Directeur Général de ECOBANK-MALI par la présidente du Conseil d'Administration de la Société Malienne d'Hôtellerie (SMH) , celle-ci sollicitait l'ouverture dans ses livres d'un sous compte au nom de Kempinski Hôtel El Farouk appartenant à la SMH et informait régulièrement ECOBANK-MALI des changements des signataires du sous compte Kempinski Hôtel El Farouk, reconnaissant qui plus est que la SMH est titulaire de ce sous compte, éléments de preuve qui ont permis à ECOBANK-MALI, en application de l'article 161 susmentionné, de satisfaire à ses obligations légales de renseignements en cas de saisie-attribution en déclarant l'existence dans ses livres de deux comptes appartenant à la SMH dont le sous compte Kempinski Hôtel El Farouk et d'effectuer, sur décision du juge des référés, le paiement des causes de la saisie, selon l'article 162 sus énoncé, en priorité dans le sous compte Kempinski Hôtel El Farouk dont les fonds étaient disponibles à vue, la Cour d'appel de Bamako a fait une mauvaise application des dispositions sus énoncées des articles sus visés ; qu'en conséquence, sa décision encourt cassation[534]».

---

[534]CCJA, 2ème chambre, arrêt n°008/2011 du 25 août 2011, Aff. ECOBANK-MALI c/ HOTEL KEMPINSKI EL FAROUK, Recueil de jurisprudence n°17(juillet-décembre 2011) p.105 ; Juris Ohada, 2011, n°4, octobre-décembre, p.3, Ohadata J-13-160

Les déclarations du tiers saisi doivent être faites à l'huissier de justice, elles doivent indiquer l'étendue des obligations du tiers à l'égard du débiteur. Une Cour d'appel a retenu que le tiers saisi qui se contente, dans le cadre d'une saisie-attribution, de déclarer que le débiteur saisi n'est pas un salarié, mais perçoit des commissions sans en préciser le montant, engage sa responsabilité, car une telle déclaration ne précise ni l'étendue de la créance, ni les modalités pouvant l'affecter[535].

En signifiant l'acte de saisie au tiers saisi, l'huissier doit faire des diligences nécessaires pour s'adresser à la personne capable de lui délivrer ces informations. En pratique, les banques mettent en place, une équipe technique relevant du service juridique afin de satisfaire à cette obligation rapidement.

L'on constate parfois les errements du tiers saisi pour satisfaire à cette obligation en faisant la déclaration au greffe du tribunal ou en adressant un courrier à l'avocat du créancier plusieurs jours après la signification. Dans ce cas, la jurisprudence considère que le tiers saisi n'a pas satisfait à son obligation, puisque le texte de l'article 156 lui faisait obligation de faire sa déclaration à l'huissier instrumentaire exclusivement.

La CCJA a rappelé que la déclaration faite par le tiers saisi au greffe du tribunal de première instance de Ouagadougou n'a pas respecté les forme et délai requis, en ce que, d'une part, elle n'a pas été faite à l'huissier ou à l'agent d'exécution mais au greffe et, d'autre part, en dehors du délai imparti par l'article 156 de l'Acte Uniforme susvisé ; que de plus, cette déclaration qui fait état de cessions de créances n'a été accompagnée d'aucune pièce ; qu'ainsi ces manquements de la SONAR aux obligations mises à sa charge en tant que tiers saisi l'exposent au paiement de la créance, objet de la saisie, indépendamment de toute autre cause susceptible d'éteindre la créance de la SOTRANIFI à son égard[536]. Cette décision nous rappelle une autre obligation mise à la charge du tiers saisi notamment la communication des pièces justificatives.

**b) - La communication des pièces justificatives**

L'exigence d'accompagner les déclarations des pièces justificatives permet d'établir la preuve de leur sincérité et empêcher ainsi toutes

---

535CA Abidjan, arrêt n°1250 du 13 décembre 2002, Aff. National d'Assurance c/ Kouakou Kpan Thérèse, Ohadata J-03-306

536CCJA, arrêt n°027/2005 du 7 avril 2005, Aff. Société Nationale d'Assurances et de Réassurances dite SONAR c/ Projet d'Appui à la Création des Petites et moyennes entreprises dite PAPME, ONANA ETOUNDI(F), Les grandes tendances jurisprudentielles de la Cour Commune de Justice et d'Arbitrage en matière d'interprétation et d'application du droit OHODA, op. cit. p. 132 et s.

déclarations erronées ou mensongères. L'idée est d'éviter une collusion frauduleuse entre le tiers saisi et le débiteur saisi susceptible de conduire le créancier saisissant à abandonner la poursuite s'il apparait que le tiers n'est en définitive pas débiteur du saisi[537]. Il n'est pas exclu en effet, que le tiers saisi, en connivence avec le débiteur, saborde la saisie en faisant une déclaration erronée sur l'étendue de ses obligations.

Les déclarations fournies par le tiers saisi doivent être accompagnées des pièces justificatives. Elles doivent être complètes et suffisamment précises, pour renseigner le créancier poursuivant de la situation financière du débiteur, des cessions des créances pouvant affecter les créances du débiteur voire d'éventuelles saisies antérieures. Commet donc une faute civile, la banque, tiers saisi qui a failli à son obligation de faire une déclaration affirmative complète lors de son interpellation par l'huissier en omettant volontairement de signaler une précédente saisie sur le compte du saisi. La sanction de cette faute étant prévue à l'article 156 al.2 de l'AUVE[538].

La communication des pièces justificatives des déclarations du tiers saisi n'est ni une option, ni une faculté pour ce dernier. Il s'agit d'une obligation dont la violation est sanctionnée[539]. Viole l'obligation de communication de pièces justificatives à sa charge le tiers saisi qui, déclare suite à l'interpellation de l'huissier que le compte du débiteur ne présente pas d'actifs saisissables, sauf erreur ou omission, par apposition d'un tampon sur le procès-verbal de saisie, sans communiquer copie des pièces justificatives comme le lui impose la loi[540].

Lorsque la saisie-attribution est pratiquée entre les mains d'un établissement bancaire, les articles 161 à 163 de l'AUVE qui ont vocation à s'appliquer règlementent de manière particulière cette procédure en prenant en compte les contraintes de l'activité bancaire.

Pour obtenir les informations utiles sur la nature du ou des comptes du débiteur saisi, l'huissier doit signifier l'acte de saisi au siège social de la banque, afin qu'elle vise toutes les agences de ladite banque situées sur toute l'étendue du territoire national, tel ne sera pas le cas, lorsque l'acte de saisie est signifié à une agence. La signification d'une saisie à une agence ne concerne que cette agence, l'on ne pourra donc faire le grief au tiers saisi

---

[537]COUCHEZ (G), Voies d'exécution op. cit. p.142

[538] CA Niamey, arrêt n°62 du 08 mai 2002, Aff. Ecobank Niger c/ Snar Leyma et Dame Hadiza Hassan, Ohadata J-03-253

[539] WAMBO (J.), L'article 156 de l'AUPSRVE de l'OHADA et sa mise en œuvre au plan jurisprudentiel, Jurifis, édition spéciale n°12, oct. 2012, p.81, Ohadata D-13-21

[540]CCJA, 1ère chambre, arrêt n°029/2010 du 29 avril 2010, Aff. Monsieur ABOGH Achille c/ Banque Internationale pour le Commerce et l'Industrie du Gabon dite BICIG, Recueil de Jurisprudence n°15, janvier-juin 2010, p.151, Ohadata J-12-49.

d'avoir fait une déclaration incomplète, si le débiteur détenait des comptes dans d'autres agences alors que la signification n'a été faite qu'à une agence.

### c) - Le moment de la déclaration

Le tiers saisi qui reçoit signification d'un procès-verbal de saisie est tenu de s'exécuter instantanément pour satisfaire à ses obligations sur-le-champ et communiquer les pièces sans désemparer. Il ne peut solliciter une prorogation du délai au lendemain ou surlendemain pour satisfaire à cette obligation.

Le législateur OHADA a bien encadré le moment où doivent intervenir les déclarations du tiers saisi. Ces déclarations, dit l'article 156, doivent être faites sur-le-champ à l'huissier instrumentaire et mentionnées dans l'acte de saisie ou au plus tard, dans les cinq jours si l'acte n'est pas signifié à personne (ar.156 al.2 AUVE).

Pour satisfaire à cette obligation, le tiers saisi doit avoir reçu la signification à personne. Il en résulte que le tiers saisi qui a personnellement reçu la signification de l'acte de saisie ne peut différer la déclaration prévue à l'article 156 AUVE à plus tard. Il est tenu de la faire sur-le-champ sous peine de sanction. Faisant application de cette disposition, la Cour d'appel d'Abidjan a décidé qu'il résulte de l'article 156 de l'AUVE que le tiers saisi doit obligatoirement porter à la connaissance du saisissant, le même jour de la signification de l'acte, l'état de la situation des comptes du débiteur, la seule exception prévue par l'Acte Uniforme étant celle du tiers saisi qui n'a pas personnellement reçu ledit acte et qui dispose de cinq jours pour y répondre. Par conséquent, le tiers qui fait sa déclaration deux jours après la signification de l'acte sous prétexte qu'il procède à des vérifications dues à l'inadaptation de ses services aux technologies modernes s'exposent aux sanctions prévues par la loi[541].

L'obligation faite au tiers saisi de faire ses déclarations à l'huissier instrumentaire sur-le-champ pouvait paraitre très contraignante et difficilement réalisable à une certaine époque. A l'ère des nouvelles technologies de l'information et de la communication, le tiers saisi connait en temps réel si le débiteur est titulaire d'un compte ouvert dans ses livres et l'état du solde, à moins qu'elle soit confrontée à une défaillance technique factuelle, liée notamment à une catastrophe naturelle, une interruption momentanée de la connexion internet ou de la fourniture en électricité.

---

[541] CA Abidjan, chambre civ. & com. arrêt n° 142 du 23 avril 2010, Aff. Banque pour le Financement de l'Agriculture dite BFA c/ Représentation de Matériels Allemands dite RAMA, Ohadata J-11-23

Dans l'affaire Commercial Bank Tchad dite CBT, la CCJA a précisé qu'il ressort de l'analyse de l'alinéa 2 de l'article 156 de l'Acte Uniforme sur les procédures simplifiées de recouvrement et des voies d'exécution, que lorsque la signification au tiers saisi d'une saisie-attribution des créances est faite à personne, ledit tiers saisi est tenu de faire sur-le-champ, à l'huissier instrumentaire ou à l'agent d'exécution, une déclaration exacte et complète sur l'étendue de ses obligations à l'égard du débiteur saisi (...). En l'espèce, l'acte de saisie produit au dossier indique que l'huissier instrumentaire a été accueilli à la CBT par le responsable du service juridique, qui non seulement a porté la mention manuscrite « *nous aviserons dans le délai* », mais a également apposé le cachet dudit service juridique de la CBT et signé l'acte de saisie ; en remettant à plus tard la déclaration, alors qu'en tant que tiers saisi, la CBT était tenu de la faire sur-le-champ à l'huissier instrumentaire, le service juridique agissant au nom de la CBT, dont il est un organe, n'a pas obéit aux prescriptions de l'article 156 alinéa 2 suscité[542].

Commentant cette décision Arlette BOCCOVI affirme que « *dès lors que les juges ont estimé que la signification faite au service juridique engage la CBT dans le sens où elle est considérée comme étant faite à personne, celle-ci était par conséquent, tenue de faire une déclaration sur-le-champ. En différant à plus tard la déclaration, la CBT a manqué à son obligation de déclaration*[543] ».

Elle ajoute que « *la CBT ne peut trouver dans la crainte de faire une déclaration incomplète ou erronée une justification pour retarder sa réponse puisque les tribunaux ne la tiennent pas pour responsable de ces approximations ou erreurs* ». Dans le même sens, la Cour d'appel de Niamey a jugé que le tiers saisi auquel l'acte de saisie a été signifié et qui s'est contenté d'affirmer que les pièces seront transmises dans les cinq jours sans donner suite a failli à son obligation de renseignement telle que découlant de l'article 156 de l'AUVE et doit être condamné au paiement de causes de la saisie[544].

Boubacar BADJAGA invite les huissiers de justice à prendre tous les moyens nécessaires permettant au tiers saisi de répondre sur-le-champ, notamment lorsqu'ils remettent l'acte de saisie à une préposée du tiers saisi, de l'informer suffisamment des conséquences pour son employeur de son éventuel refus de répondre sur-le-champ puisqu'une interpellation insuffisante est considérée comme un motif légitime autorisant le tiers saisi à différer sa

---

[542]CCJA, arrêt n°015/2009 du 16 avril 2009, Aff. Commercial Bank Tchad dite CBT c/ EL HADJ ADAM ADJI, Recueil de Jurisprudence n°13, janvier-juin 2009, p.56, Ohadata J-10-64

[543] BOCCOVI (A.), Commentaire d'arrêt de la CCJA n°15/2009 du 16 avril 2009, Aff. Commercial Bank Tchad dite CBT c/ Al Hadj Adam ADJI, OhadataJ-10-21, Revue de l'ERSUMA, Numéro spécial, Nov. /déc. 2011, p.129.

[544]CA Niamey, arrêt n°146 du 31 déc. 2003, Aff. Elhadji O.A c/ Société Nigérienne d'Electricité (NIGELEC SA), Société d'Etat, Ohadata J-10-278

réponse[545]. En pratique, il peut s'écouler jusqu'à 48 heures avant que le tiers saisi ne mette ces informations à la disposition de l'huissier instrumentaire. Les huissiers s'en accommodent souvent et font des compromis pour favoriser la collaboration du tiers saisi et éviter l'installation d'un climat de méfiance susceptible de ruiner les efforts entrepris.

Pour la CCJA, l'étendue de ses obligations par le tiers saisi va de pair avec les modalités qui pourraient affecter ces obligations, modalités qui elles-mêmes, doivent être justifiées par la production immédiate des pièces. Ainsi, le tiers saisi qui a fait état d'un gage à son profit sans communication sur-le-champ du document y relatif, a fait une déclaration incomplète tombant sous le coup de la sanction portée à l'article 156 AUVE et l'arrêt qui a retenu le contraire encourt la cassation[546].

En déclarant sur-le-champ à l'huissier instrumentaire, l'état des sommes, la banque, tiers saisi ne fait qu'une déclaration provisoire. Certaines opérations antérieures à la signification de la saisie n'ayant pas été inscrites au crédit ou au débit du compte, la banque est tenue de payer les chèques émis avant la saisie mais présentés à l'encaissement après la saisie.

Ces déclarations provisoires seront donc affectées par la gestion des opérations en cours. La déclaration définitive n'intervenant que quinze jours ou un mois selon les cas à compter de la saisie. L'article 161 al.1 AUVE, indique en effet que dans le délai de quinze jours ouvrables qui suit la saisie et pendant lequel les sommes laissées au compte sont indisponibles, ce solde peut être affecté à l'avantage ou au préjudice du saisissant par les opérations suivantes dès lors qu'il est prouvé que leur date est antérieure à la saisie :

a) au crédit :

- les remises faites antérieurement, en vue de leur encaissement, de chèques ou d'effets de commerce, non encore portés au compte ;

b) au débit :

- l'imputation de chèques remis à l'encaissement ou portés au crédit du compte antérieurement à la saisie et revenus impayés ;
- les retraits par billetterie effectués antérieurement à la saisie et les paiements par carte, dès lors que leurs bénéficiaires ont été effectivement crédités antérieurement à la saisie.

---

545BADJAGA Boubacar, Le traitement des opérations de saisie-attribution sur compte bancaire impliquant le tiers saisi à l'aune des dispositions de l'AUVE de l'OHADA, Juris Infos n°13, Nov/Déc. 2013, p.54-62, Ohadata D-14-05

546CCJA, 2ème ch., arrêt n°017/2015 du 02 avril 2015, Aff. Société SHELL Cote d'Ivoire c/ Société Générale de Banques en Côte d'Ivoire dite SGBCI, Ohadata J-16-17

Le délai de 15 jours est porté à un mois, lorsqu'il s'agit des effets de commerce remis à l'escompte, mais non payés à leur présentation ou à leur échéance lorsque cette présentation est postérieure à la saisie. Dans ce cas, ces effets de commerce peuvent être contre-passés dans le délai d'un mois qui suit la saisie.

Le solde saisi n'est affecté par ces éventuelles opérations de débit et de crédit que dans la mesure où leur résultat cumulé est négatif et supérieur aux sommes non frappées par la saisie au jour de leur règlement. En cas de diminution des sommes rendues indisponibles, l'établissement doit fournir, par lettre recommandée avec avis de réception ou tout moyen laissant trace écrite adressé au créancier saisissant au plus tard huit jours après l'expiration du délai de contre-passation, un relevé de toutes les opérations qui ont affecté les comptes depuis le jour de la saisie inclusivement. La Cour d'appel d'Abidjan décidant que s'il est permis au tiers saisi de laisser le compte du saisi être affecté à l'avantage ou au préjudice du saisissant par certaines opérations, celui-ci doit néanmoins justifier toute diminution des sommes rendues indisponibles[547].

### d) - Faire une déclaration complète et sincère

Le tiers saisi est tenu de faire une déclaration complète et sincère. La jurisprudence considère comme déclaration mensongère, toute déclaration inexacte et incomplète laquelle est sanctionnée au même titre qu'une déclaration tardive[548].

La question reste posée de savoir dans quelles conditions le manquement du tiers saisi à son obligation entraine sa condamnation au paiement des causes de la saisie et/ou aux dommages et intérêts. Subsidiairement si ces sanctions sont cumulatives ou exclusives l'une de l'autre.

### 2) - Les sanctions aux manquements du tiers saisi

Le tiers saisi ne peut faire obstruction au bon déroulement de la saisie. Il doit apporter son soutien à l'exécution de la saisie initiée à l'encontre du débiteur saisi. Plus qu'une obligation de neutralité, le tiers est tenu à une obligation de collaboration dont l'inobservation est sanctionnée.

---

547CA Abidjan, cambre civ. & com. arrêt n°687 du 22 juin 2004, Aff. Société ECOBANK-CI c/ Société TAO, Ohadata J-05-313

548 CA Abidjan, arrêt n° 937 du 11 juillet 2003, Aff. Ahou N'Guessan c/ La Caisse Autonome d'Amortissement, Ohadata J-03-340

### a) -La condamnation au paiement des causes de la saisie

Le tiers saisi est condamné au paiement des causes de la saisie lorsqu'il a failli à son obligation de renseignement. Tout autre manquement ne peut, en application de l'article 156 alinéa 1, donner lieu au paiement des causes de la saisie. La condamnation du tiers saisi au paiement des causes de la saisie vient sanctionner le manquement de celui-ci à l'obligation légale de renseignement qu'il est tenu de satisfaire en toute impartialité.

Dans l'arrêt YAO Germain contre la compagnie des Assurances Générales de Côte d'Ivoire dite AGCI, la Cour d'appel d'Abidjan a retenu que l'article 156 de l'AUVE selon lequel toute déclaration inexacte, incomplète ou tardive expose le tiers saisi à être condamné au paiement des causes de la saisie, sans préjudice d'une condamnation au paiement de dommages-intérêts. La banque qui, par négligence, a procédé irrégulièrement à la mainlevée d'une saisie-attribution des créances ne peut voir sa responsabilité engagée sur le fondement de ce texte[549].

Le juge apprécie souverainement pour déterminer si le grief fait l'endroit du tiers saisi constitue un manquement à ses obligations. C'est ainsi qu'il faut comprendre cette décision qui retient que si le tiers saisi qui fait une déclaration inexacte, incomplète ou tardive s'expose à être condamné au paiement des causes de la saisie, l'erreur commise de bonne foi par le tiers saisi sur l'identité du débiteur ne saurait être assimilée à une déclaration inexacte, incomplète ou tardive susceptible d'engager sa responsabilité[550]. De même, une banque ne saurait être condamnée à payer les causes de la saisie dès lors qu'il est établi qu'elle a par erreur, déclaré détenir des sommes d'argent pour le compte du débiteur saisi[551]. Il en sera autrement lorsque le tiers saisi fait délibérément une déclaration mensongère. Engage ainsi sa responsabilité, le tiers saisi qui fait une déclaration mensongère sur l'étendue de ses obligations vis-à-vis du débiteur et s'abstient volontairement de communiquer au créancier les pièces justificatives[552]. Le tiers saisi ne peut être condamné au paiement des causes de la saisie en cas de nullité de la saisie[553].

---

[549]CA Abidjan, arrêt n°138 du 07 février 2003, Société Générale de Banque de Cote d'Ivoire c/ YAO Germain et AGCI, Ohadata J-03-235

[550]CA Abidjan, arrêt n° 584 du 03 mai 2002, Citibank c/ AFROCOM, Ohadata J-03-17

[551]CA Abidjan, ch. civ. & com., arrêt n° 518 du 27 avril 2004, la Société ECOBANK Cote d'Ivoire c/ La coopérative Aleh- Alun et la Colina, Ohadata J-05-320.

[552]CA Abidjan, arrêt n° 937 du 11 juillet 2003, Aff. Ahou N'Guessan c/ La Caisse Autonome d'Amortissement, Ohadata J-03-340, précité

[553]CCJA, 2ème chambre, arrêt n°066/2013 du 31 oct.2013, Aff. Etat de Côte d'Ivoire c/ AKOBE Georges Armand

Pour être condamné sur le fondement de l'article 156 AUVE, le tiers doit effectivement détenir des fonds appartenant au débiteur, solution dégagée par la CCJA dans l'arrêt BINCI CC. Dans cette espèce, la Banque Islamique du Niger dite BINCI créancière de Hamadi Mohamed de la somme de 155. 245 517 francs CFA et munie d'un titre exécutoire, pratiquait une saisie-attribution entre les mains du Trésor public du Niger, qui a reçu l'acte de saisie le 08 mars 2007, a fait ses déclarations, par lettre du 19 mars 2007, soit 11 jours après la signification de l'acte de saisi.

Le demandeur au pourvoi faisait grief à l'arrêt attaqué d'avoir violé l'article 156 de l'AUVE, au motif que le tiers saisi n'avait pas fait sa déclaration sur-le-champ, mais par lettre, 11 jours après la signification de la saisie alors que, selon le moyen le tiers saisi avait l'obligation de faire ses déclarations et communications sur-le-champ à l'huissier instrumentaire qui doit les mentionner dans l'acte de saisie ou, au plus tard, dans les cinq jours au cas où l'acte n'est pas signifié à personne.

Pour rejeter le pourvoi, la CCJA a décidé que « le Trésorier général qui a reçu l'acte de saisie le 08 mars 2007, a fait tardivement ses déclarations par lettre du 19 mars 2007 indiquant qu'il ne détient aucun fonds appartenant à monsieur Hamadi Mohamed ; qu'au sens de l'article 156 de l'Acte Uniforme sus indiqué, le tiers saisi est celui qui détient des fonds appartenant au débiteur du saisissant et l'absence de déclaration ou l'inexactitude des déclarations sur l'étendue de ses obligations à l'égard du débiteur l'expose au paiement des causes de la saisie ; qu'en retenant que ''la déclaration tardive du Trésorier général qui est assimilée à une absence de déclaration, ne peut exposer l'Etat du Niger au paiement des causes de la saisie dès lors qu'il est rapporté que ce dernier ne détient dans ses livres aucune somme de Hamadi Mohamed au moment de la saisie et que la BINCI SA qui ne conteste pas la réalité des écritures du Trésorier général ne doit engager l'employeur de celui-ci au paiement d'une créance que n'a pas son propre débiteur dans les comptes de ce dernier'' la Cour d'appel a légalement justifié sa décision qu'il suit que le moyen n'est pas fondé[554].

Réaffirmant sa jurisprudence, la CCJA a précisé que les dispositions de l'article 156 de l'AUVE s'appliquent exclusivement au tiers saisi, c'est-à-dire la personne qui détient les sommes d'argent dues au débiteur en vertu d'un pouvoir propre et indépendant. Elles ne peuvent s'appliquer lorsque la personne qui a fait la déclaration n'a pas la qualité de tiers, et ce, même si l'inexactitude de la déclaration est établie. En conséquence, le défaut de

---

[554] CCJA, 2e chambre, arrêt n°040 du 08 décembre 2011, Aff. Banque Islamique du Niger pour Commerce et l'Investissement dite BINCI S.A, recueil de jurisprudence de la CCJA n°17, juillet -décembre 2011, p.93

déclaration ou la déclaration tardive, et même si cette déclaration était donnée dans les délais légaux, n'aurait eu aucun impact sur la saisie-attribution dès lors que la personne qui a fait ou n'a pas fait la déclaration, ou l'a faite tardivement, n'a pas la qualité de tiers au sens de l'article 156 susvisé[555]. Par contre, le tiers saisi qui ne procède pas aux déclarations relatives à l'étendue de ses obligations envers le débiteur et qui viole ainsi les dispositions de l'article 156 AUVE doit être condamné au paiement des causes de la saisie[556].

Si la condamnation du tiers saisi au paiement des causes de la saisie n'est pas subordonnée à la preuve d'un préjudice subi par le poursuivant[557].

Le tiers saisi doit éviter toute connivence avec le débiteur saisi avec qui, il entretient parfois des relations d'affaires. Il est tenu à une véritable obligation de neutralité à l'égard de toutes les parties à la procédure d'exécution. Il convient de veiller par ailleurs, à ce que le saisissant, lorsque son débiteur est totalement insolvable ne cherche avec un zèle excessif, à trouver en la personne du tiers saisi, un garant contre lequel, pour la moindre omission, il pourra prendre un titre exécutoire[558].

Ayant payé les causes de la saisie pour le compte des débiteurs du créancier, suite à sa condamnation, le tiers saisi a conformément aux articles 38 et 156 AUVE un droit de recours contre lesdits débiteurs[559].

Il appartient au juge d'apprécier au regard des griefs formulés à l'endroit du tiers saisi, si celui-ci doit être condamné uniquement au paiement des causes de la saisie ou s'il doit être condamné au paiement des dommages-intérêts en sus de la condamnation aux causes de la saisie.

#### b) -La condamnation aux dommages et intérêts

La condamnation du tiers saisi au paiement des dommages-intérêts est une sanction complémentaire à la première. L'article 156 de l'AUVE précise *in fine* que le tiers saisi peut être condamné au paiement des causes de la saisie sans préjudice, d'une condamnation au paiement de dommages-intérêts.

---

555CCJA, Ass. Plén. Arrêt n°062/2014 du 23 avril 2014, Aff. Banque Sahélo-Saharienne pour l'Investissement et le Commerce (BSIC-SA), Union Régionale de Caisses Populaires du Plateau Central (URCPC), c/ AIT International Ltd, Ohadata J-15-153

556 CA, Littoral, arrêt n° 053/réf du 20 fév.2006, Aff. La société BITC Sarl c/ BICEC SA, Ohadata J-07-180

557CCJA, Ass. Plén. Arrêt n°086/2013 du 20 nov. 2013, Aff. UNION GABONAISE DE BANQUE c/ PANOURGIAS Narkelis

558 SENE (L.), La responsabilité du tiers saisi, Jurifis info, n° décembre 2010, p.28, Ohadata D-10-68

559CA Zinder, chambre judiciaire, arrêt n°30 du 25 mai 2006, Aff. Syntramin section, Somaïr Arlit c/ SONIANK, Ohadata J-10-291

La condamnation du tiers saisi au paiement des dommages-intérêts, requiert la preuve d'un préjudice imputable à l'attitude fautive de ce dernier. Le juge ne pouvant condamner le tiers saisi au paiement des dommages-intérêts qu'en tenant compte du préjudice réellement subi par le créancier non sans avoir au préalable, établi un lien de causalité entre le préjudice allégué et la faute du tiers saisi consécutive à la violation de l'obligation de renseignement à laquelle il était tenu[560].

Le tiers saisi qui a méconnu ses obligations a été condamné au paiement des causes de la saisie et au paiement des dommages-intérêts[561], ce qui a abouti à un cumul de sanction le cas échéant. Le tiers saisi s'étant abstenu à toute déclaration sur l'étendue de ses obligations à l'égard du débiteur saisi, sa condamnation à des dommages-intérêts est régulière tant en la forme qu'au fond, dès lors que la non-déclaration dans les délais impartis par l'article 156 de l'Acte Uniforme portant voies d'exécution, a empêché le créancier poursuivant de poursuivre en toute connaissance de cause la saisie-attribution engagée, et a causé un préjudice certain audit créancier[562].

Du reste, pour engager la responsabilité du tiers saisi, la saisie doit être valable. Elle ne doit pas être entachée de nullité ni frappée de caducité. Pour casser un arrêt ayant condamné le tiers saisi au paiement des dommages-intérêts pour résistance abusive et distraction des biens saisis en application de l'article 156 AUVE, la CCJA a décidé que la saisie-attribution des créances par le créancier poursuivant effectuée en violation des dispositions des articles 156 et 157 AUVE était nulle et de nul effet, il n'y a pas lieu de prononcer une condamnation du tiers saisi au paiement des dommages-intérêts pour résistance abusive[563]. La demande de condamnation du tiers saisi pour

---

560 Sur ce point le droit Ohada se démarque du droit français. La Cour de cassation française a décidé par deux arrêts rendus le 5 juillet 2000, que les deux sanctions visées à l'article 60, alinéa 2 du décret ne peuvent être cumulées, le tiers saisi qui fait une déclaration incomplète, inexacte ou mensongère, ne s'exposant qu'à la condamnation au paiement des dommages-intérêts( Civ. 2e, 5 juill. 2000, Bull. II n°115 et 116 ; Rev. huissiers 2001, 194, obs. martin ). La condamnation au paiement des causes de la saisie n'étant encourue que lorsque le tiers saisi refuse sans motif légitime de fournir les renseignements prévus à l'article 60, alinéa 1 du décret du 31 juillet 1992.

561CA, Abidjan, arrêt n° 214 du 06 fev.2004, Damme KOFFI Amenan et sept autres ayants droit de KOUADIO KAN c/ OUADRAOGO Osseni, Alliance Africaine d'Assurances, SGBCI, Ohadata J-04-500.

562CCJA, 1ère ch., arrêt n°13 du 29 juin 2006, Aff. Agence d'Exécution des Travaux d'Intérêt Public pour l'Emploi dite AGETIPE-MALI c/ Société Smeets et Zonen, Le Juris-Ohada n°4/2006, p.14, Ohadata J-07-27

563CCJA, arrêt n°008/2002 du 21 mars 2002, Aff. La Société PALMAFRIQUE c/ Etienne KONAN BALL KOUAKOU.

déclaration contradictoire lors des opérations de saisie ne saurait aboutir dès lors les saisies litigieuses ont été annulées[564]

L'analyse de la jurisprudence indique que la condamnation du tiers saisi au paiement des dommages-intérêts apparait comme une sanction accessoire et supplémentaire. La sanction principale étant la condamnation du tiers saisi n'ayant satisfait à son obligation de renseignement à la condamnation au paiement des causes de la saisie. Engage ainsi sa responsabilité le tiers saisi qui résiste à recevoir l'acte de saisie dès lors que cette résistance a donné lieu à l'établissement d'un procès-verbal de difficulté d'exécution et une ordonnance de référé lui enjoignant de recevoir ledit acte sous astreinte[565]. Contestant cette décision devant la CCJA, celle-ci a rejeté le pourvoi en retenant que la Cour d'appel n'a pas statué ultra petita et n'a pas violé les dispositions de l'article 38 AUVE dès lors que la condamnation correspondant aux causes de la saisie plus les frais des dommages-intérêts, l'omission du montant des frais dans le dispositif de l'exploit d'assignation ne contredisant pas les motifs de la décision de condamnation, avant de relever que c'est à bon droit que le premier juge a statué comme il l'a fait, dès lors que le procès-verbal de difficulté et l'ordonnance de référé enjoignant au tiers saisi de recevoir l'acte de saisie-attribution des créances sous astreinte, établissent indiscutablement que le tiers saisi a bien fait obstacle à la procédure d'exécution[566].

### c) - Les causes exonératoires de responsabilité du tiers saisi

La question se pose de savoir si les sanctions prévues à l'article 156 AUVE sont automatiques ou si le tiers saisi pouvait bénéficier des causes exonératoires de responsabilité en évoquant un motif légitime comme c'est le cas en droit français. Les avis divergent à ce sujet.

Arlette BOCCOVI estime que contrairement au droit français, qui prévoit l'existence d'un motif légitime susceptible d'exonérer le tiers saisi des conséquences de sa déclaration immédiate, le législateur OHADA n'a prévu aucune raison ou circonstance permettant de justifier pour le tiers saisi, le manquement à son obligation de déclaration immédiate. En dépit du silence

---

564 CCJA, 3ème chambre, arrêt n°086/2012 du 04 déc. 2012, Aff. Société Générale de Banques en Côte d'Ivoire (SGBCI) c/ KADJANE ABO Théodore, cité par c MBOCK BIUMLA (J. M.), (dir.), OHADA, Code Bleu, Texte annotés jurisprudence résumée de la CCJA, Annotations du droit comparé op.cit., p.709

565 CA Abidjan, arrêt n° 1049 du 25 juillet 2003, INDUSCHIMIE c/ Mme Mermoz Roch Pauline et autres, Ohadata J-03-343

566 CCJA, 2ème ch. arrêt n° 06 du 09 mars 2006, Aff. Société INDUSCHIMIE c/ Mme Mermoz Roch Pauline et autres, Le Juris-Ohada, n°03/2006, p.20, Ohadata J-07-13

des textes OHADA sur les motifs légitimes, il reste que, selon le droit commun, il est possible d'invoquer la force majeure[567].

Pour sa part Jérémie WAMBO affirme que « si l'article 156 AUVE ne fait nullement allusion à la possibilité pour le tiers saisi de justifier son manquement, la jurisprudence communautaire a déjà suppléé à cette carence en précisant que le tiers saisi ne peut s'exonérer qu'en excipant d'un motif légitime (……) il demeure indiscutable qu'en vertu des principes généraux du droit, certains faits tels que la force majeure sont toujours exonératoires de responsabilité, dès lors que les conditions de son application sont réunies[568] ».

Au regard de l'article 81 AUVE lequel renvoie à l'article 156 AUVE, la notion de motif légitime, cause exonératoire de la responsabilité du tiers saisi, n'est pas absente de l'acte uniforme [569]. Selon l'article 81 AUVE, le tiers saisi qui, sans motif légitime, ne fournit pas les renseignements prévus, s'expose à devoir payer les sommes pour lesquelles la saisie a été pratiquée si celle-ci est convertie en saisie-attribution, sauf son recours contre le débiteur.

Or, l'article 156 ne reprend pas la notion de motif légitime contenu à l'article 81 de sorte, que l'analyse de ces dispositions laisse poindre une dichotomie pouvant conduire à des conséquences discordantes. Le tiers saisi dont la saisie conservatoire pratiquée entre ses mains a été convertie en saisie-attribution des créances pouvant invoquer un motif légitime pour justifier sa défaillance et trouver une cause exonératoire de responsabilité ; tandis que celui dont la saisie-attribution des créances pratiquée entre ses mains n'est pas passée par l'antichambre de la phase conservatoire sera condamné au paiement des causes de la saisie, sans pouvoir invoquer à son profit, une quelconque cause exonératoire de responsabilité.

Le fait pour le législateur de ne pas avoir repris la notion de motif légitime contenue à l'article 81 AUVE peut être considéré comme omission, certains faits étant toujours exonératoires de responsabilité, indépendamment de la bonne volonté affichée du débiteur. Le cas d'une catastrophe naturelle

567BOCCOVI (A.), Commentaire d'arrêt de la CCJA n°15/2009 du 16 avril 2009Commercial Bank Tchad dite CBT c/ Al Hadj Adam ADJI, OhadataJ-10-21, Revue de l'ERSUMA, Numéro spécial, op.cit.

568 WAMBO (J.), L'article 156 de l'AUPSRVE de l'OHADA et sa mise en œuvre au plan jurisprudentiel, op.cit.

569En application des dispositions combinées des articles 81 et 156 AUVE, le tiers saisi ne peut être condamné au paiement des causes que si la saisie conservatoire est convertie en saisie-attribution d'une part, et lorsqu'on est en présence d'une saisie-attribution, d'autre part (CCJA, arrêt n°0037/2012 du 03 mai 2012, Aff. Société ESSO Exploitation and Production Chad inc c/ Ressourcium International SARL. Recueil de Jurisprudence de la CCJA n°18, janvier-juin 2012, p.164

empêchant le tiers saisi de satisfaire à ses obligations dans les délais requis. Dans ce cas, le tiers saisi peut utilement invoquer un motif légitime l'exonératoire de responsabilité.

Le caractère quasi-automatique de ces sanctions conduirait à une perversion de la responsabilité du tiers saisi en matière de saisie-attribution. Ce qui fera du tiers saisi un garant providentiel du débiteur saisi, en lui faisant payer en lieu et place, du débiteur saisi, les causes de la saisie. Le tiers saisi dont la responsabilité serait ainsi engagée n'ayant qu'une maigre consolation en se retournant contre un débiteur défaillant[570].

La condamnation du tiers saisi au paiement des causes de la saisie n'est subordonnée à la conversion de la saisie conservatoire en saisie-attribution qu'en cas de défaut de renseignements sur le compte du débiteur par le tiers saisi. La CCJA a apporté une précision de taille en retenant qu'il s'infère de l'article 81 de l'AUVE que le paiement des causes de la saisie est subordonné à la conversion de la saisie conservatoire en saisie-attribution en cas de défaut de renseignement sur les comptes du débiteur par le tiers saisi. Selon l'alinéa 2, le tiers saisi peut également être condamné à des dommages-intérêts dès qu'une négligence fautive est révélée ou s'il a fait des déclarations inexactes et mensongères sur l'étendue de ses obligations à l'égard du débiteur tel que prescrit à l'article 156 du même acte uniforme. C'est donc en violation, pour mauvaise interprétation de l'article 81 alinéa 2 de l'AUVE, qu'une Cour d'appel a subordonné au paiement des dommages-intérêts à une conversion préalable de la saisie conservatoire en saisie-attribution, exposant ainsi son arrêt à la cassation[571]. Ainsi la banque, en répondant qu'elle n'est pas débitrice des droits des ex-employés » sans préciser si elle détenait des sommes à leurs

---

[570]Dans ses observations sous (T. Com Kinshasa Gombé, Ord. du 3 juin 2013, Aff. Société Standard Bank RDC SARL c/ CELTEL CONGO RDC SARL, Ohadata J-14-25), relative à une décision ayant condamné le tiers saisi au paiement de causes de la saisie pour déclarations tardives, Joseph KAMGA souligne que « ...personnage neutre qui a simplement la malchance comme le relèvent Roger Perrot et Philippe Théry, d'avoir un créancier qui ne paie pas ses propres dettes( R. Perrot, et Ph. Théry, Saisie-attribution. La situation du tiers saisi, Recueil Dalloz, 2001, P.714), le tiers saisi est très souvent perçu par certains créanciers comme une sorte de garant accessoires devant supporter le risque d'insolvabilité menaçante du débiteur ». Cette perception est généralement renforcée lorsque le tiers saisi commet une faute. Toutefois, si l'article 156 AUVE impose à ce dernier des obligations, le créancier ne doit jamais oublier que ce troisième larron (tiers saisi) de la saisi attribution est étranger à la dette dont le recouvrement est poursuivi. Or, en pratique, on pourrait croire que le créancier se précipite à substituer à son débiteur le tiers au motif qu'il a commis une faute en méconnaissant les exigences de l'article 156 de l'AUVE qui sanctionne toute déclaration tardive (...)

[571]CCJA, 3ème ch., Arrêt n°036/2015 du 24 avril 2015, Aff. Banque National d'Investissement dite BNI-SA c/ Société Générale des Banques en Côtes d'Ivoire dite SGBCI, Ohadata J-16-36. Dans cette espèce, sur évocation, la CCJA a précisé qu'il était indispensable de rapporter la preuve de la négligence fautive du tiers saisi ou de sa déclaration inexacte ou mensongère pour obtenir sa condamnation à des dommages-intérêts.

noms et à quel titre, a manifestement fait une déclaration incomplète et a encouru les sanctions prévues à l'article 81 de l'AUVE étant donné que ladite déclaration a été contestée avant la conversion et que l'existence d'un compte personnel n'est pas prescrite comme condition pour telle saisie[572].

Le tiers saisi peut être exonéré de sa responsabilité s'il est établi que sa défaillance est due à un cas de force majeure, par exemple, la bonne foi étant impuissante contre la survenance d'un cas de force majeure. La jurisprudence française retient comme cause exonératoire de responsabilité du tiers saisi le défaut d'interpellation du tiers saisi.

La Cour de cassation considère en effet que, l'huissier instrumentaire a l'obligation d'apporter un soin particulier dans la conduite de son interpellation. A défaut, le tiers saisi a un motif légitime de ne pas répondre ou de répondre avec retard[573]. L'huissier instrumentaire est invité à faire preuve de professionnalisme et vigilance dans la conduite des opérations de saisies pour procéder à une interpellation suffisante du tiers saisi lors de la délivrance de l'acte de saisi, en l'informant notamment sur l'étendue de ses obligations, le tiers saisi ne saurait être poursuivi pour manquement d'une hypothétique obligation de renseignement dont il ignore la teneur.

Ainsi a-t-il été jugé que la délivrance du procès-verbal de saisie à un tiers dépourvu de toute connaissance juridique particulière non suivie d'une interpellation suffisante exonérait le tiers saisi de sa responsabilité[574]. C'est le cas lorsque l'acte de saisie a été servi à une hôtesse d'accueil, à un concierge, une ménagère ou toute autre personne trouvée sur les lieux ne disposant pas d'informations requises.

### § 2. La dénonciation de la saisie

La saisie est dénoncée au débiteur dans le délai imparti par l'acte Uniforme (A). Le contenu de l'acte de dénonciation fait l'objet d'une règlementation particulière (B).

---

572 CCJA, 2e ch., Arrêt n°11/2014 du 27 février 2014, Aff. TANG Emmanuel c/ 1) Banque Internationale du Cameroun pour l'Epargne et le Crédit dite BICEC, 2) Caisse Autonome d'Amortissement, Ohadata J-15-102

573 Civ. 2e, 4 oct. 2001, n°99-20.653, Bull. civ. II, n°152 ; procédures 2001, n°211, obs. Perrot ; RD banc. fin.2001, n°240, cité par VIGNAL (J-P), Acte de saisie-attribution, in GUINCHARD (S) et MOUSSA (T.) (dir), op.cit.p.808

574 Civ. 2e, 28 janv. 1998, n°95-18.340 ? Bull. civ. II n°35 ; D. 1998, IR 278 ; D. Affaires 1998, 422 ; Gaz. Pal. 1998, 2, somm. 687 ; JCP 1998, IV, 16190 ; RGDP 1998, 524, obs. Putman cité par VINGAL

## A. Le délai de dénonciation

La saisie est portée à la connaissance du débiteur au moyen d'un exploit d'huissier appelé acte de dénonciation. Avant cette dénonciation, le débiteur est censé ignorer l'existence de la mesure pratiquée sur ses créances, quoiqu'en pratique, le tiers saisi informe souvent le débiteur dans un temps voisin de la saisie. D'ailleurs, le débiteur apprend souvent l'existence de la saisie de manière informelle avant la dénonciation. Cela ne saurait dispenser le saisissant de l'accomplissement de cette formalité substantielle. La saisie doit être dénoncée au débiteur dans un délai de huit jours, à peine de caducité (art. 160 AUVE).

L'on constate que le créancier se garde de dénoncer une saisie infructueuse, même s'il encourt la caducité. Pourtant, le créancier ne peut subordonner la dénonciation de la saisie au débiteur, sur le caractère fructueux ou infructueux de la mesure, il s'agit d'une formalité à laquelle il ne peut se soustraire. Il faut dire que la dénonciation de la saisie-attribution s'impose dans tous les cas, même si la déclaration du tiers saisi fait apparaitre qu'il n'est pas débiteur du saisi[575]. Même infructueuse, la dénonciation de la saisie permet d'informer le débiteur qu'une saisie a été vainement pratiquée sur ses créances. S'agissant d'un créancier chirographaire, cette formalité permettra de poursuivre l'exécution sur les immeubles du débiteur en application de l'article 28 al.2 AUVE.

La dénonciation doit être faite au débiteur, les relations liant un avocat à son client n'autorisent pas ce dernier à recevoir signification d'une saisie-attribution des créances, en lieu et place de son client[576]. La dénonciation au débiteur n'est pas requise lorsque le débiteur fait l'objet d'une procédure collective. Dans ce cas, la saisie doit être dénoncée aux organes de la liquidation, notamment au syndic liquidateur[577].

---

[575]VIGNAL (J-P), Dénonciation de la saisie-attribution au débiteur saisi, in GUINCHARD (S) et MOUSSA (T.) (dir), op.cit. p.812

[576] CA Niamey, arrêt n° 100 du 25 octobre 2006, Aff. CAREN ASSURANCES SA, c/ Société Nationale des Transports Nigériens (SNTN SAEM) et Société Nationale des transports voyageurs (SNTV SA), Ohadata J-10-292

[577]La Cour de cassation a retenu que lorsque le débiteur n'a pas été mis en liquidation judiciaire dans le délai de huit jours dans lequel la saisie-attribution doit lui être dénoncée par acte d'huissier de justice, à peine de caducité, cette saisie, si elle lui a été régulièrement dénoncée dans ce délai, ne peut plus encourir la caducité prévue par l'article 58 du décret du 31 juillet 1992. Aucune réitération de la dénonciation au liquidateur n'est donc requise, et la caducité n'est pas encourue lorsque la dénonciation de la saisie-attribution a été faite au débiteur dans les huits jours précédant sa liquidation Com. 2 oct.2012, Bull.d' information c.cass, n°775, 1er fév.2013, Revue Droit et procédures, n°11,déc. 2012, Jurisp. commentée, p. 304 à 306, note François Vinckel ; Revue des procédures collectives, n° 6, novembre-décembre 2012, Études, no 39, p. 9 à 11, note Florence Petit (« Actualité jurisprudentielle - 15 août - 15 octobre 2012 »), spéc. N° 8, p. 10.

Une difficulté peut apparaitre lorsque l'huissier instrumentaire a vainement tenté de toucher le débiteur. Le cas d'une société qui déplace son siège social sans en faire mention au Registre du Commerce et du Crédit Mobilier (RCCM), ou d'un débiteur qui change discrètement de domicile sans laisser les références de son nouveau domicile dans le dessein de se soustraire aux poursuites de ses créanciers.

Dans ce cas, il convient de faire application des dispositions de droit interne régissant la signification des actes de procédure. Ce faisant, la dénonciation de la saisie-attribution peut être faite à Mairie, si la législation de L'Etat partie a prévu une telle modalité pour la signification des actes. Dans une espèce, la CCJA a décidé que la Cour d'appel qui a retenu que « lorsque la dénonciation de la saisie a été faite à Mairie, l'exploit envoyé par lettre recommandée avec accusé de réception est suffisant pour établir la preuve que le débiteur saisi est informé de la mesure d'exécution » n'a en rien violé les articles 160 et 170 de l'AUVE et 326 du Code de procédure civile ivoirien. Il en est ainsi dès lors que selon l'article 326 précité, les délais d'opposition ou d'appel, ne commencent à courir que du jour de la réception de la lettre recommandée dont l'envoi est prévu à l'article 251 du Code de procédure civile ivoirien ou au terme d'un délai d'un mois à compter de l'expédition de cette lettre[578].

### B. Le contenu de l'acte de dénonciation

Aux termes de l'article 160 de l'AUVE dans un délai de huit jours, à peine de caducité, la saisie est dénoncée au débiteur par acte d'huissier ou d'agent d'exécution. Cet acte contient à peine de nullité :
1) une copie de l'acte de saisie ;
2) en caractères très apparents, l'indication que les contestations doivent être soulevées, à peine d'irrecevabilité, dans un délai d'un mois qui suit la signification de l'acte et la date à laquelle expire ce délai ainsi que la désignation de la juridiction devant laquelle les contestations pourront être portées.

Si l'acte est délivré à personne, ces indications doivent être également portées verbalement à la connaissance du débiteur. La mention de cette déclaration verbale figure sur l'acte de dénonciation. Le défaut d'avoir mentionné la déclaration du débiteur dans l'acte de dénonciation sera sanctionné par la nullité du procès-verbal y relatif.

---

[578]CCJA, 1ère ch., Arrêt n°007/2013 du 07 mars 2013, Aff. Dame KOUAO née DAO Assita Banfran c/ DJOBO Benjamin Esso, Recueil de jurisprudence n°20, Vol, 1 janvier-décembre 2013, pp.95-96, Ohadata J-15-07

L'acte de dénonciation rappelle au débiteur qu'il peut autoriser, par écrit, le créancier à se faire remettre sans délai par le tiers saisi, les sommes ou partie des sommes qui lui sont dues.

Il faut garder à l'esprit que l'acte de saisie ne peut se confondre à l'acte de dénonciation. Il s'agit de deux actes bien distincts et séparés : le procès-verbal de saisie et le procès-verbal de dénonciation. Dans la rédaction de l'acte de dénonciation, l'huissier instrumentaire doit viser l'acte de saisie et joindre une copie du procès-verbal de saisie-attribution à l'acte de dénonciation[579].

Il ressort de l'article 160 AUVE que le procès-verbal de dénonciation doit contenir en caractères très apparents le délai de recevabilité des contestations y relatives ainsi que la juridiction devant laquelle elles doivent être portées. Fautes de contenir ces mentions, le procès-verbal de dénonciation et la procédure de saisie-attribution doivent être déclarés nuls[580]. La jurisprudence a apporté une souplesse dans la rigidité de ce texte en admettant que lorsque le créancier s'est trompé dans la désignation de la juridiction compétente prévue à l'article 160 AUVE, et si le débiteur a lui-même porté la contestation devant la juridiction compétente, l'erreur dans la désignation de la juridiction compétente ainsi reprochée au créancier poursuivant est couverte par le débiteur[581].

La non-reproduction dans l'exploit de dénonciation de l'acte de saisie rend nul cet exploit. Cette nullité de l'exploit équivaut à l'absence de signification de l'exploit de saisie. Une Cour d'appel en a déduit que dans ces conditions, la saisie-attribution des créances n'a pas été dénoncée au débiteur dans les délais prévus par la loi et que, par conséquent, elle est caduque et sa mainlevée doit être ordonnée[582].

Pour la computation de ce délai d'un mois prévu à l'article 160 2) AUVE dont dispose le débiteur pour élever des contestations, ni le premier jour de l'acte ni le dernier jour du délai d'un mois qui est le ne sont pris en compte, de sorte que le délai commence à courir le lendemain de l'acte de la dénonciation de la saisie. Est nul et de nul effet, l'exploit de dénonciation

---

579CCJA, 3ème chambre, arrêt n°141/2005 du 19 nov. 2015, Aff. Société BOURBON Offshore SURF, S.A.S c/ TATY Jean Claude, cité par MBOCK BIUMLA (J. M.), (dir.), op.cit. p.722

580 TPI de Bafang, ord. de référé n°23 /ORD/TPI/03-04 du 13 avril 2004, Aff. Commune Rurale de Kékem c/ BICEC agence de Bafang, MC2 Bafang rural, Sandeuh Athanase et Me Domche Samuel, Ohadata J-07-144.

581 CCJA, arrêt n°026/2005 du 07 août 2005, Aff. BOU CHEBEL MALECK c/ La Station Mobile de Yamoussoukro, Le Juris Ohada n°3/2005, P.27, Recueil de Jurisprudence de la CCJA n°5, janvier-juin 2005, volume 2, p. 47, Ohadata J-05-378.

582CA Littoral, arrêt n°15 REF du 09 janvier 2008, Aff. Société AGF CAMEROUN SA c/ TCHAKOUNTE Armand et autres. Ohadata J-09-125

d'une saisie-attribution des créances contenant mention d'une date autre que celle légalement prévue pour élever les contestations[583]. Concrètement, pour une saisie pratiquée le 1er août 2005, ni le premier jour c'est-à-dire le 1er août 2005, ni le dernier jour du délai d'un mois, c'est-à-dire le 02 septembre 2005 ne doivent être pris en compte dans la computation du délai d'un mois dont dispose l'appelante pour élever les contestations. Dès lors, ledit délai court du 02 août 2005 au 03 septembre 2005. Etant mentionné dans le procès-verbal de dénonciation de saisie du 1er août 2005 que, le délai de contestation d'un mois court du 1er août 2005 au 1er septembre 2005, cette mention fausse ou erronée équivaut à l'absence d'indication dudit délai et expose le procès-verbal susdit à l'annulation[584]. L'huissier instrumentaire a l'obligation d'indiquer la date à laquelle expire le délai de contestation et toute erreur entraine la nullité de l'acte de dénonciation[585]. L'indication d'une fausse date d'expiration du délai de contestation expose l'acte de dénonciation à la nullité, laquelle entraine l'annulation de la saisie et sa mainlevée [586].

Le débiteur saisi qui soulève la nullité de l'acte de dénonciation pour violation de l'article 160 alinéa 2 AUVE n'est pas tenu de rapporter la preuve d'un quelconque préjudice que lui aurait causé l'irrégularité, dès lors que ces mentions sont d'ordre public. Comme tel, le juge peut, d'office, relever ces irrégularités même si le débiteur a omis de les soulever pour sanctionner l'acte de dénonciation qui n'a pas été dressé dans le respect scrupuleux des dispositions de l'article 160 AUVE. Il n'est pas nécessaire de justifier d'un grief ou d'un préjudice pour soulever la nullité prévue par les dispositions de l'article 160-2. Ainsi a été déclaré nul, l'acte de dénonciation dès lors que le délai d'un mois imparti pour élever les contestations n'a pas été respecté. Encourt donc cassation l'arrêt de la Cour d'appel qui retient le contraire et viole ainsi l'article 160 al.2[587].

---

[583]CCJA, n° 017/2004 du 29 avril 2004, Aff. Société Bâtiment et Immobilier de Cote d'Ivoire dite BATIM-CI c/ Société Gnohite's International Company dite GIC Sécurité, Le Juris-Ohada n°2/2004, juin-août 2004, p.53, Recueil de Jurisprudence de la CCJA, n°3, janvier-juin 2004, p. 125, Penant n°851, p.242, note Bakary Diallo, Ohadata J-04-302.

[584] CCJA, arrêt n°025/2010 du 08 avril 2010, Aff. Société AMAR TALEB dite SATA c/ Le RECEVEUR des IMPOTS DE ZINDER, Recueil de Jurisprudence n°15, janvier-juin 2010, P.138, Ohadata J-12-47

[585]CCJA, 2ème ch., n°007/2016 du 21 janvier 2016, Aff. BOUAZO ZEGBEHI Edmond c/ LOBA AE Evrard, Ohadata J-16-216

[586]CCJA, arrêt n°18/2012 du 15 mars 2015, Aff. Standard Chartered Bank Cameroun SA c/ SINJU Paul, Ohadata J-14-161

[587] CCJA, 2ème chambre, arrêt n°46 du 15 juillet 2010, Aff. Société de Gestion et d'Intermédiation BIAO Finances et Associés dites SGI-BIAO et Associés contre K. Le Juris-Ohada n°1/11, janvier-février-mars 2011, p.16, Recueil de Jurisprudence de la CCJA, n°16, p.44, Ohadata J-12-94

Deux griefs principaux sont souvent formulés à l'endroit du procès-verbal de dénonciation : la nullité pour inobservation des mentions prescrites à peine de nullité et la caducité lorsque la dénonciation n'a pas été faite dans le délai de huit jours suivant l'acte de saisie.

Dans une espèce où le débiteur poursuivait la caducité de l'acte de dénonciation comme fait hors délais, la CCJA a précisé que l'article 335 AUVE disposant que les délais que l'Acte Uniforme prévoit sont des délais francs, la saisie-attribution des créances pratiquée le 14 mars 2003 et dénoncée le 21 du même mois est régulière, comme étant dénoncée à une date située dans le délai de huit jours prévu à l'article 160 du même Acte Uniforme, lequel avait couru à compter du 15 mars et expiré le 24 mars 2003, d'où le moyen n'est pas fondé[588].

Lorsque la saisie est pratiquée sur un compte joint, elle est dénoncée à chacun des titulaires du compte (art. 163 AUVE). Si les noms et adresses des autres titulaires du compte sont inconnus de l'huissier, celui-ci demande à l'établissement qui tient le compte de les informer immédiatement de la saisie et du montant des sommes réclamées.

### § 3. Le paiement du créancier par le tiers saisi

Le paiement du saisissant par le tiers saisi est l'étape de la saisie-attribution des créances. Il constitue l'aboutissement de la procédure pour le créancier poursuivant, qui après plusieurs mois de procédure, peut espérer enfin entrer en possession de son dû.

Cependant le moment du paiement est fonction de l'existence ou non d'une contestation.

#### A. En l'absence de contestations

Si aucune contestation n'a été soulevée à l'expiration du délai d'un mois accordé au débiteur pour élever les contestations, le tiers saisi procède au paiement du créancier poursuivant sur présentation d'un certificat du greffe dit « *certificat de non-contestation* ». Cette pièce atteste qu'aucune contestation n'a été formée dans le mois suivant la dénonciation de la saisie. Il appartient à l'huissier instrumentaire de signifier au tiers saisi le certificat de non contestation délivré par le greffe et subséquemment, de requérir, suivant commandement aux fins de main-vidange, paiement entre ses mains, des

---

[588] CCJA, 2ème chambre, arrêt n°023/2008 du 30 avril 2008, Aff. Société LOTENY TELECOM, SA, c/ Société INSURANCES BROKER ASSOCIATION dite IBAS, SARL, Recueil de jurisprudence de la CCJA, n°11, janvier-juin 2008, p.57, Ohadata J-09-273

sommes rendues indisponibles par l'acte de saisie et que ce dernier avait déclaré devoir au débiteur saisi.

La signification du certificat de non-contestation au tiers saisi par exploit d'huissier a l'avantage de sommer le tiers saisi, dans le même acte de payer les sommes rendues indisponible. L'inconvénient de cette démarche est d'alourdir les frais de la procédure.

Le créancier saisissant ou son avocat peut directement requérir ce paiement par tout moyen laissant trace écrite, et produire à cette occasion, l'attestation de non-contestation délivré par le greffe. Si le débiteur est titulaire de comptes différents, le paiement est effectué en prélevant, en priorité, les fonds disponibles à vue, à moins que le débiteur ne prescrive le paiement d'une autre manière (art.162 AUVE).

Le paiement peut intervenir plus tôt, avant l'expiration du délai de contestation si le débiteur a déclaré par écrit ne pas contester la saisie (art.164 al.2), par la production d'un document signé du débiteur appelé « *acquiescement à saisie-attribution* ». Le tiers saisi qui reçoit ce document, procède immédiatement au paiement du créancier poursuivant.

### B. En cas de contestation

Lorsque des contestations ont été élevées par l'une des parties, le paiement ne peut intervenir que sur présentation de la décision exécutoire de la juridiction rejetant la contestation. Le paiement est donc différé jusqu'au règlement définitif de la contestation. Pendant l'instance en contestation, la partie la plus diligente peut solliciter du président de la juridiction, sur requête, la désignation d'un séquestre, à qui le tiers saisi versera les sommes saisies (art.166 AUVE).

La demande aux fins de désignation de séquestre est introduite par requête. Elle ne peut être introduite par voie d'assignation. Viole ainsi les dispositions de l'article 166 de l'AUVE la Cour d'appel qui désigne un séquestre suite à la saisine du juge des référés par voie d'assignation sur le fondement de l'article 169 de l'AUVE au lieu d'une ordonnance sur requête[589]. Une fois désigné, il reviendra au séquestre de procéder au paiement, sur présentation de la décision exécutoire vidant le contentieux.

Le tiers est tenu de procéder au paiement dès la réception du certificat de non contestation, la CCJA considérant que le fait pour le tiers saisi de saisir le juge en vue de la désignation d'un séquestre entre les mains de qui reverser

[589]CCJA, 1ère ch. Arr. n°11/2015, du 23 juillet 2015, Aff. Société NIGER GAZ SARL C/ SONIHY SA.

les sommes saisies alors qu'il a déjà reçu notification d'un certificat de non-contestation constitue un obstacle à la saisie au sens de l'article 38 AUVE et ouvre droit à sa condamnation au paiement des causes de la saisie et aux dommages et intérêts[590].

Il arrive parfois qu'en dépit de la présentation du certificat délivré par le greffe attestant qu'aucune contestation n'a été soulevée dans le mois suivant la dénonciation de la saisie au débiteur, le tiers saisi affiche de la résistance téméraire et refuse de procéder au paiement des sommes qu'il a reconnu devoir au débiteur saisi. Dans ces conditions, le recours au juge est indispensable pour vaincre la récalcitrance du tiers saisi afin qu'il puisse libérer, entre les mains du créancier les sommes saisies. Ainsi a été condamné à libérer des sommes saisies, le tiers saisi qui résiste sans aucune justification de fait ou de droit à la saisie-attribution des créances contre laquelle il n'existe aucun recours, l'opposition formée contre elle ayant été rejetée par un jugement dont le caractère définitif est établi par la production d'un certificat de non appel et de non-opposition[591].

Par contre, le tiers saisi ne saurait être condamné au paiement des causes de la saisie, dès lors que les formalités prévues par l'article 164 AUVE ne sont pas réunies. Tel est le cas, lorsque la décision statuant sur la contestation a été frappée d'appel et que le créancier poursuivant ne rapporte pas la preuve que le tiers saisi s'est malgré tout libéré entre les mains du débiteur saisi[592].

Pour casser un arrêt qui avait condamné le tiers saisi au paiement des causes de la saisie pour déclaration mensongère, la CCJA a décidé qu'au sens de l'article 164 AUVE, le tiers ne peut opérer le paiement qu'après expiration du délai de contestation, soit, sur présentation d'un certificat du greffe attestant qu'aucune contestation n'a été formée dans le mois de la dénonciation ou sur présentation de la décision exécutoire de la juridiction rejetant la contestation ou avant l'expiration du délai de contestation par écrit du débiteur ne contestant pas la saisie. En retenant que la banque tiers-saisie, a fait des déclarations mensongères pour la condamner au paiement des causes de la saisie alors que la banque avait procédé à la mainlevée de la saisi-attribution à la suite de la signification de l'arrêt confirmatif de la mainlevée,

590 CCJA, arrêt n°61/2012 du 07 juin 2012, Aff. Banque Internationale pour l'Afrique au Togo (BIA) c/ Nouvelle Société Commerciale du Togo(NOSOCO), Recueil de Jurisprudence de la CCJA n°18, janvier-juin 2012, p.200, Ohadata J-14-173.

591 TRHC, Dakar, ord. du 19 mai 2003, Thierno MANE et autres c/ SENELEC et SDE, Ohadata J-03-214

592 CA Abidjan, arrêt n°522 bis du 13 juin 2005, Aff. Société PALM-CI c/ La Quincaillerie CLEOPATRE, Ohadata J-09-199

intervenu après sa première déclaration, la Cour d'appel a, par mauvaise application, violé l'article 164 précité et exposé son arrêt à la cassation[593].

Le tiers saisi ne peut valablement procéder au paiement que sur présentation d'un certificat du greffe attestant qu'aucune contestation n'a été formée dans le mois suivant la dénonciation de la saisie ou sur présentation de la décision exécutoire de la juridiction rejetant la contestation. Par conséquent, le juge ne peut ordonner à la banque, tiers saisi, de payer les sommes qu'elle a reconnu devoir, alors que les parties saisissantes n'avaient présenté ni un certificat du greffe attestant qu'aucune contestation n'avait été formée dans le délai d'un mois, ni une décision exécutoire de la juridiction rejetant la contestation, exigés par l'article 164 alinéa AUVE, fixant les conditions de paiement au saisissant par le tiers saisi[594].

Il a été également jugé que s'il est exact que l'article 49 alinéa 3 de l'AUVE pose pour principe que le délai d'appel, comme l'exercice de cette voie de recours, n'ont pas un caractère suspensif, il reste que le paiement par le tiers saisi, des sommes qu'il a reconnues devoir au débiteur saisi, doit s'effectuer dans les conditions prévues par l'article 164 du même acte uniforme, le tiers saisi ne peut se dessaisir les sommes rendues indisponibles entre ses mains que s'il a reçu signification des décisions exécutoires ordonnant la mainlevée des saisies pratiquées, et à reverser lesdites sommes entre les mains du débiteur que sur présentation d'un certificat de non-appel[595].

Le tiers saisi ne peut se dessaisir des sommes saisies entre ses mains, sur la base d'une ordonnance de référé, même assortie de l'exécution provisoire, sans s'assurer de l'existence d'un certificat de non-appel. Toutefois, si la saisie a fait l'objet d'une mainlevée volontaire de la part du créancier poursuivant, ce qui a pour effet, d'annihiler les effets de la saisie, notamment l'indisponibilité attachée à l'acte de saisie, la saisie n'existant plus du fait de la volonté du créancier saisissant, le tiers saisi peut alors se dessaisir des sommes saisies sans engager sa responsabilité[596].

---

593 CCJA, 3ème ch., Arrêt n°94/2014 du 1er août 2014, Aff. Société Générale de Banques en Côte d'Ivoire dite SGBCI c/ KY Dieudonné Alexandre et 13 autres, Ohadata J-15-185.

594 CCJA, arrêt n°015/ 2004 du 29 avril 2004, Aff. Société Energie du Mali dite EDM-SA c/ Jean Idriss KOITA et autres- Pénant n°850, janvier-mars 2005, p. 138, note Maître Mamadou KONATE, Juridis Consult, Ohadata J-05-40

595 CCJA, arrêt n°023/2009 du 16 avril 2009, Aff. Etat de Côte d'Ivoire c/ Ayants droit de feu BAMBA Fétigué & AKOUANY Paul, Recueil de Jurisprudence n°13, janvier-juin 2009, p.77, Ohadata J-10-70, précité, se rapporter à la page 23, première partie pour les détails des faits de la cause

596 CCJA, 1ère ch., Arrêt n°033/2013 du 02 mai 2013, Aff. Société Générale de Banque en Côte d'Ivoire dite SGBCI c/ CHERIF Souleymane, Recueil de Jurisprudence n°20, Vol. 1, janvier-décembre 2013, pp.89-94, Ohadata J-15-33

L'article 168 AUVE indique qu'en cas de refus de paiement par le tiers saisi des sommes qu'il a reconnu devoir ou dont il a été jugé débiteur, la contestation est portée devant la juridiction compétente qui peut délivrer un titre exécutoire contre le tiers saisi. La juridiction compétente dont s'agit ici, est celle prévue à l'article 49 de l'AUVE, c'est-dire le président de la juridiction statuant en matière d'urgence ou le magistrat délégué par lui.

Nonobstant l'existence d'une jurisprudence abondante et constante sur la question de la juridiction compétente instituée par l'article 49 AUVE, il n'est pas rare que le juge saisi aux fins d'obtention d'un titre exécutoire contre le tiers saisi récalcitrant, en application de l'article 168 AUVE, se déclare incompétent. Le motif souvent invoqué est que la loi nationale interdit au juge des référés de préjudicier au fond du litige, obligeant ainsi le créancier à saisir le juge du fond.

La CCJA a censuré la décision d'une Cour d'appel en décidant que méconnait sa compétence, le Président du Tribunal de Première Instance qui, statuant en référé d'heure à heure, se déclare incompétent pour connaitre de la contestation formée à l'encontre de la saisie-attribution des créances, au motifs que le code de procédure civile fait interdiction aux ordonnances de référé, de faire grief, à une décision rendue par une juridiction supérieure, alors que l'article 49 de l'AUVE lui donne compétence pour statuer en matière de contestation des créances[597]». Dans une autre décision la CCJA a précisé « *qu'en cas de refus de paiement du tiers saisi, le juge compétent pour condamner le tiers saisi au paiement des causes de la saisi est le juge du contentieux de l'exécution et sa décision vaut titre exécutoire.* » Par conséquent, ajoute la Haute juridiction, « *le créancier poursuivant n'a pas à introduire deux instances distinctes dont l'une en paiement des causes de la saisie et l'autre en obtention du titre exécutoire*[598]».

Le paiement est effectué contre quittance entre les mains du créancier saisissant ou de son mandataire justifiant d'un pouvoir spécial qui en informe immédiatement son mandant. (art. 165 AUVE). Dans la limite des sommes versées, ce paiement éteint l'obligation du débiteur et celle du tiers saisi.

Toutefois dit l'article167 AUVE, lorsque la saisie porte sur des créances à exécution successive, le tiers se libère au fur et à mesure des échéances dans

---

597 CCJA, arrêt n°17/2003 du 09 octobre 2003, Aff. Société Ivoirienne de Banque dite SIB contre Complexe Industriel d'Elevage et de Nutrition Animale, dit CIENA, Le Juris-Ohada, n°4/2003, Oct.-déc. 2003, p.16, note BROU Kouakou Mathurin, Recueil de Jurisprudence CCJA, n°2, Juill.-déc. 2003, p.19 Point I, Ohadata J-04-120.

598 CCJA, 3ème chambre, arrêt, 025/2014 du 13 mars 2014, Aff. Banque Internationale du Cameroun pour l'Epargne et le Crédit dite BICEC c/ Monsieur DEFFO, cité par MBOCK BIUMLA (J. M.), (dir.), op.cit. , p.729

les conditions prévues par l'alinéa 1 de l'article 165. Le tiers saisi est informé par le créancier de l'extinction de sa dette, même lorsque les sommes ont été versées à un séquestre conformément à l'article 166, par lettre recommandée avec avis de réception ou tout moyen laissant trace écrite. La saisie ne produit plus d'effet lorsque le tiers saisi cesse d'être tenu envers le débiteur. Le tiers saisi en informe le créancier par lettre recommandée avec demande d'avis de réception ou tout moyen laissant trace écrite.

La CCJA a élucidé la portée de cette disposition en retenant que l'article 165 AUVE n'autorise point le prélèvement d'une quelconque somme d'argent sur le montant des sommes saisies ; du reste la saisie-attribution a pour effet, en application de l'article 154 dudit Acte Uniforme, de procéder à l'attribution immédiate au profit du créancier du montant des sommes saisies jusqu'à concurrence des sommes pour lesquelles la saisie a été pratiquée, y compris tous les accessoires. Il s'ensuit que la Cour d'appel qui a condamné le tiers saisi au paiement sous astreinte, des frais de saisie indûment retenus sur le montant des sommes saisies, ne viole pas l'article 165 sus énoncé[599].

La question se pose de savoir si le pouvoir spécial exigé du mandataire pour recevoir le paiement s'applique également aux huissiers de justice. Le créancier poursuivant pouvait-il contester le paiement des sommes faisant l'objet de la saisie-attribution des créances effectué entre les mains de l'huissier instrumentaire, en tirant argument du fait que ledit huissier n'était pas porteur d'un pouvoir spécial. La question s'était posée devant la Cour d'appel d'Abidjan, laquelle a décidé que le paiement des sommes faisant l'objet d'une saisie-attribution des créances entre les mains de l'huissier instrumentaire, est régulier car l'huissier, de par son statut d'officier ministériel et officier public chargé des significations et de l'exécution forcée des actes publics n'a pas besoin de justifier de la part du créancier, d'un mandat spécial de saisir ou d'encaisser dès lors qu'il est porteur de la grosse de la décision, la remise à lui du jugement ou de l'acte valant pouvoir pour toute exécution[600].

---

599 CCJA, 3ème ch. arrêt n°030/2015 du 09 avril 2015, Aff. ECOBANK Guinée SA c/ Donald MOOR, Ohadata J-16-30. Cette décision vient éclairer d'un nouveau jour les dispositions de l'article 165 en précisant que la banque, le tiers saisi qui a gardé les sommes saisies pendant la durée de la saisie ne peut faire facturer cette prestation par imputation sur le montant de la somme saisie. Dans cette espèce, la demanderesse au pourvoi reprochait à l'arrêt d'appel de Conakry d'avoir violé les dispositions de l'article 165 de l'AUVE, en décidant qu'elle avait indûment retenu la somme de 1.595.491 FG, motif pris de ce que pendant la durée de la saisie, la banque, tiers saisi, gardait la somme saisie et que cette prestation doit être rémunérée par imputation sur le montant de la somme saisie.

600 CA, Abidjan, arrêt n°248 du 7 mars 2003, Aff. Komenan Kouadio Christophe et autre c/ La Banque Internationale pour le Commerce et l'Industrie de la Cote d'Ivoire dite BICICI, Ohadata J-03-242, décision confirmée par la CCJA qui a rejeté le pourvoi en retenant que la Cour d'appel après avoir fait observer dans sa motivation que les dispositions de l'article 165 de

L'article 165 AUVE ne s'applique pas qu'aux huissiers de justice, mais également à l'avocat constitué aux intérêts du créancier poursuivant qui peut recevoir paiement des sommes faisant l'objet de la saisie-attribution des créances contre bonne et valable quittance à charge pour lui de les reverser à son client[601].

Au regard de tous ces développements il est acquis que la saisie-attribution des créances fait souvent l'objet des contestations.

## Section 3
## Le contentieux de la saisie-attribution des créances

La saisie-attribution des créances fait souvent l'objet des contestations. Celles-ci sont règlementées au chapitre III, titre IV de l'AUVE (articles 169 à 172). La structuration de ce titre soulève quelques difficultés dans la mesure où certaines dispositions dédiées notamment au contentieux pouvant opposer le tiers saisi en sont exclus. Pour la CCJA, cette structuration n'a rien de fortuit, le législateur a entendu exclure les articles 154, 156 et 168 du contentieux de la saisie-attribution des créances, pour les rattacher au paiement par le tiers saisi et consacré les dispositions spécifiques au contentieux à proprement parler sans que le tiers saisi y occupe une place prépondérante.

### § 1. La procédure

Les contestations nées de la saisie-attribution des créances peuvent porter sur des questions de forme ou de fond. Toutes ces contestations sont portées devant le juge de la saisie. De ce fait, la mise en œuvre de la procédure de contestation implique de s'intéresser d'abord à l'identité du juge chargé de connaitre de ce contentieux avant d'envisager son mode de saisine et les délais dans lesquels il doit être saisi.

#### A. La compétence du juge

La compétence du juge saisi doit être cernée à travers la compétence matérielle, d'une part, et la compétence territoriale d'autre part.

---

l'Acte Uniforme sur les voies d'exécution concernaient les personnes autres que les huissiers de justices avait conclu que s'il y a eu retard dans le paiement, ce retard est imputable aux époux KOMENAN eux-mêmes qui, de façon injustifiée, ont refusé le paiement qui pourtant est régulier » CCJA, arrêt 020/2006 du 26 Octobre 2006, Aff. KOMENAN KOUADIO Christophe, HALIAR Ginette Wenceslas Roseline épouse KOMENAN Ohadata J-08-95 répertoire 2006-2010, p.200.

601 POUGOUE (P-G), TEPPI KOLLOKO (F), La saisie-attribution des créances OHADA, op.cit. p.48

### 1) -La compétence d'attribution

Le juge compétent pour statuer sur le contentieux de la saisie-attribution est celui indiqué à l'article 49 AUVE, un renvoi aux développements consacrés à cette question s'impose. Il sera tout de même rappelé qu'il s'agit du président du Tribunal ou le magistrat délégué statuant en matière d'urgence, en la forme procédurale de référé, avec cette précision que ce « juge des référés » n'est pas un juge de provisoire ne préjudiciant pas au fond du litige, mais il s'agit d'un juge disposant des pouvoirs dévolus traditionnellement au juge du fond dès lors qu'il est compétent pour statuer sur tout litige ou toute demande relative à une mesure d'exécution.

### 2) -La compétence territoriale

La compétence territoriale de ce juge est déterminée à l'article 169 AUVE. Le juge compétent est celui du domicile du débiteur. L'acte de dénonciation a déjà indiqué la juridiction devant laquelle les contestations doivent être portées. La question s'est posée de savoir lorsque le créancier a indiqué une juridiction manifestement incompétente dans l'acte de dénonciation, le débiteur doit-il porter sa contestation devant la juridiction ainsi désignée ou au contraire, doit-il saisir la juridiction véritablement compétente, quoique différente de celle indiquée dans l'acte de dénonciation.

Dans une espèce où le créancier saisissant avait indiqué dans l'acte de dénonciation de la saisie-attribution que les contestations devaient être portées devant le président du Tribunal de Première Instance de Yaoundé Centre Administratif, le débiteur saisi, en l'occurrence la société BENEFICIAL LIFE INSURANCE qui avait son siège social, non pas à Yaoundé, mais à Douala, avait contesté la saisie-attribution pratiquée devant la juridiction du contentieux de l'exécution du Tribunal de Première Instance de Douala Bonanjo, laquelle a déclaré la saisie caduque et ordonné sa mainlevée. Le demandeur au pourvoi faisait grief à l'arrêt confirmatif attaqué d'avoir violé les dispositions des articles 169 et 160 alinéa 2 de l'AUVE, et soutenait que l'article 160 de l'Acte uniforme précise que l'acte de dénonciation doit indiquer la juridiction compétente en cas de contestation de la saisie, et ne dit pas que les contestations doivent être portées devant une juridiction autre, lorsque celle indiquée dans l'acte de dénonciation est inexacte. La CCJA a retenu que la désignation de la juridiction compétente dans l'acte de dénonciation en application de l'article 160 de l'AUVE ne saurait être contraire aux dispositions de l'article 169 du même Acte Uniforme qui prévoit que la juridiction compétente, est celle du domicile. La juridiction territorialement compétente pour connaître d'une contestation de saisie-attribution des créances est celle du siège social du débiteur, personne morale, qu'il s'ensuit qu'en retenant sa compétence, en tant que juge du domicile de la société, objet de la saisie, le premier juge a fait une exacte application de la loi, et le juge d'appel, en statuant comme il l'a fait n'a en rien violé les articles 169 et 160 visés au moyens, qu'il suit que lesdits moyens doivent être rejetés comme non fondés[602].

Lorsque le débiteur n'a pas de domicile connu, le juge compétent est celui ou demeure le tiers saisi. De même lorsque le débiteur n'a pas de domicile connu dans l'Etat où est pratiqué la saisie, la contestation est portée devant la juridiction du domicile où demeure le tiers saisi[603].

### B. L'instance en contestation

Le mode de saisine du juge a fait l'objet d'une réglementation par l'AUVE. Il en va de même pour les délais dans lesquels ces contestations doivent être soulevées et les parties à l'instance de contestation.

#### 1) -Le mode de saisine du juge

A peine d'irrecevabilité, les contestations sont portées devant la juridiction compétente par voie d'assignation (art.170 AUVE). Par cette précision, le législateur Ohada a clairement indiqué le mode de saisine du juge. Le plaideur qui aura porté sa contestation devant le juge par voie de requête doit être déclarée irrecevable. La contestation élevée par voie de requête et non par assignation, formalité prescrite par l'article 170 de l'AUVE est irrecevable[604]. La CCJA rappelle avec insistance que l'acte de saisine de la juridiction compétente devant connaitre de la contestation d'une saisie-attribution des créances est l'assignation et non la requête, la requête en contestation de saisie-attribution ne pouvant remplacer l'acte d'assignation[605]. Le juge est tenu de soulever l'irrecevabilité de la requête en contestation, même d'office, au cas où l'un des plaideurs aurait omis de le faire.

---

[602] CCJA, arrêt n°018/2009 du 16 avril 2009, Aff. Maître AKERE MUNA et Consorts c/ BENEFICIAL LIFE INSURANCES S.A., Recueil de Jurisprudence n°13, janvier-juin 2009, p.63, Ohadata J-10-66.

[603] CCJA, arrêt n°030/2010 du 29 avril 2010, Aff. Société THALES SECURITY SYSTEMS SAS c/ Maître Olivier KATTIE, Recueil de Jurisprudence n°15, janvier-juin 2010, p.156, Ohadata J-12-50.

[604] CCJA, 2ème ch., Arrêt n°109/2013 du 30 décembre 2013, Aff. Abel KOMENGUE-MALENZAPA c/ ECOBANK CENTRAFRIQUE, Banque des Etats de l'Afrique Centrale (BEAC), Recueil de Jurisprudence n°20, Vol. 1, jan.-déc. 2013, p.132-136, Ohadata J-15-82.

[605] CCJA, 2ème chambre, arrêt n°005 du 05 février 2009, Aff. Jacques NZONGUE NDONG / Société d'Energie et d'Eau du Gabon dite SEEG, Recueil de jurisprudence n°13, janvier-juin 2009 p.117, Ohadata J-10-23, Ohadata J-10-81.

Dans l'espèce ayant donné lieu à l'arrêt n°142 du 15 juillet 2005 de la Cour d'appel de Pointe-Noire, le débiteur avait saisi le premier juge par voie de requête, pour annuler la décision du premier juge, la Cour d'appel a décidé que les contestations de la débitrice contre la saisie-attribution des créances pratiquée à son préjudice par l'appelant, ont été portées devant le premier juge par voie de requête. Pourtant, relativement à la forme dans laquelle des telles contestations sont portées devant le juge compétent, l'article 170 AUPSRVE dispose ''qu'à peine d'irrecevabilité, les contestations sont portées devant le juge compétent par voie d'assignation''. Ces dispositions sont impératives et confèrent à la fin de non-recevoir qui est instituée un caractère d'ordre public de sorte que le premier juge était tenu de la soulever d'office. Pour ne pas l'avoir fait, le premier juge a violé les articles 142, 200 du CPCCAF et 170 AUVE. Dès lors, il y a lieu d'annuler en toutes ses dispositions l'ordonnance attaquée et, statuant à nouveau, dire que l'action de l'intimé en contestation de la saisie-attribution des créances pratiquée est irrecevable en ce qu'elle a été portée devant le premier juge par voie de requête, et non par voie d'assignation[606].

Même lorsque le juge de la contestation a été saisi par voie d'assignation, l'huissier instrumentaire doit accomplir les diligences nécessaires pour faire enrôler ladite assignation, la Cour d'appel d'Abidjan a considéré que la juridiction compétente n'étant valablement saisie que lorsque l'assignation est enrôlée, l'assignation non enrôlée est devenue caduque et le délai d'un mois prévu par l'article 170 AUVE n'a pu être interrompu. En conséquence, l'avenir d'audience, qui constitue un acte séparé (de l'assignation devenue caduque) est manifestement hors délai, de sorte que l'action en contestation doit être déclarée irrecevable[607].

L'ingéniosité du débiteur qui n'a pas soulevé de contestations dans les formes requises peut le conduire à imaginer d'autres artifices pour contester la saisie-attribution des créances pratiquée à son encontre. Dans une espèce, le débiteur n'ayant pu contester la saisie pratiquée à son préjudice par voie d'assignation, est venu contester ladite saisie par voie d'intervention volontaire. Saisi du pourvoi, la CCJA a indiqué qu'il résulte de l'analyse des dispositions de l'article 170 AUVE, que le débiteur qui entend contester une saisie-attribution des créances qui lui a été dénoncée doit le faire, à peine d'irrecevabilité par voie d'assignation. Il ne peut le faire par voie d'intervention volontaire dans une autre procédure de contestation initiée par son coobligé, même si les deux séries de saisies attribution de créances

---

606 CA Pointe-Noire, arrêt n°142 du 15 juillet 2005, Aff. NGOT Gilbert c/ DIESTMAN Technologie Internationale et Masson, Ohadata-J-13-127.

607 CA Abidjan, ch. civ. & com. 5ème chambre b, arrêt civil contradictoire n°710 du 05 juillet 2005, Aff. Poste de Côte d'Ivoire c/ Saïdi Nehmé, Hassan Hussein et autres, Ohadata J-08-37.

découlent d'une même cause. S'il ne l'a pas fait dans les formes et délais prescrit, il ne pourra agir que par la voie de l'action en répétition de l'indu devant la juridiction du fond compétente selon les règles applicables à ladite action en répétition de l'indu[608].

Cette espèce pose également la question de la recevabilité de l'intervention volontaire initiée par le débiteur en matière de contestation de saisie-attribution des créances. Si l'intervention volontaire peut être définie, comme le fait pour un plaideur, qui de son propre chef, se mêle à une instance, qu'elle n'a pas introduite ou qui n'est pas dirigée contre lui, soit pour faire déclarer que le droit litigieux lui appartient, soit pour s'assurer la conservation de ses droits[609], l'intervenant volontaire devient demandeur à l'instance, relativement à la prétention qu'il élève. Or, en tant que demandeur à l'instance relativement à la contestation qu'il soulève, le débiteur doit porter ses contestations devant le juge par voie d'assignation et ce, à peine d'irrecevabilité.

### 2) -Le délai pour élever les contestations

Le débiteur qui entend contester la saisie-attribution des créances doit saisir le juge dans le délai d'un mois à compter de la dénonciation de la saisie. Ce délai est prescrit à peine d'irrecevabilité.

Les contestations sont principalement soulevées par le débiteur saisi. Il est fréquent que le tiers saisi fasse grief à la saisie-attribution des créances et prenne l'initiative de saisir le juge pour contester cette mesure. C'est le cas lorsque le tiers dénie sa qualité de tiers saisi, ou lorsqu'il est sommé de payer les sommes qu'il avait reconnu devoir au débiteur, alors qu'il a cessé d'être tenu envers le débiteur après la purge de gestion des opérations en cours.

Quoi qu'il en soit, les contestations doivent être portées devant le juge dans un délai d'un mois à compter de la dénonciation de la saisie au débiteur. Passé ce délai tout plaideur qui porte son action devant la juridiction compétente s'expose à l'irrecevabilité de son action pour cause de forclusion[610]. L'action en contestation de saisie-attribution des créances doit être déclarée

[608]CCJA, arrêt n°014/2009 du 16 avril 2009, Aff. Union des Assurances du Togo dite UAT SA c/ 1°) Société Industrielle de Coton dite SICOT SA ; 2°) Négoce Tacheronnage Divers dite NETADI SARL, Recueil de Jurisprudence n°13, janvier-juin 2009, p.126, Ohadata J-10-83.
[609]VINCENT (J.), GUINCHARD(S.) Procédure civile, op.cit. p.865
[610]TPI Edéa, ord. n°08/CE/TPI/011 du 15 déc.2011, BIAM KOMI Christophe c/ Diocèse d'Edéa, Ohadata J-12-260

irrecevable, dès lors que la juridiction compétente a été saisi en dehors du délai de contestation prescrit par l'article 170 AUVE[611].

L'immunité dont jouit un débiteur, établissement public, ne l'exonère pas de l'obligation de respecter les délais de procédure. Dès lors est irrecevable l'action en contestation d'une saisie-attribution des créances exercée hors le délai d'un mois à compter de la dénonciation de la saisi imparti par l'article 170 AUVE[612].

L'on s'interroge si toutes les contestations soulevées à l'occasion d'une saisie-attribution des créances sont soumises au délai d'un mois prescrit par l'article 170 AUVE. La CCJA n'a pas encore donné une définition de ce qu'il faut entendre par contestation de la saisie-attribution des créances. Pour sa part, la Cour de cassation a considéré que « *seules les contestations relatives à la saisie doivent à peine d'irrecevabilité être formées dans le délai d'un mois*[613] » dès lors « la demande du créancier saisissant dirigé contre le tiers saisi sur le fondement de l'article 60 du 31 juillet 1992, ne constitue pas une contestation de la saisie » , la doctrine estimant à propos que « la notion de contestation s'entend des seuls incidents relatifs à la saisie, et non point de tous les incidents indifféremment dont la saisie pourrait être l'occasion[614] ».

La jurisprudence interprète de manière restrictive la notion de contestation de la saisie-attribution des créances. Aussi, une Cour d'appel a-t-elle retenu que le fait pour le plaideur de soutenir qu'il n'est pas le débiteur visé au titre exécutoire constitue une difficulté d'exécution, et non une contestation de la saisie, ce qui signifie que l'intéressé n'est pas soumis au délai d'un mois prescrit par l'article 66 du décret du 31 juillet 1992[615]. De même, le fait de contester le titre servant de fondement à la saisie-attribution n'est pas soumis

---

611CA Abidjan, 5ème chambre civ. & com., arrêt n°648 du 23 déc.2010, Aff. La SOTRA c/ Société SHELL Cote d'Ivoire, Le Juris-Ohada n°2/2011, avril-juin 2011, p.39, Ohadata J-12-149, voir aussi TPI Douala-Bonanjo, Ord. n°785 du 10 juillet 2003, Aff. Société Africaine d'Assurances et de Réassurances dites SAAR c/ Capezzali Armando Paolo, Ohadata J-04-447 ; CA, Abidjan, Chambre civ. & com., arrêt, n°950 du 23 sept.2004, Aff. Komenan Kouadio Christophe c/ Maitre Yeboue Kouamé Venance (Scpa Kanga et Associés), Ohadata J-05-260

612TPI, Toumadi, jugement n°105 du 23 juin 2005, Aff. L'INSTITUT NATIONAL POLYTECHNIQUE FELIX HOUPHOUET DE YAMOUSSOUKRO en abrégé INP-HB c/ M.A.A.S, Le Juris-Ohada n°1/ 2006, p. 35, Ohadata J-07-02. Dans cette espèce, la loi 98-338 du 2 juillet 1998 portant organisation des établissements publics nationaux édictait l'insaisissabilité des biens appartenant auxdits établissements. Cependant le débiteur qui tirait argument de son insaisissabilité de ses biens pour solliciter la mainlevée de la saisie avait formulé sa demande hors délai.

613 Civ, 26 nov. 1998, n°96-18.530, Bull. civ. II, n°284 ; RTD civ. 1999, 208, obs. Perrot, cité par cité par GUINCHARD (S) et MOUSSA (T.) (dir), op.cit. p.840

614Perrot, RTD civ. 1999, obs. 208-209

615CA Paris, 1er sept. 2005, Dr et procéd. 2005, 373

au délai de l'article 45, comme la contestation de la sincérité de la déclaration du tiers saisi[616]. De manière générale, la jurisprudence considère que le délai d'un mois imparti pour élever les contestations n'est pas applicable à l'encontre du tiers saisi[617].

Les solutions préconisées par la jurisprudence française peuvent valablement être transposées en droit Ohada. La jurisprudence communautaire considère d'ailleurs que, toutes les contestations relatives à une saisie-attribution des créances ne sont pas soumises au délai d'un mois prescrit à l'article 170 AUVE. Ainsi, le créancier qui sollicite la délivrance d'un titre exécutoire contre le tiers saisi sur le fondement de l'article 168 n'est pas soumis au délai d'un mois. De même, ce délai n'est pas applicable au plaideur qui poursuit la condamnation du tiers au paiement des causes de la saisie pour déclaration inexacte, incomplète ou tardive.

La nature du délai prescrit à l'article 170 AUVE peut susciter quelques interrogations. La question se pose de savoir s'il s'agit d'un délai de procédure non susceptible d'interruption ni de suspension ou d'un délai de prescription. L'analyse de la jurisprudence indique que le délai d'un mois imparti au plaideur pour contester la saisie-attribution des créances est un délai de procédure insusceptible de suspension ni d'interruption, même lorsque le débiteur s'est fourvoyé en saisissant une juridiction incompétente. La Cour d'appel d'Abidjan a décidé que la partie qui conteste une saisie-attribution des créances doit agir dans le délai d'un mois. Ce délai n'est pas suspendu en cas de saisine d'une juridiction incompétente, si l'acte prévu par l'article 160 AUVE, contient indication du délai pour agir et du nom de la juridiction compétente à saisir. Il en résulte que l'action en contestation intentée devant la juridiction plus de trois mois après la saisine d'une juridiction incompétente doit être déclarée irrecevable[618].

L'erreur commise dans la date d'expiration du délai pour élever les contestations importe peu, dès lors que l'acte de dénonciation comporte l'information prescrite par les dispositions de l'article 160-2° de l'AUVE avec la mention que le débiteur dispose d'un mois à compter de ladite dénonciation pour élever toutes contestations nécessaires[619].

---

616Civ. 2e, 11 mars 1999, Bull. II, n°49 ; RTD civ. 1999, 707, obs. Perrot ; RTD com. 2000, 136, obs. Storck, RGDP 1999, 710, obs. Putman cité par N. FRICERO, Procédures Civiles d'exécution, op.cit., p.121

617Civ. 2e, 5 juill. 2000, D. 2001. 724.

618 CA Littoral, arrêt n°89/REF du 14 avril 2004, Aff. Société Camerounaise de Métallurgie c/ NKAZEU Pierre, Ohadata J-06-183.

619CA Abidjan, 5ème chambre, arrêt n°396 du 5 avril 2005, Aff. Société COLGATE PALMOLIVE c/ K.E et Autres, Le Juris-Ohada, n°3/2006, p. 39, ohadata J-07-20.

Précisons que l'ouverture d'une procédure collective à l'endroit du débiteur interrompt le délai d'un mois indiqué à l'article 170 AUVE. Le syndic liquidateur dispose d'un nouveau délai d'un mois à compter de la dénonciation qui lui est faite.

Une difficulté peut surgir pour déterminer le point de départ pour la computation du délai d'un mois prescrit par l'article 170 AUVE lorsque la saisie n'a pas été dénoncée au débiteur. En réalité, si le législateur à fixer la date de départ pour la computation des délais à la dénonciation de la saisie au débiteur, c'est parce qu'on ne pouvait concevoir que le créancier poursuivant puisse se garder de dénoncer la saisie au débiteur dont les contestations peuvent anéantir la mesure. Toutefois, la non-dénonciation de la saisie au débiteur ne constitue pas un handicap pour le débiteur qui entend contester la mesure pratiquée sur ses créances.

Dans une espèce où l'acte de dénonciation avait été signifié à mairie et le débiteur saisi avisé par lettre recommandée avec demande d'avis de réception, la CCJA a considéré que le délai d'un mois prévu par l'article 170 AUVE ne pouvait courir qu'à compter de la date de réception, par le débiteur saisi, de la lettre recommandée avec demande d'avis de réception[620].

Ce délai étant franc conformément aux dispositions de l'article 335 AUVE, le premier jour, jour de la dénonciation de la saisie au débiteur qui est le « *dies a quo* » et le dernier jour qui est le « *dies ad quem* » ne sont pas pris en compte pour la computation de ce délai d'un mois, étant précisé que ce délai expire le dernier jour du mois à vingt-quatre heures.

Si le créancier a procédé à plusieurs saisies-attribution de créance, ou s'il a procédé à deux dénonciations de la même saisie, le débiteur saisi a le choix d'assigner le créancier en contestation, en prenant pour point de départ de computation du délai, soit la date de la première dénonciation, soit la date de la seconde dénonciation, sans pouvoir autant dépasser le délai d'un mois à compter aussi bien de la première que de la seconde dénonciation, faute de quoi, la contestation sera irrecevable[621].

---

620CCJA, arrêt n°008/2010 du 04 février 2010, Aff. ARMAJARO Cote d'Ivoire SA c/ KOUASSI Erhard Luc. Recueil de Jurisprudence n°15, janvier-juin 2010, p.119, Ohadata J-12-43.

621CCJA, arrêt n°038/2009 du 30 juin 2008, Aff. YOMI François c/ Banque Internationale du Cameroun pour l'Epargne et le Crédit dite BICEC, Recueil de Jurisprudence n°13, janvier-juin 2009, p.153, Ohadata J-10-88.

### C. Les parties à l'instance

L'instance en contestation de saisie-attribution oppose le débiteur saisi au créancier saisissant. Ce schéma procédural classique peut être bouleversé lorsque le débiteur saisi n'est pas l'initiateur de la contestation, D'autres plaideurs peuvent élever des contestations en l'occurrence le tiers saisi voire d'autres créanciers du débiteur ayant des prétentions à faire valoir.

#### 1) -Le débiteur saisi

Les contestations de la saisie-attribution des créances sont soulevées principalement par le débiteur saisi, partie demanderesse à l'instance. Il saisit le juge pour faire valoir ses prétentions en contestant la régularité de la procédure ou les questions de fond.

#### 2) -Le créancier saisissant

Le créancier saisissant est une des parties à l'instance de contestation en qualité de partie défenderesse. Peu importe la personne qui élève la contestation, le créancier saisissant se trouve toujours dans les liens de l'instance puisqu'il se doit de faire valoir ses prétentions pour défendre le bien-fondé de la saisie pratiquée.

#### 3) -La présence facultative du tiers saisi

Aux termes de l'article 170 AUVE, à peine d'irrecevabilité, les contestations sont portées, devant la juridiction compétente, par voie d'assignation, dans le délai d'un mois à compter de la dénonciation de la saisie au débiteur. Le tiers saisi est appelé à l'instance de contestation.

La configuration triangulaire de la procédure de saisie-attribution des créances, peut laisser croire que lorsque surgit un contentieux, tous les acteurs de la procédure doivent naturellement être partie à l'instance de contestation. Certaines juridictions, faisant une lecture erronée de l'article 170 ont considéré que le tiers saisi doit impérativement être appelé à l'instance à peine d'irrecevabilité de l'action.

Pour mettre un terme à cette mauvaise interprétation de la loi, la CCJA a précisé que, le défaut de mise en cause du tiers saisi à l'instance de contestation de la saisie-attribution des créances n'entraine pas l'irrecevabilité de l'action. L'irrecevabilité indiquée à l'article 170 alinéa 1 ne vise que le mode de saisine de la juridiction compétente ainsi que le délai dans lequel la contestation doit être soulevée. Ainsi pour casser un arrêt confirmatif de la Cour d'appel d'Abidjan, qui avait déclaré irrecevable l'action en contestation de saisie-attribution au motif que le tiers saisi n'a pas été appelé à l'instance de contestation, la CCJA a retenu que l'irrecevabilité prévue à l'article 170 AUVE ne concerne que son seul alinéa 1er qui indique le mode de saisine et fixe le délai dans lequel la contestation de la saisie doit être portée devant la juridiction compétente ; que dès lors, en se bornant à déclarer, à tort, qu'il résulte de l'article 170 susmentionné que la sanction résultant du défaut de mise en cause du tiers saisi est l'irrecevabilité, la Cour d'appel, qui a confirmé le jugement n°193 CIVB du 30 novembre 1999 par ce seul motif, n'a pas donné une base légale à sa décision, il échet en conséquence de casser et d'annuler l'arrêt attaqué et d'évoquer, sans qu'il y ait lieu de statuer sur le premier moyen[622].

C'est dire que la présence du tiers saisi à l'instance de contestation de saisie-attribution n'est pas obligatoire. Le tiers saisi n'est appelé à l'instance que pour connaître le sort réservé à la saisie-attribution pratiquée entre ses mains. La saisie ne mettant en jeu que les intérêts du créancier saisissant et du débiteur saisi. Si le texte de l'article 170 alinéa 2 indique que le tiers saisi est appelé à l'instance, cela permet au tiers saisi d'être informé de l'issue de la procédure.

D'ailleurs, même appelé à l'instance, le tiers saisi reste un tiers dans le contentieux qui oppose le débiteur, au créancier. C'est dans ce sens qu'il faut comprendre cette décision de la Cour d'appel d'Abidjan qui a décidé que le délai de contestation étant d'un mois, à compter de la dénonciation de la saisie au débiteur, seul le débiteur peut contester ladite saisie et lui seul peut également relever appel en cas de rejet de son action en contestation. Le tiers saisi, restant *« tiers »* dans le litige de contestation qui oppose le créancier et le débiteur. Il convient en conséquence de déclarer irrecevable, l'action pour défaut de qualité et d'intérêt pour agir, l'appel du tiers saisi ; le fait d'être appelé à l'instance de contestation ne lui conférant pas le droit de relever appel de cette décision sur contestation[623].

Le défaut de mise en cause du tiers saisi ne saurait être sanctionné par l'irrecevabilité de l'action. Pourtant, même appelé à l'instance de contestation, le tiers saisi ne comparait pas souvent, estimant qu'il n'a rien à faire dans une procédure qui ne le concerne pas, pour exposer inutilement des frais. La présence du tiers saisi à l'instance de contestation peut, constituer un avantage indéniable en lui permettant de connaitre l'issue de la procédure, mais aussi d'être informé des irrégularités commises dans la mise en œuvre de la

---

622CCJA, arrêt n°003/2002 du 10 janvier 2002, Aff. Société Ivoirienne d'Emballage Métallique dite SIEM c/ 1 : Société ATOU ; 2/ Banque ivoirienne pour le commerce et l'industrie de Cote d'Ivoire dite BICICI, Recueil de jurisprudence de la CCJA, n° Spécial, janvier 2003, p.39

623 CA Abidjan, ch. civ. & com. 5eme ch. arrêt civ. contradictoire du 08 février 2005, Aff. Société PALM-CI c/ La Quincaillerie CLEOPATRE et Autres, Ohadata J-09-164.

procédure, dans l'hypothèse où le créancier serait tenté de mettre en cause ultérieurement, la responsabilité du tiers saisi sur le fondement des dispositions des articles 168 AUVE.

L'analyse de la jurisprudence a montré que la décision vidant la contestation porte parfois préjudice aux intérêts du tiers saisi. Dans ce cas, le tiers saisi est fondé à contester cette décision sans qu'on ne lui oppose le défaut de qualité et d'intérêt pour agir. Tel est le cas, lorsqu'à la suite d'une conversion de la saisie conservatoire en saisie-attribution des créances, le juge condamne le tiers saisi au paiement des fonds rendus indisponibles entre les mains du créancier saisissant alors que dans les entrefaites, le tiers saisi a reçu signification d'une autre décision prescrivant la mainlevée de la saisie conservatoire[624].

Après avoir indiqué les parties à l'instance de contestation de la saisie-attribution des créances, il convient d'aborder les questions qui cristallisent les contestations devant les juridictions.

### D. L'objet de la contestation

Les contestations de la saisie-attribution portent souvent sur les questions de procédure tirées de la violation des délais de dénonciation de la saisie ou des irrégularités des actes. Ces contestations viennent se greffer sur les questions de fond.

## § 2. L'issue de la procédure

Le juge peut dire la contestation non fondée et débouter le requérant de toutes ses demandes, fins et conclusions ou la déclarer irrecevable sans examen au fond (A). Il peut accueillir favorablement les demandes du débiteur totalement ou partiellement(B).

---

[624] CA Lomé, arrêt n°163/06 du 21 décembre 2006, ECOBANK-TOGO c/ Nouvelle Technologie Togolaise d'Energie et de Travaux Bâtiments, Ohadata J-10-170. Dans cette espèce, un créancier avait fait pratiquer une saisie conservatoire sur les avoirs de son débiteur auprès d'une banque qui se borne à indiquer au créancier le solde créditeur des comptes de son client. Par la suite, une ordonnance de mainlevée rendue au pied de requête a été signifiée au banquier tiers saisi. Ce dernier autorise des mouvements sur les comptes et les clôture. Le premier juge condamne le tiers saisi à virer sur les comptes du créancier le solde créditeur du débiteur. Invoquant l'impossibilité juridique de représenter les fonds qu'il ne disposait plus, le tiers saisi interjette appel. Pour reformer la décision entreprise et décharger le tiers saisi de son obligation du paiement des causes de la saisie, la cour d'appel retient que le tiers saisi n'a commis aucune faute ni violé aucune disposition (article 156 et 168 AUVE). En présence d'une ordonnance de mainlevée rendue même sur requête, le tiers saisi n'engage pas sa responsabilité en se pliant à l'injonction d'une décision de justice.

### A. Le rejet de la demande

Lorsque la juridiction saisie rejette les contestations soulevées, le créancier doit obtenir le paiement des sommes saisies sur présentation de la décision du juge rejetant la contestation, levée puis signifiée. Cette signification n'est pas nécessaire lorsque la décision a fait l'objet d'un retrait au greffe de la juridiction qui l'a rendue par l'autre partie, ce retrait tenant lieu de notification[625].

Si l'action est déclarée irrecevable, le débiteur peut agir en répétition de l'indu. L'article 170 alinéa 3 AUVE, précisant que le débiteur peut agir en répétition de l'indu devant la juridiction du fond compétente selon les règles applicables à cette action.

L'action en répétition de l'indu n'est ouverte qu'au débiteur saisi. Le tiers saisi qui a procédé au paiement des sommes saisies entre les mains du créancier, ne peut poursuivre ce dernier en répétition de l'indu. Dans l'affaire COTECNA INSPECTION SA contre la Banque Internationale pour le Commerce et l'Industrie au Mali dite BICIM, pour casser l'arrêt, objet du pourvoi, la CCJA a considéré, au visa de l'article 170 alinéa 2 AUVE, que « *seul le débiteur n'ayant pas élevé de contestation dans les délais peut intenter une action en répétition de l'indu. C'est en violation de cette disposition qu'une cour d'appel a retenu que le tiers saisi a bien qualité pour agir en répétition de l'indu du fait de l'intérêt qu'il a à récupérer des fonds de ses caisses*[626] ». Dans cette espèce, la CCJA a également décidé que le juge des référés est incompétent pour connaitre d'une action en restitution, sous astreinte, d'une somme ayant déjà fait l'objet d'une saisie-attribution des créances, dès lors que la demande est intervenue après l'exécution forcée. Le tiers saisi ayant déjà procédé au paiement à la créancière, seul le juge du fond était compétent pour une telle action, selon l'article 170 alinéa 2 de l'AUVE.

En précisant que le débiteur doit agir en répétition de l'indu devant le juge du fond, le législateur a pris le soin d'épargner au juge de l'exécution, ce contentieux régi par les législations nationales qui nécessite l'application des dispositions du code civil[627] notamment les articles 1376 et suivants. Ces

---

[625]CA Littoral, Arrêt n°104/REF du 26 mai 2008, Aff. La Société Générale des Banques au Cameroun c/ Succession YEMTSA MOUSSA représentée par YEMTSA André et SAH Dieudonné, Ohadata J-09-145.

[626]CCJA, Ass. plén. Arrêt n°039/2015 du 27 avril 2015, Aff. COTECNA INSPECTION S.A. c/ Banque Internationale pour le Commerce et l'Industrie au Mali (BICIM), Ohadata J-16-39.

[627]L'action en répétition de l'indu est règlementée par les articles 1376, 1377 et suivants du code civil. Aux termes de l'article 1376, « celui qui reçoit par erreur ou sciemment ce qui ne lui est pas dû s'oblige à le restituer à celui de qui il l'a indûment reçu ». L'article 1377 ajoute que « lorsqu'une personne qui, par erreur, se croyait débitrice, a acquitté une dette, elle a le droit

dispositions font écho à l'article 1235 du Code Civil selon lequel « *Tout paiement suppose une dette : ce qui a été payé sans être dû, est sujet à répétition. La répétition n'est pas admise à l'égard des obligations naturelles qui ont été volontairement acquittées* ». L'action en répétition de l'indu trouve donc sa justification dans cette disposition, le paiement ayant été fait sans cause puisqu'il n'y avait pas de dette, il y a paiement de l'indu dans la mesure où une personne accomplit au profit d'une autre une prestation que celle-ci ne pouvait exiger[628].

Le débiteur saisi, demandeur à la répétition de l'indu doit poursuivre la restitution des sommes que le tiers saisi a versé au créancier saisissant. C'est à juste titre que le Tribunal de grande instance de Ouagadougou a débouté le débiteur de son action en répétition de l'indu en retenant que le créancier poursuivant, en recevant le paiement de la part du tiers saisi qui, lui-même, a agi sur ordre express de la débitrice saisie, a respecté la prescription légale de l'article 160 dernier alinéa AUVE et n'a commis aucune faute[629].

En rejetant les contestations du débiteur, le juge peut donner effet à la saisie en ordonnant le paiement de la fraction non contestée de la dette. Il peut également ordonner provisionnellement le paiement d'une somme qu'elle détermine en prescrivant le cas échéant des garanties, s'il apparait que ni le montant de la créance du saisissant ni la dette du tiers saisi ne sont pas sérieusement contestables.

### 1) -Le paiement de la fraction non contestée de la dette

Aux termes de l'article 171 alinéa AUVE « la juridiction saisie qui rejette les contestations soulevées donne effet à la saisie pour la fraction non contestée de la dette. Sa décision est exécutoire sur minute ». Ce texte constitue un rempart contre les manœuvres dilatoires du débiteur saisi qui peut être tenté d'exercer des voies de recours pour faire échec au paiement de la somme saisie. L'ordonnance du juge étant exécutoire sur minute, elle s'exécute de plein droit, indépendamment de la volonté du juge ou des parties[630], sans signification préalable, au vu de la minute. Cette décision est exécutoire sur simple présentation de l'original, sans être revêtu de la formule exécutoire. L'exécution de la décision sur minute étant un aménagement du

---

de répétition contre le créancier. Ce droit cesse néanmoins, dans le cas où le créancier a supprimé son titre par suite du paiement, sauf le recours de celui qui a payé contre le véritable débiteur.

628 TERRE (F.), SIMLER (PH.), LEQUETTE (Y.), Droit Civil, Les Obligations, op. cit.p.1046

629 TGI Ouagadougou, jugement n°010/2005 du 19 janvier 2005, SAWADOGO Alizèta c/ Projet d'Appui à la Création des Petites et Moyennes Entreprises (PAPME) et Projet d'Enseignement Post Primaire (PEPP), Ohadata J-07-221.

630 VINCENT (J.), GUINCHARD(S.) Procédure civile, op.cit. p.946

grand principe de procédure en vertu duquel on ne peut jamais exécuter un acte sans le signifier au préalable à l'intéressé[631].

La décision du juge étant exécutoire nonobstant toutes voies de recours, le tiers saisi ne peut tirer argument de l'effet dévolutif de l'appel pour suspendre le paiement de la somme fixée. Le tiers saisi ne saurait invoquer le caractère suspensif de l'appel de la décision rejetant les contestations du débiteur saisi pour refuser de payer dès lors qu'il est intervenu une autre décision rectificative qui rend exécutoire sur minute la décision de rejet des contestations[632].

### 2) -Le paiement de la créance à titre provisionnel

L'article 171 al.2 AUVE indique que « s'il apparaît que ni le montant de la créance du saisissant ni la dette du tiers saisi ne sont sérieusement contestables, la juridiction compétente peut ordonner provisionnellement le paiement d'une somme qu'elle détermine en prescrivant, le cas échéant, des garanties. Si le juge donne effet à la fraction non contestée de la dette, sa décision est exécutoire sur minute ». De ce fait, le délai pour faire appel ainsi que la déclaration d'appel ne sont pas suspensifs d'exécution.

L'appel régularisé contre l'ordonnance rejetant la contestation et qui donne subséquemment effet à la partie non contestée de la dette n'a aucune incidence sur l'exécution de la décision, et donc sur le paiement de la fraction non contestée. L'expression « fraction non contestée de la dette » doit être comprise au sens large, puisqu'il n'est pas exclu que le juge donne effet à la saisie en ordonnant le paiement de l'intégralité de toute la somme, lorsque celle-ci ne souffre d'aucune contestation.

Cette disposition inspirée de l'article 67 du décret français du 31 juillet 1992, a pu être comparée à juste titre à la procédure du « référé provision[633]», l'adverbe provisionnellement employé par le législateur OHADA vient conforter cette comparaison. La procédure de référé provision permet en effet, au juge des référés dans les cas où l'existence de l'obligation n'est pas sérieusement contestable, d'accorder une provision au créancier, sur le fondement de l'article 809 alinéa 2 du Code de Procédure Civile français. Il convient de signaler que dans le cadre d'une procédure de référé provision, le juge des référés peut ordonner le versement d'une provision correspondant à

---

631VINCENT (J.), GUINCHARD(S.) Ibidem, p.669

632 CCJA, 2ème ch. Arrêt n°062/2013 du 25 juillet 2013, Aff. Banque Internationale pour le Commerce et l'Industrie de la Cote d'Ivoire dite BICICI c/ Société Cote d'Ivoire Assistance Médicale dite CI-AM, Ohadata J-15-63

633 VIGNAL (J-P), Décisions sur la contestation, in GUINCHARD (S) et MOUSSA (T.) (dir), op.cit. p.842

100 % du montant non sérieusement contestable de l'obligation qui la fonde, lorsque les conditions de mise en œuvre du référé provision sont réunies[634].

Le juge dispose d'un pouvoir souverain d'appréciation pour fixer le montant dont il ordonne à titre provisoire le versement entre les mains du créancier poursuivant. Il peut exclure les sommes accessoires fantaisistes du principal ainsi que les coûts d'exploits excessifs, en les ramenant à leur juste proportion. Pour la détermination du montant de la créance à payer à titre provisionnel, le juge doit tenir compte d'éventuels acomptes ou du montant déjà perçu par le poursuivant, en vue de donner effet à la saisie pour la fraction restant à percevoir, dès lors que celle-ci n'est pas contestée[635].

La question s'est posée de savoir si le bénéfice de l'exécution sur minute de la décision du juge se limite au premier alinéa de l'article 171 AUVE lorsque le juge donne effet à la saisie sur la fraction non contestée de la dette ou s'il s'étend également à son alinéa 2. Cette question est suscitée par la rédaction même dudit article, puisque le texte précise que la décision est exécutoire sur minute à son premier alinéa. Ce qui suppose que le second alinéa n'est pas concerné par l'exécution sur minute mentionnée au premier alinéa. D'ailleurs si le législateur OHADA voulait étendre l'exécution sur minute au second alinéa, il aurait inséré cette disposition à la fin du second alinéa, ou encore réservé un troisième alinéa en précisant que les décisions rendues par le juge en application de cette disposition seront exécutoires sur simple minute.

Sans répondre directement à cette question, la CCJA a considéré que « *lorsque le juge ordonne provisionnellement le paiement d'une somme d'argent, l'appel et le délai d'appel ne sont pas suspensifs. Par conséquent, le tiers saisi qui refuse le paiement au motif que l'appel est suspensif doit être condamné au paiement des causes de la saisie*[636]».

Ainsi lorsque le juge ordonne le paiement d'une somme qu'il fixe le montant à titre provisionnel, l'appel exercé contre cette décision ne suspend pas l'exécution de la mesure, peu importe que le juge ait assorti le paiement de cette somme à la constitution d'une garantie ou non.

---

634VUITTON(X), VUITTON(J), Les référés, op.cit. p.355

635CA Centre, arrêt n°277/civ du 21 juin 2002, Aff. LENGA Samuel c/ La SGBC, Ohadata 04-466.

636CCJA, 2ème ch. Arrêt n°026/2013 du 18 avril 2013, Aff. Société SAMAN SA c/ 1)-Société STAR AUTO S.A, 2)-Société Ivoirienne de Banque dite SIB.

### B. La mainlevée de la saisie

Si le juge fait droit à la contestation élevée par le débiteur, il donne mainlevée de la saisie. La mainlevée est la conséquence logique lorsque la saisie a été déclarée nulle, caduque, ou encore lorsqu'une condition d'ouverture n'a pas été observée par le créancier saisissant.

La mainlevée de la saisie intervient dans nombre de cas pour sanctionner les irrégularités de forme ou de fond. En droit français, l'article 26 du décret du 31 juillet 1992 précise que « *la mainlevée emporte, dans la limite de son objet, suspension des poursuites dès son prononcé et suppression de tout effet d'indisponibilité dès sa notification* ». Le débiteur retrouve la libre disposition des sommes rendues indisponibles.

### § 3. Les voies de recours

La décision de la juridiction tranchant la contestation est susceptible d'appel dans les quinze jours de sa notification. Le délai pour faire appel ainsi que la déclaration d'appel sont suspensifs d'exécution sauf décision contraire spécialement motivée de la juridiction compétente (art.172 AUVE).

Contrairement aux dispositions de l'article 49 AUVE règlementant de manière générale le délai de recours en matière d'exécution forcée, l'article 172 est aux antipodes de cette disposition. L'on remarquera que si dans les deux dispositions ont en commun le délai d'appel de quinze jours, une divergence notable apparait s'agissant du point de départ de la computation dudit délai.

En matière de saisie-attribution des créances, le délai d'appel court à compter de la notification de la décision vidant les contestations alors que l'article 49 fixe comme point de départ le jour du prononcé de la décision. La CCJA considère que dans « la contestation d'une saisie s'élevant entre le saisi et le saisissant, le juge de l'article 49, juge de l'exécution n'a qu'une compétence d'attribution. L'article 172 qui règlemente le domaine de la contestation de saisie indique que l'appel d'une décision rendue dans ce contexte est susceptible d'appel dans les quinze jours de sa notification. En retenant que l'appel doit être fait dans le délai de quinze jours du prononcé de la décision conformément à l'article 49 de l'AUVE, le juge d'appel a violé l'article 172 du même Acte uniforme selon lequel le délai d'appel court à compter de la notification de la décision et expose son arrêt à la cassation[637]».

---

637CCJA, Ass. plén. Arrêt n°105/2014 du 04 novembre 2014, Aff. AES SONEL S.A. c/ Henri NGALLE MONONO, Georges EYOMBO ANGANDZIE, BALENG MAAH Célestin, Ohadata J-15-196

C'est donc l'article 172 AUVE et non l'article 49 du même Acte uniforme qui règlemente le délai et le point de départ de toute contestation relative à une saisie-attribution des créances, dès lors qu'un texte spécial prime sur un texte de portée générale[638].

S'il est acquis que le délai d'appel court à compter de la notification de la décision vidant la contestation, une question subsiste s'agissant de la notification, le texte ne précise pas si cette notification de la décision doit être faite à personne ou à domicile. A cette question, la CCJA a répondu en précisant que « *l'article 172 ne précisant pas si la notification dont s'agit doit être faite à personne ou à domicile pour faire courir le délai d'appel, toute notification régulièrement faite soit à personne, soit à domicile y compris le domicile élu, est censé faire courir le délai d'appel*[639]».

Le législateur communautaire a voulu s'assurer que le débiteur ait réellement pris connaissance de la décision vidant la contestation. Il va de soi que cette décision doit également être notifiée au tiers saisi, quoique celui-ci ait été seulement appelé à l'instance de contestation.

Le champ d'application de l'article 172 a donné lieu à une jurisprudence divergente du fait que le tiers saisi qui pouvait avoir des griefs à formuler contre la décision vidant la contestation ne pouvait faire appel sur le fondement de l'article 172 AUVE, lequel s'applique exclusivement aux contestations élevées par le débiteur saisi. Certaines juridictions admettaient pourtant la possibilité pour le tiers saisi de se prévaloir des dispositions de l'article 172 AUVE. Une clarification de la CCJA s'avérait indispensable pour fixer la jurisprudence sur cette question.

La solution sera apportée dans l'affaire SODICARO contre la SCI-CCT. Dans cette espèce, la CCJA a retenu que l'article 172 AUVE traite spécifiquement des modalités de l'appel exercé contre la décision de la juridiction tranchant une contestation entre le débiteur saisi et le créancier saisissant, laquelle s'entend des seuls incidents relatifs à la saisie, et non point de tous les incidents indifféremment dont la saisie pourrait être l'occasion, ce qui explique que le tiers saisi, dans le cadre ainsi circonscrit, ne soit

---

638 CCJA, 1ère ch., Arrêt n°001/2013 du 07 mars 2013, Aff. Sté AES SONEL c/ Centre de Diagnostic et des Soins Médicaux dit CDSM, Recueil de jurisprudence n°20, vol. 1, janvier-décembre 2013, pp.84-88, Ohadata J-15-01, dans le même sens (cf. Arrêts 054/2005 du 15 décembre 2005 et n°003/2005 du 27 janvier 2005).

639 CCJA, arrêt n°003/2005 du 27 janvier 2005, Aff. Société CFCI Textiles c/ Ayants droit de Tahirou Moussa et Société Générale de Banques en Côte d'Ivoire (SGBCI), Le Juris Ohada n°1/2005, janvier-mars 2005, p.7. –Recueil de jurisprudence de la CCJA, n°5, janvier-juin 2005, volume 2, p.17, Ohadata J-05-185

qu'« appelé » à l'instance de ladite contestation. En l'espèce, l'action initiée par la SODICARO SARL, par sa demande du titre exécutoire ayant abouti à l'obtention de l'ordonnance de référé querellée n°1939 du 25 avril 2002, tendait à contraindre la Standard Chartered Bank Côte d'Ivoire, tiers saisi, à lui payer les sommes causes de la saisie, ne relève pas d'une contestation de saisie au sens indiqué, mais d'une difficulté d'exécution et en tant que telle, elle est régie notamment par les articles 154, 168 et 49 de l'Acte Uniforme portant Organisation des Procédures simplifiées de Recouvrement et des Voies d'Exécution[640].

Dans une autre décision, la CCJA a considéré que « les modalités d'appel prescrites à l'article 172 de l'AUVE, ne s'appliquent, en cas d'exercice de cette voie de recours, qu'aux décisions rendues en matière de saisie-attribution des créances opposant le créancier saisissant au débiteur saisi, en l'espèce, la SCI-CCT, n'étant pas considéré par les parties elles-mêmes comme débiteur saisi, c'est légitimement qu'elle a demandé et obtenu du juge des référés, une ordonnance de mainlevée, sous astreinte, des loyers saisis par la SGBCI, lesquels lui étaient dus par les locataires de son immeuble ; dans ces circonstances, en décidant d'une part que, « c'est à bon droit que le premier juge a fait courir l'astreinte comminatoire à compter du prononcé de sa décision » et d'autre part, « que cela ne contredit nullement les dispositions de l'article 172 susvisé , alors que celui-ci ne pouvait trouver application en la cause, la Cour d'appel a violé ledit article, il échet par conséquent de casser l'arrêt attaqué[641]».

L'article 172 AUVE alinéa 2 indique que le délai pour faire appel ainsi que la déclaration d'appel sont suspensifs d'exécution sauf décision contraire spécialement motivée de la juridiction compétente. Cette disposition pose deux points essentiels : en vertu de ce texte, la décision vidant la contestation ne peut être exécutée immédiatement. Il faut attendre l'expiration du délai de 15 jours imparti aux parties pour relever appel.

En outre, le délai imparti pour faire appel ainsi que l'exercice de cette voie de recours sont suspensif d'exécution. Toutefois, dit ce texte, le juge peut ordonner l'exécution provisoire de sa décision, par une motivation spéciale pour justifier sa décision.

---

[640]CCJA, arrêt n°054/2005 du 15 décembre 2015, Aff. Société SODICARO SARL c/ Standard Chartered Bank COTE D'IVOIRE, Recueil de Jurisprudence de la CCJA n°6, juin-décembre 2005, p.77. Le Juris-Ohada, n°2/2006, p.8, Ohadata J-06-43

[641]CCJA, arrêt n°037/2007 du 22 novembre 2007, Aff. Société Générale de Banque en Côte d'Ivoire dite SGBCI c/ Société Civile Immobilière Centre Commerciale de Treichville dite SCI-CCT, Recueil de jurisprudence n°10 -juillet/décembre 2007, p.56. Le Juris Ohada n°1/2008, p.56, Ohadata J-08-249

En cette matière, le juge ne peut se satisfaire d'employer des formules stéréotypées et lapidaires sans exposer sa décision à la reformation. Il a été décidé que l'autorisation de l'exécution provisoire qui a pour effet de priver l'appel de tout caractère suspensif doit être justifiée par une motivation spéciale. Dès lors, encourt infirmation pour violation de l'article 172 AUVE l'ordonnance assortie de l'exécution provisoire qui n'est pas accompagnée d'une motivation spéciale de la juridiction qui l'a rendu[642].

## Section 4
## L'avis à tiers détenteur

La présence d'une section réservée à l'avis à tiers détenteur dans un ouvrage consacré à la pratique des saisies mobilières en droit OHADA peut tout aussi surprendre qu'éveiller la curiosité à première vue. La matière abordée n'intègre pas les dispositions de l'Acte Uniforme portant Organisation des Procédures Simplifiées de Recouvrement et des Voies d'Exécution mais relève plutôt des règles de droit fiscal.

En dépit de cette spécificité, l'on ne saurait aborder les questions de recouvrement des créances sans évoquer, même de façon lapidaire, la question récurrente du recouvrement des créances fiscales, mise en exergue à travers la procédure de l'avis à tiers détenteur (ATD). Au-delà de la spécificité de l'ATD, cette mesure d'exécution présente une similitude avec la saisie-attribution des créances tirée notamment de l'effet attributif dont bénéficie cette mesure[643].

Le recouvrement des créances fiscales fait l'objet d'une règlementation particulière dans les différents Etats parties à l'OHADA. Il est régi par différents textes nationaux notamment, le Livre des procédures fiscales, le Code Général des Impôts, le code des Douanes et biens d'autres textes permettant au comptable public de recouvrer les redevances fiscales et autres taxes dues par les contribuables.

---

642CA Littoral, arrêt n°62/REF du 23 avril 2003, Aff. SOCOPAO Cameroun c/ SOCICO SARL, Ohadata J-06-161

643Pour bien marquer la différence entre les deux mesures d'exécution la Cour de Cassation soutenait que « si l'avis à tiers détenteur comporte l'effet attribution immédiate prévu à l'article 43 de la loi n°91-650 du 9 juillet 1991, impliquant le droit pour le comptable de recourir aux dispositions de l'article 64 du décret du 31 juillet 1992, aucune disposition légale ne prévoit l'application à l'avis à tiers détenteur des autres règles relatives à la saisie-attribution des créances » Cass. Ch. mixte, 26 janv.2007. 451, Rev. huissiers 2007. 220, obs. Putman, RTD civ. 2007. 389, obs. Perrot, D. 2008. 1173, obs. Leborgne

L'avis à tiers détenteur est une procédure qui permet à un comptable public[644], sur simple demande, d'obliger un tiers à lui verser immédiatement sur les fonds dont il est dépositaire, détenteur, ou débiteur, à l'égard du redevable, les impôts dus par ce dernier[645].

Cette procédure ne peut être ouverte que pour le recouvrement des créances bénéficiant du privilège du Trésor[646], ce qui exclut l'utilisation de l'avis à tiers détenteur pour les créances dont le recouvrement n'est pas garanti par le privilège du Trésor à l'instar des créances domaniales. Le privilège du Trésor ne s'exerçant que pendant une période de deux ans à dater de la mise en recouvrement du rôle, le recouvrement forcé de l'impôt suivant la procédure de l'avis à tiers détenteur doit être fait pendant cette période.

### § 1. Les conditions d'ouverture

L'administration fiscale peut saisir entre les mains d'un tiers, les créances dont celui-ci est dépositaire, détenteur, ou débiteur, appartenant à un redevable en faisant injonction audit tiers de lui verser ces sommes d'argent. La mise en œuvre de la procédure d'avis à tiers détenteur requiert l'accomplissement des actes préalable au recouvrement (A). La créance cause de la mesure devra

---

644 Selon l'article 480 du C.G.I congolais, le trésorier payeur, le receveur principal des impôts, le receveur de l'unité des grandes entreprises et le receveur de l'enregistrement des domaines et timbres ont seuls qualité pour engager les poursuites et décerner contrainte contre un contribuable retardataire ou récalcitrant.

645SAINTE-AURE (Y.), paiement et recouvrement de l'impôt, éd. Liaisons, Paris, 2013, p 309

646Selon l'article 503 du Code Général des Impôts 1) A défaut de paiement des contributions, soit par les dépositaires ou débiteurs indiqués aux articles 472 et 473, soit par tous autres débiteurs de deniers provenant d'un redevable, le détenteur du rôle poursuivant fait entre les mains desdits dépositaires et débiteurs une saisie-arrêt ou opposition, par le ministère du porteur de contraintes.2) La saisie arrêt ne doit être employée que dans le cas où les deniers ne sont pas affectés au privilège du Trésor. Dans les cas contraires, il y a lieu de procéder par voie de sommation directe aux tiers détenteurs.3) Les dépositaires détenteurs ou débiteurs de sommes appartenant ou devant revenir aux redevables de l'impôt sont tenus, sur l'injonction qui leur est faite sous forme d'avis à tiers détenteurs notifié par le comptable public, de verser en lieu et place des redevables, les fonds qu'ils détiennent ou qu'ils doivent, à concurrence des impositions dues par les redevables. 4) Ont qualité de tiers détenteur au sens du présent article, outre les personnes visées à l'article 473, les clients, les gérants, administrateurs, directeurs ou liquidateurs d'entreprises pour les sommes dues par celles-ci. Pour sa part l'article 67 du Code Général des Impôts de la R.D.C. dispose que Tous fermiers, locataires, receveurs, agents, économes, banquiers, notaires, avocats, huissiers, greffiers, curateurs, représentants et autres dépositaires et débiteurs de revenus, sommes, valeurs ou meubles, affectés au privilège du Trésor Public, sont tenus, sur demande du Receveur des Impôts, de payer à l'acquit des redevables et sur le montant des fonds ou valeurs qu'ils doivent ou qui sont entre leurs mains jusqu'à concurrence de tout ou partie des impôts dus par ces derniers. Ladite demande est faite par pli recommandé avec accusé de réception ou remis en mains propres sous bordereau de décharge. Le redevable en est dûment informé par les soins du Receveur des Impôts.

réunir certaines caractéristiques (B), et qu'elle soit consacrée dans un titre exécutoire (C).

### A. Les actes préalables au recouvrement

Préalablement à toutes poursuites tendant au recouvrement forcé de l'impôt par la mise en œuvre d'une procédure d'avis à tiers détenteur, l'administration fiscale est tenue d'informer le contribuable par une lettre de rappel dans le délai requis et procéder à la liquidation du quantum de l'impôt objet des poursuites.

#### 1) -La lettre de rappel

Le comptable adresse une lettre de rappel au contribuable ou une mise en demeure selon les cas et en fonction de la qualité de la personne qui engage les poursuites. Aux termes de l'article 478 du Code général des impôts congolais, « est susceptible de poursuite, tout contribuable qui ne s'est pas acquitté, à la date réglementaire, des contributions directes et indirectes ou taxes assimilées perçues au profit du budget de l'Etat, des communes ou autres Collectivités dont il est redevable ; tout débiteur envers le service local ou les Communes qui ne s'est pas libéré de sa dette dans le délai imparti et auquel il est impossible d'opposer la compensation prévue par les articles 1289 et suivants du Code civil ».

Lorsque l'impôt n'a pas été acquitté à la date d'exigibilité, le comptable public doit prévenir le redevable par un avis de mise en recouvrement. De même, les héritiers ou légataires peuvent être poursuivis solidairement et conjointement à raison des contributions directes non encore payées par leur auteur, tant que la mutation n'a pas été opérée par leurs soins sur les rôles, à moins qu'ils n'aient fait un acte de renonciation en forme et qu'ils n'en justifient (art.479 C.G.I). L'avis de mise en recouvrement est individuel ou collectif. Il est signé et rendu exécutoire par le comptable public. Il est adressé par lettre recommandée avec accusé de réception (art.484 C.G.I).

Après avoir indiqué les trois degrés de poursuites[647], l'article 486 du Code Général des impôts précise que, « lorsque l'impôt est dû par un salarié du secteur public ou du secteur privé, le Percepteur peut émettre un avis à tiers détenteur à l'encontre de l'employeur sitôt après la notification de l'avertissement au contribuable, sans qu'il ait à épuiser toute la procédure habituelle en matière de recouvrement ».

---

[647] Art.486.- Les poursuites comprennent trois degrés, à savoir :
1° degré : commandement ; 2° degré : saisie ; 3° degré : vente.

La lettre de rappel tenant lieu de mise en demeure ou de commandement de payer adressée au contribuable n'a pas à spécifier la nature des poursuites que l'administration fiscale s'apprête à entreprendre à son encontre[648]. Les mesures de poursuite comprennent aussi bien les avis à tiers détenteurs, les saisies mobilières et immobilières ainsi que les ventes[649].

**2) -Le délai de notification**

Après la notification de l'avis de mise en recouvrement au contribuable, l'administration fiscale peut déclencher les poursuites après expiration du délai imparti au contribuable pour s'acquitter de ses impôts. Ce délai varie d'un Etat à un autre.

En droit congolais, l'article 485 du Code Général des impôts dispose que « *dix jours après l'envoi de l'avis de mise en recouvrement le comptable public chargé du recouvrement peut décerner une contrainte contre le redevable afin de commandement établi et délivré par le porteur* ». Trois jours après la signification, le porteur de contraintes peut procéder à la saisie. La saisie est faite pour tous les termes échus des contributions, sans distinction d'exercice. Si le contribuable offre de se libérer en totalité ou en partie, le porteur de contraintes est autorisé à suspendre la saisie (art. 489 C.G.I). Ce délai est de 8 jours selon l'article 65 du Code Général des impôts de la RDC alors que l'article 485 Code Général des Impôts Ivoirien le fixe à 15 jours[650].

A l'expiration de ce délai, et à défaut de paiement des contributions, soit par les dépositaires ou débiteurs indiqués aux articles 472 et 473, soit par tous autres débiteurs de deniers provenant d'un redevable, le détenteur du rôle poursuivant fait entre les mains desdits dépositaires et débiteurs une saisie-attribution des créances ou opposition, par le ministère du porteur de contraintes. Lorsque le contribuable n'a pas payé les impôts dans le délai imparti dans la mise en demeure, la saisie-attribution des créances ne doit être employée que dans le cas où les deniers ne sont pas affectés au privilège du Trésor. Dans les cas contraires, il y a lieu de procéder par voie de sommation directe aux tiers détenteurs. Un avis à tiers détenteur doit être notifié au tiers détenteur puis porté à la connaissance du contribuable débiteur.

---

648 com. 6 juin 1952, Bull. civ. II, n°216

649 art 66 du Code Général des Impôts de la R.D.C.

650 ARMEL IBONO (U.) Incidence du droit de l'exécution forcée OHADA sur les procédures de recouvrement des créances fiscales, article publié sur le site https://legiafrica.com

### B. La créance cause de la mesure

L'administration fiscale n'est autorisée à mettre en œuvre la procédure de l'avis à tiers détenteur que pour procéder au recouvrement des créances qui bénéficient du privilège du Trésor[651]ainsi que des pénalités[652] y afférents et des frais accessoires. L'article 2095 du Code Civil définissant le privilège comme un droit que la qualité de la créance donne à un créancier d'être préféré aux autres créanciers[653], et donc d'être payé avant les autres créanciers.

Le privilège est donc une sureté accordée en considération de la nature de la créance et non en fonction de la qualité du créancier[654]. Contrairement à ce que l'on peut penser, même pour le recouvrement des créances garanties par le privilège du Trésor, l'administration fiscale doit s'assurer que la créance cause de la saisie réunie certaines caractéristiques : elle doit liquide et exigible[655], mais surtout constatée dans un titre exécutoire, le Président Weber TENDY FANGO affirme pertinemment que « *la saisie-attribution des créances pratiquée sur les comptes d'un débiteur-saisi, même à l'aide d'un avis à tiers détenteur par le Trésor public suppose que l'entité publique à l'origine de la créance publique à recouvrer, soit investie en toute légalité de ces attributions par un texte régulier, qu'il soit réellement créancier et muni d'un titre exécutoire*[656] ». La tâche du comptable public étant facilitée par le

[651]Bénéficient du privilège du Trésor les impôts directs et indirects et taxes assimilés, les taxes sur le chiffre d'affaires et taxes assimilés, les droits d'enregistrement, de timbres et taxes assimilés, les droits de douanes, la taxe sur la valeur ajoutée, les produits et revenus domaniaux, les amendes pénales et condamnations pécuniaires, les impôts et taxes des collectivités locales (taxes départementales et communales)

[652] Le recouvrement des amendes pénales fait l'objet d'une procédure spéciale, certaines juridictions n'hésitent pas à écarter la procédure d'avis à tiers détenteur pour le recouvrement des amendes pénales (Com. 12 mai 2004, Bull. civ IV, n°91 ; Com. 23 nov. 2004, D. 2005. 1607, obs. Taomina

[653] Les privilèges ne peuvent être établis que par la loi et les dispositions qui les établissent doivent être interprétées restrictivement (Soc.30 nov. 1951 : D.1952. 121, note Voirin.

[654] SAINTE-AURE (Y.), paiement et recouvrement de l'impôt, op.cit. p. 155

[655] L'administration fiscale doit s'assurer que la créance qu'elle entend recouvrer ne fait l'objet d'une réclamation de la part du prétendu redevable des impositions. Il faut que l'imposition soit exigible. Cette condition n'étant pas réunie lorsque le redevable d'imposition a déposé une réclamation d'assiette assortie d'une demande de sursis de paiement tant que le sursis n'a pas été définitivement refusé (Com. 16 déc.1997, n°95-17.464, Bull. civ. IV, n°344). La demande de sursis de paiement des impositions entraine la suspension de l'exigibilité de la dette (VIGNAL (J-P), Conditions de l'utilisation de l'avis à tiers détenteur, in GUINCHARD (S) et MOUSSA (T.) (dir), op.cit. p.889

[656]TENDY FANGO (R.V.), conférence sur le référé administratif au Congo, à Brazzaville, journée scientifique au palais de justice de Brazzaville, le lundi le 21 Décembre 2020, inédit.

fait que l'administration bénéficie du privilège de se faire délivrer elle-même les titres exécutoires dont elle poursuit par la suite le recouvrement.

### C. La particularité du titre exécutoire fondant les poursuites

L'administration procède au recouvrement des créances dûment constatées par un titre exécutoire qu'elle a au préalable émis. Sans être exhaustif, au nombre de ces titres exécutoires on peut citer : le rôle des impôts, l'avis de mise en recouvrement, le titre de perception ou de recette que l'Etat, les collectivités locales, ou les établissements publics dotés d'un comptable public délivrent pour le recouvrement des recettes qu'ils sont habilités à recevoir, la contrainte, etc.

Ces titres émis par les personnes morales de droit public constituent des titres exécutoires au sens de l'article 33 de l'AUVE. Ce caractère exécutoire est mis en exergue par l'article 459 bis du Code Général des impôts selon lequel « l'avis de mise en recouvrement établi par le comptable public à l'issue d'un contrôle fiscal vaut titre de perception doté de la force exécutoire ». Car, si l'on admet avec le Président Ulrich ARMEL IBONO que la force exécutoire d'un titre de recouvrement des créances fiscales résulte assez souvent d'une opération subséquente à l'édiction de l'acte de paiement. L'avis de mise en recouvrement, en tant que titre de recouvrement, doit être non seulement signé mais également rendu exécutoire. De ce point de vue, il ne suffit pas qu'existe un document décomptant la créance due à l'administration, mais celui-ci doit avoir été rendu exécutoire par l'administration elle-même[657]

La particularité des titres émis par les personnes morales de droit public réside en ce qu'il bénéficie d'un double privilège : privilège du préalable et privilège d'exécution d'office. Ce double privilège différencie les titres émis par les personnes morales de droit public des titres exécutoires d'origine judiciaire.

Le privilège du préalable confère à l'administration dans des nombreux domaines, le droit de prendre des décisions exécutoires[658], la jurisprudence ayant élevé le caractère exécutoire des décisions administratives en règle fondamentale de droit public.

---

Précisons que TENDY FANGO Reno Weber est Président du Tribunal Administratif de Pointe-Noire.

[657]ARMEL IBONO (U.) Incidence du droit de l'exécution forcée OHADA sur les procédures de recouvrement des créances fiscales, op.cit.

[658]Le caractère exécutoire de décision est la règle fondamentale de droit public CE Ass. 2 juill. 1982, Huglo, Rec. 257 ; AJ 1982.657, concl. Biancarelli, note Lukascewiez ; D. 1983.IR. 270, obs. P. Delvolvé, et J. 327, note Dugrip ; RA 1982.627, note Pacteau),

En matière fiscale, le privilège de préalable se traduit par la possibilité reconnue aux personnes morales de droit public, d'émettre à l'endroit des redevables d'impositions souvent récalcitrants, un titre exécutoire, sans devoir faire préalablement constater son droit par un officier ministériel ou un juge[659]. Le Conseil d'Etat considérant que par ce privilège du préalable, la personne publique n'est plus recevable à saisir le juge administratif d'une demande tendant à la condamnation pécuniaire d'un tiers dont il se prétend créancière[660].

## § 2. La procédure de l'avis à tiers détenteur

La procédure d'avis à tiers détenteur débute par la notification de l'acte des poursuites au tiers détenteur (A), suivie d'une autre notification faite au contribuable (B) afin qu'il soit informé de la mesure pratiquée sur ses fonds. Cette notification produit des effets (C).

### A. La notification de l'avis au tiers détenteur

L'ATD est notifié dans les formes prévues par le Code Général des Impôts. Il n'est pas soumis au formalisme des actes de procédures civiles. Cependant, rien n'interdit à l'administration qui veut s'assurer que la notification est bien parvenue aux mains du tiers détenteur de requérir le ministère d'un huissier de justice.

La notification est faite par la remise d'un imprimé sous forme de formulaire mentionnant les noms du comptable saisissant, du redevable saisi et du tiers détenteur. Il s'agit d'un imprimé spécial dont une copie est conservée par le comptable. La nature de la créance et le montant doivent y être spécifiés. L'article 507 du Code Général des Impôts précise que chacun des actes de poursuites délivré par les porteurs de contraintes doit, sous peine de nullité, relater le prix auquel il a été taxé.

Ces poursuites étant exercé sur le fondement d'un titre exécutoire, il va de soi que pour satisfaire à la condition de la certitude et de l'exigibilité de la

---

659LEFORT(CH.), Titres exécutoires des personnes morales de droit publics, in GUINCHARD (S) et MOUSSA (T.) (dir), op.cit. p.65

660 CE 30 mai 1913, *Préfet de l'Eure*, Lebon 583, S. 1915.39, note Hauriou. Cette jurisprudence est régulièrement réaffirmée par le Conseil d'Etat qui considère que lorsque l'administration dispose des moyens juridiques lui permettant de faire exécuter les obligations d'une personne privée, elle ne peut renoncer à les utiliser et demander au juge de prendre à sa place les mesures nécessaires. Pourtant même en usant du privilège du préalable, l'administration est tenue au respect de certaines normes qui gouvernent l'exécution des mesures forcées. Il en va ainsi de l'obligation de notification préalable du débiteur avant toute mise en œuvre d'une voie d'exécution qui s'applique même à l'administration.

créance, toutes les informations relatives à la créance doivent figurer dans l'acte de poursuite.

### B. La notification au contribuable

Après la notification de l'avis à tiers détenteur au tiers, cet avis doit également être notifié au débiteur. La loi n'a pas prévu le délai précis pour notifier l'ATD au contribuable. C'est là une spécificité de cette procédure qui se démarque de la saisie-attribution des créances qui impose au créancier de dénoncer la saisie au débiteur dans un délai de huit jours sous peine de caducité. Le contribuable est informé par simple lettre. Il s'agit d'un imprimé mentionnant les noms du comptable poursuivant, du redevable saisi et du tiers détenteur, la nature de la créance et le montant de la créance.

En pratique, le contribuable est informé dans un délai relativement court après la notification de l'avis faite au tiers détenteur. Ceci pour permettre de faire courir le délai de deux mois imparti au contribuable pour élever les contestations. L'ATD produit des effets dès sa notification au tiers détenteur.

### C. Les effets de l'avis à tiers détenteur

La notification de l'avis à tiers détenteur produit l'attribution immédiate (1) au profit du Trésor, entrainant ainsi l'indisponibilité des sommes saisies (2) dans l'attente du paiement effectif au profit du Trésor public (3). Le paiement de l'administration par le tiers détenteur n'intervient qu'après la purge des contestations. Lorsqu'aucune contestation n'a été élevée, le paiement intervient à l'expiration du délai imparti au contribuable pour élever les contestations.

#### 1) -Attribution immédiate

La notification de l'ATD entraine les mêmes effets que ceux produits par la signification d'un procès-verbal de saisie-attribution des créances. Il en découle que dès la notification de l'ATD, l'acte produit un effet attributif immédiat. Il sera rappelé que l'attribution immédiate n'implique nullement le paiement immédiat du créancier saisissant. Celui-ci n'intervient qu'à l'expiration du délai de deux mois imparti au contribuable pour élever les contestations, et le cas échéant après la purge des contestations.

A l'instar de la saisie-attribution des créances, l'attribution immédiate des sommes saisies au profit du Trésor public n'échappe pas au concours des autres créanciers, en cas de pluralité de saisies, les actes signifiés le même jour étant réputé fait simultanément. Si les sommes disponibles ne permettent pas de désintéresser la totalité des créanciers saisissants, ceux-ci viennent en concours.

### 2) -L'indisponibilité de la créance

La notification d'un avis à tiers détenteur rend la créance saisie indisponible à concurrence des sommes pour lesquelles la mesure est pratiquée. L'indisponibilité consécutive à la notification d'un ATD est comparable à celle produit par la signification d'un procès-verbal de saisie-attribution des créances.

### 3) -Le paiement de l'administration par le tiers saisi

En l'absence de contestation dans le délai de deux mois suivant la notification de l'avis au tiers détenteur, celui-ci procède au paiement du Trésorier. Cependant, en cas d'incidents, le paiement ne peut intervenir qu'après la purge de la contestation.

## § 3. Les incidents de l'avis à tiers détenteur

En cas de contestation, le contribuable exerce un recours administratif préalable (A). Lorsque l'administration n'a pas donné suite, un recours devant le juge est ouvert au redevable (B).

### A. Le recours administratif préalable

Le redevable qui entend contester la régularité formelle ou le bien-fondé de l'avis à tiers détenteur doit adresser une réclamation à l'autorité administrative compétente notamment au chef de service de l'administration fiscale dont dépend le lieu de l'imposition[661]. Le recouvrement forcé des amendes douanières suivant la procédure d'ATD est exempté du recours préalable.

Si d'ordinaire, les contestations sont le plus souvent élevées par le redevable d'impôts, le tiers détenteur peut contester cette mesure si elle porte préjudice à ses intérêts. Toujours est-il que la personne qui élève la contestation est tenue de formuler une réclamation préalable.

---

661 Il s'agit du trésorier-payeur général si le recouvrement incombe à un comptable du Trésor ; du directeur des services fiscaux si le recouvrement incombe à un comptable de la direction générale des impôts ; du directeur départemental des douanes et des droits indirects si le recouvrement incombe à un comptable de cette direction, cf. VIGNAL (J-P), Contestations de l'avis à tiers détenteur, in GUINCHARD (S) et MOUSSA (T.) (dir), op.cit.p.901

Il s'agit d'un recours administratif préalable auquel le contribuable et tout autre auteur de la contestation ne peut se soustraire. En matière fiscale, le recours juridictionnel doit être précédé d'un recours administratif, de sorte que la contestation portée directement devant le juge en violation de la règle du recours administratif préalable est sanctionnée par l'irrecevabilité du recours juridictionnel. Le défaut de saisine préalable du chef de service compétent rendant ainsi irrecevable la saisine directe du juge de l'exécution[662]. Le recours administratif préalable qui peut être considéré comme une simple faculté dans certains cas[663] devient en la matière une obligation légale.

Les réclamations portées devant l'administration fiscale par les contribuables portent aussi bien sur les impôts, droits ou amendes établis par les services compétents lorsqu'elles tendent à obtenir soit la réparation d'erreurs commises dans l'assiette ou le calcul des impositions, soit le bénéfice d'un droit résultant d'une disposition législative ou réglementaire (art.422 C.G.I). L'administration saisie conformément aux règles de forme prévues en droit interne[664] instruit le dossier et donne suite à la demande dans le délai imparti.

Le contribuable peut, à l'occasion de cette réclamation introduire une demande de sursis au paiement des impositions. L'article 441 du Code Général des Impôts dispose en effet, que « *le contribuable qui, par une réclamation régulièrement introduite, conteste le bien-fondé ou la quotité des impositions mises à sa charge, peut surseoir au payement de la partie contestée desdites impositions s'il le demande dans sa réclamation et fixe le montant ou précise les bases du dégrèvement auquel il prétend et à la condition de constituer des garanties propres à assurer le recouvrement de*

---

662VIGNAL (J-P), Contestations de l'avis à tiers détenteur, in GUINCHARD (S) et MOUSSA (T.) (dir), op.cit.p.902, citant la jurisprudence de la chambre commerciale de la Cour de cassation (Com. 12 mars 1996, n°94-12.515, Bull. civ. IV, n°81 ; D. 1996, IR 133 ; RJF 1996, n°825 ; Dr. fisc. 1996, comm. 879 ; Com. 2 déc. 1986, n°85-14.916, Bull. civ. IV, 228 ; Dr. fisc. 1988, comm. 785

663CHAPUS (R.), Droit administratif général, Montchrestien, Paris, 13ème éd 1999, p 769.

664ARMEL IBONO (U.) Incidence du droit de l'exécution forcée OHADA sur les procédures de recouvrement des créances fiscales, op.cit. Selon l'article 735 du code général des impôts sénégalais les réclamations portant sur les contributions directes et des taxes assimilées dont l'assiette est confiée à la direction chargée des impôts et domaine, sont tranchées par le Ministre des Finances ; l'article 486 du livre des procédures fiscales Ivoiriennes précise que, avant l'introduction de l'instance, les difficultés liées à la perception des impôts relèvent de la compétence du Ministre des Finances. Au Congo, le pouvoir de statuer sur les réclamations du contribuable est partagé entre la direction générale des impôts et le Ministre des Finances en tenant compte du plafond des impositions dont le recouvrement est poursuivi (cf. article 430 CGI). En RDC c'est devant le receveur de l'impôt qu'il faut porter la contestation administrative (article 72 CGI). Au Cameroun, la loi des finances pour l'exercice 2014 a restructuré le contentieux fiscal en répartissant les seuils de compétences entre les autorités administratives.

*l'impôt. Ces garanties peuvent être constituées par une consignation à un compte d'attente au Trésor, des créances sur le Trésor, des obligations dûment cautionnées, des valeurs mobilières, des marchandises déposées dans les magasins agréés par l'Etat et faisant l'objet d'un warrant endossé à l'ordre du Trésor, des affectations hypothécaires* ».

La demande de sursis en paiement a pour effet de suspendre l'exigibilité de la créance, du moins jusqu'à ce que la demande soit définitivement refusée[665]. L'administration peut faire droit, totalement ou partiellement à la réclamation formulée. Si la décision de l'administration ne donne pas satisfaction au contribuable, celui-ci peut saisir le juge du contentieux de l'impôt.

### B. Le recours juridictionnel

Dans l'espace Ohada, la détermination de la juridiction compétente pour connaitre du contentieux de l'impôt varie d'un pays à un autre, que l'on soit dans un système moniste ou dualiste. De même au sein d'un même système, les attributions dévolues au juge ne sont pas les mêmes et les difficultés d'ordre technique se posent.

En droit congolais, comme l'a si bien souligné le Président ARMEL IBONO « *la loi Congolaise attribue compétence au juge d'appel mais reste silencieuse quant à la détermination de la formation de jugement matériellement compétente. (… …)A vrai dire, la difficulté n'est qu'apparente, car les matières auxquelles la Cour d'appel a reçu compétence sont traditionnellement réservées à la juridiction administrative*[666]».

Le juge saisi d'une contestation de l'avis à tiers détenteur peut se prononcer sur la régularité formelle ou sur le fond de l'ATD si la contestation porte sur l'existence de la créance fiscale, de son exigibilité, de l'absence du caractère privilégié de la créance.

Le juge peut ordonner la mainlevée de l'avis à tiers détenteur ou prononcer l'annulation de l'acte de poursuite lorsque celui-ci est entaché d'une grave irrégularité formelle.

---

[665]Com. 16 déc. 1997, n°95-17, 464, Bull. civ IV, n°344 ; D 1998, IR 38 ; Dr. fisc. 1998, comm. 608 ; RJF 1998, n°465 ; Gaz Pal. 1998, 1, pan. 55 ;

[666] ARMEL IBONO (U.) Incidence du droit de l'exécution forcée OHADA sur les procédures de recouvrement des créances fiscales, op.cit

# CHAPITRE III

# LA SAISIE ET CESSION DES REMUNERATIONS

La saisie des rémunérations du travail fait l'objet d'une règlementation spécifique dictée par la nature des créances concernées. La particularité de cette mesure tient à la nature des créances à saisir, constituées des rémunérations du travail et qui constituent pour l'essentiel, l'unique source de revenu du débiteur saisi. Ces revenus revêtent un caractère alimentaire pour le débiteur saisi, sa famille et les personnes dont il a la charge. Le législateur a aménagé des schémas procéduraux susceptibles de concilier les intérêts du créancier à la situation du débiteur en permettant notamment à ce dernier de subvenir à ses besoins vitaux nonobstant la saisie de ses rémunérations.

Avant l'avènement du traité Ohada, la saisie des rémunérations du travail faisait l'objet d'une règlementation éparse dans différents Etats sous l'appellation de « saisie-arrêt sur salaire ». La procédure imposait au poursuivant qui avait saisi-arrêté le salaire de son débiteur d'initier une instance en validité. Depuis l'entrée en vigueur de l'AUVE, l'instance en validité n'a plus cours dans la mise en œuvre de la saisie des rémunérations du travail.

L'AUVE règlemente également la cession des rémunérations du travail, procédure inspirée directement de la saisie des rémunérations du travail, mais différente de celle-ci tant par sa finalité que dans sa mise en œuvre. Cette procédure reconnait aux parties la possibilité de convenir d'une cession des rémunérations, sous la supervision du juge dans le respect de la procédure prévue à cet effet.

Nous allons examiner successivement la saisie des rémunérations du travail (section 1) et la cession des rémunérations (section 2). Une dernière section sera consacrée au recouvrement des créances alimentaires (section 3).

## Section 1
## La saisie des rémunérations

La saisie des rémunérations du travail implique d'examiner la particularité de cette mesure (§1) la procédure de mise en œuvre (§2) son exécution (§3) et les incidents y relatifs (§4).

## § 1. La particularité de la saisie des rémunérations du travail

La saisie des rémunérations est une mesure d'exécution tout à fait particulière. Cette spécificité se déduit de son champ d'application (A) et de l'assiette de la saisie, notamment sur la quotité saisissable (B).

### A. Le champ d'application de la saisie

La saisie des rémunérations du travail est une mesure d'exécution permettant aux créanciers munis d'un titre exécutoire de saisir des sommes dues à titre de rémunération, quel qu'en soit le montant, à toutes les personnes salariées ou travaillant, à quelque titre ou en quelque lieu que ce soit, pour un ou plusieurs employeurs. Elle fait l'objet des articles 173 à 204 de l'AUVE.

Cette mesure n'est ouverte qu'au créancier détenteur d'un titre exécutoire constatant une créance liquide et exigible. La décision autorisant la saisie des rémunérations doit être déclarée nulle dès lors que le créancier poursuivant ne justifie pas être détenteur d'un titre exécutoire[667]. En tout état de cause, le juge saisi doit vérifier que le poursuivant est muni d'un titre exécutoire constatant une créance liquide et exigible. Il doit relever, même d'office, la violation de cette condition substantielle d'ouverture de la saisie des rémunérations du travail sans laquelle, cette mesure ne saurait être autorisée.

L'exigence faite au poursuivant de justifier de la détention d'un titre exécutoire ne peut faire l'objet d'une dérogation. Le créancier détenteur d'un acte sous seing privé à l'instar d'une reconnaissance de dette même signé de la main du débiteur par devant témoins, ou toute autre pièce ne constituant pas un titre exécutoire au sens de l'article 33 AUVE, ne saurait pratiquer une saisie des rémunérations du travail[668].

Il convient également de souligner que les rémunérations du travail ne peuvent faire l'objet d'une saisie conservatoire. Cette interdiction énoncée à l'article 175 AUVE s'inscrit dans le but de ne pas priver le débiteur des moyens de subsistance[669].

---

[667] CA Abidjan, 4ème chambre civile, arrêt n°506 du 06 mai 2006, Aff. G.J c/ L.k. Le Juris-Ohada, n°4/2006, p.37, Ohadata J-07-33

[668] Pourtant, l'on observe une pratique curieuse et contraire à la loi, quoique marginale, consistant à autoriser une saisie des rémunérations du travail au créancier muni des simples reconnaissances de dettes signées de la main du débiteur.

[669] FLORES (Ph.), « Champ d'application de la saisie, la cession, les oppositions et l'avis à tiers détenteur des rémunérations du travail », Droit et Pratique des Voies d'Exécution, GUINCHARD (S) et MOUSSA (T.) (sous dir), op.cit. p. 911. L'auteur souligne que l'interdiction de pratiquer une saisie conservatoire s'explique partiellement pour des raisons procédurales. Le schéma procédural du législateur en matière de saisie des rémunérations

La saisie des rémunérations du travail n'est ouverte qu'aux rémunérations du travail, c'est-à-dire au salaire proprement dit au sens de l'article 91 nouveau du Code congolais de Travail[670]. Elle s'applique également aux accessoires du salaire, et de manière générale, à toute rémunération résultant d'une activité professionnelle exécutée pour autrui et ayant donné lieu à une rétribution ; peu importe que le contrat de travail soit ou non en cours d'exécution[671]. Ce qui laisse entendre que la saisie de rémunération est ouverte pour appréhender les indemnités de congés ou indemnités de préavis même lorsque le contrat de travail a été rompu.

La question s'était posée de savoir si la saisie des rémunérations pouvait s'appliquer à toute rémunération à l'instar de commissions d'un agent commercial ou des émoluments versés à un expert nonobstant l'absence d'un contrat de travail ou d'un minimum de subordination existant entre le salarié débiteur et l'employeur tiers saisi.

Répondant à cette interrogation, Gérard COUCHEZ estime que pour saisir les rémunérations du travail, un minimum de dépendance juridique ou économique doit exister entre le débiteur et l'employeur[672]. Dès lors que les éléments décisifs du contrat de travail ne sont pas identifiés, l'utilisation de la saisie des rémunérations du travail ne saurait se justifier pour appréhender les deniers du débiteur. Ce qui exclut du domaine de la saisie des rémunérations les honoraires versés aux individus exerçant des professions libérales, lorsque le débiteur saisi et l'employeur tiers saisi ne sont pas liés par une relation de travail. Le créancier intéressé par les sommes détenues par ce dernier pour le compte du débiteur devra pratiquer non pas la saisie des rémunérations mais la saisie-attribution des créances[673].

Une interrogation subsiste cependant s'agissant de l'endroit où la saisie des rémunérations doit être pratiquée. Si certains estiment en effet, que cette mesure ne peut être pratiquée qu'entre les mains de l'employeur exclusivement, lequel est admis à avoir la qualité de tiers saisi dans une

---

(conciliation puis saisie et répartition par le greffe) n'est pas du tout celui de la saisie conservatoire (autorisation préalable puis recherche d'un titre, enfin conversion).

670 L'article 91 nouveau du Code de travail indique qu'au sens des dispositions du présent titre, le salaire s'entend du salaire de base, de l'allocation de congé, des primes, des indemnités de toutes natures à l'exception de l'indemnité de licenciement.

671 Bull. avis n°11 ; D. 2004, IR, 2273 ; RTD civ. 2004, 779, obs. Perrot ; Dr. et procéd. 2004, 349, note Bourdillat, à propos des rappels de salaire et des congés payés

672 COUCHEZ (G.) Voies d'exécution, op.cit. p.158

673 KUATE TAMEGHE (S.S), « Saisie des rémunérations », Encyclopédie du droit OHADA, POUGOUE (P.G) (Sous la Dir.), op. cit. p.1620

procédure de saisie des rémunérations du travail, d'autres considèrent que, toute personne détenant les rémunérations du travail appartenant au débiteur saisi, peut avoir la qualité de tiers saisi, le cas d'une banque par exemple. La question se pose lorsque les rémunérations du travail sont virées directement par l'employeur dans un compte bancaire ou lorsque le salarié a versé l'intégralité de son salaire dans un compte bancaire. Le créancier qui entend saisir lesdites sommes doit-il pratiquer une saisie des rémunérations ou une saisie-attribution des créances ? Cette question n'est pas sans intérêt pratique puisqu'elle trouve sa justification dans le principe de la fongibilité instantanée des créances.

En effet, selon ce principe, dès que les sommes d'argent sont versées dans un compte bancaire puis effectivement portées au crédit dudit compte, elles perdent leur nature propre et subséquemment le bénéfice de toute insaisissabilité qui leur était attachée pour devenir des simples articles portés au crédit d'un compte que l'on peut saisir sans tenir compte de leur nature salariale. Poussé à l'extrême, le principe de fongibilité des créances est porteur d'insécurité juridique pour le salarié qui ne pourra même pas invoquer l'insaisissabilité de la quotité saisissable. A ce sujet, Philippe FLORES affirme que si ce principe devait jouer sans nuance, il suffirait au créancier poursuivant d'attendre chaque mois l'encaissement des rémunérations ou allocations pour échapper aux barèmes de la saisie des rémunérations ou aux règles d'insaisissabilité[674].

Pour écarter le principe de la fongibilité des créances aux rémunérations du travail versées dans un compte bancaire, le législateur Ohada a précisé que les créances insaisissables dont le montant est versé sur un compte demeurent insaisissables (art.52 AUVE). Le créancier ne peut se soustraire à la procédure dictée pour saisir les sommes provenant des rémunérations du travail, nonobstant le fait que ces sommes soient versées dans un compte bancaire. C'est ainsi qu'il a été décidé que la mesure d'exécution forcée qui peut valablement être pratiquée sur un compte bancaire alimenté par des salaires est la saisie des rémunérations. Par conséquent, la saisie-attribution pratiquée est irrégulière et mainlevée doit en être ordonnée[675]. Le créancier ne peut

---

674 FLORES (Ph.), « Champ d'application de la saisie, la cession, les oppositions et l'avis à tiers détenteur des rémunérations du travail », Droit et Pratique des Voies d'Exécution in GUINCHARD (S) et MOUSSA (T.) (dir), op.cit. p. 907

675 TPI Yaoundé Centre Administratif, ord. n°819/C du 13 juillet 2004, Aff. Ella Ndo Jean Paul et Me Balla c/ Ella Ndo née Okoa Géneviève et autres, Ohadata J-04-419. Cette décision a suscité des critiques, certains estimant que si seule la procédure de saisie des rémunérations est possible auprès de l'employeur, celle-ci laisse la place à la saisie-attribution lorsque les salaires sont logés dans un compte bancaire où ils perdent leur nature juridique spécifique. Pour respectable qu'elle soit, cette position semble méconnaitre la pertinente des dispositions de l'article 52 AUVE qui indiquent que les créances insaisissables dont le montant est versé sur

légitiment pratiquer une saisie conservatoire de créances sur le compte bancaire recevant la pension de retraite de son débiteur, l'analyse du relevé de compte bancaire du saisi révélant qu'il s'agit d'un compte recevant la pension de retraite[676].

Il appartient à celui qui prétend que le compte saisi est alimenté uniquement par les rémunérations du travail de faire la preuve de ses allégations en produisant les pièces attestant ces faits[677], faute de quoi sa demande ne peut prospérer.

### B. La détermination de la quotité saisissable

La saisie des rémunérations du travail ne peut porter sur la totalité de la rémunération du travail, mais uniquement sur la fraction saisissable de celle-ci. En vertu de l'article 177 AUVE, les rémunérations ne peuvent être cédées ou saisies que dans les proportions déterminées par chaque État Partie. L'assiette servant au calcul de la partie saisissable de la rémunération est constituée par le traitement ou salaire brut global avec tous les accessoires, déduction faite :

- des taxes et prélèvements légaux obligatoires retenus à la source ;
- des indemnités représentatives de frais ;
- des prestations, majorations et suppléments pour charge de famille ;
- des indemnités déclarées insaisissables par les lois et règlements de chaque État Partie. Le total des sommes saisies où volontairement cédées ne peut, en aucun cas, fût-ce pour dettes alimentaires, excéder un seuil fixé par chaque État Partie.

Au Congo, la quotité saisissable est déterminée par le décret n°84/209 du 08 mars 1984 portant application de l'article 339 du Code de Procédure Civile, Commerciale, Administrative et Financière sur la saisie-arrêt des traitement et salaires. L'article 2 alinéa 2 dudit décret fixe la quotité saisissable à l'occasion du paiement de salaire mensuel ainsi qu'il suit :

- Du dixième sur la portion inférieure ou égale à 50.000 francs ;

---

un compte demeurent insaisissables, il s'opère donc un report d'insaisissabilité. En dépit de quelques critiques, la jurisprudence sanctionne régulièrement de nullité la saisie-attribution des créances pratiquées sur un compte bancaire alimenté essentiellement par les rémunérations de travail, en enjoignant au poursuivant de pratiquer une saisie des rémunérations pour mettre sous mains de justice les rémunérations de travail versées dans un compte bancaire (TPI de Ngaoundéré, Ord. n°09/ORD du 05 août 2011, Aff. L'adjudant-chef GUIDA Simon c/ BEGUEL Joseph et NKOU Marie Paule, Ohadata J-13-30).

[676] TPI Yaoundé-Ekounou, ord. n°449 du 19 novembre 2013, Aff. OLEMBE TSENGUE Oscar c/ NGUINI ATANGANA Paul, Ohadata J-14-122

[677] CA Littoral, arrêt n°152/REF du 18 août 2008, Aff. Dame NGANDJEU née MUKUETCHE Pauline c/ NGANDJEU Thomas Ohadata J-10-265

- Du cinquième sur la portion supérieure à 50.000 francs et inférieure à ou égale à 100.000 francs ;
- Du quart sur la portion supérieure à 100.000 F et inférieure ou égale à 150.000 F ;
- Du tiers sur la portion supérieure à 150.000 F et inférieure à 250.000 F ;
- De la moitié sur la portion supérieure à 250.000 F.

Au Cameroun la quotité saisissable du salaire est déterminée par l'article 2 (1) du décret n° 94/197/PM du 9 mai 1994 relatif aux retenues sur salaires pris en application des articles 75 et 76 du Code de Travail. Cette quotité est fixée à l'occasion de chaque paie de manière suivante : un dixième sur la portion inférieure ou égale à 18.750 francs par mois ; un cinquième sur la fraction supérieure à 18.750 francs et inférieure ou égale à 37.500 francs par mois ; un quart sur la portion supérieure à 37.500 et inférieure ou égale à 75.000 francs par mois ; un tiers sur la portion supérieure à 75.000 et inférieure ou égale à 112.500 francs par mois ; la totalité de la portion supérieure 142.500 francs.

L'article 178 AUVE précise que lorsqu'un débiteur perçoit de plusieurs payeurs les sommes saisissables ou cessibles dans les conditions prévues par le présent titre, la fraction saisissable est calculée sur l'ensemble de ces sommes. Les retenues sont opérées selon les modalités déterminées par la juridiction compétente.

L'on peut constater que la détermination de la quotité saisissable au sein des Etats parties au traité OHADA varie d'un pays à un autre. En dépit de cette disparité, une constante se dégage, l'idée est que la quotité insaisissable est proportionnelle au montant de la rémunération du débiteur. Ainsi, plus le salaire du débiteur est élevé, plus la fraction saisissable de sa rémunération l'est tout autant. Cet équilibre repose sur des considérations d'ordre humanitaire, puisqu'il faut permettre au débiteur de subvenir à ses besoins vitaux. Les ménages modestes consacrent l'essentiel de leurs ressources aux besoins vitaux, notamment aux dépenses alimentaires. En fixant une quotité insaisissable plus élevée au profit du salarié au revenu modeste, le législateur a permis au débiteur à ce qu'il puisse subvenir aux besoins vitaux sans être gêné fondamentalement par la saisie de ses rémunérations.

La règle de l'insaisissabilité d'une partie des rémunérations du travail n'est pas opposable aux créanciers d'aliments, qui peuvent poursuivre le paiement de leur pension alimentaire sur l'intégralité de la rémunération du débiteur y compris sur la quotité de la rémunération dite insalsissable. En droit congolais, cette règle est consacrée par l'article 2 alinéa 3 du décret n°84/209 du 08 mars

1984 précité, selon lequel, en cas de saisie-arrêt pour le paiement d'une pension alimentaire accordée par décision de justice, le montant de la créance alimentaire sera prélevé intégralement chaque mois sur la portion insaisissable de la rémunération. La portion saisissable pourra, le cas échéant être retenue en sus pour sureté des termes arriérés de la pension alimentaire.

L'application rigoureuse de cette règle peut conduire à des conséquences désastreuses pour le débiteur qui sera privé des ressources pour subvenir à ses besoins vitaux, ce qui peut lui pousser à quitter son travail et à travailler clandestinement. Pour mettre un terme aux conséquences néfastes de cette règle, la cour de cassation, décidait que l'application de cette règle ne devait pas priver le débiteur du minimum de survie[678], solution qui sera entérinée par le législateur français[679].

Il faut réserver l'hypothèse où le compte saisi est alimenté par les revenus du conjoint du débiteur. Dans ce cas l'article 53 AUVE dispose lorsqu'un compte même joint, alimenté par les gains et salaires d'un époux commun en biens, fait l'objet d'une mesure d'exécution forcée ou d'une saisie conservatoire pour le paiement ou la garantie d'une créance née du chef du conjoint, il est laissé immédiatement à la disposition de l'époux commun en bien une somme équivalente, à son choix, au montant des gains et salaires versés au cours du mois précédant la saisie ou au montant moyen mensuel des gains et salaires versés dans les douze mois précédant la saisie.

Par cette disposition, le législateur a tenu à protéger l'époux commun en bien qui n'est pas tenu personnellement de la dette, de devoir payer la dette contractée par son conjoint. Même lorsque le créancier poursuit le recouvrement d'une dette née de l'entretien du ménage, par la saisie des rémunérations de l'autre conjoint, il est tenu d'obtenir un titre exécutoire établissant le caractère commun de la dette. Il s'agit d'une condition préalable avant de poursuivre son exécution indistinctement sur les deux époux ou sur

---

[678]Civ, 2e, 10 oct. 1984, RTD civ, 1985. 218, obs. Perrot

[679]art.L.3252-5, al.2, Code du travail indique que le prélèvement direct du terme mensuel courant et des 6 derniers mois impayés des pensions alimentaires peut être poursuivi sur l'intégralité de la rémunération. Il est d'abord imputé sur la fraction insaisissable, puis s'il y a lieu, sur la fraction saisissable. Toutefois, dit l'alinéa 2 du même texte, dans tous les cas, une somme est laissée à la disposition du bénéficiaire de la rémunération qui correspond au montant forfaitaire de revenu de solidarité active mentionné au 2) de l'article L. 262-2 du Code de l'action sociale et des familles, fixé pour un foyer composé d'une seule personne. Cette dernière somme est donc totalement insaisissable, même pour le recouvrement d'une pension alimentaire. L'on peut noter que les textes applicables en matière de saisie des rémunérations du travail dans les Etats parties au Traité Ohada ne sont plus adaptés aux réalités économiques. En droit congolais ou camerounais, le débiteur d'aliments peut être légalement privé d'un minimum de survie du fait de la saisie de l'intégralité de sa rémunération par des créanciers d'aliment.

l'un deux. La condition selon laquelle que le titre vise les deux époux étant suffisante pour pratiquer la saisie sur les rémunérations d'un conjoint, ce débat sur le caractère commun de la dette ne pouvant être connu du juge statuant sur la demande de la saisie.

La doctrine a vu à travers cette disposition (53 AUVE) une régression des droits de la femme et une atteinte à l'émancipation de celle-ci consacrée par des nombreuses conventions internationales et dispositions nationales, notamment le bénéfice de certaines prérogatives du code civil reconnaissant, depuis toujours la libre disposition de son salaire sous tous les régimes, la protection des biens indispensables à l'exercice par elle d'une profession séparée et le renforcement de son indépendance professionnelle[680].

L'on ne saurait contester l'influence du régime matrimonial des époux sur les mesures d'exécution pratiquées à l'encontre d'un conjoint marié sous le régime de la communauté des biens. Il serait tout aussi réducteur de considérer que seul l'époux peut contracter des dettes qui peuvent impacter les revenus de son épouse alors que l'inverse est toujours possible. L'article 52 AUVE constitue en réalité un assouplissement de l'application rigoureuse de la solidarité instaurée par le régime matrimonial des époux en limitant l'impact que peut avoir la saisie des rémunérations d'un époux sur l'autre conjoint.

### § 2. La procédure

Contrairement à certaines mesures d'exécution qui nécessite l'intervention du juge qu'en cas de contestation, la saisie des rémunérations du travail est une procédure fondamentalement judiciaire. Sa mise en œuvre requiert l'intervention du juge, la détention d'un titre exécutoire par le créancier n'ayant à cet égard aucune conséquence sur la judiciarisation de la procédure.

La procédure est structurée en deux phases : le préliminaire de la tentative de conciliation (B) et la décision autorisant la saisie des rémunérations (C). Avant d'aborder ces deux phases un mot doit être dit sur l'introduction de la procédure (A).

#### A. La requête aux fins de saisie des rémunérations

La procédure de saisie des rémunérations est introduite par une requête introductive d'instance présentée au juge. L'article 179 AUVE dispose en effet que, la demande tendant à la conciliation préalable est formée par requête adressée à la juridiction compétente par le créancier. Cette requête contient :

---

[680] KUATE TAMEGHE (S.S), « Saisie des rémunérations », Encyclopédie du droit OHADA, POUGOUE (P.G) (Sous la Dir.), op. cit. p.1623

1) les nom, prénoms et adresse du débiteur ;
2) les nom, prénoms et adresse de son employeur ou s'il s'agit d'une personne morale, ses forme, dénomination et siège social ;
3) le décompte distinct des sommes réclamées en principal, frais et intérêts échus ainsi que l'indication du taux des intérêts ;
4) l'existence éventuelle d'un privilège ;
5) les indications relatives aux modalités de versement des sommes saisies.
Une copie du titre exécutoire est jointe à la requête[681].

Ces précisions permettent au greffier, lorsque viendra le moment de convoquer le débiteur, d'adresser la convocation à la bonne personne en réduisant à la portion congrue le risque de confusion de débiteur en cas d'homonymie parfaite. La requête est présentée au président de la juridiction, lequel, après un examen s'il estime l'action du requérant recevable, fixe la date de l'audience et transmet le dossier au greffier pour convoquer les parties.

Le greffier notifie au créancier par lettre recommandée avec accusé de réception ou par tout autre moyen laissant trace écrite, les lieu, jour et heure de la tentative de conciliation (art.180 AUVE), puis convoque le débiteur. Celui-ci est convoqué dans un délai d'au moins quinze jours avant l'audience, en lui indiquant les lieu, jour et heure de la tentative de conciliation. Le débiteur qui a reçu personnellement la convocation établie par le greffe plus de quinze jours avant l'audience et qui s'est présenté à l'audience de renvoi n'est pas fondé à invoquer la violation des dispositions de l'article 181 AUVE[682].

La convocation doit obéir à un formalisme très rigoureux et contenir les mentions prescrites à l'article 181 AUVE. Elle doit :
1) mentionner les nom, prénoms et adresse du créancier ou, s'il s'agit d'une personne morale, sa dénomination et son siège social ainsi que les lieu, jour et heure de la conciliation ;
2) contenir l'objet de la demande et l'état des sommes réclamées ;
3) indiquer au débiteur qu'il doit élever, lors de cette audience, toutes les contestations qu'il pourrait faire valoir et qu'une contestation tardive ne suspendrait pas le cours des opérations de saisie ;
4) indiquer également les conditions de sa représentation à cette audience.
A défaut de retour de l'avis de réception et si le débiteur ne comparaît pas, la juridiction compétente, si elle n'estime pas que les circonstances appellent une

[681]Le créancier qui produit une copie du titre exécutoire n'est pas autoriser à changer son titre en cours de procédure pour en substituer un autre. Si le créancier change son titre exécutoire en cours de procédure, il doit reprendre la procédure en introduisant une nouvelle requête, à laquelle il va joindre son titre exécutoire.
[682] CA Abidjan, arrêt civil contradictoire n°407 du 20 mars 2000, Aff. KOUASSI Grégoire c/ SONARECI et Agence Centrale Comptable, Ohadata J-06-125

nouvelle convocation de l'intéressé, rend une décision par laquelle elle procède aux vérifications prévues par l'article 182. Cette décision qui n'est pas susceptible d'opposition ne peut être attaquée que par la voie de l'appel.

Ces indications permettent au débiteur de préparer ses moyens de défense, dans l'hypothèse où celui-ci entend élever des contestations.

Toutes les diligences accomplies par le greffier doivent concourir à la bonne tenue de l'audience de conciliation. L'on peut remarquer qu'au stade de la conciliation, le législateur ne vise pas a priori la saisie des rémunérations du débiteur. Il accorde une chance à la conciliation en envisageant la saisie qu'en cas de non-conciliation. C'est ce qui justifie que l'article 179 AUVE ne mentionne l'expression même de la saisie des rémunérations, puisqu'il est simplement question de l'audience de conciliation.

### B. L'audience de conciliation

La tenue de l'audience de conciliation est un préalable obligatoire avant la mise en œuvre de la saisie des rémunérations qui s'impose aussi bien aux parties qu'au juge (1). Ce dernier n'a aucun pouvoir de dispenser les parties de cette audience pour passer directement à la phase de la saisie. L'audience de conciliation est sanctionnée par la rédaction d'un procès-verbal (2).

#### 1) - Un préalable obligatoire

La tentative de conciliation a été instituée pour éviter une exécution forcée sur les rémunérations du débiteur et préserver la confiance dans ses relations professionnelles avec son employeur. Il n'est pas exclu que les relations entre l'employeur et le débiteur se détériorent lorsque l'employeur est informé de la situation financière de son salarié, surtout lorsque celui-ci occupe les fonctions de comptable, de caissier ou tout autre fonction où il manipule les deniers de l'entreprise. Ces dettes ayant un caractère privé, point n'est besoin de les porter à la connaissance de son employeur sans avoir, au préalable, donné une chance au salarié de régler cette affaire lors de l'audience de conciliation.

L'audience de conciliation a un caractère obligatoire. Le défaut de la tenue de l'audience de conciliation, rend la procédure irrégulière et l'entache de nullité. Toutefois, la loi a institué des dérogations à ce principe, lequel connait trois exceptions dans quelques cas bien précis. Dans ces cas la conciliation n'est plus un préalable obligatoire.

Tout d'abord, le préalable de la conciliation ne s'applique pas au créancier qui entend intervenir à une procédure de saisie des rémunérations en cours, afin de participer à la répartition des sommes saisies (art.190 AUVE). Dans cette hypothèse, la procédure se trouve au stade de l'exécution, la conciliation initiée par le premier saisissant s'étant révélée infructueuse.

Ensuite, en cas de changement d'employeur, la saisie peut être poursuivie entre les mains du nouvel employeur, sans conciliation préalable, à la condition que la demande en soit faite dans l'année qui suit l'avis donné par l'ancien employeur conformément à l'article 186 AUVE. A défaut, la saisie prend fin. Si, en outre, le débiteur a transféré son domicile ou le lieu où il demeure dans le ressort d'une juridiction autre que celle qui est saisie, le créancier est également dispensé de conciliation préalable à la condition que la demande soit faite au greffe de cette juridiction dans l'année qui suit l'avis donné par l'ancien employeur (art.204 AUVE).

Enfin, La tentative de conciliation préalable ne s'applique pas au créancier d'aliment qui entend saisir les rémunérations du travail appartenant au débiteur. De même, lorsque l'Etat ou toute autre personne morale de droit public pratique une saisie sur les rémunérations de son débiteur par voie d'avis à tiers détenteur, la tentative de conciliation préalable ne s'impose pas.

L'audience de conciliation se tient à la date indiquée dans la convocation. Aussitôt l'audience ouverte, le juge va s'employer à concilier les parties. L'office du juge conciliateur est tributaire de la volonté des parties. Encore faut-il qu'elles comparaissent toutes les deux, pour amorcer la conciliation.

Il faut distinguer selon que les parties ont comparu ou non à la date fixée pour l'audience, ou si l'une des parties n'a pas comparu. Si les parties n'ont pas comparu, le juge peut décider de renvoyer l'affaire à une audience à la date qui sera fixée s'il estime que les circonstances appellent une nouvelle convocation des parties. Le greffier devra convoquer à nouveau les parties.

Si le débiteur n'a pas comparu, le juge doit s'assurer qu'il a été régulièrement cité et touché. Le retour de l'accusé de réception jointe à la lettre de convocation signé du débiteur devra lui donner les indications utiles et déterminer si le débiteur a été touché ou non. Si cette lettre porte la signature du débiteur, celui-ci est réputé avoir été touché. Dans le cas où l'avis de réception n'a pas été signé du débiteur, ou d'une personne laissant penser que le débiteur a été touché, ou à tout le moins lorsque l'avis n'est pas retourné au greffe, il va de soi qu'une nouvelle audience devra être fixée et le débiteur convoqué à nouveau. La Cour de cassation retient qu'en matière de saisie des rémunérations, lorsque le débiteur ne comparait pas à l'audience de conciliation, le juge ne peut se dispenser de faire citer le débiteur que s'il a la certitude que ce dernier a été régulièrement convoqué[683].

### 2) - Le procès-verbal de conciliation

En cas de conciliation, la procédure s'arrête. Le président assiste du greffier dresse le procès-verbal de la conciliation des parties[684]. Ce procès-verbal mentionne les conditions de l'arrangement qui met fin à la procédure. Il indique le calendrier des échéances de versement des sommes arrêtées par les parties jusqu'à épuisement de la dette, les éventuelles remises de dettes consenties par le créancier.

Les parties peuvent faire des concessions réciproques pouvant réduire substantiellement le montant de la créance contenu dans le titre exécutoire, ou augmenter le quantum de la créance en tenant compte des intérêts échus et des frais de la procédure. A l'issue de la conciliation, le procès-verbal de conciliation signé des parties, du greffier et du juge va supplanter le titre exécutoire dont le créancier est détenteur, pour poursuivre l'exécution, non pas du titre exécutoire initial dont la copie était jointe à la requête, mais du procès-verbal de conciliation, qui a seule vocation à être exécuté.

Si à l'issue de la conciliation, seul le procès-verbal y relatif doit s'appliquer, c'est parce que le titre exécutoire initial a fait l'objet d'un arrangement conventionnel. Le procès-verbal de conciliation signé par le juge et les parties constituant un titre exécutoire au sens de l'article 33-3AUVE.

A défaut de conciliation, il est procédé à la saisie après que le président ait vérifié le montant de la créance en principal, intérêts et frais et, s'il y a lieu, tranché les contestations soulevées par le débiteur.

## C. La décision autorisant la saisie des rémunérations

L'échec de la conciliation doit être acté par la rédaction d'un procès-verbal de non-conciliation signé par le président, les parties et le greffier. Les dispositions de l'article 182 al.3 AUVE peuvent laisser croire que la rédaction du procès-verbal de non-conciliation n'était pas indispensable puisque l'échec de la conciliation ouvre directement la voie à l'exécution forcée sur les rémunérations du débiteur, après que le président ait vérifié le montant de la créance en principal, intérêts et frais et, s'il y a lieu, tranché les contestations

---

683 Civ. 2e, 14 juin 2001, n°9-18.371, Bull. civ. II, n°120 ; D.2001, 2718, obs. P. Julien ; Gaz. Pal. 2002, 1, somm.250, obs. Véron ; RD banc.fin. 2001, 294, note Lucas et Deleci

684 D'ordinaire, le procès-verbal est dressé par le greffier audiencier sous la supervision du juge puis signé par les parties, le greffier et le juge. Cependant le texte de l'article 182 al. 1 AUVE précise que le procès-verbal est dressé par le président assisté du greffier.

soulevées par le débiteur. Pourtant, le texte de l'article 182 AUVE al. 1 indique le contraire, dans la mesure où le président, assisté du greffier, dresse procès-verbal de comparution des parties, qu'elle soit ou non suivie de conciliation, ou de la comparution de l'une d'elles.

A noter que le président doit procéder aux vérifications prévues a l'article 182 par ordonnance susceptible d'appel, préalablement a la saisie. Cette ordonnance doit, le cas échéant statuer sur d'éventuelles contestations soulevées par le débiteur.

La fixation de la quotité saisissable mensuellement requiert la production préalable du bulletin de salaire du débiteur. La question peut se poser de savoir à qui incombe la charge de produire le bulletin de salaire. L'on peut dans un premier temps, estimer qu'il appartient au débiteur de produire son bulletin de salaire. Mais le débiteur peut s'y opposer, il n'est pas exclu que ce bulletin fasse l'objet des manœuvres frauduleuses de la part du débiteur pour fausser la sincérité des écritures, dans le dessein de dissimuler ses véritables revenus au créancier. Il serait donc préférable que ce bulletin soit produit par un tiers à la procédure, notamment par l'employeur.

Or, à ce stade, l'employeur n'est pas informé de sa qualité de tiers saisi, puisque l'acte de saisie ne lui sera notifié par le greffier, par lettre recommandée avec accusé de réception que dans les huit jours de l'audience de non-conciliation ou dans les huit jours suivant l'expiration des délais de recours si une décision a été rendue.

Certains avaient soutenu qu'en cas de non-conciliation, le juge doit rendre une ordonnance avant dire droit, prescrivant à l'employeur tiers saisi en devenir, la production du bulletin de salaire du débiteur. En réalité, le juge n'a pas à rendre une telle ordonnance, cette question étant résolue par les dispositions de l'article 184 AUVE qui sera examiné dans la mise en œuvre de la saisie.

Si le juge dispose des pouvoirs très étendus dans l'hypothèse où le débiteur soulèverait des contestations, il n'a cependant aucun pouvoir pour remettre en cause le titre exécutoire sur le fondement duquel le créancier poursuivant entend pratiquer la saisie. Cela n'empêche pas le débiteur de contester le titre exécutoire devant le juge de la conciliation. Il arrive que le débiteur découvre le titre exécutoire à l'audience de conciliation et décide de le contester devant la juridiction compétente. C'est le cas lorsque le créancier est détenteur d'une ordonnance d'injonction de payer revêtue de la formule exécutoire et que le débiteur qui prétend n'avoir jamais reçu signification de cette ordonnance décide de former opposition. Dans ces conditions, le créancier ne pouvant poursuivre la saisie des rémunérations sur le fondement d'une ordonnance objet d'une opposition, le président de la juridiction doit renvoyer l'affaire *sine die*, dans l'attente de la décision de la juridiction saisie de l'opposition. De même, le juge doit renvoyer l'affaire *sine die* lorsque le titre exécutoire est un jugement non signifié au débiteur et celui-ci décide de relever appel.

Selon l'article 182 alinéa 3 AUVE à défaut de conciliation, il est procédé à la saisie après que le président ait vérifié le montant de la créance en principal, intérêts et frais et, s'il y a lieu, tranché les contestations soulevées par le débiteur, lesquelles contestations peuvent même porter sur le fond du droit.

Ce texte ne doit pas être pris au pied de la lettre, parce que son caractère laconique ne doit pas occulter les règles de procédures à suivre dans la conduite des débats, du déroulement de l'audience jusqu'à l'intervention de la décision.

En effet, la procédure à suivre est celle qui gouverne les audiences des référés et dans l'hypothèse où le débiteur a soulevé une contestation, le juge doit respecter le principe du contradictoire ainsi que les règles qui gouvernent le déroulement de la procédure contentieuse. Il doit renvoyer l'affaire à la prochaine audience pour permettre au créancier de répondre au moyen soulevé par le débiteur. Advenue cette audience, le débiteur peut également solliciter un renvoi que le juge doit lui accorder afin de répondre à son tour aux observations du créancier. Le président de la juridiction doit veiller à ce que la procédure ne s'enlise pas et lorsque l'affaire est en l'état d'être jugée, elle sera mise en délibéré pour décision être rendue à la date fixée.

Le juge doit veiller au bon déroulement de l'instance et impartir aux parties des délais assez brefs pour répondre aux écritures de leur contradicteur. Les manœuvres dilatoires du débiteur n'étant pas à exclure en ce domaine. Par ailleurs, lorsque l'affaire est mise en délibérée, le juge devra la vider dans un délai raisonnable. La décision vidant les contestations pouvant faire l'objet d'appel dans un délai de quinze jours. Ce n'est que huit jours, après l'expiration de ce délai que l'exécution de la saisie peut intervenir.

Du reste, le débiteur qui entend interjeter appel de l'ordonnance autorisant la saisie est tenu de le faire dans le délai de quinze jours, l'appel contre l'ordonnance autorisant la saisie doit être déclaré irrecevable comme tardif, dès lors qu'il a été relevé plus de quinze jours à compter de son prononcé[685].

---

[685]CA Daloa, arrêt civil contradictoire, 2e ch. civ.& com. n° 178 du 25 aout 2004, Aff. YEO OUAWOTIEN Ernest c/ 1°)- Etat de Côte d'Ivoire, 2 Société E.B.M.(Entreprise Bamba Mamadou), 3°) BAMBA MAMADOU, Ohadata J-08-2004

### § 3. L'exécution de la saisie

Une autre spécificité de la saisie des rémunérations du travail réside en ce que la saisie est pratiquée par le greffier et non par un huissier de justice comme c'est le cas pour les autres mesures d'exécution. La rédaction de l'acte de saisie doit obéir à certaines précisions(A). Cet acte, notifié à l'employeur entraine des conséquences (B).

#### A. L'acte de saisie

Aux termes de l'article 184 AUVE, l'acte de saisie contient :

1) les noms, prénoms et domiciles du débiteur et du créancier ou, s'il s'agit de personnes morales, leur forme, dénomination et siège social ;

2) le décompte distinct des sommes pour lesquelles la saisie est pratiquée, en principal, frais et intérêts échus ainsi que l'indication du taux des intérêts ;

3) le mode de calcul de la fraction saisissable et les modalités de son règlement ;

4) l'injonction de déclarer au greffe, dans les quinze jours, la situation de droit existant entre lui-même et le débiteur saisi et les éventuelles cessions ou saisies en cours d'exécution ainsi que toute information permettant la retenue lorsque la saisie est pratiquée sur un traitement ou salaire payé sur les fonds publics ;

5) la reproduction des articles 185 à 189.

##### 1) -La notification de la saisie

Le greffier notifie l'acte de saisie à l'employeur, par lettre recommandée avec accusé de réception ou tout moyen laissant trace écrite. Si le débiteur avait élevé des contestations à l'audience de conciliation, le greffier doit s'assurer que l'ordonnance vidant la contestation n'a pas fait l'objet d'appel. La production du certificat de non-appel n'est pas indispensable, une vérification dans le registre d'appel est suffisante.

L'acte de saisie doit être notifié à l'employeur. Certes l'article 184 AUVE ne l'indique pas, mais en pratique, le greffier notifie également au débiteur et au créancier l'acte de saisie sur simple lettre.

##### 2) -Les effets de la saisie

La notification de l'acte de saisie frappe d'indisponibilité la quotité saisissable du salaire. L'employeur adresse tous les mois au greffe ou à l'organisme spécialement désigné à cet effet par chaque État Partie le montant des sommes retenues sur la rémunération du saisi, sans excéder la portion saisissable. Il est valablement libéré sur la seule quittance du greffier ou par l'avis de réception du mandat délivré par l'administration des postes. Le tiers saisi joint à chaque versement une note indiquant les noms des parties, le montant de la somme versée, la date et les références éventuelles de l'acte de saisie qui lui a été notifié (art.188 AUVE). Le versement est fait par chèque émis à l'ordre du créancier saisissant adressé chaque mois au greffe qui se chargera de le transmettre au créancier.

Par contre, si la saisie est pratiquée par plusieurs créanciers, le chèque est émis à l'ordre du greffier. Il n'appartient pas à l'employeur de procéder directement au versement des sommes saisies au créancier poursuivant. L'article 197 AUVE prescrit au greffier l'obligation de porter dans un compte bancaire par lui ouvert dans un établissement bancaire ou postal ou au Trésor, les versements effectués par le tiers saisis en cas de pluralité d'employeur.

### B. Les obligations de l'employeur tiers saisi

La notification de l'acte de saisie à l'employeur engendre des obligations pour ce dernier liées notamment à sa qualité de tiers saisi. L'employeur est tenu de faire la déclaration prévue à l'article 184 -4° AUVE. Il doit déclarer au greffe, dans les quinze jours suivant la notification, la situation de droit existant entre lui-même et le débiteur saisi et les éventuelles cessions ou saisies en cours d'exécution ainsi que toute information permettant la retenue lorsque la saisie est pratiquée sur un traitement ou salaire payé sur les fonds publics.

L'inobservation de cette obligation entraine des sanctions pour le tiers saisi ainsi qu'il a été précisé à l'article 185 AUVE. Selon ce texte, l'employeur qui, sans motif légitime, n'a pas effectué la déclaration prévue à l'article 184-4° ou qui a effectué une déclaration mensongère peut être déclaré, par la juridiction compétente, débiteur des retenues à opérer et condamné aux frais par lui occasionnés sans préjudice d'une condamnation à des dommages-intérêts.

De même, l'employeur est tenu d'informer le greffe et le saisissant, dans les huit jours, de toute modification de ses relations juridiques avec le saisi, de nature à influer sur la procédure en cours (art.185 AUVE). Ce peut être la rupture du contrat de travail, la survenance d'un accident de travail, d'un congé maternité, le changement d'employeur ou de tout autre évènement susceptible de compromettre la saisie en cours.

Si l'employeur omet d'effectuer les versements, la juridiction compétente rend à son encontre une décision le déclarant personnellement débiteur. La décision est notifiée par le greffier ou par le créancier par lettre recommandée avec avis de réception ou par tout autre moyen laissant trace écrite, dans les trois jours de sa date. Avis en est donné au débiteur et, le cas échéant, au créancier. Le tiers saisi dispose d'un délai de quinze jours à compter de la notification de la décision pour former opposition au moyen d'une déclaration au greffe. La décision non frappée d'opposition dans la quinzaine devient définitive. Elle est exécutée à la requête de la partie la plus diligente sur une expédition délivrée par le greffier et revêtue de la formule exécutoire (art.189 AUVE).

Les obligations de l'employeur en matière de saisie des rémunérations du travail sont proches de celles du tiers saisi en matière de saisie-attribution des créances. L'employeur peut être condamné au paiement des retenues à opérer, en cas de déclaration mensongère sans préjudice d'une condamnation à des dommages-intérêts. Cependant, le législateur a allégé les contraintes de l'employeur afin de ne pas l'incommoder davantage. L'employeur pouvant être contrarié par ce surplus de travail que constitue sa qualité de tiers saisi, occasionné par l'indélicatesse d'un salarié qui ne paie pas ses dettes. Ce qui explique, qu'un délai de quinze jours suivant la notification de l'acte de saisie lui ait été imparti pour faire la déclaration sur la situation de droit existant entre lui-même et le débiteur saisi et les éventuelles cessions ou saisies en cours d'exécution, alors qu'en matière de saisie-attribution des créances, l'article 156 AUVE fait obligation au tiers saisi de déclarer sur-le-champ l'étendue de ses obligations à l'égard du débiteur ainsi que les modalités qui pourraient les affecter et, s'il y a lieu, les cessions de créances, délégations ou saisies antérieures.

Si la jurisprudence se montre assez indulgente envers l'employeur qui aurait manqué à ses obligations, rares sont les créanciers qui poursuivent les employeurs pour manquement à leurs obligations pour obtenir leur condamnation au paiement des retenues à opérer sur le salaire du débiteur et aux frais par lui occasionnés ou encore à la condamnation à des dommages-intérêts.

En pratique, lorsque l'employeur a omis d'opérer des retenues sur le salaire du débiteur pendant un laps de temps, le greffier se chargera de lui adresser un courrier sous forme de mise en demeure, en lui rappelant ses obligations et les sanctions qu'il encourt. La réponse de l'employeur permettra d'apporter des précisions utiles ayant justifié sa carence, s'il s'agit d'une omission ou au contraire si le contrat de travail le liant au salarié débiteur a été résilié.

### C. La répartition des fonds

La répartition des fonds est effectuée par le greffier qui est le dépositaire des sommes prélevées par l'employeur sur le salaire du débiteur.

Il faut distinguer selon que les fonds saisis sont à repartir entre plusieurs créanciers où lorsqu'ils doivent être versés entre les mains d'un seul créancier.

Lorsqu'il n'existe qu'un seul créancier saisissant, le greffier verse à celui-ci ou à son mandataire muni d'un pouvoir spécial, le montant de la retenue effectuée dès qu'il l'a reçue de l'employeur. Émargement doit être donné sur le registre prévu à l'article 176, la loi faisant obligation au greffier de mentionner dans ce registre tout mouvement de fonds (art. 195 AUVE). Le versement au créancier saisissant doit intervenir aussitôt que le greffier a reçu les fonds de l'employeur.

En cas de pluralité de saisies, la répartition des fonds nécessite d'autres procédés. Les créanciers viennent en concours sous réserve des causes légitimes de préférence. Les versements effectués par le tiers saisi sont obligatoirement portés dans un compte ouvert par le greffier dans un établissement bancaire. Le greffier opère les retraits pour les besoins des répartitions en justifiant de l'autorisation du président de la juridiction compétente, lequel procède à la répartition des sommes encaissées chaque trimestre dans la première semaine des mois de février, mai, août et novembre (art.198 AUVE). La répartition des fonds par trimestre permet de rassembler un montant conséquent pour permettre à chaque créancier d'obtenir une somme appropriée, fût-elle modeste au regard des revenus du débiteur.

Le greffier dresse un procès-verbal indiquant le montant des frais à prélever, le montant des créances privilégiées, s'il en existe, et le montant des sommes attribuées aux autres créanciers. Le greffier notifie l'état de répartition à chaque créancier et lui verse le montant lui revenant. Les sommes ainsi versées aux créanciers sont quittancées sur le registre prévu à l'article 176 (art. 198 AUVE). La question se pose de savoir si le greffier doit percevoir une commission à prélever directement sur les sommes reçues ou non.

Les orientations de la CCJA devront permettre de confirmer ou d'interdire cette pratique qui consiste pour le greffier en chef de prélever les frais sur les sommes reçues. Le fait pour le législateur OHADA d'avoir indiqué que le greffier dresse un procès-verbal indiquant le montant des frais à prélever induit que le greffier doit prélever des frais sur les fonds reçus. D'ailleurs, la mise en œuvre de la procédure engendre des frais, le greffier ayant l'obligation notamment d'ouvrir un compte dans un établissement bancaire ou postal.

Préalablement à la répartition des fonds, le greffier doit notifier l'état de répartition à chaque créancier, avant de lui verser le montant lui revenant. L'état de répartition peut être contesté dans le délai de quinze jours de sa notification par opposition formée au greffe (art. 200 AUVE). C'est l'occasion pour les autres créanciers qui entendent contester l'intervention initiée par un créancier de porter la contestation devant le juge. Lors de la procédure en contestation, les sommes revenant au créancier intervenant sont consignées au greffe. Elles lui sont remises que si la contestation est rejetée, dans le cas contraire, ces sommes sont distribuées aux créanciers ou restituées au débiteur selon le cas (art.199 AUVE).

### § 4. Les incidents de la saisie des rémunérations

Si de manière générale, le vocable incident renvoie aux contestations soulevées lors du déroulement de la procédure, en matière de saisie des rémunérations du travail, l'incident n'est pas toujours synonyme de contestation. Au nombre des incidents, il convient d'indiquer le concours des saisies (A), le changement d'employeur et de domicile du débiteur (B). Le juge saisi de la contestation peut donner la mainlevée de la saisie (C).

#### A. Le concours des saisies

L'intervention d'un autre créancier à la procédure de saisie des rémunérations déjà en cours d'exécution constitue l'incident le plus fréquent dans cette procédure. L'intervention est formée par requête remise ou adressée à la juridiction compétente contre récépissé. La requête contient les énonciations requises par l'article 179 AUVE. A cet effet, le créancier intervenant notifie cette intervention par lettre recommandée avec avis de réception ou par tout autre moyen laissant trace écrite, au débiteur ainsi qu'aux créanciers qui sont déjà dans la procédure (art.191 AUVE).

L'intervention peut être contestée par déclaration au greffe de la juridiction compétente à tout moment de la procédure de saisie. En ce cas, la contestation est jointe à la procédure en cours. Le débiteur peut encore, la saisie terminée, agir en répétition de l'indû contre l'intervenant qui aurait été indûment payé (art.192 AUVE).

De même, un créancier, partie à la procédure peut, par voie d'intervention, réclamer les intérêts échus et les frais et dépens liquidés ou vérifiés depuis la saisie (art.193 AUVE)

#### B. Le changement d'employeur et de domicile du débiteur

Sans être considéré comme un incident au sens propre du terme, le changement d'employeur et le changement de domicile du débiteur doivent être considérés comme des incidents de la saisie des rémunérations du travail dans la mesure où, ils peuvent perturber la bonne exécution de la saisie en cours.

S'agissant du changement de l'employeur, l'article 204 AUVE dispose qu'en cas de changement d'employeur, la saisie peut être poursuivie entre les mains du nouvel employeur, sans conciliation préalable, à la condition que la demande en soit faite dans l'année qui suit l'avis donné par l'ancien employeur conformément à l'article 186 AUVE. A défaut, la saisie prend fin. Si, en outre, le débiteur a transféré son domicile ou le lieu où il demeure dans le ressort d'une juridiction autre que celle qui est saisie, le créancier est également dispensé de conciliation préalable à la condition que la demande soit faite au greffe de cette juridiction.

Lorsque, sans changer d'employeur, le débiteur transfère son domicile ou le lieu où il demeure hors du ressort de la juridiction saisie de la procédure, celle-ci est poursuivie devant cette juridiction. Les dossiers des saisies susceptibles d'être ensuite pratiquées contre le débiteur lui sont transmis. Le greffe avise les créanciers (art.204 AUVE). Si le créancier transfère son domicile ou le lieu où il demeure, il en informe le greffe à moins qu'il n'ait comparu par mandataire.

### C. La mainlevée de la saisie

Aux termes de l'article 201 AUVE, la mainlevée de la saisie résulte, soit d'un accord du ou des créanciers, soit de la constatation, par le président de la juridiction compétente, de l'extinction de la dette. Il s'infère que la mainlevée de la saisie peut intervenir de manière amiable à la suite d'un accord donné par le créancier poursuivant, lorsque la mesure est pratiquée par un seul créancier. L'accord unanime de tous les créanciers étant indispensable dès lors que la saisie est poursuivie par plusieurs créanciers.

A défaut de la mainlevée amiable, la mainlevée peut être ordonnée par le président de la juridiction, saisi par le débiteur. En portant la contestation devant le président de la juridiction, le débiteur peut estimer avoir désintéressé intégralement tous les créanciers au regard des retenues effectuées sur son salaire par l'employeur.

Si le président de la juridiction constate qu'effectivement la créance cause de la saisie a été intégralement payée, il donne mainlevée de la saisie. Sa décision est susceptible d'appel dans un délai de quinze jours. Elle est notifiée à l'employeur dans les huit jours.

## Section 2
## La cession des rémunérations

La cession des rémunérations est régie par les articles 205 à 212 de l'AUVE[686]. Il s'agit d'une déclaration faite au greffe, volontairement par le salarié débiteur, désireux de solder la dette de son créancier, afin que son employeur puisse directement verser aux mains de son créancier mensuellement une partie de ses rémunérations dans la limite de la quotité saisissable.

Pourtant, au-delà des apparences, la cession des rémunérations ne traduit pas toujours la bonne foi du débiteur, elle est souvent le résultat des pressions exercées par le créancier sur le débiteur, pour le contraindre à lui céder ses rémunérations et lui éviter la recherche hasardeuse d'un titre exécutoire et/ou le concours des autres créanciers. Il n'est pas rare en effet, qu'un créancier subordonne l'octroi d'un prêt au débiteur, à la cession des rémunérations de ce dernier. De même, le débiteur peut consentir une cession des rémunérations pour se soustraire aux poursuites des autres créanciers. Le risque de fraude ne pouvant être ignoré.

Pour encadrer les éventuelles cessions des rémunérations frauduleuses, le législateur a donné la possibilité aux créanciers dont les droits sont préjudiciés de contester cette cession en introduisant une action en annulation de la cession. L'article 211 AUVE dispose que s'il existe de fortes présomptions que la cession a été faite en fraude de ses droits, tout saisissant, exerçant l'action en annulation, peut obtenir de la juridiction statuant en matière d'urgence la consignation des retenues entre les mains du greffier jusqu'à la décision définitive sur le fond.

Le domaine d'application de la cession des rémunérations du travail est le même que celui de la saisie des rémunérations du travail. Nous examinerons la procédure de la mise en œuvre de la cession (§1) avant d'aborder les incidents de cette procédure (§2).

### § 1. La procédure

La cession des rémunérations débute par la déclaration du cédant au greffe du tribunal du lieu de son domicile (A). Cette déclaration permet à l'employeur de procéder au paiement direct du créancier (B).

---

686 La cession des rémunérations du travail est un acte volontaire, au terme duquel une personne se déclare débitrice d'une autre et demande que la fraction cessible de ses rémunérations, soit versée à son créancier jusqu'à extinction de la dette.

### A. La déclaration du débiteur cédant

La procédure débute par une déclaration du débiteur cédant faite au greffe du tribunal compétent de son domicile ou du lieu où demeure le débiteur, dans les conditions définies à l'article 205 de l'AUVE. Le débiteur doit effectuer cette déclaration au greffe personnellement, il ne peut effectuer cette formalité par mandataire ni se faire représenter par son avocat.

Aux termes de l'article 205 de l'AUVE, la cession des traitements et salaires ne peut être consentie, quel qu'en soit le montant, que par déclaration du cédant en personne, au greffe de la juridiction de son domicile ou du lieu où il demeure. La déclaration doit indiquer le montant et la cause de la dette pour le paiement de laquelle la cession est consentie ainsi que le montant de la retenue devant être opérée à chaque paiement de la rémunération. Cette déclaration est transmise au président de la juridiction qui effectue des vérifications pour s'assurer que la cession des rémunérations reste dans la limite de la quotité saisissable compte tenu éventuellement des retenues déjà effectuées sur le salaire du cédant conformément à l'article 206 AUVE. Une fois la cession approuvée, le greffier mentionne la déclaration du cédant sur le registre prévu par l'article 176. Une copie de la déclaration est notifiée[687]à l'employeur en indiquant:
- le montant mensuel du salaire du cédant ;
- le montant de la quotité cessible ainsi que le montant des retenues à effectuer pour chaque salaire au titre de la cession consentie. La déclaration du cédant est remise ou notifiée au cessionnaire par simple lettre.

Le contrôle du président de la juridiction ne porte que sur le respect de la quotité saisissable par le cédant pour tenir compte, d'éventuelles retenues déjà opérées sur son salaire. Si le président de la juridiction constate que le montant de la retenue consentie par le débiteur est disproportionné, ou n'est pas conforme au montant de la quotité cessible fixé par la loi, il le ramène à des justes proportions. Il autorise la cession dans la limite de la quotité cessible, en rectifiant le montant de la quotité cessible et le montant des retenues à effectuer par l'employeur pour chaque salaire. C'est cette déclaration réajustée qui sera mentionnée sur le registre prévu par l'article 176 et dont copie sera notifiée à l'employeur et remise au cessionnaire.

Par contre, le président de la juridiction ne dispose pas d'éléments nécessaires pour effectuer un contrôle sur la réalité de la créance alléguée. Cette absence de contrôle est source de fraude, le cédant pouvant trouver un

[687] Cette notification doit être faite par lettre recommandée avec accusé de réception, afin de s'assurer que l'employeur a effectivement reçu copie de la déclaration.

homme lige pour en faire un créancier, qui lui reverserait les sommes ainsi perçues auprès de l'employeur, moyennant une commission.

Contrairement à la saisie des rémunérations du travail dont la procédure ne peut être déclenchée que sur le fondement d'un titre exécutoire, la mise en œuvre d'une cession des créances n'est pas subordonnée à la détention d'un titre exécutoire constatant une créance liquide et exigible par le cessionnaire, de sorte que le cédant peut confectionner, avec l'appui d'un tiers, un acte sous seing privé pour le besoin de la cause, et faire la déclaration au greffe du tribunal.

Le législateur devra mieux encadrer cette procédure louable au départ, mais pervertie et détournée de son but initial par le débiteur de mauvaise foi, pour se dérober aux poursuites initiées par des vrais créanciers. Il serait judicieux, après la déclaration du cédant, que la comparution personnelle du futur cessionnaire soit exigée, lors d'une audience de vérification. Au cours de cette audience, le président de la juridiction devra procéder aux vérifications de la réalité de la créance cause de la cession. A l'issue de cette audience, le président de la juridiction, autoriserait la cession préalable au paiement du cessionnaire.

### B. Le paiement du cessionnaire

L'employeur verse directement au cessionnaire le montant des retenues sur production d'une copie de la déclaration de cession. En cas de refus, l'employeur peut être contraint au payement des sommes régulièrement cédées dans les conditions prévues par l'article 189 (art. 207 AUVE). Cependant, en cas de survenance d'une saisie, le cessionnaire est de droit, réputé saisissant pour les sommes qui lui restent dues, et entre en concours avec les autres créanciers saisissants.

## § 2 : Les incidents

Les principaux incidents qui jalonnent la cession des créances sont le concours des saisis (A) et la contestation de la cession par d'autres créanciers (B).

### A. Le concours des saisies

Le versement direct des retenues aux créanciers opérées dans le cadre d'exécution de la cession des rémunérations peut être perturbé par la survenance d'une saisie des rémunérations du travail.

En effet, aux termes de l'article 209 AUVE, dans le cas de survenance d'une saisie, le greffier notifie l'acte de saisie au cessionnaire, l'informe qu'il viendra en concours avec le saisissant pour la répartition des sommes saisies et l'invite à produire un relevé de ce qui reste dû. Le greffier informe également l'employeur que les versements devront désormais être effectués au greffe.

Le cessionnaire devra retrouver ses droits qu'il tenait de l'acte de cession si la saisie prend fin avant la cession. Le greffier avise l'employeur et l'informe que les sommes cédées doivent à nouveau être versées directement au cessionnaire. Il en avise également ce dernier.

### B. La contestation de la cession

S'il existe de fortes présomptions que la cession a été faite en fraude de ses droits, tout saisissant, exerçant l'action en annulation, peut obtenir de la juridiction statuant en matière d'urgence la consignation des retenues entre les mains du greffier jusqu'à la décision définitive sur le fond (article 211 AUVE). L'article 212 ajoute que le greffier, d'office ou sur la réquisition de la partie la plus diligente, procède à la radiation de la mention sur le registre prévu par l'article 176 et en avise immédiatement le débiteur cédé et l'employeur par lettre recommandée avec avis de réception ou par tout autre moyen laissant trace écrite en cas :

- d'annulation judiciaire de la cession ;
- de résiliation amiable de la cession par déclaration du cessionnaire souscrite dans les formes de l'article 205 ;
- de paiement de la dernière échéance prévue pour parfaire l'exécution de la cession.

## Section 3
## Les règles particulières au recouvrement des pensions alimentaires

Le recouvrement des pensions alimentaires est prévu aux articles 213 à 217 de L'AUVE. Cette procédure qui est souvent comparée à une saisie-attribution des créances au formalisme simplifié, permet au créancier d'une pension alimentaire de saisir entre les mains d'un tiers débiteur (employeur ou tiers) des sommes revenant à son débiteur, constitué de salaires, rémunérations, traitement et pensions payés au débiteur d'aliments pour en obtenir directement le paiement.

La procédure de paiement direct de pensions alimentaires permet au créancier d'aliments d'obtenir le recouvrement rapide de sa pension et s'assurer du versement régulier de ladite pension. Il faut dire que le non-paiement d'une pension alimentaire engendre souvent des drames sociaux.

Pour prétendre mettre en œuvre la procédure de recouvrement direct d'une pension alimentaire (§2), le créancier doit au préalable satisfaire aux conditions d'ouverture (§1) afin d'en obtenir le paiement (§3).

### § 1 : Les conditions d'ouverture

Le paiement direct des pensions alimentaires obéit à trois conditions d'ouverture à savoir la justification d'une créance alimentaire (A), la détention d'un titre exécutoire(B) et la défaillance du débiteur dans le paiement de la créance (C).

#### A. La nécessité d'une créance alimentaire

Le recouvrement d'une pension alimentaire n'est ouvert qu'au créancier justifiant d'une créance alimentaire. La formule parait redondante, mais elle a l'avantage de la précision. Elle permet d'exclure du bénéfice de cette procédure, tout autre créancier ne justifiant pas d'une créance alimentaire.

Par pension alimentaire, il faut entendre toute somme d'argent versée mensuellement pour faire vivre une personne dans le besoin, en exécution d'une obligation alimentaire[688], du devoir de secours ou d'une obligation d'entretien. L'obligation alimentaire trouvant sa source dans la nécessité d'assurer la subsistance d'une personne avec laquelle il existe un lien de parenté ou d'alliance[689]. Pour justifier une mesure d'exécution forcée, la pension alimentaire doit être consacrée par un titre exécutoire.

#### B. La détention d'un titre exécutoire

La pension alimentaire dont le créancier poursuit le recouvrement doit avoir été fixée par une décision de justice exécutoire. Elle résulte souvent d'une décision condamnant le débiteur au paiement d'une pension alimentaire. Toute décision ayant alloué une pension alimentaire dans la diversité des situations à connaitre, peut justifier la mise en œuvre de la procédure de paiement direct de pension alimentaire.

L'article 213 AUVE dispose en effet, que les créanciers d'aliments peuvent, en vertu d'un titre exécutoire, pratiquer une saisie simplifiée sur la

---

688L'article 305 du Code de la famille définit l'obligation alimentaire comme étant cette obligation qui rend une personne débitrice d'une autre pour la satisfaction des besoins essentiels de la vie du créancier. Cette obligation alimentaire n'est due que si la personne qui réclame les aliments justifie des besoins vitaux auxquels elle ne peut faire face par son travail, à condition bien entendu que la personne poursuivie ait des ressources suffisantes pour fournir des aliments.
689FLORES (Ph.), « Le recouvrement des pensions alimentaires », Droit et Pratique des Voies d'Exécution, GUINCHARD (S) et MOUSSA (T.) (sous dir), op.cit. p. 962

partie saisissable des salaires, rémunérations, traitements et pensions payés au débiteur d'aliments sur des fonds publics ou particuliers.

En droit français la question s'était posée après la réforme des procédures civiles d'exécution mobilière issue de la loi n°91-650 du 9 juillet 1991 et son décret d'application du 31 juillet 1992, les dispositions générales de la loi en ses articles 2 et 3 lesquels subordonnent l'exercice des voies d'exécutions à la justification d'un titre exécutoire quelconque.

Or, l'article 1er de la loi n°73-5 du 2 janvier 1973 créant le paiement direct des pensions alimentaires aux termes duquel « la demande en paiement direct sera recevable dès qu'une échéance d'une pension alimentaire, fixée par une décision judiciaire, devenue exécutoire, n'aura pas été payée à son terme » paraissait plus restrictive, en ce qu'elle limitait la procédure de paiement direct au seul détenteur d'un titre exécutoire judiciaire. Saisi de la question, la Cour de cassation interprétant de manière restrictive la loi du 2 janvier 1973, a estimé que le paiement direct de pension alimentaire n'est ouvert qu'au créancier justifiant une décision judiciaire exécutoire, le bénéficiaire d'un contrat judiciaire, ou d'une convention même homologuée par le juge ne pouvant utiliser cette procédure[690]. Il en découle que le bénéficiaire d'un acte notarié revêtu de la formule exécutoire, ou le détenteur d'un procès-verbal de conciliation signés par le juge et les parties ne peuvent prétendre au recouvrement des pensions alimentaires suivant la procédure de recouvrement simplifié de recouvrement.

La conception restrictive retenue en droit français ne peut être transposée en droit Ohada, nonobstant la filiation légistique existant entre l'AUVE et la loi portant réforme des procédures civiles d'exécution mobilière du 9 juillet 1991. Ainsi, à défaut d'indications supplémentaires du législateur communautaire et des précisions contraires de la CCJA, le terme de *« titre exécutoire »* contenu à l'article 213 AUVE, doit à priori renvoyer à tous les titres exécutoires visés à l'article 33 AUVE, et donc pas uniquement aux décisions judiciaires devenues exécutoire comme c'est le cas en droit français.

Cette distinction ayant été apportée, il est constant qu'en pratique, les décisions fondant les procédures simplifiées de recouvrement sont constituées des décisions de justice. Pour autant, le détenteur d'un titre exécutoire mentionné à l'article 33 AUVE est éligible à la procédure de recouvrement de pensions alimentaire.

En plus de la détention du titre exécutoire, une défaillance du débiteur est requise pour justifier l'ouverture de cette procédure.

---

[690]Civ. 2e,7 mars 2002, Bull. civ II, n°29, RTD civ 2002, 567, obs. Perrot

### C. L'exigence d'une défaillance du débiteur

L'ouverture d'une procédure de paiement direct de la pension alimentaire, est conditionnée à la défaillance du débiteur. Lorsque le débiteur s'exécute volontairement en payant la pension alimentaire au terme échu, la mise en œuvre de cette procédure ne se justifie pas.

Le défaut de paiement, même partiel, ou le retard dans le versement de la pension justifie l'ouverture de cette procédure. Cependant, s'il est établi que le défaut de paiement ou le retard dans le versement de la pension est imputable à un tiers, aucune défaillance ne peut être mise la charge du débiteur.

Aux termes de l'article 213 de l'AUVE, pour le dernier arrérage échu et les arrérages à échoir, les créanciers d'aliments peuvent, en vertu d'un titre exécutoire, pratiquer une saisie simplifiée sur la partie saisissable des salaires, rémunérations, traitements et pensions payés au débiteur d'aliments sur des fonds publics ou particuliers. Il en résulte que, dès lors que le débiteur de l'obligation n'a pas respecté une échéance, le créancier peut initier la procédure de paiement de la pension alimentaire, pour le recouvrement de l'échéance échue mais non payé, mais aussi pour les échéances à échoir, la défaillance du débiteur justifiant amplement l'ouverture de cette procédure pour les arrérages à échoir.

Le recouvrement d'une pension alimentaire étant régi par les dispositions de l'AUVE, par conséquent, le recouvrement ne peut concerner que le dernier arrérage échu et les arrérages à échoir, et ce à compter de la signification de la décision de condamnation[691].

## § 2. La procédure

La procédure est d'une simplicité remarquable(A). Le législateur a par ailleurs astreint le créancier à l'accomplissement des certaines diligences(B).

691 CA Abidjan, 5ème ch. civ. & com. Arrêt n°682 du 28 juin 2005, Aff. M. Y. c/ Mme A. Le Juris Ohada n°2/2007, p.36, Ohadata J-08-80. Cette décision est intéressante dans la mesure où pour écarter l'application des dispositions des articles 183 et 186 de l'AUVE dont le premier juge avait fait application pour autoriser des prélèvements mensuels sur le salaire du débiteur entre les mains de l'agent comptable, la Cour d'appel a tenu compte de la créance cause de la saisie qui était une pension alimentaire. Le second juge a donc rappelé que s'agissant du recouvrement d'une créance alimentaire ce sont les dispositions de l'article 213 AUVE et non celles des articles 183 et 186 qui sont applicables.

### A. Une procédure simplifiée

Contrairement aux autres mesures d'exécution forcée, le recouvrement de la pension alimentaire ne nécessite pas un formalisme lourd et onéreux. Le législateur Ohada déroge à ce formalisme en permettant à l'huissier de pratiquer cette mesure par une lettre recommandée avec accusé de réception notifiée au tiers. L'huissier ne procède pas par exploits d'huissier comme c'est le cas pour les autres mesures conservatoires et d'exécution forcée.

La mise en œuvre de la procédure de paiement direct de pensions alimentaire n'exige de la part de l'huissier ni la rédaction d'un procès-verbal de saisie, ni un procès-verbal de dénonciation.

Muni d'un titre exécutoire consacrant le paiement d'une pension alimentaire, le créancier s'adresse à un huissier de justice, du lieu de sa résidence. L'huissier notifie au tiers, une demande de paiement direct de la pension par lettre recommandée avec accusé de réception ou tout moyen laissant trace écrite. L'huissier avise également le débiteur par simple lettre. En cette matière, la lettre recommandée avec accusé de réception adressée au tiers débiteur remplace l'acte de saisie.

En plus, l'avis donné au débiteur par lettre simple équivaut à l'acte de dénonciation. L'emploi de ce formalisme minimal a l'avantage de réduire de manière significative les frais de procédure.

### B. Les diligences

Généralement, le créancier qui est souvent un parent du débiteur est mis à contribution pour réunir les informations susceptibles de faciliter la tâche de l'huissier. Si le créancier ne dispose d'aucune information relative à la situation salariale du débiteur, l'huissier devra au préalable effectuer des recherches aux fins d'obtenir des informations indispensables à la mise en œuvre de la mesure. L'indentification de l'employeur du débiteur est cruciale pour la réussite de la procédure.

En tout état de cause, le tiers qui a reçu la lettre doit, dans les huit jours, accuser réception de cette demande et indiquer s'il est ou non en mesure d'y donner suite. Il doit également informer le débiteur de la cessation ou de la suspension de la rémunération (art. 214 AUVE). Les obligations du tiers débiteur en la matière peuvent être assimilées à celles incombant au tiers saisi en matière de saisi attribution des créances.

## § 3. Le paiement

Le paiement direct de la pension alimentaire intervient aux échéance fixée (A) selon les modalités définies par le titre exécutoire. Le créancier de la pension bénéficie d'un privilège en cas de concours avec les autres créanciers (B).

### A. Le moment du paiement

Le paiement du créancier de la pension alimentaire s'effectue mensuellement et aux échéances fixées par le titre exécutoire. Ce paiement est opéré directement par l'employeur sans que les fonds ne transitent par l'intermédiaire d'un tiers.

Le tiers saisi verse directement au créancier saisissant, contre quittance, le montant de sa créance alimentaire (art. 215 AUVE). Il ne peut se soustraire à l'obligation de payer directement aux mains du créancier de la pension les sommes revenant au débiteur, même en cas de contestation soulevées par le débiteur, l'article 216 AUVE prévoyant que les contestations relatives à cette procédure ne sont pas suspensives d'exécution.

Le montant de la pension fait souvent l'objet des modifications, elles-mêmes consécutives aux diverses instances en cours de procédure, notamment celle relative au paiement de la pension alimentaire devant le juge des enfants, à la bataille judiciaire sur la garde des enfants, à la complexification des instances en séparation de corps ou en divorce, non sans avoir oublié la variation des ressources du débiteur et des besoins du créancier.

Il s'instaure une fluctuation permanente du quantum de la somme allouée au débiteur au titre de pension alimentaire. En matière de divorce, le tribunal prononçant le divorce entre les époux peut à tout moment modifier le montant de la pension alimentaire, si les circonstances l'exigent à la requête de l'un ex-conjoint ou du Ministère Public (art. 195 du Code fam). Cette variabilité de la pension alimentaire liée aux soubresauts de la procédure confère au titre exécutoire une autorité de la chose éphémère. La Cour de cassation considère que la décision fixant une pension alimentaire ne possède l'autorité de la chose jugée qu'aussi longtemps que demeurent inchangées les circonstances au regard desquelles elle est intervenue[692].

Lorsqu'une pension alimentaire a été fixée par la décision autorisant la séparation des corps entre les époux et confiant à l'un des conjoints la garde des enfants. En application de l'article 185 du Code de la famille, cette décision ne sera exécutoire qu'aussi longtemps que les époux resteront en

---

[692] Civ.1re, 16 juin 1993, n°91-19.904, Bull. civ. I, n°216.

séparation des corps. Dès lors, si postérieurement à la séparation des corps, une décision prononce le divorce entre les époux, puis réduit ou augmente la somme allouée à l'un des ex-conjoints au titre de la pension alimentaire, cette décision va influer sur l'exécution de la mesure. La pension alimentaire, pouvant être révisée en cas de changement imprévu dans les ressources et besoins des parties (art. 193 Code de la famille).

L'article 217 AUVE indique que si une nouvelle décision change le montant de la pension alimentaire, la supprime ou modifie les modalités d'exécution de l'obligation, la demande de paiement direct se trouve de plein droit modifier en conséquence à compter de la notification de la décision modificative qui est faite au tiers dans les conditions prévues par l'article 214. Le tiers poursuit l'exécution de son obligation selon les nouvelles conditions prescrites par la décision rectificative. Il a été jugé que faute pour le créancier d'aliment d'avoir interjeté appel ou formé une demande aux fins de défense à exécution contre l'ordonnance supprimant la pension alimentaire à lui due, le tiers saisi est en droit de suspendre le paiement de la pension alimentaire dès lors que copie grosse de l'ordonnance lui a été remise. C'est donc à bon droit que le juge d'appel confirme l'ordonnance du premier juge qui a débouté l'appelant de sa demande visant au reversement de la pension alimentaire et qui est intervenu après la décision supprimant cette pension alimentaire[693].

### B. Le privilège du créancier d'aliments

La notification de la demande de paiement direct emporte attribution au bénéficiaire de la pension des sommes dues par le tiers au débiteur de la pension alimentaire, attribution dont découle l'obligation pour le tiers de payer directement le créancier d'aliments.

Ce mécanisme d'attribution de plein droit ne joue que si la notification de la demande n'a pas été précédée d'une mesure d'exécution produisant un effet attributif immédiat à l'instar de l'avis à tiers détenteur ou de la saisie-attribution. Dans ce cas, les sommes devant revenir au débiteur alimentaire sont sorties de son patrimoine et ne peuvent plus être interceptées par une procédure ultérieure[694].

Le tiers débiteur qui a failli à son obligation peut être condamné à payer la pension alimentaire due par le débiteur. L'obligation du tiers de payer le créancier alimentaire existe dès qu'il accuse réception de la notification de la demande si, à ce moment précis, sa dette à l'égard du débiteur est liquide et

---

693(CA Centre, arrêt n°42/Civ du 21 janvier 2010, Aff. NEBA Christopher Che c/ CAMTEL, Ohadata J-12-05

694LAUBA (R.), RUELLAN (F.), Contentieux de l'exécution, volume 1, Enm, 8e édition, janvier 2002, p.408

exigible. Il doit alors verser directement à ce créancier les sommes qui lui sont allouées par son titre à échéances fixées par celui-ci[695].

L'article 213 AUVE institue un super privilège au profit du créancier d'aliments qui est préféré à toutes autres créances. Selon ce texte la créance des créanciers d'aliments est préférée à toutes autres quel que soit le privilège dont ces dernières peuvent être assorties. Ainsi, lorsque le paiement direct de la pension alimentaire est en concours avec une autre mesure d'exécution forcée ou conservatoire, le créancier d'aliments prime sur les autres créanciers quel que soit le privilège dont ces derniers peuvent être munis.

Il n'est pas exclu que plusieurs créanciers d'aliments sollicitent un paiement direct de leurs pensions respectives. En cas de concours, entre plusieurs créanciers de la pension alimentaire, la répartition doit se faire au prorata des créances en concours[696].

### § 4. Les contestations du paiement direct de pension

Le paiement direct de la pension alimentaire donne lieu, très souvent à des contestations amplifiées par le ressentiment d'un ex-conjoint échaudé par un divorce houleux dont les blessures sont encore vivaces. Il n'est pas rare à l'issue d'un divorce, que le père qui a perdu la garde des enfants, puisse refuser de verser la pension alimentaire.

Il convient d'examiner la procédure de contestations (A) et l'objet de ladite contestation (B).

---

[695]civ. 1re, 24 oct. 2000, n°98-16.299, Bull. civ. I, n°258 ; D. 2000, IR 289 ; Gaz. Pal.23-24 mai 2001, somm. 20, note Massip, cité par FLORES (Ph.), Le recouvrement des pensions alimentaires, op.cit.

[696] LAUBA (R.), RUELLAN (F.), Contentieux de l'exécution, op. cit. p. 410. Les auteurs estiment que si l'on pouvait reconnaitre un privilège absolu au premier saisissant, cette solution qui heurte l'équité serait contraire au principe général selon lequel les créanciers alimentaires ont tous vocation aux subsides versées par leur débiteur commun. La solution consistant à reconnaitre à l'auteur de la première demande de paiement direct un privilège absolu, revient de facto, notamment lorsque la créance objet de la demande est à exécution successive, à priver de toute subsistance les créanciers les moins informés ou les moins diligents. En réalité, ajoutent-ils, cette discussion parait n'avoir de raison d'être que si l'on considère que le paiement direct est une variante de la saisie-attribution. Mais si l'on se tourne vers sa véritable nature (un mécanisme d'attribution de plein droit et non une voie d'exécution), on se rend compte que c'est par l'effet de la loi elle-même que le créancier alimentaire devient créancier personnel du tiers redevable des fonds à l'égard de son débiteur. La notification de la demande de paiement n'est que la mise en œuvre de cette action directe qui bénéficie également à tous les autres créanciers d'aliments de ce même débiteur. Le droit de préférence ne peut alors se concevoir qu'à l'égard des créanciers ordinaires qui seuls méritent d'être évincées.

### A. La procédure de contestation

L'article 216 alinéa 2 de l'AUVE dispose que les contestations de la procédure de paiement direct de pension alimentaire sont formées par déclaration écrite ou verbale au greffe de la juridiction du domicile du débiteur de la pension. Ce texte apporte deux précisions majeures.

En premier lieu, il texte indique le mode de saisine de la juridiction, en précisant que celle-ci doit être saisi par déclaration écrite ou verbale au greffe. On observe ici une continuité dans la simplification du formalisme entourant la procédure simplifiée de paiement. Pour élever la contestation, une simple déclaration verbale ou écrite est suffisante.

Ensuite, l'article 216 AUVE règle la question de la compétence territoriale en désignant la juridiction du domicile du débiteur de la pension.

### B. L'objet de la contestation

La diversité des situations interdit d'avance de procéder à une description des questions pouvant faire objet des contestations. Toujours est-il que le débiteur de la pension peut soulever des questions liées, tant à la régularité de la procédure qu'au fond du droit. Le débiteur ne peut solliciter un délai de grâce devant le juge saisi de la contestation en invoquant les dispositions de l'article 39 de l'AUVE, et pour cause, les dettes d'aliments sont exclues du bénéfice de délai de grâce.

Il convient de souligner que le juge de l'exécution saisi d'une demande de mainlevée de la mesure n'est pas compétent pour statuer sur les questions relatives à la suppression de la pension alimentaire, à sa modification ou à son maintien, dès lors que ces questions touchent à la validité de la décision condamnant le débiteur au paiement de la pension alimentaire.

Il appartient donc au débiteur qui entend contester la décision l'ayant condamné au paiement d'une pension alimentaire de contester cette condamnation devant le juge compétent. La question se pose de savoir ce qui adviendrait lorsque le débiteur saisit le juge de l'exécution pour solliciter une révision ou une suppression de la pension alimentaire. Le juge de l'exécution doit décliner sa compétence relativement à ces chefs de demande et renvoyer les parties à se pourvoir en révision de pension devant le juge ayant alloué ladite pension.

Le juge saisi peut ordonner la mainlevée de la saisie. Il a été décidé que lorsqu'une saisie simplifiée pour les créanciers d'aliments est pratiquée sur les salaires, rémunérations et traitements payés au débiteur d'aliments alors que celui-ci s'acquitte régulièrement et au terme fixé par le jugement du paiement de la pension alimentaire, cette saisie doit être considérée comme abusive et vexatoire. Le juge doit donner mainlevée de cette saisie injustement pratiquée et condamner le créancier indélicat au paiement des dommages-intérêts[697].

[697] TPI Edéa, ord. n°03/CE/TPI/011 du 21 juillet 2011, Aff. Luc Lionel SAINSOT c/ Dame Thérèse Mbango Kala Lobe, Ohadata J-12-26

# CHAPITRE IV

# LA SAISIE-APPREHENSION

La saisie-appréhension est une mesure d'exécution permettant à un créancier d'appréhender des biens meubles corporels que le débiteur est tenu de livrer ou délivrer, peu importe que ce bien soit en possession du débiteur de l'obligation ou d'un tiers. Elle apparait comme le prolongement procédural de la saisie-revendication, procédure permettant au titulaire d'un droit de suite sur un meuble de le saisir à titre conservatoire, avant d'en poursuivre la délivrance au moyen d'une saisie-appréhension[698].

L'Acte Uniforme sur les voies d'exécution règlemente la saisie-appréhension aux articles 218 à 226. Comme toute mesure d'exécution, la mise en œuvre de la saisie-appréhension requiert la détention d'un titre exécutoire. En effet, aux termes de l'article 228 AUVE, les biens meubles corporels qui doivent être délivrés ou restitués ne peuvent être appréhendés qu'en vertu d'un titre exécutoire constitué, le cas échéant, d'une injonction de la juridiction compétente devenue exécutoire. Il s'en déduit que, le créancier ne peut pratiquer la saisie-appréhension que s'il dispose d'un titre exécutoire (section 1) ou sur décision du juge (section 2). Avant d'aborder ces sections, une précision doit être apportée sur le domaine d'application de la saisie-appréhension.

## Section préliminaire. Le champ d'application

La saisie-appréhension est ouverte pour l'appréhension des biens meubles corporels, l'article 218 AUVE excluant les immeubles du bénéfice de cette procédure. L'important est qu'il s'agisse des corps certains dont la propriété est acquise au créancier poursuivant[699]. Cette propriété peut avoir été

---

[698]Plusieurs situations peuvent justifier le recours à la procédure de saisie-appréhension. Ce peut être l'acquéreur d'un meuble que le vendeur n'a pas livré, un créancier gagiste sans dépossession voulant rentrer en possession du bien objet du gage, etc. En tout état de cause, il appartient au créancier de rapporter la preuve de l'existence de l'obligation dont il entend obtenir l'exécution. (cf. CA Ouagadougou, ch. civ & com. arrêt n°03 du 16 janvier 2004, Aff. BOUGOUMA Moumouni & BOUGOUMA Fati c/ OUEDRAGO François, Ohadata J-04-377)

[699] Selon Président René LAUBA, sont ici concernés, non seulement les biens corporels proprement dits, mais également tous les éléments accessoires indispensables à leur utilisation : mode d'emploi, notice d'entretien, bon de garantie, carte grise, certificat d'authenticité ou d'origine s'agissant notamment d'un tableau ou d'un cheval de course cf. LAUBA, (R.), « Les règles communes à toutes les saisies à fin de remise », Droit et Pratique des Voies d'Exécution, GUINCHARD (S) et MOUSSA (T.) (sous dir), op.cit. p.1069.

transmise au créancier en application des dispositions de l'article 1583 du Code civil dès l'échange des consentements, la vente étant parfaite entre les parties, et la propriété acquise de droit à l'acheteur à l'égard du vendeur, dès qu'on est convenu de la chose et du prix, quoique la chose n'ait pas encore été livrée ni le prix payé.

La saisie-appréhension peut également porter sur les biens meubles incorporels, précisément sur le support matériel. Ce faisant, le support matériel d'un logiciel peut faire l'objet d'une saisie-appréhension, à condition que ledit support puisse être retiré sans qu'il endommage le matériel qu'il équipe ou qu'il ne soit pas indissociable du matériel qu'il équipe[700]. Toutefois, lorsqu'en raison de la conception ou de la programmation conceptuelle du matériel qu'il équipe ce support ne peut être dissocié, il ne peut faire l'objet d'une saisie-appréhension.

La question s'est posée de savoir si les choses fongibles peuvent faire l'objet d'une saisie-appréhension. En principe, rien n'interdit le propriétaire de poursuivre la remise de ses biens, fussent-ils des choses fongibles dès lors que le détenteur n'a aucun droit à faire valoir sur lesdits biens. Après avoir relevé que la revendication peut s'exercer sur toutes les catégories des choses mobilières, y compris les choses fongibles[701], la Cour de cassation retient désormais que le caractère fongible d'un bien ne fait pas par lui-même, obstacle à sa revendication, celle-ci ne peut aboutir que dans la mesure où le bien en cause n'a pas été confondu avec d'autres de même espèce[702].

S'agissant des choses consomptibles, si la même difficulté apparait, il en est autrement lorsque ces biens ont fait l'objet d'un prêt à la consommation, l'emprunteur ne pouvant plus remettre la chose empruntée qu'il a consommée. Il devra rendre les choses de la même espèce, équivalente en qualité et en quantité et au terme convenu conformément aux dispositions combinées des articles 1892 et 1902 du Code civil. Par contre, si l'emprunteur est dans l'impossibilité de rendre les choses équivalentes, il ne sera tenu que d'en payer la valeur (art.1903 C. civ).

La question s'était posée de savoir si les titres au porteur peuvent faire l'objet d'une saisie-appréhension. Les titres au porteur s'entendent des titres dans lesquels sont incorporés des créances qu'ils constatent, leur saisissabilité

---

[700]CA Versailles, 30 juin 1994, Gaz. pal. 1995, 1, 44, note Y. Brehan

[701]civ. 1re, 7 févr. 1989, n°85-17.531, Bull. civ. I, n°57

[702]com. 25 mars 1997, n°94-18.337, Bull. civ. IV, n°84 ; D.1997, 481, note Martin ; Rev. Huissiers 1998, 184 ; D. 2000, somm. 70 obs. Pérochon et Mainguy, cité par René LAUBA, op. cit.

suivant la saisie-appréhension ne pose donc pas de problèmes majeurs, dès lors qu'un titre exécutoire ordonne leur restitution ou leur remise.

De même, le connaissement peut être appréhendé par le biais d'une saisie-appréhension. S'il est de principe en droit maritime que l'obligation pour le transporteur maritime de délivrer la cargaison au destinataire du fret est subordonnée à la remise de l'original du connaissement, même lorsque celui-ci est à personne dénommée et dépourvu de mention à ordre, il n'est pas exclu que le connaissement puisse faire l'objet d'une saisie-appréhension dans les conditions prévues par l'AUVE. Le connaissement peut constituer un titre au porteur susceptible d'une mesure de saisie indépendamment de la cargaison qu'il représente[703].

La saisie-appréhension peut porter sur tout document, dès lors qu'un titre exécutoire en ordonne la restitution. De ce fait, cette mesure peut porter sur les titres consacrant les droits immobiliers à l'instar de permis d'occuper ou du titre foncier. De même, les cartes grises et biens d'autres documents peuvent faire l'objet d'une saisie-appréhension.

Après avoir circonscrit le domaine d'application de la saisie-appréhension, il convient de s'intéresser sur le titre sur le fondement duquel cette mesure est pratiquée.

## Section 1
## La saisie-appréhension pratiquée en vertu d'un titre exécutoire

Le créancier qui entend pratiquer une saisie-appréhension doit être muni d'un titre exécutoire. La saisie-appréhension étant destinée à appréhender des biens meubles corporels que le débiteur est tenu de livrer, délivrer ou restituer, le titre exécutoire doit consacrer une obligation de remise, de livrer, ou de délivrer le bien prétendu.

Si le titre exécutoire ne comporte qu'une condamnation du débiteur au paiement d'une somme d'argent, ce titre ne peut servir de fondement pour la mise en œuvre d'une saisie-appréhension.

La saisie-appréhension peut être pratiquée entre les mains de la personne tenue de la remise (§1) ou entre les mains d'un tiers (§2). Les questions liées à la propriété du bien réclamé ayant déjà été tranchées par le titre exécutoire, en principe le créancier poursuivant ne devra plus être confronté à la résistance

---

[703] LAUBA, (R.), Les règles communes à toutes les saisies afin de remise, op.cit.

du débiteur fondée sur la revendication du bien, quoique cette possibilité ne soit pas entièrement exclue, le tiers détenteur pouvant opposer son droit de rétention ou un quelconque droit réel sur le bien réclamé.

### § 1. Appréhension entre les mains de la personne tenue de la remise

Si la saisie est poursuivie entre les mains d'une personne tenue de la remise, de délivrer ou de restituer, la procédure est déclenchée par la signification d'un commandement de délivrer. La personne tenue de l'obligation de la remise est celle qui est tenue directement de l'obligation de délivrer ou de restituer.

Un commandement de délivrer ou de restituer est signifié obéit au débiteur huit jours avant l'exécution de la mesure. L'obligation de servir un commandement préalable connait une exception lorsque la saisie est pratiquée entre les mains du débiteur et en sa présence. Dans ce cas dit l'article 220 AUVE, le bien peut être appréhendé immédiatement, sans commandement préalable et sur la seule présentation du titre exécutoire.

La mise en œuvre de la saisie obéit à certaines formalités liées notamment au formalisme de l'acte de l'appréhension.

#### A. L'acte d'appréhension

Préalablement à l'acte d'appréhension proprement dit, un commandement aux fins de délivrer ou de restituer doit être signifié à la personne tenue de la remise conformément à l'article 219 de l'AUVE. A peine de nullité, ce commandement contient :

1) la mention du titre exécutoire en vertu duquel la remise est exigée ainsi que les noms, prénoms et adresses du créancier et du débiteur de la remise de la chose et, s'il s'agit d'une personne morale, ses forme, dénomination et siège social ;

2) l'indication que la personne tenue de la remise peut, dans un délai de huit jours, transporter à ses frais le bien désigné en un lieu et dans les conditions indiquées ;

3) l'avertissement qu'à défaut de remise dans ce délai, le bien pourra être appréhendé à ses frais ;

4) l'indication que les contestations pourront être portées devant la juridiction du domicile ou du lieu où demeure le destinataire de l'acte ;

5) élection de domicile dans le ressort territorial juridictionnel où s'effectue la saisie si le créancier n'y demeure pas ; il peut être fait, à ce domicile élu, toute signification ou offre.

Le commandement contient des informations précieuses pour la mise en œuvre de la mesure. Il informe le débiteur sur la possibilité qui lui est donnée, de transporter le bien objet des poursuites à ses frais et ce, dans un délai de 8 jours, faute de quoi, il sera procédé à l'appréhension forcée dudit bien. L'inconvénient de ce commandement réside dans le fait d'avertir le débiteur de l'imminence de la mesure, ce qui laisse un délai suffisant au débiteur indélicat de mettre ses biens en lieu sûr, et échapper à l'appréhension projetée.

### 1) -L'appréhension en présence du débiteur

Si la saisie est pratiquée en présence du débiteur, l'huissier instrumentaire doit lui demander s'il entend effectuer le transport du bien, à ses frais. Le débiteur peut accepter d'effectuer le transport, dans ce cas, l'huissier lui signifie le commandement prévu à l'article 219 AUVE, en lui indiquant que dans un délai de huit jours, le bien désigné doit être transporté à ses frais en un lieu et dans les conditions indiquées.

Par contre, si à la question posée par l'huissier instrumentaire, la personne tenue de la remise refuse d'effectuer le transport à ses frais, la signification du commandement n'est plus requise, le bien peut alors être appréhendé immédiatement sans commandement préalable, à la seule présentation du titre exécutoire. Dans ce cas, l'acte prévu à l'article 219 contient l'indication que les contestations pourront être portées devant la juridiction du domicile ou du lieu où demeure celui auquel le bien est retiré (art. 220 AUVE).

Dans le cas où la personne tenue de la remise, accepte de délivrer le bien, il est dressé acte de la remise volontaire ou de l'appréhension du bien, lequel contient un état détaillé du bien. Le cas échéant, le bien peut être photographié, puis la photographie annexée à l'acte (art.221 AUVE). Cet acte permet de constater l'état du bien et les dégradations qu'il a pu subir.

### 2) -L'appréhension en l'absence du débiteur

Si le débiteur n'est pas présent sur les lieux, il n'est pas permis d'appréhender le bien en son absence. Une signification préalable du commandement doit lui être faite, et lui impartir un délai de huit jours, pour transporter à ses frais le bien désigné en un lieu et dans les conditions indiquées. Le commandement doit également avertir le débiteur qu'à défaut de remise dans ce délai, le bien pourra être appréhendé à ses frais.

Ce n'est qu'à défaut de remise volontaire du bien que l'huissier peut appréhender ledit bien. La remise volontaire du bien étant moins onéreuse que l'appréhension forcée.

Si la mesure est poursuivie contre une personne faisant l'objet d'une procédure collective, les dispositions de l'AUVE sont supplantées par celles de l'Acte Uniforme portant organisation des procédures collectives d'apurement du passif.

### 3) -La mesure pratiquée contre une personne faisant l'objet d'une procédure collective

Aux termes de l'article 101 l'Acte Uniforme portant Organisation des Procédures Collectives d'Apurement du Passif, la revendication des meubles ne peut être exercée que dans le délai de quatre-vingt-dix (90) jours suivants la deuxième insertion de la décision d'ouverture de la procédure de redressement judiciaire ou de liquidation des biens dans un journal d'annonces légales.

La demande en revendication est adressée au syndic dans ce délai par lettre au porteur contre récépissé ou par lettre recommandée avec demande d'avis de réception ou par tout moyen laissant trace écrite. Le syndic ainsi saisi peut acquiescer la demande en revendication.

A défaut de réponse du syndic dans un délai de 30 jours à compter de la réception de la demande ou en cas de refus, le juge commissaire peut être saisi à la diligence du revendiquant dans un délai de 30 jours à l'expiration du premier délai ou du refus afin qu'il soit statué, au vu des observations du revendiquant, du débiteur et du syndic, sur les droits de ce revendiquant et sur le sort du contrat.

## § 2. Les effets de l'appréhension

Le commandement aux fins de remise produit des effets à l'égard du détenteur du bien. L'objectif poursuivi étant la remise du bien, cet acte permet au possesseur de se dessaisir du bien pour remise au revendiquant.

### A. La remise au propriétaire

Lorsque le bien est appréhendé pour être remis à son propriétaire, une copie de l'acte de remise volontaire ou de l'appréhension du bien est remise ou notifiée par lettre recommandée avec demande d'accusé de réception ou par tout autre moyen laissant trace écrite à la personne tenue, en vertu du titre exécutoire, de délivrer ou de restituer le bien (art.222 AUVE).

### B. La remise à un créancier gagiste

Dans le cas particulier où le bien a été appréhendé pour être remis à un créancier gagiste, l'article 223 précise que l'acte de remise ou d'appréhension vaut saisie sous la garde du créancier. Il est procédé à la vente selon les modalités applicables à la saisie-vente.

L'acte est remis ou signifié au débiteur. Il contient à peine de nullité les mentions ci-après :
1) une copie de l'acte de remise ou d'appréhension, selon le cas ;
2) l'indication du lieu où le bien est déposé ;
3) le décompte distinct des sommes réclamées en principal, frais et intérêts échus ainsi que l'indication du taux des intérêts ;
4) l'indication, en caractères très apparents, que le débiteur dispose d'un délai d'un mois pour procéder à la vente amiable du bien saisi, conformément aux dispositions des articles 115 à 119 et la date à partir de laquelle, à défaut de vente amiable dans ce délai, il pourra être procédé à la vente forcée aux enchères publiques ;

Les conditions de la réalisation du gage sont celles définies par l'Acte Uniforme sur les sûretés. Selon ce texte, faute de paiement à l'échéance, le créancier gagiste muni d'un titre exécutoire peut faire procéder à la vente forcée de la chose gagée, huit jours après une sommation faite au débiteur et, s'il y a lieu, au tiers constituant du gage dans les conditions prévues par les dispositions organisant les voies d'exécution auxquelles le contrat de gage ne peut déroger. Dans ce cas, il exerce son droit de préférence sur le prix de la chose vendue, dans les conditions de l'article 226 du présent Acte Uniforme.

Le créancier peut aussi faire ordonner par la juridiction compétente que le bien gagé lui sera attribué en paiement jusqu'à due concurrence du solde de sa créance et d'après estimation suivant les cours ou à dire d'expert.

Si le bien gagé est une somme d'argent ou un bien dont la valeur fait l'objet d'une cotation officielle, les parties peuvent convenir que la propriété du bien gagé sera attribuée au créancier gagiste en cas de défaut de paiement. Il en va de même pour les autres meubles corporels lorsque le débiteur de la dette garantie est un débiteur professionnel. En ce cas, le bien gagé doit être estimé au jour du transfert par un expert désigné à l'amiable ou judiciairement, toute clause contraire étant réputée non écrite.

### § 3. Appréhension entre les mains d'un tiers

Les biens se trouvant entre les mains d'un tiers peuvent être appréhendés dans les conditions prescrites par l'AUVE. La remise peut intervenir sans contestations (A) ou nécessité l'intervention du juge (B).

#### A. La remise volontaire

Aux termes de l'article 224 AUVE, lorsque le bien est détenu par un tiers, une sommation de remettre ce bien lui est directement signifiée. Elle est immédiatement dénoncée, par lettre recommandée avec demande d'accusé de

réception ou par tout autre moyen laissant trace écrite, à la personne tenue de le délivrer ou de le restituer. Cette sommation contient, à peine de nullité :
1) une copie du titre exécutoire en vertu duquel la remise est exigée et, s'il s'agit d'une décision judiciaire, du dispositif de celui-ci, ainsi que les noms, prénoms et adresses du créancier de la remise et du tiers détenteur de la chose et s'il s'agit d'une personne morale, ses forme, dénomination et siège social ;
2) une injonction d'avoir, dans un délai de huit jours, soit à remettre le bien désigné, soit à communiquer à l'huissier de justice ou à l'agent d'exécution, sous peine de dommages-intérêts, le cas échéant, les raisons pour lesquelles il s'oppose à la remise ;
3) l'indication que les difficultés seront portées devant la juridiction du domicile ou du lieu où demeure le destinataire de l'acte.
4) élection de domicile dans le ressort territorial juridictionnel où s'effectue la saisie si le créancier n'y demeure pas ; il peut être fait à ce domicile, toute signification ou offre.

A compter de la signification du commandement, le tiers dispose d'un délai de huit jours, pour une remise volontaire du bien objet de la revendication. Un acte de remise doit être dressé, dans les conditions de l'article 221 AUVE. Cet acte doit contenir un état détaillé du bien et le cas échéant, des photographies dudit bien annexées à l'acte. Il arrive qu'à l'expiration du délai de huit jours, le tiers détenteur s'oppose à la remise du bien en invoquant un droit de rétention ou un droit de propriété sur le bien en application de l'article 2276 du Code civil.

### B. La remise avec contestation

La contestation élevée par le tiers doit être soumise au juge de l'exécution dans un délai d'un mois pour compter de la signification du commandement.

L'article 225 AUVE précise qu'à défaut de remise volontaire dans le délai imparti, le requérant peut demander à la juridiction du domicile ou du lieu où demeure le tiers détenteur du bien d'ordonner la remise de celui-ci. La juridiction peut également être saisie par le tiers. La sommation visée à l'article 224 et les mesures conservatoires qui auraient pu être prises deviennent caduques si la juridiction n'est pas saisie dans le mois qui suit le jour où la sommation a été signifiée.

Le créancier qui est confronté à la résistance légitime ou injustifiée du tiers rétenteur dispose d'un délai d'un mois à compter de la signification de la sommation pour saisir le juge aux fins d'ordonner la remise du bien retenu. La faculté de saisir le juge est également reconnue au tiers qui conteste le droit d'appréhension du créancier.

L'article 225 reste muet sur les modalités de saisine du juge puisqu'il ne précise pas si le juge doit être saisi par voie de requête, ou par exploit d'huissier.

En plus, le texte ne précise pas, si le juge saisi doit ordonner la remise, après avoir entendu les parties ou celles-ci dûment appelées, dans ce cas, il s'agira d'une procédure contentieuse, ou si le requérant doit solliciter une ordonnance sur requête.

Si la procédure sur requête peut avoir l'avantage de la rapidité, elle a l'inconvénient d'être non contradictoire. Ce qui peut léser les intérêts du tiers possesseur, d'où la nécessité de saisir le juge en référé. La procédure de référé permet de respecter le principe du contradictoire, en permettant au tiers possesseur d'invoquer devant le juge les raisons pour lesquelles il s'oppose à la remise.

Du reste, si le tiers ne livre pas le bien réclamé dans le délai de huit jours à lui imparti, le bien doit être appréhendé dans les conditions édictées à l'article 226 AUVE. Si le bien se trouve dans un local servant d'habitation, les dispositions de l'article 41 et 42 de l'AUVE sont applicables. L'huissier peut pénétrer dans un lieu servant ou non à l'habitation et, le cas échéant, procéder à l'ouverture des portes et des meubles.

## Section 2
## Appréhension en vertu d'une injonction du juge

Le bien peut être appréhendé en vertu d'une ordonnance d'injonction de restituer rendue en application des articles 19 et suivants de l'AUVE. Le requérant qui se prétend créancier d'une obligation de délivrance ou de restitution d'un bien meuble corporel déterminé peut saisir le juge à cette fin (§1). Le débiteur de l'obligation peut contester cette décision en formant opposition (§2).

### § 1. La demande de délivrance

Les parties peuvent déroger à cette règle de compétence au moyen d'une élection de domicile prévue au contrat.

L'incompétence ne peut être soulevée que par la juridiction saisie de la requête ou par le débiteur lors de l'instance introduite par son opposition (art.20 AUVE)

## A. La saisine du juge

La demande de délivrance est formée par requête déposée au greffe de la juridiction compétente du domicile ou du lieu où demeure effectivement le débiteur de l'obligation de délivrance ou de restitution. Cette requête contenant à peine d'irrecevabilité, les mentions prescrites à l'article 21 AUVE, savoir :

Les noms, prénoms, professions et domiciles des parties et, pour les personnes morales, leur dénomination, leur forme et leur siège social ;

La désignation précise du bien dont la remise est demandée.

Elle est accompagnée de l'original ou de la copie certifiée conforme de tout document justifiant cette demande.

La décision du juge est tributaire des faits, des pièces produites à l'appui de la demande et de la pertinence des arguments invoqués par le requérant. Le juge peut faire droit à la demande en rendant une ordonnance d'injonction de restituer ou de délivrer ou rejeter la demande.

## B. L'ordonnance d'injonction de délivrer ou de restituer

Si la demande paraît fondée, le président de la juridiction rend une décision sur requête portant injonction de délivrer ou de restituer le bien litigieux. La requête et la décision d'injonction sont conservées à titre de minute entre les mains du greffier qui en délivre une expédition au demandeur. Les documents originaux produits à l'appui de la requête sont restitués au demandeur et des copies certifiées conformes sont conservées au greffe (art.23 AUVE).

La décision portant injonction de délivrer ou de restituer, doit être signifiée à la personne tenue de la remise dans les conditions prescrites à l'article 25 de l'AUVE. Cette décision accompagnée des copies certifiées conformes des pièces produites à l'appui de la requête, est signifiée par acte extra-judiciaire à celui qui est tenu de la remise, à l'initiative du créancier. Cette décision est non avenue si elle n'a pas été signifiée dans les trois mois de sa date.

L'acte de signification contient, à peine de nullité, sommation d'avoir, dans un délai de quinze jours :

- soit à transporter, à ses frais, le bien désigné en un lieu et dans les conditions indiquées ;
- soit, si le détenteur du bien a des moyens de défense à faire valoir, à former opposition au greffe de la juridiction qui a rendu la décision, par déclaration écrite ou verbale contre récépissé ou par lettre recommandée avec demande d'avis de réception ou par tout moyen laissant trace écrite, faute de quoi la décision sera rendue exécutoire.

### § 2. L'opposition du débiteur

Le débiteur qui entend contester l'ordonnance lui enjoignant de délivrer le bien meuble corporel peut former opposition. L'opposition contre la décision d'injonction de délivrer ou de restituer est soumise aux dispositions des articles 9 à 15 de l'AUVE.

#### A. Le formalisme de la procédure

L'opposition doit être formée par la personne visée par l'ordonnance comme débitrice de l'obligation. Est par conséquent irrecevable pour défaut de qualité et d'intérêt à agir, toute personne qui forme opposition contre une ordonnance qui ne la vise nullement, même si l'ordonnance lui a été signifiée[704].

L'opposition être formée dans les quinze jours qui suivent la signification de la décision portant injonction de délivrer. L'inobservation de ce délai est sanctionnée par l'irrecevabilité de l'opposition, l'opposition devant être déclarée irrecevable, dès lors qu'elle est intervenue tardivement, au-delà du délai de 15 jours imparti par l'article 10 AUVE[705]. Ce délai est augmenté, éventuellement, des délais de distance.

Si le débiteur n'a pas reçu personnellement la signification de la décision portant injonction de payer, l'opposition est recevable jusqu'à l'expiration du délai de quinze jours suivant le premier acte signifié à personne ou, à défaut, suivant la première mesure d'exécution ayant pour effet de rendre indisponible en tout ou en partie les biens du débiteur.

De même, selon l'article 11 l'opposant est tenu, à peine de déchéance, et dans le même acte que celui de l'opposition :

- de signifier son recours à toutes les parties et au greffe de la juridiction ayant rendu la décision d'injonction de restituer ;
- de servir assignation à comparaître devant la juridiction compétente à une date fixe qui ne saurait excéder le délai de trente jours à compter de l'opposition.

La juridiction saisie sur opposition procède à une tentative de conciliation. Si celle-ci aboutit, le président dresse un procès-verbal de conciliation signé par les parties, dont une expédition est revêtue de la formule exécutoire. Si la tentative de conciliation échoue, la juridiction statue immédiatement sur la

---

704 CCJA, arrêt n°023/2012 du 15 mars 2012, Aff. ASSEKE Fiacre c/ FOFANA Siriki, Ohadata J-14-148

705 CA Abidjan, arrêt n°163 du 07 mai 2010, Aff. Commune de YOPOUGON c/ M.1-S. 2-M-K, Le Juris-Ohada n°4/2011, Oct.-Nov.-Déc. p.45, Ohadata J-11-89

demande en recouvrement, même en l'absence du débiteur ayant formé opposition, par une décision qui aura les effets d'une décision contradictoire (art. 12). Celui qui a demandé la décision d'injonction de payer supporte la charge de la preuve de l'obligation.

### B. L 'issue de la procédure

En l'absence d'opposition dans le délai prescrit à l'article 16 AUVE, le requérant sollicite au greffe de la juridiction, l'apposition de la formule exécutoire. L'apposition de la formule exécutoire sur l'ordonnance d'injonction de délivrer ou de restituer confère à cette décision les effets d'un jugement contradictoire (art. 16 alinéa 2 AUVE) ayant acquis autorité de la chose jugée. Il convient de préciser que la décision de la juridiction saisie sur opposition se substitue à la décision portant injonction de restituer. Cette décision est susceptible d'appel dans les conditions du droit national de chaque État partie.

# CONCLUSION

La saisie mobilière, entant que mesure d'exécution forcée, a reçu du législateur Ohada un encadrement juridique qui concilie parfaitement les droits du créancier avec les impératifs de la procédure.

En revalorisant le titre exécutoire, le législateur OHADA avait cru utile de dejudiciariser le recouvrement des créances en cantonnant l'intervention du juge aux actions éventuelles en contestation des saisies. Cette déjudiciarisation a permis de désengorger les prétoires des juridictions et faciliter le recouvrement des créances dans les délais raisonnables.

L'objectif de célérité dans le recouvrement des créances est remis en cause par un formalisme trop rigide symbolisé par le régime juridique de nullité. Les nombreuses formalités prescrites à peine de nullité constituent une source d'un contentieux abondant.

L'examen de la pratique des saisies mobilières illustre qu'une étape importante a été franchie dans le but poursuivi par le législateur Ohada notamment celui de créer un cadre propice au recouvrement des créances. La pratique de saisies mobilières révèle clairement que la jurisprudence a joué un rôle majeur dans la mise en œuvre de l'AUVE.

La CCJA, en dépit des critiques essuyées, fait œuvre utile car elle a permis de stabiliser la jurisprudence pour en faire un pilier essentiel dans la sécurisation des investissements.

Par-dessus tout, une reforme exemplaire en adéquation avec les aspirations des acteurs économiques est plus que nécessaire. Le dispositif sur les nullités des actes annihile parfois les efforts consentis par les créanciers pour le recouvrement de leur créance afin d'atteindre les objectifs de diligence, de sécurité juridique et judiciaire des activités économiques gage de l'essor de celles-ci.

La nécessité d'une réforme de l'AUVE n'est plus à démontrer, car les considérations économiques et sociales actuelles ne sont vraisemblablement plus en adéquation parfaite avec les données des années 1997. Cette réforme permettra de générer une nouvelle dynamique qui pourrait faciliter l'accès au financement, relancer les investissements et la consommation[706]. Instruit par

[706] CROCQ (P.) (Dir.) BLACK YONDO (L.), BRIZOUA-BI (M.), FILLE LAMBIE (O), LAISNEY (L-J), MARCEAU-COTTE (A.), Le nouvel acte uniforme portant organisation des sûretés, la réforme du droit des sûretés de l'OHADA, Lamy, 2012 ,406 p.

l'expérience de deux décennies d'application, la pratique des saisies mobilières est devenue un levier important pour garantir la sécurité juridique et judiciaire de l'investissement.

En fait, l'application de cet acte uniforme pendant deux décennies a permis de constater des lacunes et de déceler les imperfections aussi bien dans la compréhension que dans l'interprétation de certaines dispositions.

Aussi, les juridictions nationales se montrent toujours pas très attentives aux évolutions de la jurisprudence parfois solidement établie par la CCJA. L'accessibilité de la jurisprudence de la CCJA devrait permettre au praticien de mieux cerner l'évolution de la jurisprudence et des grandes tendances dégagées par la Haute juridiction.

Les gouvernements doivent doter les commissions nationales OHADA des moyens conséquents afin que celles-ci assument de manière efficiente la formation continue des magistrats et d'autres praticiens. Certes des efforts ont été consentis dans ce domaine, mais beaucoup reste encore à faire.

## TABLE DES MATIERES

## Structures éditoriales du groupe L'Harmattan

**L'Harmattan Italie**
Via degli Artisti, 15
10124 Torino
harmattan.italia@gmail.com

**L'Harmattan Hongrie**
Kossuth l. u. 14-16.
1053 Budapest
harmattan@harmattan.hu

---

**L'Harmattan Sénégal**
10 VDN en face Mermoz
BP 45034 Dakar-Fann
senharmattan@gmail.com

**L'Harmattan Cameroun**
TSINGA/FECAFOOT
BP 11486 Yaoundé
inkoukam@gmail.com

**L'Harmattan Burkina Faso**
Achille Somé – tengnule@hotmail.fr

**L'Harmattan Guinée**
Almamya, rue KA 028 OKB Agency
BP 3470 Conakry
harmattanguinee@yahoo.fr

**L'Harmattan RDC**
185, avenue Nyangwe
Commune de Lingwala – Kinshasa
matangilamusadila@yahoo.fr

**L'Harmattan Congo**
67, boulevard Denis-Sassou-N'Guesso
BP 2874 Brazzaville
harmattan.congo@yahoo.fr

**L'Harmattan Mali**
ACI 2000 - Immeuble Mgr Jean Marie Cisse
Bureau 10
BP 145 Bamako-Mali
mali@harmattan.fr

**L'Harmattan Togo**
Djidjole – Lomé
Maison Amela
face EPP BATOME
ddamela@aol.com

**L'Harmattan Côte d'Ivoire**
Résidence Karl – Cité des Arts
Abidjan-Cocody
03 BP 1588 Abidjan
espace_harmattan.ci@hotmail.fr

---

## Nos librairies en France

**Librairie internationale**
16, rue des Écoles
75005 Paris
librairie.internationale@harmattan.fr
01 40 46 79 11
www.librairieharmattan.com

**Librairie des savoirs**
21, rue des Écoles
75005 Paris
librairie.sh@harmattan.fr
01 46 34 13 71
www.librairieharmattansh.com

**Librairie Le Lucernaire**
53, rue Notre-Dame-des-Champs
75006 Paris
librairie@lucernaire.fr
01 42 22 67 13

www.ingramcontent.com/pod-product-compliance
Lightning Source LLC
LaVergne TN
LVHW011140061026
849535LV00003B/546
* 9 7 8 2 3 4 3 2 1 1 0 8 4 *